4. Szene

deutsch.punkt 4

Sprach-, Lese- und Selbstlernbuch

Erarbeitet von

Birgit Agethen
Stephanie Fischer
Corinna Franke
Katja Gehlhaar
Jutta Kraushaar
Christian Porth
Stefan Schäfer
Anne Wildermann

Ernst Klett Verlag
Stuttgart · Leipzig

deutsch.punkt 4

Sprach-, Lese- und Selbstlernbuch

Real- und Gesamtschulen sowie verwandte Schulformen

1. Auflage 1 6 5 4 3 2 | 2011 10 09 08 07

Alle Drucke dieser Auflage sind unverändert und können im Unterricht nebeneinander verwendet werden. Die letzten Zahlen bezeichnen jeweils die Auflage und das Jahr des Druckes.

Layoutkonzeption: Gupta - von Ameln / Team für Gestaltung, Jülich
Illustrationen: Iris Blanck, Hamburg; Christian Barthold, Köln; Cornelia Kurtz, Boppard; Eike Marcus, Berlin; Eva Muggenthaler, Hamburg; Inge Voets, Berlin
Titelbild: Avenue Images GmbH (LF Fotosearch), Hamburg
Umschlaggestaltung: Sandra Schneider
Redaktion: Annika Mikesch
Herstellung: Carina Riehl

Repro: Meyle + Müller Medien-Management, Pforzheim
Satz: SOFAROBOTNIK, Augsburg und München
Druck: Firmengruppe Appl, aprinta druck, Wemding
Printed in Germany

ISBN 978-3-12-313914-7

9 783123 139147

Wie lernt ihr mit deutsch.punkt?

deutsch.punkt besteht im Wesentlichen aus zwei Teilen:

1. Unterrichtsvorhaben,

die im Unterricht bearbeitet werden. Dazu gehören auch die Lesekapitel, deren Seiten besonders gekennzeichnet sind.

2. Lernstationen,

die ihr sowohl im Unterricht als auch selbstständig außerhalb des Unterrichts bearbeiten könnt.

Die Unterrichtsvorhaben sind den folgenden Bereichen zugeordnet:

Nachdenken über Sprache

Umgang mit Texten/Medien

Sprechen und Zuhören

Schreiben

Besonders wichtige Dinge in den Unterrichtsvorhaben sind mit Symbolen gekennzeichnet:

Merke **Tipps** **Arbeitstechnik** **Prüfe**

Folgende Piktogramme werden im Buch verwendet:

Lesekapitel

Lernspiegel

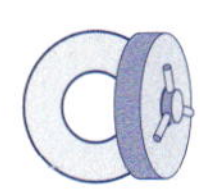
Lernlexikon

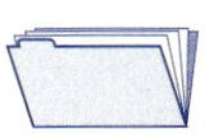
Lerndossier

Partnerarbeit

Spiel/szenisches Spiel

Gruppenarbeit

fächerverbindende Aufgabe

Überall im Buch findet ihr auf der Randspalte Querverweise. Sie zeigen euch jeweils, an welchen Stellen im Buch ihr das, was ihr gerade bearbeitet, weiter vertiefen könnt, wo ihr Beispiele findet usw.

▸▸ **Seite 11 ff.**
UV „Meine berufliche Zukunft“

Inhaltsverzeichnis

Unterrichtsvorhaben und Lesekapitel

Lernstationen

Unterrichtsvorhaben / Lesekapitel

Unterrichtsvorhaben werden – das sagt schon der Name – vor allem gemeinsam im Unterricht bearbeitet.
Hier das Wichtigste, was ihr über sie wissen müsst:

- Unterrichtsvorhaben fangen immer gleich an: Auf der ersten Seite informieren sie euch, worum es im Wesentlichen in dem Unterrichtsvorhaben geht.
- Unterrichtsvorhaben sind in einzelne (Teil-) Kapitel unterteilt. Ein solches (Teil-)Kapitel umfasst in der Regel eine Doppelseite.
- Auf der linken Randspalte einer Doppelseite ist ausgewiesen, welche Schwerpunkte des Deutschunterrichts jeweils angesprochen werden, z. B.:

- Vier der Unterrichtsvorhaben setzen auf allen Doppelseiten den Schwerpunkt beim „Umgang mit Texten" – hier dreht sich alles um das Lesen.

- Durch Verweise in den Randspalten (z. B. auf die Lernstationen) sieht man für einzelne Lernziele, an welchen Stellen in deutsch.punkt man nachschlagen und Kenntnisse vertiefen und erweitern kann:

- Am Ende steht immer eine Seite mit „Impulsen zur Weiterarbeit". Dort findet ihr Anregungen für kleine Projekte, die ihr allein, in Gruppenarbeit oder mit der ganzen Klasse durchführen könnt.

Bei Schwierigkeiten helfen euch auch die Lernstationen weiter. Was es mit ihnen auf sich hat, könnt ihr auf S. 175 nachlesen.

Meine berufliche Zukunft – Sich und andere informieren

Am Ende der Schulzeit haben Schülerinnen und Schüler stets die Qual der Wahl: Die langfristig wirksame Entscheidung über die berufliche Zukunft ist zu treffen. Dieses Kapitel will euch bei den ersten Schritten der Lebensplanung unterstützen. Ihr müsst nicht morgen konkret wissen, welchen Beruf ihr in zehn Jahren ausüben wollt, jedoch wird es Zeit, sich mit diesem spannenden Thema zu beschäftigen.

Im Einzelnen lernt ihr

- erste Vorüberlegungen zur Berufswahl zu treffen und eure Stärken und Schwächen einzuschätzen
- wo ihr Informationen zu eurem Wunschberuf erhalten und wie ihr Anfragen gestalten könnt
- wie ihr Texten Informationen entnehmen könnt
- diskontinuierliche Texte auszuwerten
- ein Kurzreferat zu halten

Sprechen und Zuhören

Schreiben

Mein Traumberuf? – Berufliche Interessen entdecken

1 Sicherlich habt auch ihr Vorstellungen, Träume und Wünsche für eure Zukunft. Gestaltet mithilfe von Zeitschriften eine Collage zum Thema „Mein Leben in zehn Jahren". Stellt eure Ergebnisse in der Klasse vor.

Reizwörter	Begründungen: Das interessiert mich, weil ...	Das interessiert mich nicht, weil ...
Kleidung	*... ich modebewusst bin und mich gerne mit Trends beschäftige.*	
Film		
Pflanze		
Buch		*... ich nicht gerne lese.*
Zeitschrift		
Jahreszeiten		

2 Übertragt die Tabelle in euer Heft und ergänzt in der Spalte „Reizwörter" folgende Begriffe: *Fahrzeug, Essen, Handwerk, Musik, Sport, Computer, Mannschaft, Tier, Menschen.* Entscheidet euch nun bei jedem Reizwort der Tabelle, ob ihr Interesse an der Sache habt oder nicht, und begründet eure Entscheidung, indem ihr den Kausalsatz einfügt.

3 Sortiert die unten aufgeführten Tätigkeiten nach ihrer Bedeutung für euch. Beginnt mit der Tätigkeit, die euch am meisten interessiert. Stellt eure Ergebnisse vor und vergleicht diese.

singen | lernen | basteln | fernsehen | im Internet surfen

Fahrrad reparieren | erzählen | spielen | kochen | rechnen

Blumen gießen | anderen helfen | schlafen | Tiere pflegen | reisen

Geschichten schreiben | nähen | einkaufen | Geräte untersuchen

jemandem zuhören | schminken | Sport treiben | mit dem Computer arbeiten

Instrument spielen | waschen | zeichnen | fotografieren

Mein persönliches Profil

Meine Stärken bestimmen und meine Ziele klären
(Selbsteinschätzung)

Name	Datum

		+2	+1	0	−1	−2
1	Ich bin körperlich belastbar.					
2	Ich bin handwerklich geschickt.					
3	Ich bin an vielen Dingen interessiert und möchte viel darüber lernen.					
4	Ich erledige schriftliche Arbeiten sorgfältig.					
5	Ich kann mich über einen längeren Zeitraum konzentrieren.					
6	Ich verstehe schnell, wenn mir etwas erklärt wird.					
7	Ich frage nach, wenn ich etwas nicht verstanden habe.					
8	Ich erarbeite mir gerne selbst ein Thema.					
9	Ich lege Wert auf Ordnung in meinem Umfeld.					
10	Ich gehe mit Arbeitsmaterial pfleglich um.					
11	Ich will ein Ziel, das ich mir gesetzt habe, erreichen, auch wenn es schwerfällt.					
12	Ich bringe neue Ideen in den Unterricht ein.					
13	Ich bin kontaktfreudig und gerne mit anderen zusammen.					
14	Ich helfe meinen Mitschülerinnen und Mitschülern, wenn sie etwas nicht verstehen.					
15	Ich setze mich für Mitschülerinnen und Mitschüler ein.					
16	Ich übernehme Aufgaben für die Schulgemeinschaft.					
17	Ich kann es hinnehmen, wenn ich für einen Fehler kritisiert werde.					
18	Ich packe gerne mit an, wenn irgendwo Arbeit anfällt.					
19	Ich halte ein, was ich zugesagt habe.					
20	Ich bin pünktlich.					

4 Legt eine Folie über den Selbsteinschätzungsbogen oder kopiert diesen und füllt ihn dann aus.

5 Wertet eure Antworten aus, indem ihr euch stichwortartig zuerst notiert, wo eure Stärken (+2) liegen. Im Anschluss haltet fest, in welchen Bereichen persönliche Schwächen (−2) deutlich werden.

6 Analysiert eure Schwächen. Sind eurer Meinung nach Punkte dabei, die euch auf dem Weg zu eurem Traumberuf Schwierigkeiten bereiten würden? Wenn ja, welche?

Sprechen und Zuhören

Schreiben

Auf dem Weg zum Traumberuf – Informationen recherchieren und auswerten

Die vollständige Liste aller 41 Merkmale und die Zuordnung zu bestimmten Berufen erhaltet ihr in dem Berufsinformationszentrum eurer Stadt oder unter www.machs-richtig.de

Beruf	Merkmale	Kategorie
Fertigungs-mechaniker/-in	herstellen/zubereiten/Material bearbeiten	Was?
	montieren/installieren/reparieren	Was?
	Maschinen steuern und bedienen	Was?
	Werkstatt/Fabrikhalle	Wo?
	Metalle	Womit?
	Technische Anlagen	Womit?
	Maschinen/Werkzeuge	Womit?

1. Tragt zunächst alle Merkmale in Abstimmung mit euren Interessen zusammen, die euer Traumberuf unbedingt berücksichtigen soll.

2. Sucht mithilfe der oben erwähnten Liste oder sonst im Internet alle Berufe, die diese Merkmale erfüllen, und notiert diese. Falls die Anzahl der gefundenen Berufe zu groß ist, so streicht ein Merkmal. Falls die Merkmale noch kein Profil eines Berufs ergeben, so müsst ihr noch Merkmale ergänzen.

3. Verschafft euch einen ersten Überblick zu eurem Traumberuf, indem ihr in der „Info Base" der Berufsagentur für Arbeit recherchiert, einer Datenbank, in der über 1000 Berufe beschrieben werden.

Es gibt verschiedene Möglichkeiten der Informationsbeschaffung: So könnt ihr neben der Internetrecherche auch eine schriftliche Anfrage formulieren oder ein Telefoninterview durchführen.

Google

Web Bilder Groups News Froogle **Mehr »**

Ausbildungsberufe | Suche | Erweiterte Suche, Einstellungen

Suche: ⦿ Das Web ○ Seiten auf Deutsch ○ Seiten aus Deutschland

Web — Ergebnisse **1** - **10** von ungefähr **1.960.000** für **Ausbildungsberufe**. (**0,07** Sekunden)

Deutscher Bildungsserver: **Ausbildungsberufe**
Bundesweit geltende **Ausbildungsberufe** im dualen System ... Informationen rund um **Ausbildungsberufe** stellt das Bundesinstitut für Berufsbildung bereit. ...
www.bildungsserver.de/zeigen.html?seite=484 - 30k - Im Cache - Ähnliche Seiten

Überblick über alle **Ausbildungsberufe**
Ausbildungsberufe in alphabetischer Reihenfolge | · | **Ausbildungsberufe** nach Berufsfeldern | ... Häufig gewählte **Ausbildungsberufe** und ihre Alternativen | ...
www.ausbildung-plus.de/azubis/info_zq/abb/index.html - 26k - Im Cache - Ähnliche Seiten

Anzeigen

Ausbildung: 200 Fernkurse
Job-Chancen durch top Ausbildung! Gratis Probelektion - Jetzt testen.
www.sgd.de

Ausbildungsberufe
Großauswahl an Ausbildungen! Schauen Sie rein.

Vanessa Zweig
Schillerstraße 54
33098 Paderborn
Tel.: (0 52 51) 78 56 34 12
E-Mail: vanessa.zweig@webnet.de

5. April 2007

Peters & Frey Systemhaus GmbH
Geschäftsleitung
Am Markt 3
33098 Paderborn

Informationen zum Ausbildungsberuf der Informatikkauffrau

Sehr geehrte Frau Barth,

im Rahmen des Deutschunterrichts arbeiten wir zurzeit an Kurzreferaten zum Thema „Mein Traumberuf". Seit ich im Rahmen einer Projektarbeit an einer Datenbank für unsere Schulbibliothek mitgearbeitet habe, begeistern mich die vielfältigen Möglichkeiten des Einsatzes von Computern. Daher interessiere ich mich für den Ausbildungsberuf der Informatikkauffrau. Ich würde mich freuen, wenn Sie mir Informationsmaterial zu diesem Ausbildungsberuf zusenden könnten.

Mit freundlichen Grüßen

Vanessa Zweig

Beispiel-Fragebogen für ein Telefoninterview zum Thema „Ausbildung":

1. *In welchen Berufen bilden Sie aus?* ☐
2. *Wie viele Auszubildende stellen Sie jährlich ein?* ☐
3. *Welchen Schulabschluss sollte man haben?* ☐
4. *Auf welche Qualifikationen legen Sie Wert?* ☐
5. *Führen Sie Einstellungstests durch?* ☐
6. *Nehmen Sie Praktikanten?* ☐

Seite 193 f.
Einen Geschäftsbrief verfassen
LS „Sich und andere informieren"

Arbeitstechnik

Gruppenpuzzle

Einigt euch in der Gruppe auf ein zu recherchierendes Berufsbild. Teilt euch in vier Teams á sechs Personen auf. Schickt aus jeder der vier Gruppen einen Experten in die Gruppen Internet, Schriftliche Anfrage, Telefoninterview und Recherche im Berufsinformationszentrum. Versucht, über diese Methode an so viele Informationen wie möglich zu eurem Berufsbild zu gelangen. Nach Beendigung der Arbeit kehren die Experten zurück in ihre Stammgruppe und informieren alle Gruppenmitglieder über die Ergebnisse. Wertet in der Gesamtgruppe aus, welche Methode die besten Ergebnisse erbrachte und warum.

Seite 272
Ein Gruppenpuzzle durchführen
LS „Lern- und Arbeitstechniken"

4 Vergleicht die verschiedenen Möglichkeiten der Informationsbeschaffung miteinander. Wo liegen die Vor- und Nachteile?

5 Wendet mit eurer gesamten Lerngruppe die Arbeitstechnik des Gruppenpuzzles an.

Was machen Bäcker/innen oder Maßschneider/innen? – Texten Informationen entnehmen

Berufsprofil Bäcker/in

Wenn andere noch schlafen, hat der Arbeitstag für Bäcker/innen längst angefangen: So können ihre Kunden zum Frühstück frische Brötchen genießen. Auch samstags stehen sie schon in der Backstube, wenn anderswo noch die Feiern vom Freitagabend fortgesetzt werden. In kleineren Backstuben müssen Bäcker/innen universell einsetzbar sein und mehr Arbeiten selbstständig ausführen als in Großbäckereien, in denen sie viel mit Halbfertigwaren arbeiten und große Anlagen bedienen. In der Industrie wie im Handwerk müssen sie aber auch einmal zupacken können, Mehlsäcke verräumen oder gut befüllte Backbleche in den Ofen heben. […]

Aus Hygienegründen tragen sie meist Arbeitskleidung. Dass man bei der Arbeit mit Lebensmitteln keine ansteckende Krankheit haben darf, versteht sich von selbst.

… nicht vom Brot allein: Süßes und Herzhaftes

Roggen- oder Mischbrote, Vollkorn- oder Weizenbrot: In keinem anderen Land der Welt ist Brot so beliebt wie in Deutschland. Brötchen, Kleingebäck wie Butterhörnchen oder Baguettes, Bienenstich oder Blätterteigkuchen, Zwieback, Lebkuchen oder Kekse gehören aber ebenso zu den Produkten von Bäckern und Bäckerinnen. Außerdem backen sie Kuchen und Torten, produzieren Partykleingebäck und stellen Süßspeisen und Speiseeis her. Sie bereiten den Verkauf vor, präsentieren ihre Erzeugnisse im Verkaufsraum, beraten die Kunden und verpacken die Ware.

In Bäckereien mit angeschlossenem Café oder Bistro werden zunehmend Snacks, Salate und kleine Gerichte wie z.B. Quiches angeboten. Dort bedienen Bäcker/innen auch die Gäste.

Vom Korn zum täglichen Brot: In der Backstube

Vor dem Backen stellen Bäcker/innen nach Rezept den Teig her. Sie wählen die benötigten Zutaten aus und messen sie in der erforderlichen Menge ab. Wenn nötig schälen sie Obst für den Kuchen oder rösten Nüsse für Croissants oder Torten. Sie verwenden eine Vielzahl von verschiedenen Rohstoffen, Backmitteln und Zutaten wie Aromen, Kakao, Salz, Mehl, Zucker, Eier, Milchprodukte und Hefe, aber auch Halbfabrikate und Fertigmischungen. Wo gebacken wird, ist viel Mehlstaub in der Luft: Den muss man gut vertragen können. Allergisch dagegen sein darf man nicht! Das Vermischen der Zutaten zur Backmasse nimmt den Bäckern und Bäckerinnen heute zumeist die Knet- oder Rührmaschine ab, aber sie kneten auch noch mit den Händen. Nachdem sie die fertigen Teige portioniert und geformt haben, kommen sie in elektronisch gesteuerte Öfen. Achtung: Beim Backen kann es ganz schön heiß werden! Zum Schluss prüfen Bäcker/innen die fertigen Brote, Kuchen und Plätzchen noch auf ihre Qualität und bereiten sie für den Verkauf vor, d.h., sie verpacken und lagern sie. Außerdem müssen sie die Maschinen und Geräte reinigen und pflegen.

▸▸ Seite 230 f.
Sich einen Sachtext erschließen
LS „Umgang mit Sachtexten“

1 Beantwortet mithilfe des Textes folgende Fragen:
Wo arbeiten Bäcker/innen? Welche Arbeitszeiten hat man in diesem Beruf?
Welche Produkte stellen Bäcker/innen her? Welche Tätigkeiten muss man in diesem Beruf ausführen? Welche Interessen sollte man für diesen Ausbildungsberuf mitbringen?

2 Übertragt die Fragen auf euren Traumberuf und gestaltet dann einen Steckbrief zu diesem.

Der Stoff, aus dem die Träume sind

Stella, 28, ist ganz aufgeregt. Gleich wird ihr Kostümentwurf vorgeführt: ein rosa Petticoatkleid übersät mit roten Organzablümchen und ein sanftroter Mantel mit dunkelbraunem Pelzbesatz. Das Gewand, das in ein paar Minuten von ihrer Freundin Nadine präsentiert wird, hat sie für die Abschlussprüfung an der Gewandmeisterschule vom Entwurf bis zu den Näharbeiten selbst gemacht. Es ist ihr „Meisterwerk" und der krönende Abschluss einer zweijährigen Zusatzqualifikation für Maßschneider und Maßschneiderinnen. Die Stimmung im Saal ist gespannt, fast so wie bei den großen Modenschauen in Paris oder Mailand. Mit Nervosität, Blitzlichtern, Applaus und Glamour.

Dieser Glamour beruht auf wochenlanger, nervenaufreibender Detailarbeit. Stella hat für die Umsetzung ihres Entwurfs insgesamt 250 Stunden gebraucht! Sie musste Maß nehmen, Schnittmuster ausarbeiten, Unterrock aus Tüllbahnen kräuseln, Anproben und aufwändige Verzierungsarbeiten vornehmen. Kein Wunder also, dass nach so viel Energie und Herzblut, die in dem kostbaren Kleid stecken, das Lampenfieber groß ist. Trotz der allgemeinen Aufregung vor Beginn der Präsentation verrät Stella noch ein paar wichtige Details über ihren Werdegang. „Für die Schule braucht man eine abgeschlossene Ausbildung als Maßschneiderin und mindestens zwei Gesellenjahre; eins davon am Theater. Die Lehre habe ich gleich nach der mittleren Reife in einem ganz kleinen Betrieb in München angefangen und wusste relativ schnell: Das ist mein Traumberuf. Ich gehe täglich mit wertvollen Stoffen und schönen Materialien um und bei jeder Produktion lerne ich etwas Neues kennen. Schon während meiner Zeit als Gesellin war ich am Ohnsorg Theater in Hamburg, bei dem Musical „Phantom der Oper" und an der Hamburgischen Staatsoper. Jedes Kostüm ist eine Herausforderung. Und zur Belohnung sehe ich es am Ende auf der Bühne. Genau wie heute Abend." Stella ist die Begeisterung für ihren Job anzusehen. „Das reine Nähen hat mir trotzdem irgendwann nicht mehr gereicht. Ich wollte weiterkommen. Und dafür musste ich lernen, wie ich professionell Maß nehme und Schnitte anfertige." […]

Nun können sich die tapferen Schneiderlein Gewandmeister und Gewandmeisterinnen nennen. Ein Abschluss, der sie zu international gefragten Mitarbeitern an öffentlichen oder privaten Bühnen und auch beim Film macht. Jetzt kann die Zukunft beginnen. „Vielleicht mache ich ein Auslandspraktikum in Paris oder New York. Oder ich gehe zur Oper oder ans Theater. Ich weiß es noch nicht. Zunächst muss die ganze Hektik und Aufregung ausklingen!"

Handfest. Zeitschrift des Handwerks 4/2005

3 Stellas Meisterprüfung ist der Abschluss einer langen Ausbildungszeit. Stellt grafisch dar, welche Stationen sie auf ihrem Weg zur Gewandmeisterin durchlaufen musste.

▸▸ **Seite 232 f.** Ein Schaubild anfertigen LS „Umgang mit Sachtexten"

4 Erstellt eine Liste, in der ihr alle Fähigkeiten verzeichnet, die man für den Beruf der Gewandmeisterin mitbringen sollte.

5 Tragt alle Fragen zusammen, die ihr Stella zu ihrem Beruf noch gerne stellen würdet oder die unbedingt noch zum Berufsbild geklärt werden müssten. Recherchiert im Internet zum Ausbildungsberuf „Maßschneider/Maßschneiderin" und ergänzt eure Informationen.

6 Fasst die Informationen zum Beruf „Maßschneider/Maßschneiderin" in einem kurzen Sachtext zusammen.

Umgang mit Texten/Medien

Sprechen und Zuhören

Was kostet das Leben? – Diskontinuierliche Texte auswerten

Firma/Betr/Kostenst. /P.Nr
20/0220/2002201000/118742

Geburtsdatum... 19.07.1990
Eintr. Konzern. 01.09.2006

Frau
Sonja Sonnenschein
Sonnenstr. 8
88888 Sonnenhausen

Tarif AUSB/02: 764,00

Bezüge/Abzüge	TG/Std.	EUR	Monat	Jahressummen
Ausbildungsbeihilfen (T)			764,00	764,00
STEUER-/SV-BRUTTO				
Gesamtbrutto			764,00	764,00
Steuer-Brutto		764,00		764,00
SV-Brutto KV/PV		764,00		764,00
SV-Brutto RV/AV		764,00		764,00
GESETZLICHE ABZÜGE				
Krankenversicherung	7.30%		55,78-	55,78-
Pflegeversicherung	1.10%		8,40-	8,40-
Rentenversicherung	9.75%		74,49-	74,49-
Arbeitslosenversicherung	3.25%		24,83-	24,83-
Gesetzliches Netto			600,50	600,50

1 Fasst zusammen, welche Bestandteile neben dem Grundgehalt bei einer Gehaltsabrechnung berücksichtigt werden müssen.
- Recherchiert die Begriffe: *Lohnsteuer, Solidaritätszuschlag, Arbeitslosenversicherungsbeiträge* und *Rentenversicherungsbeiträge.*
- Erklärt die Begriffe mit eigenen Worten.

2 Erklärt mit eigenen Worten den Unterschied zwischen Brutto- und Nettogehalt.

3 Informiert euch, welches Bruttogehalt ihr im ersten Lehrjahr eures Traumberufs erhalten würdet. Errechnet euer angenommenes Nettoeinkommen mit den Prozentangaben aus der oben dargestellten Gehaltsabrechnung.

Position	Geschätzte Kosten
Miete (45 m²)	...
Lebensmittel	
Telefon	
Strom	
Wasser	
Vericherungen	
Benzin	
Kino	
Urlaub	
...	
Gesamtsumme	

4 Stellt euch vor, euch würde nach allen Abzügen ein Gehalt von 700 Euro zur Verfügung stehen. Übertragt die Tabelle in euer Heft, ergänzt die Liste um für euch noch infrage kommende Positionen und rechnet die Summe aller Ausgaben zusammen. Kommt ihr mit eurem Gehalt aus?

5 Welche Posten könnten geringer ausfallen bzw. weggestrichen werden, um z.B. Geld für Notfälle oder für eine private Altersvorsorge einzusparen?

6 Welche Notfälle fallen euch ein, die eine Geldreserve im Alltag dringend notwendig erscheinen lassen?

7 Befragt eure Eltern, welche Kosten sie im Monat für euch zu tragen haben.

8 Stellt eure eigenen monatlichen Ausgaben in einem Diagramm zusammen.

Von der eigenen Zukunftsplanung erzählen – Ein Kurzreferat halten

Die Vorbereitung

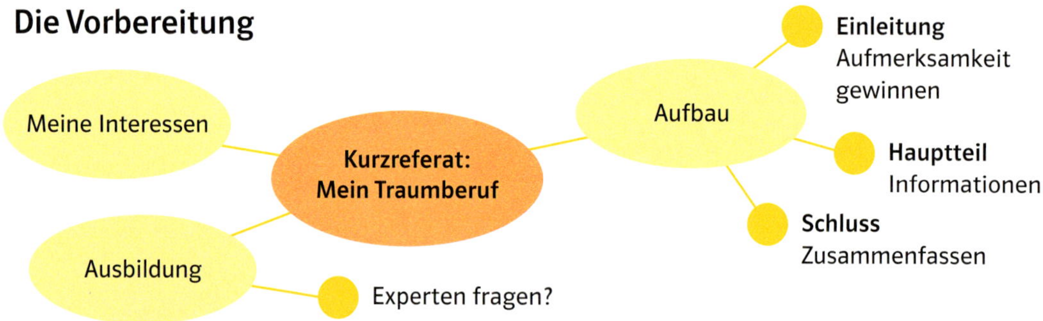

▸▸ **Seite 186 ff.** Arbeitsschritte zum erfolgreichen Referat LS „Sich und andere informieren“

1 Ordnet eure Informationen zum Traumberuf mithilfe einer Mind-Map.

Die Einleitung

Tipp

Ihr gewinnt die Aufmerksamkeit eurer Zuhörer, wenn ihr z.B.

- eine lustige Geschichte voranstellt, die in das Thema einleitet
- eine interessante Frage stellt und deren Beantwortung innerhalb des Referats versprecht
- beeindruckende Zahlen und Fakten zum Thema auflistet
- an die eigenen Erfahrungen der Zuhörer anknüpft
- die Gliederung des Referats kurz vorstellt

2 Vergleicht die beiden Einstiege miteinander. Wie wirken sie auf die Zuhörer? Welcher gefällt euch besser und warum?

3 Überlegt einen spannenden Einstieg in eure Thematik und formuliert diesen schriftlich aus.

Der Hauptteil

Tipps

So kommt euer Kurzreferat gut an:

1. Lies deinen Vortrag nicht ab, sondern sprich frei.
2. Strukturiere deinen Vortrag so, dass man dir gut zuhören kann. Nutze dafür Gedächtnishilfen, z.B. Karteikarten.
3. Ordne die Informationen nach ihrer Wichtigkeit.
4. Halte dich an die W-Fragen.
5. Überlege dir, wie du zur Abwechslung einzelne Teile veranschaulichen (visualisieren) kannst, z.B. durch den Einsatz von Overheadfolien.
6. Verwende bekanntes Vokabular und sprich in einfach gebauten Sätzen; erkläre ggf. Fremd- oder Fachwörter.
7. Hebe wichtige Kernaussagen hervor und/oder benenne Schlüsselwörter.
8. Lege nach Sinnabschnitten kurze Pausen ein.
9. Nenne das Wichtigste gegen Ende.
10. Mache einen Probedurchlauf vor dem Spiegel und prüfe, ob der Aufbau des Vortrags sinnvoll ist, die Länge angemessen usw.

▸▸ **Seite 190 f.**
Den Vortrag vorbereiten/Das Ergebnis präsentieren
LS „Sich und andere informieren“

4 Ergänzt Tipps, die euch noch wichtig erscheinen.

5 Ordnet die Tipps nach Oberbegriffen wie z.B. Inhalt, Struktur, Mimik und Gestik etc.

6 Überlegt euch, wie ihr die Informationen zu eurem Traumberuf sinnvoll reduzieren könnt, und erstellt eine vorläufige Gliederung des Vortrags.

Der Abschluss

7 Fügt die unten aufgeführten Hinweise für den Abschluss eines guten Referats wieder zusammen und übertragt sie in euer Heft.

Beziehe dich | bekannt und/oder teile der Klasse das Ergebnis mit

Fasse wichtige Dinge | auf die Einleitung deines Kurzvortrags

Gib deine persönliche Einstellung/Einschätzung | noch einmal kurz zusammen

Lass den Zuhörern | ob zu bestimmten Bereichen noch mehr Informationsbedarf besteht

Frage nach | Zeit und Raum für Fragen

8 Überlegt euch zu eurem eigenen Vortrag einen geeigneten Abschluss.

Impulse zur Weiterarbeit

- Besucht das Berufsinformationszentrum und erkundigt euch nach Ausbildungsbetrieben, die in eurer Region Ausbildungsplätze in eurem Traumberuf anbieten.

- Vereinbart einen Beratungstermin mit der Beratungslehrerin/dem Beratungslehrer für die Berufswahl an eurer Schule und lasst von ihr/ihm eine Fremdeinschätzung zu eurer Person vornehmen, die ihr dann gemeinsam besprecht.

- Erstellt in der Klasse einen „Fahrplan" für die Bausteine zur Berufswahlorientierung bis zum Ende der 10. Klasse, um gut vorbereitet in das Berufsleben überzugehen.

- Fordert bei der Agentur für Arbeit exemplarische Einstellungstests an und übt damit.

- Bewerbt euch beim Deutschen Gewerkschaftsbund um die Teilnahme an dem Planspiel „Ready, Steady, Go", wo man mit euch u.a. Bewerbungsgespräche simuliert.

- Ihr könnt mit euren Eltern die Einzahlung des Taschengeldes auf ein Girokonto Junior vereinbaren, um das Führen eines Kontos zu trainieren.

- Falls ihr bereits (z.B. wegen einer Handyrechnung) in die Schuldenfalle geraten seid, so erkundigt euch bei der Schuldnerberatung nach Kursen zum Umgang mit Geld, die extra für Jugendliche angeboten werden.

„Das Herz eines Boxers" – Szenisches Interpretieren eines Dramentextes

In diesem Kapitel geht es um das 1998 mit dem Deutschen Jugendtheaterpreis ausgezeichnete Stück „Das Herz eines Boxers" des Autors Lutz Hübner.
In dem Stück geht es um den sechzehnjährigen Jojo: ohne Chance auf Lehrstelle oder Freundin, ohne Hoffnung und Zukunft, von seiner Clique missachtet, ist Jojo wegen Diebstahls zu gemeinnütziger Arbeit in einem Altersheim verurteilt. Dort begegnet er einem älteren Mann namens Leo, einem als gemeingefährlich geltenden, listigen Alten.

Im Einzelnen lernt ihr

- einen Regietext und ein Bühnenbild zu entwerfen
- wie man Standbilder zu einzelnen Szenen baut, um Beziehungen, Handlungen oder Verhaltensweisen der Figuren deuten zu können
- euch in die Figuren des Theaterstückes durch Rollengespräche einzufühlen und ihre Sichtweise in Form von Rollenbiografien einzunehmen
- einen dramatischen Text szenisch zu lesen und hierdurch zu deuten
- einzelne Szenen im Spiel zu erproben und zu interpretieren

1. Runde: Jojo im Altersheim – Bühnenbild und Regietext entwerfen

Lutz Hübner

Das Herz eines Boxers

Personen

Jojo, ein Jugendlicher, etwa sechzehn Jahre
Leo, Mann Ende sechzig, Bewohner des Zimmers

Raum

Zimmer in einem Altersheim, ungemütlich, klein. Ein Tisch, Sessel, ein Fenster zum Park. Viele Kartons, keine Bilder an der Wand.

1. Szene

Leo kommt herein, auf einem Tisch liegen ein frisches Handtuch und eine kleine Schale mit Tabletten.
Leo hängt sich das Handtuch um, schüttet sich die Tabletten in die Hand, geht zum Fenster, öffnet es, sieht sich um, dann schmeißt er die Tabletten in hohem Bogen nach draußen, er schließt das Fenster.
Er markiert ein paar Boxschläge, ein Geräusch ist von draußen zu hören, Leo setzt sich schnell in den Sessel, zieht sich eine Decke über die Füße, rückt den Sessel Richtung Fenster, sieht nach draußen.
Die Tür geht auf, Jojo kommt herein, er hat Folie, einen Eimer weiße Wandfarbe und Pinsel dabei.

Jojo Schönen Tag, die Knackibrigade Schöner Wohnen soll aus der Butze hier wieder eine menschliche Behausung machen. Glückwunsch, dass es ausgerechnet dich erwischt hat, lass die Korken knallen, die nächste Kolonne kommt frühestens in hundert Jahren, und wer weiß, ob wir das noch erleben, was?
Er stellt die Sachen ab.
Also, die nächsten Tage geht hier die Post ab. Da hilft nur eins, Ruhe bewahren, keine Panik. Die Pantoffeln und die Strickweste bleiben sauber. Du wirst gleich hübsch in Folie verpackt, ich hab sogar durchsichtige mitgebracht, damit du mir schwer beeindruckt beim Streichen zusehen kannst. Kommt ja schließlich nicht alle Tage vor, dass hier im Heim einer arbeitet, was? Klar, Strohsterne und so'n Tinnef is ja auch ne Schweinearbeit. Okay, das war der Showteil. Wo fang ich denn an?
Er sieht sich um.
Die Wand hier ist ganz gut.
Leo dreht sich um, sieht Jojo an.
Was glotzt du denn so? Der erste Besuch seit dem Krieg, was? Glaub bloß nicht, dass ich das hier aus Menschenfreude mache.

Seh ich aus wie jemand, der ein Herz für Senioren hat? Eben. Also, bringen wir's hinter uns, ich streich dir die Bude, reiß meine Stunden runter und du versuchst, mir nicht im Weg rumzustehen, okay? [...] Also wenn du Spaß dran hast, bring ich dir auch gerne Sprechen bei. So die Grundbegriffe: ja, nein, bitte, danke, cool, kult, ätzend. Das kann wahre Wunder wirken, kommt man locker mit durch. Naja, hier im Heim wahrscheinlich besser ‚Hose voll' und ‚Schmerzen'. So, Meister, jetzt geht's los!

Er steigt auf die Leiter, nimmt einen Pinsel voll Farbe und streicht eine Ecke.

Na? Wirkt doch gleich viel freundlicher. Ja, hast du alles meinem Jugendrichter zu verdanken. Ein geklautes Mofa, und schon geht für einen Rentner die Sonne auf.

Er streicht weiter.

Oder bedank dich besser bei der Alten, die nachts um zwei noch aus dem Fenster gafft, während Jugendliche versuchen, sich zu motorisieren. Ohne die hätte ich jetzt ein Mofa und nen freien Nachmittag. Mit nem schönen Platz hier im Heim wäre das nicht passiert, da hätte sie höchstens petzen können, wenn ihr euch die Gebisse aus dem Nachttisch angelt. Na ja, aber dann hätten wir uns nie kennen gelernt, so ist das Leben.

Er streicht.

[...] Das ist ja richtig Knast hier. Seid ihr alle gemeingefährlich oder was? Bei den Bekloppten drüben versteh ich's ja, aber bei so Opas wie euch? Die haben wohl Angst, dass ihr vor ein Auto latscht, was? Also eins weiß ich, bevor ich mal in so einem Rentnerknast lande, schieß ich mir ne Kugel in den Kopf. Naja, genug gelabert, der Berg ruft.

Jojo nimmt den Pinsel, steigt auf die Leiter.

Oh Scheiße, die Farbe. Sag mal, Kumpel, kannst du mir mal eben den Eimer hochgeben? So ein Mann in meinem Alter geht nicht gern zweimal ne Leiter hoch.

Leo erhebt sich langsam, Jojo streckt die Hand aus, Leo gibt Jojo den Farbeimer hoch, schrägt ihn dabei immer mehr an.

Jojo Hey pass auf, der kippt gleich.

Die Farbe läuft Jojo über die Füße.

Sag mal, bist du bescheuert??

Black

1. Lest die erste Szene laut vor. Bestimmt auch eine Person, welche die Regieanweisung liest.
2. Schreibt einen inneren Monolog Leos zu der vorliegenden Szene. Was fühlt und denkt er in dieser Situation?
3. Verfasst einen Regietext, in dem ihr erklärt, wie die Figuren handeln, wie sie aussehen, d.h. welche Gestik, Mimik, Körperhaltung diese haben und welche Kleidung sie tragen. Beschreibt möglichst genau.
4. Gestaltet ein Bühnenbild für diese Szene. Zeichnet hierfür einen Grundriss, in dem ihr die Positionierung der Figuren, alle Requisiten und Lichtquellen eintragt.

Arbeitstechnik

Regietexte anfertigen

Ihr seid der Regisseur des Theaterstücks und wollt diese Szene auf die Bühne bringen (inszenieren). Hierfür müsst ihr einen Regietext anfertigen, der Kleidung und Aussehen, Körperhaltung und Handlung der Figuren beschreibt. Auch auf ihre Rolle, ihre Funktion in dieser Situation und die Beziehung, die zwischen ihnen besteht, solltet ihr eingehen, um den Blick über die Szene hinaus auf die innere und äußere Haltung der Figuren zu lenken.

▸▸ **Seite 204**
Sich verständigen
LS „Sich verständigen – Gespräche führen – Argumentieren"

2. Runde: Zwei Generationen treffen aufeinander – Standbilder bauen

Arbeitstechnik

Standbilder bauen

Standbilder kommen fotografischen Momentaufnahmen gleich. In ihnen könnt ihr Handlungen „einfrieren", indem ihr die eingenommene Position, Körperhaltung, Gestik und Mimik der Figuren in einem Bild erstarren lasst.

Wie werden Standbilder gebaut?

- Lest die Szene gemeinsam in der Kleingruppe. Sprecht über den Inhalt und das Verhältnis der auftretenden Figuren zueinander. Formuliert erste Eindrücke zu Gestik, Mimik und Körperhaltung der Figuren.
- Teilt die Gruppe in Standbildbauer und Darsteller auf.
- Entsprechend der Vorüberlegung der Gruppe modellieren die Standbildbauer nun die Darsteller wie eine Knetmasse. Körperhaltung und Personenkonstellation werden so lange geformt, bis das Bild dem entspricht, was man damit ausdrücken möchte.

Wie werden Standbilder besprochen?

- Das fertige Standbild wird allen präsentiert. Zuerst beschreiben die Beobachter, was sie sehen und was das Bild für sie ausdrückt. Eine Hilfestellung kann in dieser Phase ein Beobachtungsbogen sein, in dem stichwortartig Mimik, Gestik, Körperhaltung, Positionierung der Figuren und Deutungsaspekte notiert werden.
- Dann erklärt die darstellende Gruppe ihr Ergebnis.
- Grundlage während der gesamten Erarbeitungsphase ist stets die Textvorlage.

1 Baut ein Standbild zu der ersten Szene des Theaterstücks (siehe S. 24 f.).

2 Besprecht die Ergebnisse der unterschiedlichen Gruppen und diskutiert, welche Standbilder die in dieser Szene dargestellte Beziehung zwischen Jojo und Leo besonders treffend zeigen.

Am zweiten Tag kommt Jojo völlig durchnässt bei Leo im Altersheim an.
Wie gewohnt, beginnt er mit seiner Streicharbeit und erzählt nebenbei von seiner Straftat.

2. Szene

Jojo […] Du hältst mich halt für nen Gangster. So ein Typ, der nachts in seiner Lederkutte loszieht, Joe Cool, der Rentnerschreck. Also, dann halt jetzt mal dein Gebiss fest, ich hab das Mofa gar nicht geklaut. Da staunst du, was? Ich bin genauso ein Trottel wie du, ich hab's für nen anderen auf mich genommen, weil der mit seinen Vorstrafen sonst direkt in den Bau gegangen wär. Echt edel von mir, was? So richtig Robin Hood.

Er streicht

Und jetzt gibt er überall an, dass er einen Idioten gefunden hat, der für ihn die Strafe reißt, einfach, weil ich ihn so toll finde und mich bei ihm einschleimen will, da hab ich mir echt Ruhm eingehandelt, was? Ein Idiot, der einem Idioten kostenlos bei Regen die Bude pinselt, dolle Welt. […]

Er streicht, Leo dreht sich um, sieht Jojo an.

Leo Du hast ja richtig Charakter.

Jojo lässt den Pinsel sinken, sieht Leo an.

Jojo Hast du grade was gesagt, oder bilde ich mir das ein?

Leo Du hast ja richtig Charakter.

Jojo Sag mal, kriegst du etwa alles mit, was ich da labere? […] Warum hast du denn die Schnauze gehalten?

Leo Ich hatte vor zwei Wochen einen Schlaganfall, seitdem kann ich nicht mehr sprechen. Ich bin völlig hilflos, keiner weiß, wie viel ich überhaupt noch mitkriege, der arme alte Mann.

Jojo starrt Leo an.

Jojo Klar doch Schlaganfall, du sprichst doch ganz normal, verarschen kann ich mich alleine. […] Was soll das heißen, ich hab Charakter, soll das ne Beleidigung sein?

Leo Du hast für einen anderen eine Strafe auf dich genommen, das ist Charakter. Das ist, was man tut für einen Freund. Jetzt hat dich der Freund verraten, die Welt ist schlecht.

Jojo Der war nie mein Freund, der hat nur ne große Schnauze und spielt den Chef, also das ist es nicht.

Leo Ist sie ein schönes Mädchen?

Jojo Was soll der Scheiß denn jetzt, ich hab kein Wort von einer Tussi gesagt, bist du ein alter Schweinigel oder was?

Leo Das ist keine Schande.

Jojo Was red ich denn überhaupt mit dir, Lebensberatung bei den Bekloppten, so weit kommt's noch.

Leo Du wolltest ein Held sein, damit dein Mädchen dich liebt, und hast eine gute Tat begangen. Es bleibt eine gute Tat, auch wenn dich jetzt alle für einen Trottel halten. Du musst stolz darauf sein, und wenn dein Mädchen nicht blöd ist, ist sie auch stolz auf dich.

Jojo Hör mal, das ist hier nicht Hollywood, so denkt die nicht.

Leo Wie denkt sie denn?

Jojo *kleinlaut* Das wüsst ich auch gerne. Sie ist ne Freundin von einer aus unserer Clique, ich kenn sie kaum.

Leo Na, und da wolltest du ein bisschen Eindruck schinden als großer Zampano, ist eigentlich nicht verkehrt gedacht. […] Du solltest zu ihr gehen und mit ihr sprechen.

Jojo Tolle Idee, dass ich da nicht selbst draufgekommen bin. Ich geh einfach hin und sage: Hier bin ich, dich habe ich unter Millionen Frauen ausgesucht. Ich, der große Jojo, der letzte Depp meiner Gang, weil ich so cool bin, dass ich noch nicht mal schwarzfahren kann. Der Meister des Universums, der's noch nicht mal geschafft hat, ne Lehrstelle zu kriegen, und deshalb seine Zeit auf Erden damit zubringt, bei einem Trödler das Lager auszumisten. Folge mir in die kosmischen Weiten, ich spendier dir ne Currywurst, ich hab zwei Tage gespart.

Leo Kauf ihr eine Rose.

Jojo Wie?

Leo Das sind diese roten Blumen mit den Dornen am Stiel, leg sie ihr vor die Tür.

Jojo Alles klar, ich reite auf einem weißen Gaul in ihre Mietskaserne und leg ihr Gemüse vor die Tür.

Leo Und morgen wieder, eine Woche lang.

Jojo Das geht bei der nicht.

3 Baut ein Standbild. Vergleicht die Ergebnisse mit den Standbildern, die ihr zur ersten Szene gebaut habt, und stellt Deutungen an, wie sich die Beziehung zwischen Jojo und Leo entwickelt hat.

4 Erklärt unter Einbezug von Textbelegen, woran zu erkennen ist, dass mit den beiden Figuren Jojo und Leo „zwei Generationen aufeinandertreffen“.

5 Jojo weiß nicht so genau, was er von Leos Ratschlag halten soll, seinem Mädchen Rosen zu schenken. Verfasst einen inneren Monolog Jojos, in dem er seine Gedanken und Gefühle hierzu äußert.

Umgang mit Texten/Medien

Sprechen und Zuhören

3. und 4. Runde: Leos Boxkarriere – Rollengespräche und Rollenbiografien entwickeln I

1 Lest die gesamte dritte Szene von S. 28 bis S. 30 und entwickelt ein Rollengespräch zwischen einem Spielleiter und Leo. Geht hierbei, wie in der Arbeitstechnik erklärt, vor. Als Hilfestellung dient euch auch der vorgegebene Anfang des Rollengesprächs.

2 Präsentiert die Ergebnisse der Kleingruppen und besprecht diese. Tragt alle wichtigen Fragen und Antworten zur Figur Leos schriftlich zusammen.

Rollengespräch mit der Hauptfigur Leo:

Spielleiter:	*Wie alt bist du, Leo?*
Leo:	*Ich bin jetzt Ende sechzig.*
Spielleiter:	*Wie siehst du aus?*
Leo:	*Heute habe ich mich besonders herausgeputzt. Ich habe meinen Bademantel mit all meinen Orden behängt.*
Spielleiter:	*Wo und wie lebst du?*
Leo:	*Zurzeit lebe ich …*

Arbeitstechnik

Rollengespräche führen

Ein Spielleiter führt mit einer Hauptfigur eine Art Interview durch. Da die Figur eine bestimmte Rolle übernimmt und alle Fragen zur Person aus deren Perspektive beantwortet, nennt man diese Gespräche auch Rollengespräche.

Wie werden Rollengespräche geführt?

- Lest den Text sorgfältig durch und diskutiert diesen in der Kleingruppe.
- Entwerft möglichst vielfältige Fragen, die der Spielleiter der Figur stellen soll.
- Spielt das Rollengespräch durch. Versetzt euch in die Rolle der Figur und steht dem Gesprächsleiter Rede und Antwort.

3. Szene

Jojo kommt herein, Leo sitzt im Sessel, er hat einen Bademantel an, vollgehängt mit Orden, ein Pokal steht neben ihm. Jojo sieht ihn verständnislos an

Leo Guten Tag, Jojo …

Jojo Angetreten, Herr General. Wer sind wir denn? Napoleon oder Stalin? Ich sag der Schwester Bescheid, das muss man gesehen haben, für den Auftritt gibt's bestimmt ne extra Schlummerspritze als Belohnung.

Leo Mach dich nicht lustig über mich, die hab ich mir alle selbst verdient.

Jojo Da haste aber ne Menge Leute für abgeschossen, was? Oder zwanzig Jahre Mainz, wie es singt und lacht. Hör mal zu, mit so was kannste mir nicht imponieren. Heilige Scheiße, und ich dachte schon, du hättest irgendwie was auf dem Kasten. Ich fang jetzt an zu streichen, Rambo, okay? Wenn ich von da oben irgendwelche Indianer sehe, sag ich Bescheid. […]

Leo Wenn du mal für fünf Minuten still bist, erkläre ich es dir.

Jojo Also, schieß los, besser gesagt, fang an.

Leo Ich möchte dich bitten, mir einen Gefallen zu tun. Das sind Sachen, die sich im Lauf meines Lebens so angesammelt haben, ich brauche sie nicht mehr, hab sie nie gebraucht. Du hast gesagt, du arbeitest bei einem Trödler.

Jojo Und ich soll dir das Lametta da verscheuern, was?

Leo Ich brauche nur hundertvierzig Euro, den Rest kannst du behalten.

Jojo Vergiss es.

Leo Aber ich brauche das Geld, dringend.

Jojo Ich hab gesagt, vergiss es.

Leo Gut, ich vergesse es, streich deine Wand, aber halt die Klappe, ich will nichts mehr hören.

Jojo Mein Gott, nun sei doch nicht gleich eingeschnappt. Ich verkauf dir den Plunder nicht, weil du da keinen Cent für bekommst. Das Zeug ist absolut nichts wert, verstehst du? Ich könnte genauso versuchen, lackierte Kronkorken zu verscherbeln. […]

Jojo wühlt in den Kartons, fördert einen Stapel alter Zeitungsausschnitte zutage.

Jojo *liest* Gestern Abend hat Leo, der rote Löwe, im Sportpalast durch ein klares Knockout in der dritten Runde den Kampf gegen Kid Sanchez für sich entscheiden können.

Er nimmt einen anderen Ausschnitt.

Großer Empfang für die Boxer aus Barcelona, der morgige Kampf von Baltasar Sangchili gegen den roten Leo wird mit Spannung erwartet.

Er nimmt einen anderen Ausschnitt.

Kultur trifft Sport. Gestern Abend besuchte der rote Leo die Galavorstellung im Wintergarten. Danach gab es noch ein Gespräch mit Größen des Showbusiness über die Gemeinsamkeiten von Boxen und Theater …

Jojo sieht Leo an.

Sag mal, bist du das?

Leo Kann man dafür etwas bekommen? Hundertvierzig Euro?

Jojo Ich hab dich was gefragt. Bist du der rote Leo, der Boxer?

Leo Ja, warum?

Jojo wühlt in den Zeitungsausschnitten.

Jojo Oh Mann, du warst ja ein richtiger Star, du warst ein Boxer.

Leo Das ist ein Beruf wie jeder andere auch. Man versucht, so schnell wie möglich Feierabend zu haben und ohne ein blaues Auge nach Hause zu kommen.

Jojo Wieso denn der rote Leo?

Leo Nun, weil ich immer in Rot geboxt habe, ich hab mir extra knallrote Boxhandschuhe machen lassen. Ich war sehr jung und ich war ein bisschen verrückt.

Jojo Der rote Leo! Du warst ne richtig große Nummer.

Leo Was sollte ich denn tun. Ich hatte keinen Job, kein Geld, was hätte ich denn machen sollen, von irgendwas musste ich ja leben. Damals haben alle geboxt, die ganze Stadt war verrückt danach, die Boxer waren richtige Stars, na, und ich hab Glück gehabt. Dann musste ich weg, weil ich auch sonst der rote Leo war. Ich war Soldat, Matrose, Leibwächter … Die Zeiten waren ein bisschen unruhig, weißt du, dann war der Krieg vorbei und ich bin zum Zirkus, hab wieder geboxt. Das ist kein leichtes Leben, wenn man ein friedlicher Mensch ist.

Jojo Du warst ein richtiger Held, Mann.

Leo Ich hab nur mein Leben lang versucht, durchzukommen. Weißt du, ich schlag mich nicht gerne. Der schönste Job, den ich hatte, war Lose verkaufen, als ich zu alt zum Boxen war.

Jojo Und das soll ich dir glauben?

Jojo wühlt in den Kartons, findet ein Paar zerschlissene rote Boxhandschuhe, er betrachtet sie ehrfürchtig.

Umgang mit Texten/Medien

Schreiben

3. und 4. Runde: Leos Boxkarriere – Rollengespräche und Rollenbiografien entwickeln II

Jojo Du stehst da im Ring, alle sehen dich an, und da ist so ein Kerl, der will dir ans Leder, der will dich vernichten, er tänzelt um dich rum, und du schlägst zu, du machst ihn fertig, du bist der Sieger, das muss doch ein irres Gefühl sein.

Leo Ich hab immer Angst gehabt.

Jojo Angst?

Leo Dass ich mal an so einen gerate, so einen Killer, der kämpft, um sich zu beweisen, dass er der Größte ist, dass er ein Kerl ist, so einer, der es genießt, wenn Blut fließt. Ich hab solche Typen immer gehasst. Ein richtiger Boxer ist ein Gentleman, ein Künstler. Ein richtiger Boxer hat ein so großes Herz, dass er niemanden hassen kann. Er schlägt zu, aber nicht aus Hass, und wenn er einsteckt, nun, davon geht die Welt nicht unter, so ist das Leben, ganz k.o. ist man nie. Na gut, man liegt am Boden, dann steht man wieder auf. Es ist schön, wenn man gewinnt, aber wenn man verliert, okay, das nächste Mal. […]

Jojo Wenn einen so ein Arsch blöd anlabert, rums, eins in die Fresse.

Leo Ich bin immer weggelaufen.

Jojo Aber du bist ein Boxer.

Leo Aber ich sag dir doch, ich schlag mich nicht gern, nur im Ring.

Jojo Nie?

Leo räuspert sich.

Leo Doch, einmal, und das ist mir heute noch unangenehm. Ich war vorher in einem Heim, in dem ich mich richtig wohl gefühlt habe. Na ja, und da ist es mir passiert, wie soll ich sagen, da hab ich mir einmal in die Hose gemacht, und das war mir sehr peinlich. Weißt du, es ist nicht immer einfach, alt zu sein, wenn einen die Leute wie einen Idioten behandeln. Und da war dieser Pfleger, ich hab ihn nie leiden können, so einer wie du, als du vorgestern hier reingekommen bist, so einer, der mit dir umgeht, als wäre man ein Meerschweinchen. Er holt die Wäsche ab und bemerkt mein Missgeschick. Da brüllt er, so dass alle es hören können: He, Leo, wird wohl langsam Zeit für die Windeln. Da hab ich mich sehr geschämt, aber ich dachte: Du bist nur ein kleiner Rotzlöffel, du wirst auch noch alt, schneller, als du denkst. Aber als er dann am nächsten Tag kommt und mich mit so einem gemeinen Lächeln fragt, ob ich denn noch trocken sei, ist mir doch die Wut gekommen. Weißt du, ich war einmal berühmt für meine Linke, den Stahlhammer haben sie sie genannt. Er ging sofort zu Boden, die anderen haben ihn noch lachend ausgezählt, aber ich wusste, jetzt kriege ich Ärger. Also kam ich hierher, in die Geschlossene, weil sie dachten, ich bin gemeingefährlich. Wenn ich nicht den Schlaganfall vorgetäuscht hätte, würden sie mich jetzt noch nicht in Ruhe lassen. Ich hätte das nicht tun dürfen, es war falsch. Ich glaube, sie nehmen es sehr übel, wenn ein Opa einen jungen Pfleger mit einem linken Haken erledigt, sie mögen es nicht.

Stille, Jojo sieht ihn bewundernd an.

Jojo Zeig mir, wie man boxt.

Leo Du willst ein Held sein, es ist besser, wenn du es nicht weißt.

Jojo Ich nehm den Kram mal mit, aber es wird eine Menge Arbeit, das zu verkaufen, ich werd es probieren.

Leo Ich denke mal drüber nach, vielleicht ein bisschen Beinarbeit.

1 Erklärt, wie der Titel des Dramas „Das Herz eines Boxers" zu verstehen ist.

2 Entwerft eine Gedankenrede Jojos, in der er sich über Leo äußert. Wie nimmt er ihn nach dieser dritten Begegnung im Altersheim wahr?

Fragen zur Einfühlung:

Wie heißt du?
Gibt es besondere Verhaltensweisen?
Welchem Beruf gehst du nach?
Wie sieht dein Alltag aus?
Welchen Sprachstil verwendest du?
Wie nimmst du dich selbst wahr, wie nehmen dich andere Menschen wahr?
Was sind deine Probleme, Ängste und/oder Freuden?
Gibt es Stationen in deinem Leben, die für deine persönliche Entwicklung wichtig sind?

3 Entwickelt eine Systematik für die Fragen zur Einfühlung. Sortiert diese überordnenden Kategorien (z.B. Aussehen) zu.

4 Ergänzt die Liste der Fragen zur Einfühlung in Figuren durch weitere Fragen, die euch einfallen. Ihr könnt hierfür auch die Fragen aus dem Rollengespräch verwenden.

Mein Name ist Leo, man nannte mich auch während meiner Boxerkarriere den „Roten Leo", weil ich immer mit roten Boxhandschuhen angetreten bin, die ich mir für meine Wettkämpfe hatte anfertigen lassen. Damals war ich eine richtig große Nummer im Boxgeschäft. Gerne erinnere ich mich an meine Boxkämpfe im Sportpalast gegen Größen wie Baltasar Sangchili zurück. Aber eigentlich ...

Arbeitstechnik

Rollenbiografien verfassen
In einer Rollenbiografie versetzt ihr euch in die Rolle einer Figur und schreibt aus deren Perspektive (Ich-Form) eine **Gedankenrede.**
Wie werden Rollenbiografien erstellt?
- Lest die Dramenszene aufmerksam durch und versucht, eine Vorstellung von der Figur aufzubauen.
- Nutzt den Fragebogen mit den möglichen „Einfühlungsfragen". Eine mögliche Vorarbeit kann auch das Rollengespräch sein (S. 28 f.), um sich in eine Figur einzudenken.
- Versucht, möglichst viele Fragen zu einer Figur zu beantworten, und verfasst auf der Grundlage dieser Planung eine Rollenbiografie in Ich-Form .

5 Plant eine Rollenbiografie mithilfe der Frageliste und setzt den Anfang der hier vorgegebenen Biografie fort.

6 Überarbeitet eure Biografien in Form einer Schreibkonferenz.

▸▸ **Seite 227**
Eine Figur charakterisieren
LS „Umgang mit literarischen Texten"

Umgang mit Texten/Medien

Sprechen und Zuhören

5. Runde: Kleine Boxschule – Szenisches Lesen

Jojo hat sich mit seinem Widersacher geprügelt und dabei ein blaues Auge kassiert. Vor Leo möchte er seine Niederlage verheimlichen, was ihm aber nicht gelingt, da ihm ein Messer aus der Tasche fällt, was er sich gekauft hat, um sich zu rächen. Im Gespräch kann Leo ihn davon überzeugen, dass Gewalt keine Lösung für sein Problem ist. Nebenbei erklärt Jojo, er habe Leos Zeug für 150 Euro bei einem Trödler verkauft.

5. Szene

Leo in Boxergrundstellung, Jojo hüpft etwas ungeschickt in der Mitte des Raumes herum, die Fäuste erhoben, Leo deutet Schläge an.

Leo Da hätte ich dich erwischt, und da, siehst du, wieder. Du musst dich mehr bewegen, nicht so lahm, na los.

Jojo Wie soll man denn einen Treffer landen, wenn man herumhüpft wie ein Huhn auf ner Herdplatte?

Leo Na gut, dann bleib einfach mal stehen, und los.

Leo deutet einen Treffer an.

Das wärs gewesen, hast du verstanden? Das ist wie im richtigen Leben, du musst immer in Bewegung sein, und irgendwo ist eine Lücke, da kommst du rein. Wenn du dastehst wie eine Schießbudenfigur, gibt es immer jemanden, der Lust hat, dir eine reinzuhauen. Zweite Regel: Du musst immer mit der Kraft deines Gegners kämpfen, du musst sie in deine eigene verwandeln, das ist das ganze Geheimnis. Je stärker dein Gegner, desto größer deine eigene Kraft. […]

Jojo Machen wir weiter?

Leo Wie spät ist es?

Jojo Zwanzig vor zwölf.

Leo Nein, dann muss ich jetzt gehen.

Jojo Wo willst du denn hin?

Leo Nach Südfrankreich.

Jojo Können vor Lachen, warum nicht gleich ne Weltreise. […]

Leo Es ist das Normalste von der Welt. Ich fühle mich hier nicht wohl, also gehe ich weg. Die Fahrkarte kostet hundertvierzig Euro, die habe ich.

Jojo Und was willst du da unten machen?

Leo Ein Freund von mir hat da unten eine Kneipe, auch ein alter Boxer, wir haben uns oft verdroschen. Er hatte einen rechten Aufwärtshaken, mir tut jetzt noch alles weh, wenn ich dran denke. Wir haben uns immer gemocht. Er ist blind, weißt du. Viele Boxer werden blind, das ist Berufsrisiko. Er hat mich eingeladen, mit ihm die Kneipe zu führen. Das wird mir mehr Spaß machen, als hier zu sein. […]

Jojo Das ist doch völliger Blödsinn. Du kannst doch nicht einfach da rausmarschieren, du glaubst doch nicht, dass der Pförtner dich durchlässt. Nee nee, so was muss genau geplant sein.

Leo Von zwölf Uhr fünf bis zwölf Uhr zwanzig machen die Stationsschwestern Kaffeepause, in der Zeit komme ich unten bis zur Tür. Zwischen zehn nach und viertel nach zwölf kommt der Wagen, der das Essen bringt. Ein junger Mann fährt mit einem Auto vor und geht mit drei Behältern in den hinteren Trakt. Dazu braucht er fünf Minuten, manchmal acht, je nachdem, welche Schwester er auf dem Flur trifft. In dieser Zeit lässt er den Motor laufen. Ich brauche mich also nur hinters Steuer zu setzen und loszufahren. Die Schranke an der Pforte wird offen sein, weil der Pförtner sie für die kurze Zeit nicht schließt. Ich fahre bis zur nächsten U-Bahn-Station, dort lasse ich den Wagen stehen, steige um und fahre zum Bahnhof.

Ein Zug fährt um zwölf nach eins. Ist dir das genau genug geplant?

Jojo nickt.

Jojo Ich weiß wirklich nicht, ob du verrückt bist oder nicht.

Leo Wenn ichs noch nicht bin, würde ichs hier werden, also gehe ich. Wie spät?

Jojo Kurz nach zwölf.

Leo Denk an die Rose.

Jojo Gestern hätte sie mich fast erwischt. Ich leg das Ding vor die Tür, da hör ich Schritte drinnen. Ich hatte Glück, dass der Aufzug offen war, die wollte mich abpassen. Ich hab das Gefühl, ich bin da ganz übel auf dem Holzweg.

Leo Leg heute einen Brief dazu, wann du sie treffen möchtest. Und wenn sie kommt, hab keine so große Schnauze, ja?

Jojo Ich werds versuchen.

Leo Ich wünsch dir Glück.

Jojo Ich wünsch dir Glück.

Man hört draußen ein Auto vorfahren.

Leo Der Wagen kommt, ich muss mich beeilen.

Leo geht, Jojo geht zum Fenster, öffnet es, ein anfahrendes Auto ist zu hören, kurz danach ein lautes Klirren.

Jojo Scheiße!

Black

1 Erprobt in Kleingruppen anhand dieser Szene die unterschiedlichen Formen des szenischen Lesens. Tragt euch unterschiedliche szenische Lesedurchgänge vor und besprecht, welche Sprechhaltung ihr für die geeignetste haltet. Begründet eure Meinung mithilfe von Textzitaten.

2 Was könnte nach dem Unfall mit dem Auto passiert sein? Entwerft eine Szene, in der ihr beschreibt, was mit Leo geschieht.

3 Jojo schreibt am Abend einen Brief an das Mädchen. Versetzt euch in seine Situation und formuliert diesen Brief.

Arbeitstechnik

Szenisches Lesen

Beim szenischen Lesen entwerft ihr durch das Experimentieren mit Tonfall, Lautstärke und Sprechrhythmus eine Vorstellung von der Situation, der Handlung, den Figuren und ihren Beziehungen zueinander.

Möglichkeiten des szenischen Lesens

1. Die Szene wird im ständigen Rollenwechsel gelesen, d.h. ein Sprecher übernimmt nur eine zusammenhängende Äußerung einer Figur. Ein Stuhl, der so genannte „Sprecherstuhl“, auf den sich der einzelne Sprecher beim Lesen setzt, wird nach dem Beitrag wieder verlassen.

2. Bildet Gruppen, die jeweils einer Figur zugeordnet werden. Jede Gruppe stellt vor sich einen „Sprecherstuhl“ auf. Dahinter nimmt die gesamte Gruppe Platz. Die Szene wird mit verteilten Rollen gelesen, wobei sich alle aktiven Leser gegenübersitzen. Getauscht wird innerhalb einer Gruppe durch ein Zeichen (z.B. Handauflegen) und der neue Sprecher nimmt dann Platz auf dem „Sprecherstuhl“, um weiterzulesen.

3. Entscheidet euch in der Gruppe für eine Figur und besprecht, wie ihr die Rolle lesen wollt. Nacheinander wird die Rolle in unterschiedlicher Besetzung gelesen und anschließend diskutiert, welche Sprechhaltung am besten zur Figur passt.

▸▸ **Seite 204**
Sich verständigen
LS „Sich verständigen – Gespräche führen – Argumentieren“

Umgang mit Texten/Medien

Sprechen und Zuhören

6. Runde: K.o. oder Sieg? – Szenisches Spiel

Nach dem missglückten Fluchtversuch wird Leo wieder auf sein Zimmer gebracht und mit Tabletten ruhiggestellt. Jojo hilft ihm, wieder auf die Beine zu kommen, und erzählt Leo, dass er mit seinem Mädchen am nächsten Tag eine Verabredung hat. Dieser ist nach dem Unfall mit dem Auto nur noch frustriert und scheint seinen Plan, nach Frankreich zu flüchten, aufgegeben zu haben.

7. Szene

Leo sitzt im Sessel, eine dicke, alte Frau kommt herein: Langer Mantel, Hut mit Schleier, Handschuhe.

Leo Was wollen Sie hier?

Die Frau schweigt.

Sie haben sich bestimmt in der Tür geirrt.

Die Frau schüttelt den Kopf, holt aus ihrer Handtasche drei Rollen Tabletten und wirft sie Leo auf den Schoß.

Leo Hat Jojo Sie geschickt?

Die Frau nickt.

Was ist denn mit ihm?

Die Frau zuckt mit den Achseln, Leo wirft einen Blick auf die Tabletten.

Das sind Multivitamintabletten.

Die Frau gibt ihm eine Fahrkarte.

Jojo?

Jojo bekommt einen Lachanfall.

Jojo Vitamine wirst du brauchen, Alter. Schließlich hast du ne große Tour vor dir. Na? Was sagst du, ist das nicht perfekt? Du kannst echt froh sein, dass ich bei einem Trödler arbeite. Das ist doch ne erstklassige Montur, oder?

Jojo nimmt die Perücke ab.

Scheiße, ist das heiß. Kein Wunder, dass die immer so griesgrämig gucken, da läuft einem der Schweiß ja bis in die Schuhe. Das ist ja auch so ne Sache für sich, ich hab mir fast die Haxen gebrochen, aber Turnschuhe wären nicht gegangen, fällt ja auf. Das musst du unbedingt üben, bevor du rausgehst.

Leo Ich?

Jojo Ja klar, wer denn sonst? Kapierst du denn nicht? Du ziehst den ganzen Plunder hier an und marschierst zum Bahnhof, Fahrkarte hast du ja schon.

Leo schweigt.

Hast du Angst, belästigt zu werden oder was? Dann stellst du mal kurz die Handtasche ab und ziehst mit dem Stahlhammer durch.

Leo Das kann ich doch nicht machen.

Jojo Das ist doch jetzt nicht dein Ernst, oder?

Leo Ich kann das nicht, da schäme ich mich.

Jojo So, wer will denn jetzt den Helden spielen? Mit nem geklauten Auto vom Gelände rasen, aber nicht auf die Stöckelschuhe wollen. Wer macht denn jetzt auf Männerehre.

Leo Ich weiß nicht.

Jojo reißt sich wütend die Klamotten runter.

Ich hab die Schnauze voll. Weißt du, was mich das an Überwindung gekostet hat, hier so aufzutauchen? Glaub bloß nicht, dass ich jeden Tag wie Charlys Tante durch Berlin fetze. Ich hab eine Schweineangst gehabt, als ich heute morgen los bin, und bis ich raus hatte, wie man die Plörren anzieht, sich schminkt, das Geeier auf den Schuhen und dann die Vorstellung, dass meine Mutter früher von der Maloche kommt, da hätt ich mich gleich hier drüben in der Geschlossenen einquartieren können. [...] Unten beim Pförtner hab ich extra ein bisschen getrödelt, damit er sich eine dicke Alte merkt, die hier zu Besuch ist. Es kann nichts schiefgehen.

Das ist ein Plan der oberen Spitzenklasse und du stellst dich an.

Leo Und wenn sie mich erkennen?

Jojo Dann kommst du halt auf die geschlossene Frauenstation, ist doch auch mal was anderes. Ach, mach doch was du willst, spring aus dem Fenster, lass mich in Ruhe.

Stille, Jojo zündet sich eine Zigarette an.

Leo Aber ich mache es doch.

Jojo Na endlich, du bist aber auch ein sturer Bock.

Leo Ich habs gleich machen wollen.

Jojo Und warum zickst du dann so rum?

Leo Sei mir nicht böse, aber es hat mich gefreut, dass du dich so aufregst.

Jojo Du hast Nerven. Ich reiß mir den Arsch auf und du freust dich.

Leo Es ist schon lange nicht mehr vorgekommen, dass sich jemand für mich – wie hast du gesagt? – den Arsch aufreißt. […]

Leo holt die Boxhandschuhe und gibt sie Jojo.

Leo Hier, damit du die Lektion nicht vergisst.

Jojo Also, an die Arbeit, junge Frau.

Leo krempelt seine Hose hoch, zieht sich die Strümpfe an, den Mantel, staffiert sich aus.

Leo Wie seh ich aus?

Jojo Ganz die Frau Mutter. Wenn das nicht klappt, graben wir nächste Woche einen Tunnel.

Leo Grüß dein Mädchen von mir.

Jojo Hast du noch irgendeinen Tipp für heute Abend?

Leo Schmink dir die Lippen ab.

Leo geht, Jojo stellt sich ans Fenster.

Leo Bittebittebitte.

Jojo stößt einen Jubelschrei aus, dann zieht er sich die roten Boxhandschuhe an, macht ein paar Schläge in die Luft.

Jojo Okay, Freunde, hier kommt der rote Jojo, was kostet die Welt.

ab, Musik

Black

Arbeitstechnik

Szenisches Spiel

In dem szenischen Spiel handelt der Spieler in der konkreten Situation, die der Text vorgibt und lässt damit die innere und äußere Handlung Gestalt annehmen.

Wie wird ein szenisches Spiel durchgeführt?

- Bestimmt einen Spielleiter, der Handlungsanweisungen bei der Erarbeitung einer Szene gibt. Legt die Rollen für die einzelnen Figuren fest.
- Besprecht, wie der Handlungsort (Bühne) aussehen soll, welche Gegenstände (Requisiten) ihr benötigt und wie diese in die Handlung eingebaut werden sollen, wie die Figuren gekleidet sind.
- Die Spieler erarbeiten, ausgehend von den im Text angedeuteten körperlichen und sprachlichen Handlungen, eine Vorstellung von ihrer Rolle.
- Spielt die Szene mehrmals mit Text. Der Spielleiter unterbricht Handlungen dort, wo diese oberflächlich oder nur undeutlich ausgeführt werden.
- Die Szene wird frei gespielt. Anschließend geben Beobachter und Spielleiter Rückmeldung zu den Handlungen, die noch nicht präzise genug gespielt wurden. Es folgt ein weiterer Durchgang.

1 Erprobt das szenische Spiel anhand dieser Szene.

2 Leo schenkt Jojo seine Boxhandschuhe mit den Worten „Hier, damit du die Lektion nicht vergisst." (Z. 93 f.) Erklärt, was er hiermit meint.

Impulse zur Weiterarbeit

- Informiert euch im Internet über das Leben und Werk des Jugendbuchautors Lutz Hübner. Stellt euch andere Jugendtheaterstücke des Schriftstellers vor.

- Vielleicht bereitet euch das szenische Spiel so viel Spaß, dass ihr das Stück „Das Herz eines Boxers" auch als Theaterstück aufführen möchtet. Erprobt zum Einstudieren des Stücks alle Methoden der szenischen Interpretation.

- Besorgt euch von Theatern in eurer Nähe die Spielpläne und besprecht in eurer Klasse, welches Stück ihr einmal gemeinsam besuchen könnt.

- Manchmal ist es in einem Schauspielhaus auch möglich, einen Blick hinter die Kulissen zu werfen und Gespräche mit den Schauspielern, dem Regisseur und/oder dem Leiter des Theaters zu führen. Interessant ist es sicherlich auch, die Theaterwerkstätten zu besichtigen, in denen Kostüme, Bühnenbild und Maske entstehen.

„Löcher – Die Geheimnisse von Green Lake" – Jugendbücher erschließen

Viele von euch lesen mit großer Begeisterung Jugendbücher. Habt ihr schon mal darüber nachgedacht, nach welchen Kriterien ihr ein solches Buch aussucht?
Um was geht es in diesen Geschichten? An welchen Orten handeln welche Figuren in euren Lieblingsbüchern? Im Folgenden könnt ihr den systematischen Umgang mit Auszügen eines Jugendbuchs in der deutschen Übersetzung vertiefend üben und dabei auch noch etwas über geheimnisvolle Löcher in einem noch geheimnisvolleren Camp erfahren.

Im Einzelnen lernt ihr

- was ein Titelbild und ein Klappentext auf den ersten Blick verraten können
- warum ein Buchanfang besonders entscheidend für die weitere Lektüre ist
- wie man Informationen zu Ort und Figuren erhält
- Themen eines Buches genauer zu verstehen, also die Geheimnisse von Green Lake nach und nach zu entschlüsseln
- dass es am Ende eines Buches Spaß machen kann, nochmals zurückzuschauen, dabei aber auch den Blick nach vorn zur nächsten interessanten Lektüre zu richten

Worum geht's? – Einstieg in ein Jugendbuch

Klappentext
Dieses Buch erzählt die ganz unglaubliche, zum Weinen komische Geschichte von Stanley, der endlich, endlich den Familienfluch der Yelnats bannt. Hundert Jahre gab es kein Entrinnen: Was immer ein Yelnats anfing, es ging schief. Die Geschäftsidee von Stanleys Vater, gebrauchte Turnschuhe zu recyclen, war da nur das letzte Glied einer langen Unglückskette. – Und urplötzlich winkt das Glück. Davor aber liegen: die Geheimnisse von Green Lake.

dt. Ausg.: Sachar, Louis: Löcher. Die Geheimnisse von Green Lake. Beltz & Gelberg, Weinheim 2002 / mit der Illust. von Wolf Erlbruch.

Der Autor Louis Sachar, geboren 1954 in East Meadow, New York, studierte Wirtschaftswissenschaften und anschließend Jura. Er arbeitete als Rechtsanwalt und schrieb in seiner Freizeit Kinderbücher, die bald schon so erfolgreich waren, dass er sich ganz dem Schreiben widmen konnte. Heute lebt er mit seiner Frau und seiner Tochter in Kalifornien.

Louis Sachar

Klappentext
Stanley Yelnats's family has a history of bad luck, so he isn't too surprised when a miscarriage of justice sends him to a boy juvenile detention centre. At Camp Green Lake the boys must dig a hole a day, five feet deep, five feet across, in the dried up lake bed. The Warden claims the labour is character building, but it is a lie. Stanley must dig up the truth.

amerik. Ausg.: Sachar, Louis: Holes. Farrar, Straus & Giroux Inc., New York 1998.

1 Wenn ihr ein Buch in die Hand nehmt, um zu entscheiden, ob es euch tatsächlich interessiert, vermitteln euch das Titelbild und der Klappentext, die euch über den Buchinhalt und den Autor informieren, erste Eindrücke.
- Wie wirken die beiden Titelbilder auf euch?
- Welche Vermutungen habt ihr zum Buchinhalt?

2 Klärt gemeinsam Verständnisschwierigkeiten der Klappentexte. Welche Unterschiede gibt es zwischen dem deutschen und dem amerikanischen Klappentext?

Merke

Der **Klappentext** eines Buches enthält wesentliche Angaben zum Buchinhalt, will aber gleichzeitig die Leser und Leserinnen neugierig machen. Auch über das Titelbild soll das Leserinteresse geweckt werden.

1

Das hier nennt sich zwar Camp Green Lake, aber einen See gibt es gar nicht. Früher gab es mal einen ganz großen, den größten See in Texas, aber das ist schon über hundert Jahre her. Jetzt ist hier alles flach und trocken, eine einzige Wüste. Es gab auch mal eine Stadt, die Green Lake hieß, aber die ist gleichzeitig mit dem See immer mehr zusammengeschrumpft und ausgetrocknet, genauso wie die Leute, die da wohnten. Im Sommer liegt die Temperatur tagsüber bei 35 Grad im Schatten – vorausgesetzt, man findet irgendwo Schatten. Viel gibt es davon nicht an einem großen, ausgetrockneten See. Die einzigen Bäume sind zwei alte Eichen am Ostufer des „Sees“. Dazwischen ist eine Hängematte gespannt und dahinter steht eine Blockhütte. Den Bewohnern des Camps ist es verboten, sich in die Hängematte zu legen. Sie gehört nämlich dem Boss. Der Schatten ist ganz allein für den Boss.

Draußen am See suchen Klapperschlangen und Skorpione Schatten unter Felsen und in den Löchern, die die Bewohner des Camps gegraben haben. Was die Klapperschlangen und Skorpione angeht, sollte man sich eine wichtige Regel merken: Lass sie in Ruhe, dann lassen sie dich auch in Ruhe.

Normalerweise.

Von einem Skorpion oder sogar von einer Klapperschlange gebissen zu werden, ist nicht das Schlimmste, was dir passieren kann. Daran stirbst du nicht.

Normalerweise. […]

Aber keiner würde sich freiwillig von einer gelb gefleckten Eidechse beißen lassen. Das ist das Schlimmste, was einem passieren kann. Dann stirbt man einen langsamen, qualvollen Tod.

Immer.

Wenn du von einer gelb gefleckten Eidechse gebissen wirst, dann kannst du geradeso gut hinüber in den Schatten der Eichen gehen und dich in die Hängematte legen. Dann kann dir nämlich keiner mehr was.

2

Jetzt fragt sich der Leser vermutlich: Aus welchem Grund sollte irgendjemand auf die Idee verfallen, nach Camp Green Lake zu kommen? Die Antwort ist: Die meisten Bewohner hatten gar keine andere Wahl. Camp Green Lake ist eine Anstalt für schwere Jungs.

Nimm einen von ihnen und lass ihn Tag für Tag in brütender Hitze ein Loch graben, und du kannst sicher sein, dass ein guter Junge aus ihm wird. Jedenfalls glaubten das einige Leute.

Stanley Yelnats hatte sogar die freie Wahl. Der Richter sagte: „Du kannst es dir aussuchen – entweder du gehst ins Gefängnis oder du kommst nach Camp Green Lake.“

Stanley kam aus einer armen Familie. Er war noch nie im Leben in einem Feriencamp gewesen.

3 Der Anfang eines Buches will die Leserinnen und Leser in das Geschehen einführen.
- Was erfahrt ihr im ersten und zweiten Kapitel?
- Ein gelungener Buchanfang macht die Leser auf die weitere Handlung gespannt und erzeugt beim Lesen Fragen. Welche Fragen habt ihr nach dieser ersten Teillektüre und wo macht ihr diese im Text fest? Sucht Belegstellen heraus, die das weitere Geschehen andeuten.

4 Angenommen, ihr hättet Stanley beraten können, ob er ins Gefängnis oder ins Camp gehen soll. Wozu hättet ihr ihm geraten und warum?

Stanley Yelnats – Die Hauptfigur in einem Jugendroman

Stanley Yelnats war der einzige Fahrgast im Bus, wenn man den Fahrer und den Wachmann nicht mitrechnete. Der Wachmann saß neben dem Fahrer auf einem umgedrehten Sitz, so dass er Stanley im Blick hatte. Auf seinen Knien lag ein Gewehr. Stanley saß ungefähr zehn Reihen weiter hinten und war mit Handschellen an einer Armlehne festgekettet. Auf dem Sitz neben ihm lag sein Rucksack. Darin waren seine Zahnbürste, Zahnpasta und eine Schachtel mit Briefpapier, die seine Mutter ihm geschenkt hatte. Er hatte ihr versprochen, wenigstens einmal die Woche zu schreiben. […]

Stanley und seine Eltern hatten sich vorzumachen versucht, er würde einfach nur eine Weile ins Feriencamp gehen, so wie die reichen Kinder. […] Jetzt versuchte Stanley sich vorzumachen, dass dieses Mal für ihn selbst „Spaß & Spiele im Feriencamp“ angesagt war. Vielleicht würde er ja Freunde finden, dachte er. Zumindest könnte er im See schwimmen gehen.

Zu Hause hatte er keine Freunde. Er war übergewichtig und die anderen Kinder in seiner Schule machten sich oft darüber lustig. Sogar seine Lehrer machten manchmal irgendwelche grausamen Bemerkungen, ohne es zu merken. […] Stanley war kein schlechter Junge. Er hatte die Tat, wegen der man ihn verurteilt hatte, nicht begangen. Er war einfach im falschen Moment am falschen Ort gewesen.

An der ganzen Sache war überhaupt nur sein Ururgroßvater schuld, dieser elende Tunichtgut und Schweinedieb! Stanley grinste. Das war ein stehender Witz in seiner Familie. Wann immer irgendetwas schiefging, schoben sie die Schuld auf Stanleys Ururgroßvater, diesen elenden Tunichtgut und Schweinedieb. Dieser Ururgroßvater, so hieß es, habe einmal einer Alten, der ein Fuß fehlte, ein Schwein gestohlen, weswegen sie ihn und alle seine Nachkommen verfluchte.

▶▶ **Seite 200 f.**
Aspekte der Figurencharakterisierung
LS „Schreiben“

1 Ergänzt die Informationen zur Hauptfigur Stanley Yelnats, die ihr in diesem Ausschnitt erhaltet. Lest auch die folgenden Textstellen, die etwas über Stanleys Charakter verraten. Sortiert und strukturiert dann alle Hinweise zur Hauptperson, z. B. mithilfe der folgenden Stoffsammlung für eine Figurencharakterisierung:

Persönliche Daten
- Name
- Alter
- Wohnort
- Beruf

Äußere Erscheinung
- Geschlecht/Alter
- Größe
- Figur
- Kleidung
- Auffällige Kennzeichen

Typische Verhaltensweisen
- Bewegung
- Gesichtsausdruck
- Gewohnheiten
- Sprechweise

Lebensumstände
- soziale Bindungen (Familie, Freunde o.Ä.)
- soziale Verhältnisse
- Hobbys

Charaktereigenschaften
- Fähigkeiten
- Stärken und Schwächen
- Wunschvorstellungen/Träume

An dem Tag, als Stanley festgenommen wurde, hatte Derrick Stanley das Hausaufgabenheft weggeschnappt, ihm damit vor der Nase herumgewedelt und gesagt: „Komm, hol's dir doch!“ Schließlich hatte er es ins Jungenklo geschmissen. Bis Stanley es sich endlich zurückgeholt hatte, war sein Bus weg und er musste nach Hause laufen.

Auf diesem Nachhauseweg mit dem nassen Heft und der Aussicht darauf, die ruinierten Seiten noch mal abschreiben zu dürfen, waren die Turnschuhe vom Himmel gefallen.

„Ich bin nach Hause gelaufen und da fielen die Turnschuhe vom Himmel“, hatte er dem Richter erzählt. [...]Genau genommen waren sie natürlich nicht vom Himmel gefallen: Er ging gerade unter einer Überführung hindurch, als ihm der Schuh auf den Kopf fiel.

Für Stanley war es so etwas wie ein Omen gewesen. Sein Vater war schon seit einiger Zeit daran, ein Recyclingverfahren für alte Turnschuhe zu entwickeln, und nun fiel Stanley plötzlich ein Paar Turnschuhe auf den Kopf, scheinbar aus dem Nichts, wie ein Geschenk des Himmels.

Selbstverständlich konnte Stanley nicht wissen, dass die Schuhe „Sweet Feet“ Livingston gehörten. Süß war an diesen Schuhen wirklich nichts. Wer immer sie getragen hatte, musste Fußschweiß der übelsten Sorte gehabt haben. [...]

Er rannte los. Wenn er jetzt daran zurückdachte, war er sich nicht mehr so sicher, warum er eigentlich gerannt war. Vielleicht hatte er es eilig gehabt, seinem Vater die Schuhe zu bringen, vielleicht wollte er auch bloß vor dem ganzen Elend und den Demütigungen davonrennen, die er an diesem Tag in der Schule erlebt hatte.

Dann hatte ein Polizeiwagen neben ihm angehalten. Ein Polizist hatte ihn gefragt, wieso er so rannte. Dann hatte er ihm die Schuhe abgenommen und über Funk eine Nachfrage gestartet. Kurz darauf war Stanley festgenommen worden.

Es hatte sich herausgestellt, dass die Turnschuhe aus dem Heim für Straßenkinder gestohlen worden waren, wo man sie in einer Vitrine ausgestellt hatte. Am Abend desselben Tages wurden in diesem Heim reiche Leute erwartet, die für das gleiche Essen, das die Armen dort Tag für Tag umsonst bekamen, hundert Dollar bezahlen würden. Clyde Livingston, der früher einmal selbst in diesem Heim gelebt hatte, sollte dort sprechen und Autogramme geben. Seine Schuhe sollten versteigert werden, und es wurde damit gerechnet, dass sie mehr als fünftausend Dollar einbringen würden. Das ganze Geld sollte für die Straßenkinder ausgegeben werden.

Wegen der Spieltermine der Baseball-Liga wurde Stanleys Prozess immer wieder verschoben. Seine Eltern konnten sich keinen Anwalt leisten. „Du brauchst keinen Anwalt“, hatte seine Mutter gesagt. „Erzähl ihnen einfach die Wahrheit!“ Stanley hatte die Wahrheit gesagt, aber vielleicht wäre es besser gewesen, wenn er ein bisschen gelogen hätte. Er hätte sagen können, er hätte die Schuhe auf der Straße gefunden. Dass sie vom Himmel gefallen waren, hatte ihm niemand geglaubt.

2 Was erfahrt ihr indirekt über die Hauptfigur Stanley Yelnats?

3 Gibt es in dem Textauszug Hinweise darüber, wie Stanley zu seiner Familie steht? Belegt eure Deutungen mithilfe von Textzitaten.

Seite 268
Zitieren
LS „Lern- und Arbeitstechniken“

4 In allen Zeitungen wird von Stanleys Straftat berichtet. Verfasst einen Zeitungsartikel, in dem ihr über das Ereignis berichtet. Beantwortet alle wichtigen W-Fragen (Wer? Wann? Wo? Was? Wie? Warum?).

Seite 241 f.
Verschiedene Textsorten
LS „Medien“

Wer ist wer in Camp Green Lake? – Schauplatz und Figuren verstehen

[…] Er hatte über acht Stunden im Bus gesessen. „Vorsicht!“, sagte der Busfahrer, als Stanley die Stufen hinunterstieg. […] Die Gegend schien verlassen und absolut kahl. Er sah ein paar heruntergekommene Gebäude und einige Zelte. Ein Stück entfernt stand eine Hütte zwischen zwei Bäumen. Außer diesen beiden Bäumen war an Pflanzen nichts zu sehen. Nicht einmal Unkraut gab es. Der Wachmann brachte Stanley in ein kleines Gebäude. Auf einem Schild am Eingang stand: SIE BETRETEN DIE BESSERUNGSANSTALT CAMP GREEN LAKE.[…] An einem Schreibtisch saß ein Mann. Die Füße hatte er auf die Platte gelegt. Als Stanley und sein Bewacher eintraten, drehte er zwar den Kopf, rührte sich aber sonst nicht. Obwohl er doch im Haus war, trug er eine Sonnenbrille und einen Cowboyhut. In der Hand hielt er eine Büchse Mineralwasser und allein der Anblick machte Stanley noch durstiger. […] „Mein Name ist Mr. Sir“, sagte er. „Und so wünsche ich auch immer angeredet zu werden, ist das klar?“ […]

„Du hast jeden Tag ein Loch zu graben, auch samstags und sonntags. Jedes Loch muss fünf Fuß tief sein und auch einen Durchmesser von fünf Fuß haben. Deine Schaufel ist gleichzeitig dein Maßstab. Frühstück gibt es um halb fünf.“[…]

„Hast du Durst?“, fragte Mr. Sir. „Ja, Mr. Sir“, sagte Stanley dankbar. „Dann solltest du dich langsam daran gewöhnen. Du wirst die nächsten achtzehn Monate lang Durst haben.“ […]

Es gab sechs große graue Zelte und auf jedem stand ein schwarzer Buchstabe: A, B, C, D, E oder F. Die ersten fünf Zelte waren für die Camp-Insassen. Die Betreuer schliefen in Zelt F.

Stanley wurde in Zelt D geschickt. Sein Betreuer hieß Mr. Pendanski. […] Zwei Jungen, jeder mit einer Schaufel, kamen über das Gelände. Mr. Pendanski rief sie. „Rex! Alex! Kommt bitte her und sagt Stanley Guten Tag. Er ist neu in eurer Mannschaft.“ […] „Hi“, brummte der weiße Junge. „Das ist Alan“, sagte Mr. Pendanski. „Ich heiß nicht Alan“, sagte der Junge. „Ich bin Torpedo. Und der da ist X-Ray.“[…] Mr. Pendanski schickte Alan zum Aufenthaltsraum, die anderen Jungen holen, damit er sie Stanley vorstellen konnte. […] Torpedo kam mit vier anderen Jungen zurück. Die ersten drei wurden von Mr. Pendanski als José, Theodore und Ricky vorgestellt. Selbst nannten sie sich Magnet, Deo und Zickzack. […] Der letzte Junge hatte entweder keinen richtigen Namen oder er hatte keinen Spitznamen. Sowohl Mr. Pendanski als auch X-Ray nannten ihn Zero.

1. Welchen Eindruck macht der Ort Camp Green Lake? Vergleicht mit dem 1. Kapitel.
2. Fertigt eine Skizze von dem Camp an und zeichnet hierin wichtige Gebäude und räumliche Gegebenheiten ein.
3. Was erfahrt ihr über die in Camp Green Lake üblichen Erziehungsmethoden?
4. Wie fühlt sich Stanley, als er neu in die Gruppe der Jungen aus Zelt D kommt? Verfasst einen Tagebucheintrag, den Stanley am Abend seines ersten Tages in Camp Green Lake geschrieben haben könnte.

5 Wer ist wer? In den folgenden Textauszügen erfahrt ihr noch mehr über die weiteren Personen im Camp. Stellt euch vor, dass Mr. Pendanski über jeden Jungen in Zelt D Informationen notiert. Vervollständigt die Notizen, indem ihr in den folgenden Textauszügen nach weiteren Informationen zu jedem Einzelnen sucht.

7

„Na wie läuft's?“, fragte Magnet.
„Nicht besonders“, antwortete Stanley. „Das erste Loch ist immer das schwerste“, sagte Magnet.

Zero war der Kleinste in der Gruppe D, aber er war immer als Erster fertig. [...] Stanley ging zu Zeros Loch hinüber und sah zu, wie Zero es mit der Schaufel ausmaß. Der obere Ring war ein perfekter Kreis und die Seitenwände waren steil und glatt. Nicht ein Klumpen Erde mehr als notwendig war entfernt worden.

„Zero ist schon ein komischer Vogel“, sagte Zickzack. [...]
Zickzack selbst war mit Sicherheit der komischste Vogel, den Stanley je gesehen hatte. Auf seinem langen dünnen Hals saß ein dicker runder Kopf, von dem das krause blonde Haar wild in alle Richtungen abstand. Der Kopf schien auf dem dünnen Hals hin- und herzuwackeln, als wäre er auf einer Sprungfeder angebracht.

11

Nach einer Weile merkte er, dass X-Ray neben ihm stand und ihm zusah. [...]
„Hör mal“, sagte X-Ray, „wenn du noch mal was findest, dann gibst du's mir, verstanden?“
Stanley wusste nicht richtig, was er sagen sollte. X-Ray war eindeutig der Anführer der Gruppe, und Stanley hatte keine Lust, es sich mit ihm zu verderben. „[...] Ich hab noch nie was gefunden. Ich kann nämlich nicht besonders gut sehen. Keiner weiß es, aber soll ich dir sagen, wo der Name X-Ray in Wirklichkeit herkommt? [...] X-Ray ist Rex in unserer Geheimsprache – Schweinelatein. Man lässt den ersten Buchstaben weg und hängt ihn hinten dran, zusammen mit ay. Das ist alles.“

12

„Na schön, José“, sagte Mr. Pendanski, „was möchtest *du* mit deinem Leben anfangen?“
„Keine Ahnung“, sagte Magnet. [...]
„Es muss doch irgendetwas geben, das dir gefällt.“ „ Ich mag Tiere“, sagte Magnet.

18

Zum Schreiben blieb er im Zelt, damit Torpedo und die anderen sich nicht über ihn lustig machten, weil er an seine Mutter schrieb. [...] Zero stand jetzt neben ihm und sah ihm beim Schreiben zu. [...] „Es passt mir nicht, dass du mir über die Schulter guckst und mitliest, verstanden?“ Zero schwieg. [...] „Ich kann das nicht“, sagte Zero. „Wie?“ „Kannst du's mir beibringen?“ Stanley begriff gar nicht, wovon Zero überhaupt redete. „Was beibringen – Steilwandklettern?“ Zero starrte ihn durchdringend an. “Was?“, fragte Stanley[...]. „Ich würde gern Lesen und Schreiben lernen“, sagte Zero.

Umgang mit Texten/Medien

Schreiben

Welche Rolle spielen die Löcher in Green Lake? – Texte inhaltlich erfassen

Er stieg aus seinem Loch und fuhr mit den Fingern durch den Sand. Er fühlte etwas Hartes, Metallenes. Er zog es heraus. Es war ein goldenes Röhrchen, etwa so lang und so breit wie der Zeigefinger seiner rechten Hand. Das Röhrchen war an einer Seite offen, an der anderen geschlossen. Er nahm ein paar Tropfen seines kostbaren Wassers, um es sauber zu wischen. [...] Er konnte die Umrisse eines Herzens erkennen, in dem die Buchstaben *KB* zu lesen waren.

Stanley hatte keine Mühe einzuschlafen, aber der Morgen kam viel zu schnell. Jeder Muskel und jedes Gelenk taten ihm weh, als er versuchte, aus dem Bett zu steigen. [...] Es waren nicht nur die Arme und der Rücken – auch seine Beine, seine Knöchel, die Taille schmerzten. Das Einzige, was ihn aus dem Bett trieb, war die Gewissheit, dass jede Sekunde, die er vergeudete, ihn dem Sonnenaufgang eine Sekunde näher brachte. Er hasste die Sonne.

Der See war so übersät mit Löchern und Erdhaufen, dass Stanley an Aufnahmen vom Mond denken musste. „Wenn du irgendetwas Interessantes oder Ungewöhnliches finden solltest“, hatte Mr. Pendanski ihm gesagt, „dann sag es mir oder Mr. Sir, wenn wir mit dem Wasserwagen vorbeikommen. Wenn dem Boss gefällt, was du gefunden hast, bekommst du den Rest des Tages frei.“ „Wonach sollen wir denn suchen?“, hatte Stanley gefragt. „Suchen sollt ihr nach gar nichts. Das Graben dient einzig und allein der Charakterbildung.“

Er sah einen Spalt im Boden. Er platzierte die Schaufel direkt darüber und sprang dann mit beiden Füßen auf die Oberkante des Schaufelblatts.

Die Schaufel versank einige Zoll tief in der harten Erde.

Stanley grinste. Zum ersten Mal in seinem Leben hatte er etwas davon, dass er übergewichtig war. Er lehnte sich auf den Schaft, wuchtete seine erste Ladung Erde hoch und warf sie zur Seite. *Bloß noch zehn Millionen Mal so viel,* dachte er.

Die Schaufel fühlte sich schwer an in Stanleys weichen, fleischigen Händen. Er versuchte, sie in die Erde zu rammen, aber das Schaufelblatt knallte gegen den Boden und prallte dort ab, ohne auch nur eine Spur zu hinterlassen. Stanley spürte, wie erst der Schaufelschaft und dann seine Handgelenke von dem Stoß zitterten. Ihm war, als ob alle seine Knochen klapperten.

1 Löcher spielen im Jugendbuch von Louis Sachar eine wichtige Rolle.
- Bringt diese Textausschnitte des 7., 10. und 13. Kapitels in eine sinnvolle Reihenfolge. Vergleicht eure Reihenfolge mit dem Buch.
- Zeigt anhand des Textmaterials, wie die Hauptperson Stanley Yelnats die Tätigkeit des Löchergrabens empfindet. Welche Entwicklungen lassen sich feststellen?
- Stanley findet beim Graben etwas Besonderes. Was ist es? In den letzten Abschnitten des 15. Kapitels wird deutlich, dass Stanley dem Geheimnis von Green Lake auf der Spur ist. Ihr auch? Äußert eure Vermutungen, indem ihr folgenden Satz vervollständigt: *„Die Jungen müssen Löcher graben, weil …“*

Vor 110 Jahren gab es am Green Lake, dem größten See in Texas, noch eine Kleinstadt. Dort lebte die Lehrerin Miss Katherine Barlow, die bei allen Mitbürgern sehr angesehen und für ihre eingemachten Pfirsiche bekannt war. Sie verliebt sich in den Schwarzen Sam, den Zwiebelmann der Stadt. Als dies herauskommt, ermordet der von Katherine verschmähte Verehrer Trout Walker Sam in seinem Boot auf dem See. Daraufhin rächt sich Katherine an dem Sheriff der Stadt und erschießt ihn. Die nächsten 20 Jahre zieht sie raubend als gefürchtete Banditin unter dem Namen „Kissing Kate Barlow" durch den amerikanischen Westen. Alle Opfer küsst sie mit ihren mit Lippenstift dunkelrot geschminkten Lippen auf den Mund.

28

Zwanzig Jahre später kehrte Kate Barlow nach Green Lake zurück. Hier würde niemand sie je finden – in einer Geisterstadt an einem Geistersee.

Die Pfirsichbäume waren alle abgestorben, nur ein paar kleine Eichen wuchsen noch neben einer alten, verlassenen Hütte. Diese Hütte hatte einmal am Ostufer des Sees gestanden. Jetzt befand sich das Ufer mehr als fünf Meilen entfernt und der See war nicht mehr als ein kleiner Tümpel mit dreckigem Wasser. In diese Hütte zog Kate Barlow ein. Manchmal hörte sie noch das Echo von Sams Stimme über das weite Land hallen: „Zwiebeln! Süße, frische Zwiebeln!" […] Über drei Monate lebte sie schon in der Hütte, als sie eines Morgens davon aufwachte, dass jemand die Tür auftrat. Als sie die Augen öffnete, sah sie direkt vor ihrer Nase verschwommen das Ende eines Gewehrlaufes. Sie roch Trout Walkers ungewaschene Füße. „Du hast genau zehn Sekunden, um mir zu sagen, wo du deine Beute versteckt hast", sagte Trout. „Sonst jage ich dir eine Kugel in den Kopf." […] Eine rothaarige Frau war zusammen mit Trout hereingekommen. Kate sah, wie sie die Hütte durchwühlte, Schubladen ausleerte und Dinge aus Schrankfächern fegte.

Die Frau kam auf sie zu. „Wo ist das Zeug?", verlangte sie zu wissen.

„Linda Miller?", fragte Kate. „Bist du das?" Linda Miller war in der vierten Klasse gewesen, als Kate Barlow noch Lehrerin gewesen war. […]Trout presste ihr sein Gewehr gegen den Hals. „Wo ist deine Beute?" „Es gibt keine Beute", sagte Kate. „Komm mir nicht damit!", brüllte Trout. „Du hast doch jede Bank zwischen hier und Houston ausgeraubt." […] „Los, Trout, erschieß mich ruhig", sagte Kate. „Ich hoffe nur, dass es dir Spaß macht, zu graben. Du wirst nämlich sehr lange graben. Da draußen ist ein riesiges Ödland. Ihr beide, eure Kinder und deren Kinder, ihr könnt die nächsten hundert Jahre graben – finden werdet ihr doch nichts." […] Sie banden ihr die Beine locker zusammen, so dass sie zwar laufen, aber nicht wegrennen konnte. Sie ließen sie barfuß über den heißen Sand gehen. […]

Eine Eidechse machte einen Satz auf sie zu. Kate sah ihre großen roten Augen. […] Die Eidechse landete auf Kates nacktem Knöchel. Ihre scharfen, schwarzen Zähne gruben sich in ihr Bein. Die weiße Zunge schleckte die Blutstropfen auf, die aus der Wunde tropften.

Kate lächelte. Jetzt konnten sie ihr nichts mehr anhaben. „Fangt an zu graben!", sagte sie.

2 Erklärt, was es mit dem Geheimnis von Green Lake auf sich haben könnte.

3 Stellt in einem Flussdiagramm dar, in welchem Zusammenhang diese Handlung um Kate Barlow mit der Geschichte von Stanley Yelnats steht.

▸▸ Seite 232
Ein Schaubild anfertigen
LS „Umgang mit Sachtexten"

4 Verfasst einen inneren Monolog von Mr. Pendanski. In seinen Überlegungen stellt er dar, warum er die jugendlichen Häftlinge im Camp jeden Tag ein Loch graben lässt.

Gibt es weitere Geheimnisse? – Die Handlung verstehen und durch Fragen klären

Stanleys Urgroßvater hieß Elya Yelnats. Er war in Lettland zur Welt gekommen. Als er fünfzehn war, verliebte er sich in Myra Menke. (Dass er einmal Stanleys Urgroßvater werden würde, wusste er natürlich nicht.) Myra Menke war vierzehn. In zwei Monaten würde sie fünfzehn werden und dann, so hatte ihr Vater es beschlossen, sollte sie heiraten. Elya ging zu Myras Vater, um ihn um die Hand seiner Tochter zu bitten, aber er war nicht der Einzige. Auch Igor Barkov, der Schweinebauer, kam. Igor war siebenundfünfzig, hatte eine ewig rote Nase und dicke Pausbacken. „Ich biete dir mein fettestes Schwein für deine Tochter", sagte Igor. „Und was hast *du* zu bieten?", wollte Myras Vater von Elya wissen. „Ein Herz voller Liebe", sagte Elya. „Ein fettes Schwein wäre mir lieber", meinte Myras Vater. Verzweifelt ging Elya zur alten Madame Zeroni, die am Ortsrand lebte. Er hatte sich mit ihr angefreundet, obschon sie so viel älter war als er. Sie war sogar noch älter als Igor Barkov. […] „Elya, was ist mit dir?", fragte sie, noch bevor Elya ihr überhaupt gesagt hatte, wie aufgebracht er war. […] „Ich bin in Myra Menke verliebt", gestand Elya. „Aber Igor Barkov hat sein fettestes Schwein für sie geboten. Da kann ich nicht mithalten." […] „Zufällig hat meine Sau gestern Ferkel geworfen", sagte sie. „Es ist ein Winzling dabei, der nicht trinken will. Du kannst ihn haben. Er würde sowieso sterben." […] „Es wächst noch", versicherte ihm Madame Zeroni. „Siehst du den Berg dort hinter dem Wald?" „Ja", sagte Elya. „Auf seinem Gipfel gibt es eine Quelle, die bergauf fließt. Du musst dein Ferkel jeden Tag auf den Berg tragen und es aus der Quelle trinken lassen. Während es trinkt, musst du ihm etwas vorsingen." […] „An Myras fünfzehntem Geburtstag trägst du das Schwein zum letzten Mal auf den Berg. Dann bring es von dort direkt zu Myras Vater. Es wird fetter sein als jedes von Igors Schweinen."[…] „Nachdem du Myras Vater das Schwein gegeben hast, möchte ich, dass du mir einen Gefallen tust." „Jeden", sagte Elya. „Ich möchte, dass du mich auf den Berg trägst. Ich möchte selbst aus der Quelle trinken und du sollst mir dabei das Lied vorsingen." Elya versprach es. Wenn er es nicht täte, warnte ihn Madame Zeroni, dann wären er und seine Nachfahren bis in alle Ewigkeit verdammt.

1 Der Autor hat viele Parallelen zwischen der Geschichte um Elya Yelnats und Stanleys Erlebnissen in Camp Green Lake mehr als hundert Jahre später gestaltet.
Findet sie und sortiert sie in einer Tabelle.

Geschichte um Elya Yelnats	**Stanleys Geschichte**
Wenn Elya Madame Zeroni nicht den Berg hinaufträgt, trifft ihn und seine Nachfahren auf ewig ein Fluch.	Alle Yelnats wurden stets vom Pech verfolgt.
Madame Zeroni erwartet von Elya, dass er das Schwein jeden Tag den Berg hinaufträgt und am letzten Tag auch sie selbst.	Stanley trägt Zero auf ihrer gemeinsamen Flucht den letzten Teil des Berges hoch.
…	…

2 Findet Gründe, warum der Handlungsstrang um Elya Yelnats rund 100 Jahre eher spielt.
Welche Rolle spielt die Zeit in der Erzählung?

3 Ein Ort, viele Personen, viele Ereignisse: trotzdem alles klar? Wenn ihr die Textauszüge bzw. das Buch aufmerksam gelesen habt, könnt ihr auch alle Geheimnisse von Camp Green Lake lüften. Überprüft euer Wissen, indem ihr die Fragen beantwortet.

4 Entwickelt selbst weitere Fragen und stellt sie euch gegenseitig.

5 Vergleicht die beiden Buchbesprechungen (Rezensionen), die von zwei Schülern verfasst wurden. Auf welche Aspekte des Jugendromans gehen sie ein?

▸▸ Seite 247 ff.
Film
LS „Umgang mit Medien"

„Holes"

I think it is a very interesting book. It would be good for a film. In the book all the main persons have successors who lived 110 years ago, so it's fun to read. You can find out many things by yourself. No one would expect a happy-ending and I will not tell you, if there is one.

Fächer   Deutsch   Lektüre   Löcher

Das Buch handelt davon, dass ein ganz normaler 13 Jahre alter Junge aus den USA durch ein Missverständnis in ein Strafcamp kommt. Die ganze Tätigkeit der jungen Straftäter besteht darin, dass sie jeden Tag ein Loch graben müssen, 5 Fuß tief und 5 Fuß breit. Die Leiterin des Lagers behauptet, dass das gut für die Charakterbildung wäre. Die Jungen denken aber, dass die Chefin etwas sucht. In diesem Camp entwickelt sich eine echte Freundschaft zwischen zwei Jungen.
Das Buch gefällt mir sehr gut, da es ziemlich witzig und doch spannend ist, aber auch an manchen Stellen ernst. Es ist nicht schwer zu lesen, da es gut geschrieben ist. Wenn man erst einmal mit dem Lesen angefangen hat, kann man gar nicht mehr aufhören, weil es einen so mitreißt.
„Löcher" wurde mehrfach mit amerikanischen Literaturpreisen ausgezeichnet […].

6 Entwickelt Kriterien, die euch für eine Buchbesprechung wichtig erscheinen. Verfasst mithilfe dieser Kriterien selbst eine Rezension.

Impulse zur Weiterarbeit

- Gestaltet eine Szene als Hörspiel.
- Besorgt euch den Film zum Buch oder das Hörbuch und vergleicht die Medien miteinander.
- Findet mithilfe von Sachbüchern heraus, wie sich eine ehemals grüne Seelandschaft in eine Wüste verwandeln kann. Bereitet Kurzvorträge vor oder erstellt Wandplakate.
- Führt ein Expertengespräch zum Thema „Jugendstrafrecht" durch, z. B. mit einem Jugendrichter, oder besucht eine Jugendgerichtsverhandlung.
- Lest weitere Jugendromane von Louis Sachar und veranstaltet einen Leseabend mit Freundinnen, Freunden und Eltern.
- Lesetipps
  - Louis Sachar: Der Fluch des David Ballinger. München: dtv 2002.
  - Louis Sachar: Bradley – Letzte Reihe, letzter Platz. München: dtv 2005.
  - Louis Sachar: Kleine Schritte. Berlin: Bloomsbury 2006.

Außenseiter? Einfach nur anders? – Literarische Figuren charakterisieren

„Als Außenseiter bezeichnet man natürliche Personen oder soziale Gruppierungen

- *die sich in einem bestimmten Bereich als Nichtfachleute oder Uneingeweihte herausstellen oder sich selbst als solche empfinden*
- *die außerhalb gesellschaftlicher Gruppen stehen, meist eigene Wege verfolgen […].*

So wird „Außenseiter" u.a. in der Online-Enzyklopädie „wikipedia" definiert (www.wikipedia.de). In diesem Kapitel lernt ihr mehrere literarische Figuren kennen, die aus unterschiedlichen Gründen anders sind, als Außenseiter wahrgenommen werden oder sich selbst so sehen.

Im Einzelnen lernt ihr

- welche Möglichkeiten es gibt, sich ein Bild von einer Person zu machen
- wie man literarische Figuren beschreiben und charakterisieren kann
- Möglichkeiten kennen, wichtige Textstellen zu markieren und Randnotizen zu machen
- wie man Textbelege verwendet

Schreiben

Nachdenken über Sprache

Irgendwie anders – Sich ein Bild von einer Person machen

1 Sucht euch ein Foto aus, das euch anspricht. Handelt es sich bei der darauf abgebildeten Person bzw. den Personen eurer Meinung nach um (einen) Außenseiter?
Begründet eure Ansicht.

2 Macht euch ein Bild von der dargestellten Person. Stellt euch dazu eine Situation vor, die zu der Person passen könnte.
- Überlegt, was geschehen könnte, wo und wann es geschieht, was die Person in diesem Moment sagen oder denken könnte, wie sie spricht usw.
- Schreibt eine Gedankenrede, die ihr auch inszenieren könnt.

Seite 31
UV „Das Herz eines Boxers“

Arbeitstechnik

Brainstorming
Ihr schreibt spontan alles auf, was euch zu einer Sache, einem Thema einfällt, ohne dass ihr auswählt und sortiert. Die Gedanken können kurz und mündlich vorgetragen werden, man kann sie aber auch stichwortartig auf Karteikarten festhalten. Auf jeden Fall sind sie zu sammeln. Werden sie mündlich vorgetragen, so kann man sie an der Tafel notieren, Karteikarten lassen sich auch leicht anheften.

3 Sammelt mithilfe der Arbeitstechnik Brainstorming alles, was euch zu dem Begriff „Außenseiter" einfällt.

4 Überlegt gemeinsam: Wodurch kann eine Person beschrieben werden? Stellt verschiedene Oberbegriffe zusammen, unter denen ihr eure Ideen gruppiert.
z.B. *Aussehen, soziales Umfeld, ...*

5 Schreibt einen kurzen Kommentar, in dem ihr – als Fotograf – erläutert, warum ihr gerade dieses Motiv gewählt habt und was ihr damit ausdrücken möchtet. Geht dabei auch auf die Einzelheiten des Bildes ein.

Ich habe dieses Foto gewählt, weil ich es wichtig finde, das Thema „Außenseiter"...
Fasziniert war ich dabei zunächst von den Tätowierungen ...

6 Stellt eure Ergebnisse in der Klasse vor. Berichtet darüber, welche Schwierigkeiten ihr zu lösen hattet und welche Fragen offen blieben.

7 Sammelt Wörter und Ausdrücke, mit denen ihr besondere Merkmale und Eigenschaften der abgebildeten Personen treffend bezeichnen könnt. Vergleicht eure Formulierungen.

8 Erstellt euch in Tabellenform eine Wörterliste zu den verschiedenen Charaktereigenschaften.

Tipp

Sich ein Bild von einer Person machen

Wenn man sich ein erstes Bild von einer Person macht, achtet man zunächst auf die auffälligen äußeren Merkmale, z.B. wie sich jemand kleidet ...
Von diesen Wahrnehmungen und Beobachtungen schließen wir auf die Wesenszüge, den Charakter einer Person, z.B. selbstbewusst oder unsicher, lässig oder streng ...
Je mehr wir von einer Person wissen, umso differenzierter können wir die besonderen Charakterzüge beschreiben. Der erste Eindruck kann dabei bestätigt werden, oft muss man jedoch das Bild, das man sich gemacht hat, auch korrigieren.

MUTIG	*EINSAM*	*SELBSTBEWUSST*	...	...
furchtlos, drauf-gängerisch, ...	*alleine, isoliert, abgeschieden, ...*	*selbstsicher, würdevoll, seines Wertes sicher, ...*	...	...
...	...	...		

Umgang mit Texten/Medien

Schreiben

Außenseiter in der Klasse – Figuren beschreiben und charakterisieren I

Nicky Singer

Norbert Nobody oder Das Versprechen

Robert Nobels Eltern sind geschieden, er lebt bei seiner Mutter, die als Krankenschwester arbeitet. Sein Vater hat inzwischen eine neue Familie und kümmert sich wenig um seinen Sohn. In der Schule ist Robert ein Außenseiter. Durch ein Projekt mit Senioren bekommt Robert jedoch später eine Aufgabe, die ihn ganz anders erscheinen lässt. Diese Aufgabe verlangt Mut, Tapferkeit – und vor allem Zielstrebigkeit. Durch diese Aufgabe erlangt er Anerkennung und kann so zeigen, dass er doch kein Weichei ist.

Norbert ist der Klassendepp. Er ist dünn und schlaksig, Unterarme und Schenkel wie weiße Bänder lose an Ellbogen und Knie geknotet. Sein Kopf ist zu groß für den Körper und da, wo andere Leute Haare haben, hat er seine gelben flaumigen Entendaunen. Seine Augen sind blau, wobei das schwer durch die dicken Brillengläser zu sehen ist. Wenn man ihm die Brille abnimmt, und das ist nicht ungewöhnlich, wirkt er verschreckt. Nackt. Sein richtiger Name ist nicht Norbert, sondern Robert, Robert Nobel. Aber ich glaube, so hat ihn noch nie jemand genannt. Im Kindergarten, als seine Haare noch gelber waren als jetzt, nannten sie ihn Küken oder Kükchen. Sogar Mrs Morgan. Aber seit Niker bei uns auf der Schule aufgetaucht ist, heißt Robert bloß noch Norbert. Geistreiches Wortspiel. Norbert No Bel. Norbert No-Bells-at-All (total ohne Glocken, ohne Gebaumel, Gebamsel, du weißt schon). Norbert No-Brain (ohne Gehirn). Norbert No-Bottle (ohne Flasche, aber es meint: Norbert Feigling, und du hörst auch noch nobody mit – Norbert Niemand). Ich glaube nicht, dass Johnny Niker mit seinem geschmeidigen, athletischen Körper sich je ausgemalt hat, wie das wäre, durch Norberts Brille auf die Welt zu schauen. Ich schon. Denn ich bin Norbert No-Bottle.

1. Was für einen Eindruck bekommt ihr von Robert? Begründet eure Meinung mit Textstellen.
2. Klärt, aus welcher Perspektive Robert hier gesehen wird.
3. „Ich schon. Denn ich bin Norbert No-Bottle“. So lautet der letzte Satz des Textausschnittes oben. Welche Wirkung hat diese Textstelle auf euch? Beschreibt, wie sich hier der Blick auf Robert verändert.
4. Überlegt, warum der Erzähler an dieser Stelle die Erzählperspektive wechselt.

Beziehung zu anderen

...

Norbert ist der Klassendepp. Er ist dünn und schlaksig, Unterarme und Schenkel wie weiße Bänder lose an Ellbogen und Knie geknotet. Sein Kopf ist zu groß für den Körper und da, wo andere Leute Haare haben, hat er seine gelben flaumigen Entendaunen. Seine Augen sind blau, wobei das schwer durch die dicken Brillengläser zu sehen ist. Wenn man ihm die Brille abnimmt, und das ist nicht ungewöhnlich, wirkt er verschreckt. Nackt.
[...] dass Johnny Niker mit seinem geschmeidigen, athletischen Körper sich je ausgemalt hat, wie das wäre, durch Norberts Brille auf die Welt zu schauen.

Sprachliche Mittel

Wirkung auf andere

5 Untersucht, mit welchen Mitteln Robert in dieser Textstelle charakterisiert wird. Übertragt dazu die Tabelle in euer Heft und vervollständigt sie.

Seite 40
UV „Löcher – Die Geheimnisse von Green Lake"

MITTEL DER CHARAKTERISIERUNG	*TEXTBELEGE*
Beziehung zu anderen	*„Klassendepp"*
Wirkung auf andere	...
...	*„dünn und schlaksig"*
Verhaltensweisen	...
Sprechweise	...
Motive, Beweggründe	...
Sprachliche Mittel (z. B. Metapher, Vergleich ...)	...
...	...

6 Sprecht darüber, ob ihr das Buch gerne lesen würdet. Begründet eure Entscheidung.

7 Habt ihr euch selbst schon einmal als Außenseiter gefühlt?
Schreibt einen Brief an Robert, indem ihr von euren Erfahrungen berichtet.

Umgang mit Texten/Medien

Schreiben

Außenseiter im Alltag – Figuren beschreiben und charakterisieren II

Botho Strauß

Mädchen mit Zierkamm

Es ist Mittag, und sie sonnt sich in der kleinen Anlage vor der U-Bahn-Station. Sie bückt sich nach einem Teil, einem Haarschmuck, etwas, das verloren neben der Bank am Boden liegt.

Sie selbst trägt ein stakig kurzes Punkhaar, steife Strähnen, wie in einer Alb-Nacht gezaust und zu Berge stehen geblieben. Vanilleton mit schneeweißen Streifen. Dazu ein violetter Pulli mit schlappem Schalkragen, ein sehr knapper Lederrock, schwarze Strumpfhose, schwarze abgelaufene Stiefeletten, auch die Augen in schwarz ausgemalten Höhlen. Sehr kleines Gesicht, dünne mondbleiche Haut, so dass an der Schläfe die Ader blau hervorschimmert. Zierliche, glatte Nase, bleigrün gestrichene Lippen, ein etwas zu breiter Mund, abfallendes Kinn.

Was also anfangen mit der kleinen Schildpattharke? Sie betrachtet sie, sie wendet sie, kratzt mit dem Daumennagel am Lack. Echt oder nicht? Sie lehnt sich zurück, nimmt das hübsche Fundstück zwischen die spuchtigen[1] Finger, spielt damit, als riefe es irgendeine Erinnerung herauf, an eine Freundin, eine Schwester vielleicht oder auch an die eigene Frisur, wie sie vor Jahren war … Dann werden die Ellenbogen hochgezogen und auf die Banklehne gestützt, die Beine überkreuz, der rechte Fuß wippt angeregt. Die lasch herabhängende Hand schaukelt das Ding, zwischen Zeige- und Ringfinger geklemmt, immer noch schielt sie hin mit leicht geneigtem Kopf, hält es anhänglich im Blick. Ein denkwürdiges, ein willkommenes Ding, eine kleine Freude offenbar.

Das Ding ist keine Spange. Wie heißt es? Haarklemme? Wie sagt man genauer? Steckkamm. Die einfachsten Dinger, die man immer vergisst, verliert.

Das Mädchen ist bisher schlecht und recht mit den Menschen ausgekommen.

Ihrer Meinung nach haben sie alle zu viel von ihr verlangt. Sie hat sich immer in der Lage befunden, irgendjemand anblaffen zu müssen. Sie hat ein loses Mundwerk, sagte man früher. Aber das ist es nicht. Ihr Mund hat sich zu einer kleinen schnell feuernden Schallwaffe entwickelt. Sie lässt sich nichts gefallen, aber ihr gefällt auch von vornherein nie etwas. Alle wollen irgendetwas von ihr, das sie absolut nicht will. Weil einfach nichts von ihr gewollt werden soll. Was sie aber will, versteht sowieso keiner. […]

Es gäbe die Möglichkeit, wirklich die Frisur zu wechseln. Die Haare wachsen zu lassen, einfach ein anderer Typ zu sein. Sie beugt sich vor, hebt die Hand, sieht sich das Stück von nahem an. Schildkrötenpanzer. Braungelb geflecktes Horn. Drecksding. Schildkrötenmörder. […]

Jedenfalls müssten die Ohren frei bleiben. Man kann sich ja auch mit dem Ding die Haare bloß an der Seite hochstecken. Aber ich habe ein viel zu kleines Gesicht für lange Haare. Früher ja. Aber im Sommer ist es die Hölle.

Das Mädchen nimmt, was es zuerst einen Steckkamm genannt hat, zwischen die Ballen der rechten und linken Hand. Sie spreizt die Ellenbogen und drückt zu. Das Horn zerbricht, sie lässt beide Teile zwischen ihren Beinen zu Boden fallen. […]

[1] *spuchtig (niederdt.): zart, mager*

1 Was erfahrt ihr über das Mädchen?

2 Versetzt euch in dieses Mädchen und notiert stichpunktartig: Was könnte in ihr vorgehen, was denkt und was fühlt sie? Welche Anhaltspunkte gibt euch der Text dafür?

3 Tauscht euch über die Haltung des Erzählers gegenüber dem Mädchen aus. Klärt, an welchen Stellen und durch welche Mittel der Darstellung die Erzählerhaltung deutlich wird. Diskutiert dann diese Haltung.

! Merke

Das Bild, das man sich von Figuren macht, ist beeinflusst durch die Art und Weise, wie sie dargestellt werden. Dabei kann man unterscheiden zwischen:
Einer **direkten Charakterisierung** durch:
- Aussagen der Figur selbst, des Erzählers oder anderer Figuren zu den Eigenschaften und Wesenszügen der Figur
- Urteile über die Figur, Bewertungen

Der Leser hat die Subjektivität der Äußerungen der Figuren zu beachten.

Einer **indirekten Charakterisierung** durch:
- das Handeln und das Verhalten
- Beschreibung der äußeren Merkmale
- Äußerungen, Gedanken und Gefühle einer Figur (direkte und indirekte Rede)

Der Leser muss die Wesenszüge der Figur hier selbst erschließen.

Das Bild, das beim Leser entsteht, wird vor allem beeinflusst durch
- Auswahl und Aufbau der Informationen über die Figur
- den gewählten Fokus (wo wird der Schwerpunkt gesetzt?)
- die Perspektive, aus der die Figur betrachtet wird (Außen- und Innensicht)
- die Haltung des Erzählers gegenüber der Figur

4 Erarbeitet mithilfe des Merkekastens, welche Textstellen das Mädchen direkt und indirekt charakterisieren.

DIREKTE CHARAKTERISIERUNG	INDIREKTE CHARAKTERISIERUNG
...	Aussehen: „trägt stakig kurzes Punkhaar" (Zeile 3)
...	...

▸▸ **Seite 200 ff.**
Literarische Figurencharakterisierung
LS „Schreiben"

5 Besprecht gemeinsam eure Ergebnisse: Wo ist euch eine Zuordnung leichtgefallen, wo hattet ihr Probleme?

Umgang mit Texten/Medien

Schreiben

Außenseiter in der Heimat? – Textstellen markieren und Randnotizen machen

Peter Härtling

Der gelbe Junge

Der Text ist bereits 1975 erschienen und erzählt die Geschichte von Mark. Mark hieß früher eigentlich ganz anders, denn er stammt aus Vietnam. Dort hat er im Krieg seine ganze Familie verloren und Schreckliches erlebt. Mit fünf Jahren kommt Mark in eine deutsche Familie, wo zunächst alles ganz anders und ungewohnt ist. Auf einmal hat er neue Eltern, eine neue Schwester – Renate – und einen eigenen neuen Namen.

Peter Härtling wurde 1933 geboren. Seine Gedichte, Aufsätze und Kinderromane wurden in mehr als zwanzig Sprachen übersetzt, mit zahlreichen Literaturpreisen ausgezeichnet und teilweise sogar verfilmt.

Er hieß jetzt Mark Dobler. Es fiel ihm nicht leicht, seinen Namen auszusprechen, doch er lernte rasch die neue Sprache, Deutsch, und nach einem Jahr redete er wie Renate. Er hätte auch nicht mehr gemerkt, dass er anders war als die Kinder hier, wenn sich nicht die Leute nach ihm umgedreht hätten. Dann sagte sein Vater: Die sind blöd. Das kann dir egal sein.

Die Kinder, mit denen er spielte, hatten sich längst an ihn gewöhnt. Er war einer von ihnen. Dass er nicht ganz so aussah wie sie, pechrabenschwarzes Haar und gelbe Haut hatte, fiel nicht mehr auf. Er war ihr Spielkamerad, ihr Freund. Wenn einer doch mal eine dumme Bemerkung machte, bekam er es mit Renate zu tun. Renate hatte ihn gern wie eine Schwester.

Mit der Schule änderte sich das. Am ersten Tag brachten ihn die Eltern hin, der Lehrer war allzu freundlich zu ihm, was ihm nicht behagte, und die Kinder starrten ihn an, als käme er vom Mars.

Er hatte Angst und Wut. Er wusste, dass er sich würde prügeln müssen.

Die Eltern mussten gehen. Der Unterricht begann. Der Lehrer bat die einzelnen Kinder, ihren Namen zu nennen. Als die Reihe an ihm war, sagte er: Mark Dobler. Der Lehrer schrieb nicht wie bei den andern den Namen in ein dickes Buch, sondern begann eine Rede zu halten: Wie ihr wahrscheinlich schon wisst, kommt Mark aus Vietnam. Er hat seine Eltern verloren und ist von Doblers an Kindes statt angenommen worden.

Mark fand dieses „an Kindes statt“ ganz grässlich. Irgendwie falsch und gemein. Doch er sagte nichts, hielt den Kopf gesenkt, schämte sich. Der Lehrer sagte weiter: Seid nett zu ihm, behandelt ihn aufmerksam.

Da stand Mark auf und sagte leise: Aber ich bin doch wie die andern.

Der Lehrer lachte: Wenn du meinst, Mark.

Ja, das stimmt, sagte Mark.

1 In dem Textausschnitt hat bereits jemand Stellen markiert. Beschreibt, auf welche Fragen diese Textstellen Auskunft geben.

2 Formuliert weitere Fragen, die ihr an den Text stellen könntet.

In der Pause kam niemand zu ihm. Er stand allein. Er war nahe daran, zu weinen. Aber er verbiss es. Vor denen wollte er sich nicht schwach zeigen. Nein. Eine Horde von Jungen kam auf ihn zu. Es waren größere, aus der zweiten oder dritten Klasse. Sie bildeten einen Kreis um ihn, und der, den sie Tom riefen, sagte: Wo kommst'n her?
Mark sagte: Ich wohne in der Bieberstraße.
Nee, wo du herkommst, will ich wissen, sagte Tom.
Von hier, sagte Mark.
Jetzt wird der Gelbe auch noch frech, sagte Tom.
Lass ihn, sagte ein anderer.
Warum?, sagte Tom. Wenn er mich auf den Arm nimmt.
Mark versuchte, aus dem Kreis herauszukommen, doch die Jungen ließen es nicht zu. […] Jetzt, sagte er sich, rannte mit gesenktem Kopf auf Tom los, doch der fing ihn auf und schlug ihm ins Gesicht. Er trommelte mit den Fäusten auf Tom ein.
Mensch, der Chinese hat ja Mut, sagte Tom.
Ich bin kein Chinese, schrie Mark. […]
Ich bin ein Deutscher, sagte er leise. Aber Tom hatte es gehört.
Der will ein Deutscher sein! Habt ihr gehört? Der ist gelb und will ein Deutscher sein.
Mark gab auf, legte die Hände vors Gesicht und schluchzte. Einer der Jungen zog Tom zurück und sagte: Lass ihn doch in Ruhe. Er kann ja nichts dafür, dass er gelb ist.

fühlt sich eigentlich hilflos

Der Begriff „Herkunft" wird hier unterschiedlich verwendet

3 Schreibt zu der Situation eine Gedankenrede. Ihr könnt dabei die Perspektive eines Zuschauers wählen, euch aber auch in Mark oder in einen Jungen aus der Gruppe versetzen.

4 Im Text hat bereits jemand wichtige Textstellen markiert und am Textrand Notizen gemacht. Beurteilt die Anmerkungen: Erscheinen sie euch sinnvoll? Begründet.

5 Setzt das Verfahren, das in der Arbeitstechnik beschrieben wird, fort. Fertigt auch Randnotizen an. Kopiert euch dazu den Text dieser oder der vorhergegangenen Seiten oder legt eine Folie darüber.

6 „Der will ein Deutscher sein! Habt ihr gehört? Der ist gelb und will ein Deutscher sein." Nehmt selbst schriftlich Stellung zu dieser Aussage in Zeile 44 f. und begründet eure Meinung.

Arbeitstechnik

Kartografieren / Textmarkierungen vornehmen

Um einen Text schneller zu erfassen, kann man Sinnzusammenhänge durch Verbindungslinien markieren; ihr könnt ihn kartografieren.

- Unterstreicht Schlüsselbegriffe und ihre untergeordneten Gesichtspunkte. Ihr könnt den Text kopieren oder eine Folie über den Text legen.
- Zeichnet die Beziehungen durch Verbindungslinien ein. Benutzt bei den einzelnen Schüsselbegriffen unterschiedliche Farben für die Verbindungslinien.

▸▸ **Seite 31**
UV „Das Herz eines Boxers"

Umgang mit Texten/Medien

Nachdenken über Sprache

Der gelbe Junge – Aussagen mit Textstellen belegen

Peter Härtling

Der gelbe Junge (Fortsetzung)

Am nächsten Tag wollte er nicht in die Schule gehen.

Der Vater schlug vor, er werde ihn hinbringen. Das wollte er aber nicht. Er ging mit Renate.

Auf dem Hof hörte er, wie einer zum anderen tuschelte: Da ist er, der gelbe Junge. Er riss sich von Renates Hand, rannte auf den Jungen zu, sprang an ihm hoch, klammerte sich an dessen Hals, so dass der Angst bekam und flehte: Lass mich los.

Nenn mich nicht noch einmal „gelber Junge", sagte Mark.

Neinnein.

Er ließ den Jungen los. Als er sich von ihm abkehrte, gab der ihm einen Tritt in den Hintern. Mark flog nach vorn. So listig seid ihr … ihr Weißen … Er schämte sich, fühlte sich krank, packte den Ranzen, lief aus dem Schulhof, nach Hause.

Heute musst du nicht in die Schule. Morgen, sagte die Mutter.

Ich will nach Hause, sagte er.

Du bist doch hier zu Hause, sagte seine Mutter. Er sah, dass sie traurig war.

Bei euch schon, sagte er. Aber sonst nicht.

Manchmal denke ich das auch, sagte Mutter. Aber wir werden es schon schaffen.

Er schaffte es, gewöhnte sich daran, „gelber Junge" genannt zu werden. Mit der Zeit taten das nicht mehr viele. Als er in die dritte Klasse kam, wäre er beinahe zum Klassensprecher gewählt worden. Es fehlten nur vier Stimmen. Wir haben dich lieb wie Renate, sagten seine Eltern. Es war so. Er wusste es. Er spürte es.

Aber nachts träumte er noch immer, dass ihn eine Horde weißhäutiger Kinder verfolgt, ihn jagt, hetzt und dass er am Ende sich hinwirft, darauf wartet, von ihnen gequält und verspottet zu werden. Der gelbe Junge!

Er war nicht sicher, ob diese Träume je aufhören würden, obwohl seine Eltern ihn liebten, obwohl er hier zu Hause war und obwohl er sich an das Land, aus dem er gekommen war, und an seine ersten Eltern nicht mehr erinnern konnte.

1 „Du bist doch hier zu Hause, sagte seine Mutter. Er sah, dass sie traurig war. Bei euch schon, sagte er. Aber sonst nicht." (Zeile 13 f.) Überlegt selbst: Was heißt für euch „zu Hause"? Beantwortet die Frage mithilfe der Arbeitstechnik.

2 Stellt eure Ergebnisse in der Klasse vor und diskutiert darüber.

▸▸ **Seite 207** Diskussionen und Debatten durchführen
LS „Sich verständigen – Gespräche führen – Argumentieren"

Arbeitstechnik

Wachsende Gruppe – Lawine

- Überlegt zunächst alleine sechs Punkte. Ihr habt fünf Minuten Zeit.
- Sucht einen Partner und einigt euch auf fünf Punkte, ihr habt vier Minuten Zeit.
- Schließt euch mit einem anderen Paar zusammen und legt vier Punkte fest, ihr habt drei Minuten Zeit.
- Trefft euch zu acht und einigt euch auf drei wichtige Punkte, dazu habt ihr zwei Minuten Zeit.

3 Schreibt die folgenden beiden Sätze ab und setzt dabei die richtigen Satzzeichen. Ihr könnt euch an den Beispielsätzen im Merkekasten orientieren.

Er schämte sich, fühlte sich krank, packte den Ranzen (Seite 58, Zeile 9 f.), so beschreibt der Autor die Gefühle, die Mark hat, wenn er gedemütigt wird.

Im Text gibt es jedoch auch Hinweise darauf, dass sich das Verhalten von Marks Mitschülern ändert. So heißt es dort z. B. Als er in die dritte Klasse kam, wäre er beinahe zum Klassensprecher gewählt worden (Seite 58, Zeile 17 f.).

4 Die wörtliche Rede sollte – wie auch Zitate – mit Anführungszeichen gekennzeichnet werden. In Peter Härtlings Text fehlen jedoch die Anführungszeichen. Schreibt die Zeilen 11–15 in euer Heft und ergänzt die Anführungszeichen bei der wörtlichen Rede.

5 Beschreibt, wie man auf Mark im Laufe der Geschichte reagiert. Wie gehen z. B. seine Spielkameraden, sein Lehrer, die Jungengruppe, die spätere Klasse mit ihm um? Belegt eure Aussagen mit Zitaten.

6 Schreibt eine Charakterisierung über Mark, aus der hervorgeht, wie Mark mit der Außenseiterrolle umgeht. Macht euch dazu zunächst Stichpunkte, die den Aufbau berücksichtigen: Einleitung, Hauptteil, Schluss. Verwendet auch Zitate, die eure Aussagen belegen.

7 Versetzt euch in die Rolle eines Freundes: Schreibt Mark einen Brief, in dem ihr ihm Tipps gebt.

! Merke

Zitieren: *lat. belegen, herbeirufen.*
Man kann Aussagen mithilfe von Zitaten belegen oder verdeutlichen. Wenn man aus einem fremden Text Teile wörtlich übernimmt, kennzeichnet man das mit Anführungszeichen.
Beispiel: *„Am nächsten Tag wollte er nicht in die Schule gehen“ (Zeile 1).*

Übernimmt man nur einen Teil der Textstelle, kennzeichnet man die Auslassungen mit eckigen Klammern und drei Punkten [...].
Im Anschluss an die Anführungszeichen sollte man in runden Klammern die Zeile angeben, in der das Zitat zu finden ist. Man setzt dann erst nach der Zeilenangabe den Punkt.
Beispiel: *„Er schaffte es [...]. Er spürte es (Zeile 16–19).*

Das Einbinden eines Zitats in einen Text mithilfe eines Begleitsatzes ist – wie bei der wörtlichen Rede – auf dreierlei Arten möglich:

- *„Die Kinder starrten ihn an, als käme er vom Mars“,* so beschreibt der Autor die Reaktion von Marks Mitschülern.
- Die Reaktion von Marks Mitschülern ist ungewöhnlich: *„Die Kinder starrten ihn an, als käme er vom Mars“.*
- *„Die Kinder starrten ihn an“,* so beschreibt der Autor die Reaktion der Mitschüler auf Mark, und zwar so *„als käme er vom Mars“.* (Seite 56, Zeile 12 f.)

▸▸ Seite 268 f.
Zitieren
LS „Lern- und Arbeitstechniken“

▸▸ Seite 264
Anführungszeichen
LS „Rechtschreibung“

▸▸ Seite 202
Schritte bei der Erstellung einer literarischen Charakterisierung
LS „Schreiben“

Impulse zur Weiterarbeit

- Erstellt eine Collage zum Thema „Fremdsein/Außenseiter“. Ihr könnt dafür Bildmaterial aus Zeitschriften sammeln, aber auch Textausschnitte aus Zeitungen verwenden.

- Recherchiert zum Thema „Ausländer in Deutschland“. Erstellt dazu ein Informationsplakat.

- Wann fühlt ihr euch fremd? Malt hierzu ein Bild, schreibt Gedichte oder Texte oder macht selbst Fotos …
  Stellt dann in der Klasse damit ein eigenes Buch zusammen.

- Fertigt eine Charakteristik eines Klassenkameraden an und lest sie in der Gruppe vor. Dann muss geraten werden, wen ihr charakterisiert habt.

- Wie sollte euer Traumpartner sein? Schreibt eine Charakteristik eines Menschen, mit dem ihr euer Leben verbringen möchtet.

- Lesetipps
  - Per Nilsson: So lonely. Aus dem Schwedischen von Brigitta Kicherer. München: dtv 2004.
  - Jerry Spinellli: East End, West End und dazwischen Maniac Magee. München: dtv 2004.
  - Nicky Singer: Norbert Nobody oder Das Versprechen. München: dtv 2004.
  - Tamara Bach: Marsmädchen. Hamburg: Oetinger 2004.
  - Zuhause oder fremd? Texte über uns und Ausländer. Stuttgart, Leipzig: Klett 1999.

Es steht in der Zeitung ... – Sich in Zeitungen orientieren

„Zeitung" – dieses Wort stand ursprünglich einfach für eine Neuigkeit oder eine Nachricht. Seit über 400 Jahren steht es auch für eine regelmäßig erscheinende Sammlung von Nachrichten, Berichten, Kommentaren und anderen Texten. Auch wenn es heute das Internet und das Fernsehen gibt – Zeitungen und Zeitschriften haben ihren festen und bedeutenden Platz in der Medienlandschaft. Wer gut informiert sein will, wer Hintergrundberichte und Artikel zu Spezialgebieten sucht, kommt um diese Printmedien kaum herum. Am aktuellsten sind in der Regel die Tageszeitungen, die u.a. in diesem Kapitel näher vorgestellt werden.

Im Einzelnen lernt ihr

- wie eine Tageszeitung aufgebaut ist
- wie ein Ereignis zur Nachricht wird
- was Reportagen sind
- wie in Tageszeitungen Meinungen geäußert werden
- selbst eine Zeitung zu machen und dazu ein Textverarbeitungsprogramm zu nutzen

Eine Zeitung, viele Themen – Layout und Ressorts

Kölner Stadt-Anzeiger

KÖLNISCHE ZEITUNG

UNABHÄNGIG – SEIT 1802 – ÜBERPARTEILICH

Mittwoch, 1. März 2006 · Nr. 51 · SKL · D: 0,90 €

Sein Leben ist Kino
Jake Gyllenhaal ist ein Oscar-Favorit KULTUR, S. 23

Die Glückssträhne hält an
Der Abenteuerspielplatz Las Vegas investiert in neue Mega-Projekte REISEN

Quereinsteiger gesucht
Spätstart ins Lehramt HOCHSCHULE, SEITE 32

Erstmals Katze an Vogelgrippe verendet

Bislang europaweit einmaliger Fall

Das Tier hatte sich möglicherweise an infiziertem Geflügelfleisch angesteckt. Auch in Bayern ist das Virus H5N1 in toten Wildvögeln nachgewiesen.

Berlin - Erstmals ist in Deutschland der gefährliche Vogelgrippe-Erreger bei einem Säugetier nachgewiesen worden. Bei einer auf der Insel Rügen verendeten Katze sei eine Infektion mit dem H5N1-Virus festgestellt worden, teilte der Präsident des Friedrich-Loeffler-Instituts, Thomas Mettenleiter, am Dienstag in Riems mit. Ob es sich um die hoch ansteckende Variante handele, an der in Asien und der Türkei auch Menschen gestorben sind, werde untersucht.

Nach Angaben des Agrarministers von Mecklenburg-Vorpommern, Till Backhaus, starb der wohlgenährte und gut gepflegte Kater am Wochenende auf einem Hof nahe der Wittower Fähre auf Rügen. In der Nähe waren die meisten der mehr als 100 infizierten Wildvögel aufgelesen worden. Die Behörden mahnten Tierbesitzer zu erhöhter Vorsicht. Mecklenburg-Vorpommerns Ministerpräsident Harald Ringstorff sprach von einer neuen Lage. Die Krankheit wurde auch in Bayern bei zwei Wildvögeln nachgewiesen. Die Seuche hat damit fünf Bundesländer erreicht. Heute will der nationale Krisenstab die Situation beraten.

Backhaus forderte Tierhalter auf, Katzen in den Schutzzonen rund um die Fundstellen der verendeten Vögel nicht frei laufen zu lassen. Der Kontakt zu Wildvögeln müsse unterbunden werden. Besitzer sollten ihre Tiere aufmerksam beobachten und bei grippeähnlichen Symptomen oder Verhaltensauffälligkeiten unverzüglich Kontakt mit einem Tierarzt aufnehmen. Hundehalter sollten ihre Tiere in den Schutzzonen an die Leine nehmen.

Die Landesregierung von Baden-Württemberg ordnete einen Leinenzwang für Hunde und eine Hauspflicht für Katzen in der Drei-Kilometer-Sperrzone um die Fundstellen der befallenen Vögel am Bodensee an. (rtr)

Land/Region **S. 8**, *Panorama* **S. 16**

GALAKTISCH SCHÖN

Das beste *und bisher detailreichste Foto einer Spiralgalaxie hat das Weltraumteleskop Hubble geliefert. Es zeigt die rund 25 Millionen Lichtjahre entfernte Kreisel-Spirale M 101. Die Galaxie hat einen Durchmesser von rund 170 000 Lichtjahren. Sie enthält nach Schätzungen von Wissenschaftlern der Europäischen Weltraumagentur Esa eine Billion Sterne. Das Bild entstand in fast neun Jahren von März 1994 bis Januar 2003 und setzt sich aus 51 Einzelaufnahmen zusammen.* BILD: ESA

Experten sehen positiven Trend am Arbeitsmarkt

Nürnberg - Die Arbeitslosenzahlen sind im Februar weniger stark gestiegen als in den Vorjahren. Deshalb sieht die Bundesagentur für Arbeit (BA) ihre positive Erwartung bestätigt. „Auch wenn die Arbeitslosigkeit weiterhin über fünf Millionen liegt – diese jahreszeitliche Entwicklung ändert nichts an unserer optimistischen Grundeinschätzung“, kommentierte BA-Vorstandschef Frank-Jürgen Weise die Zahlen. „Seit Monaten geht die Arbeitslosigkeit tendenziell zurück“, sagte er. Bundesarbeitsminister Franz Müntefering (SPD) wies darauf hin, dass der Anstieg deutlich geringer sei als sonst im Februar. CDU-Generalsekretär Ronald Profalla sah ein „Signal der Hoffnung“.

Die Zahl der Erwerbslosen stieg im Februar um 36 000 auf 5,048 Millionen – und damit schwächer als im Durchschnitt der vergangenen vier Jahre. Im Vergleich zum Februar 2005 sank die Arbeitslosenzahl um 241 000. Die Arbeitslosenquote stieg um 0,1 Punkte auf 12,2 Prozent. Bereinigt um jahreszeitliche Sondereffekte ging die Zahl der Erwerbslosen um 5000 auf 4,695 Millionen zurück. (dpa, rtr)

Kommentar **Seite 4**
Politik **Seite 6**

100 Tage vor dem WM-Start Podolski soll gegen Italien spielen

NOCH 100 TAGE

Florenz - Genau 100 Tage vor dem Beginn der Fußball-WM in Deutschland tritt die Nationalmannschaft zu einem Test-Länderspiel in Italien (21 Uhr, live in der ARD) an. Bundestrainer Jürgen Klinsmann plant nach dem Rauswurf des Dortmunders Christian Wörns eine Innenverteidigung mit Christoph Metzelder und Per Mertesacker. Nach über einjähriger Verletzungspause soll der Münchner Philipp Lahm sein Comeback in der Abwehr feiern. Im Angriff ist der Bremer Stürmer Miroslav Klose gesetzt, die besten Aussichten auf die zweite Stelle im Sturm hat trotz Formkrise der Kölner Jungstar Lukas Podolski. Bei den Italienern fallen die Stars Totti und Gattuso aus. (sid)

Sport **Seite 17**

Köhler lobt die Regierung

Berlin - Bundespräsident Horst Köhler hat die große Koalition gelobt. „Es scheint mir, dass ein neuer Stil politischer Zusammenarbeit existiert: Im Vordergrund steht die Suche nach dem Verbindenden und einer vernünftigen Lösung.“ Auch die katholische Kirche äußerte sich anlässlich der 100-Tage-Bilanz. „Sie sind seriös gestartet“, hieß es. (dpa)

Blick **Seite 3**, *Leitartikel* **Seite 4**

www.ksta.de/bilanz

www.ksta.de

RHEIN-ERFT

S-Bahn ist einen Schritt weiter

Der Regionalrat bei der Kölner Bezirksregierung hat vorgeschlagen, die S-Bahn von Horrem nach Düsseldorf in den Verkehrsbedarfsplan aufzunehmen. Die Städte Bergheim, Bedburg und Grevenbroich befürworten den Vorschlag. Lediglich die Stadt Düsseldorf hat bislang keinen Bedarf angemeldet. Experten halten die Verbindung für sinnvoll. **Seite 33**

SPORT

Punkt für die Haie

Die Kölner Haie mussten sich am Dienstagabend im DEL-Spiel bei Tabellenführer ERC Ingolstadt trotz einer 2:0-Führung nach Penaltyschießen noch 2:3 (1:0, 1:1, 0:1, 0:1) geschlagen geben. Schlegel und Gogulla trafen für den KEC. **Seite 18**

TAGESTHEMA

Merz klagt in Karlsruhe

Bundestagsabgeordnete müssen Nebentätigkeiten veröffentlichen. Auf die Neuregelung wies Bundestagspräsident Norbert Lammert (CDU) hin. Gegen diese Praxis klagen vor dem Bundesverfassungsgericht sechs Parlamentarier, unter ihnen Friedrich Merz (CDU). **Seite Zwei**

POLITIK

Wirbel um BND

Die angebliche Weitergabe irakischer Verteidigungspläne an die USA durch deutsche Agenten schlägt weiter hohe Wellen. Das Parlamentarische Kontrollgremium will sich am Montag mit dem entsprechenden Bericht der „New York Times“ befassen: Die Zeitung bekräftigte ihre Darstellung. **Seite 6**

WIRTSCHAFT

Abfindung als Trost

Im Streit um die Schließung des AEG-Werks in Nürnberg haben sich die Konfliktparteien nach sechs Wochen Streik auf einen gut dotierten Sozialtarifvertrag geeinigt. **Seite 9**

WETTER

Winterlich
Heute gehen immer wieder Schneeschauer nieder. 0 bis 3 Grad werden erreicht.
Tag Nacht
Düsseldorf 3° -2° Leverkusen Köln Bergisch Gladbach 2° -4° Bonn
germanwings.com wünscht Ihnen einen sonnigen Tag

KÖLN, DIE NARREN UND DER ASCHERMITTWOCH

Der Goldnebel des Grauens

VON PETER BERGER

Die Stimme ist heiser, der Kopf juckt. Dieser garantiert hautfreundliche Bartkleber, mit dem die Saugnäpfe samt Pfeifenreinigern fünf Tage lang befestigt waren, hat hässliche kreisrunde Spuren hinterlassen. Da gibt's nur eins: Nagellack-Entferner. Oder Waschbenzin.

Die Karnevalsjacke, treuer Begleiter seit vielen Jahren, hat irgendein frierender Jeck mitgenommen. Wat fott is, is fott. Drei klebrige Biermarken haften in der Geldbörse. Keine Chance mehr, sie noch loszuwerden. Irgendwann geht nichts mehr. Die Freunde aus München, Hamburg und Oer-Erkenschwick sind abgezogen. Karneval in Kölle – war echt super. Der Kühlschrank ist leer, die Wäschetruhe voll. Die Wohnung? Besser nicht dran denken. Das Gold aus der Spraydose hat einen feinen Glitzerfilm über die Badezimmerfliesen gezogen. Ein Nebel des Grauens liegt über der Badewanne und den Handtuchhaltern, ist sogar in die Trommel der Waschmaschine gekrochen. Im Wohnzimmer stapeln sich leere CD-Hüllen. „Karneval der Stars“, Folgen 27 bis 35, „Megajeck“ und „Loss mer singe“. Irgendeiner muss das Stunksitzungs-Video eingesteckt haben. Aschermittwoch. Was für ein Tag. Grau und grausam. Totensonntag und Allerseelen sind nichts dagegen.

Heute Abend wird es sein wie immer. Wir werden uns anschauen, etwas hilflos. Nein, heute bleiben wir zu Hause. Heute gehen wir nicht raus. Sollen sie den Fisch doch alleine essen. Obwohl, der Kühlschrank? Also gut, die anderen kommen sicher auch. Und die Scholle war doch letztes Jahr so köstlich. Braun gebrannt in Butter. Mit goldgelb dampfenden Kartoffeln und fein geschnittener Petersilie. Dazu ein Wasser und eine Apfelschorle. Die Bank, auf der wir gestern noch wie die „Weltmeister vum Rhing“ getanzt haben – weg. Wir sitzen! Am Tisch! Nein, ein Wasser, still. Und die Schorle nur mit einem Drittel Apfelsaft.

Hallo, Hubert, Tach, Georg, Mensch, Beate, du auch hier? Kommt Hermann auch noch? Keine Ahnung, der ist gestern aber so richtig versackt. Bin ich froh, dass wir das wieder geschafft haben. Ich hätte aber auch keinen Tag länger ...

Dieser Fisch, einfach köstlich. Was meint ihr? Eins können wir doch, oder? Aber morgen, morgen ist dann wirklich Fastenzeit.

SPL01AKL/1

1 Beschreibt den Aufbau der Titelseite: Legt dazu Transparentpapier über die Abbildung und fertigt eine Skizze des Layouts an, indem ihr die Zeitungsseite in Blöcke unterteilt. Schreibt nun in jeden Block ein Stichwort (z.B. *Zeitungsname, Foto, Schlagzeile, normaler Text, Grafik …*). Beschreibt danach den Aufbau in einem zusammenhängenden Text.

▸▸ **Seite 240 ff.** Zeitungen LS „Umgang mit Medien“

Merke

Als **Layout** bezeichnet man die Anordnung und Gestaltung von Texten und Bildern auf einer Druckseite. Besonders bei der Titelseite wird auf ein ansprechendes Layout geachtet, denn schon beim ersten Hinsehen sollen die Betrachter zum Kaufen/Lesen der Zeitung angeregt werden.

2 Aus welchen Bereichen stammen die Texte auf der Titelseite? Welche Texte verweisen auf den Innenteil?

In Gelddingen sind die Bürger „Analphabeten“

■ **Bonn** – Die Verbraucherzentralen in NRW reagieren auf das äußerst beschränkte Wissen der Bürger über Chancen und Gefahren der Geldanlage. Mit gezielten Geldanlageseminaren wollen die Zentralen nun vor allem junge Leute und ältere Menschen informieren, wie die sehr unterschiedlichen Anlageprodukte funktionieren und worauf vor dem Einstieg besonders zu achten ist. Für den Laien ist der Markt weitgehend unübersichtlich.

Kölner Stadtanzeiger 01.03.06

Berliner Linke auf Abwegen

Streit in der WASG: Kandidatur mit oder ohne Linkspartei

Treten die zwei Parteien bei den Wahlen zum Abgeordnetenhaus getrennt an, ist die gemeinsame Bundestagsfraktion nicht zwangsläufig bedroht.

■ **Berlin** – Die rund 850 Berliner Mitglieder der WASG können seit Dienstag in einer Urabstimmung entscheiden, ob es eine Zusammenarbeit mit der Linkspartei bei der Abgeordnetenhauswahl am 17. September gibt.

Kölner Stadtanzeiger 01.03.06

Unsicherheit bei Real nach dem Rücktritt

■ **Madrid** – Der überraschende Rücktritt von Präsident Florentino Perez hat die Krise bei Spaniens Fußballrekordmeister Real Madrid verschlimmert. „Perez hinterlässt Real im Niemandsland“, schrieb die Zeitung „Sport“ am Tag danach. Der 58-Jährige hatte sich nach dem 1:2 bei Abstiegskandidat Real Mallorca gezwungen gesehen, am Montagabend ein Signal zu setzen.

Kölner Stadtanzeiger 01.03.06

Munch-Bild eingefordert

■ **Wien** – Marina Mahler, die Enkelin von Alma Mahler Werfel, fordert jetzt erneut die Rückgabe des Gemäldes „Sommernacht am Strand“ von Edvard Munch, das bisher in der staatlichen Galerie Belvedere in Wien hängt. Der österreichische Kunstbeirat hatte die Rückgabe 1999 abgelehnt. Marina Mahlers Großmutter Alma hatte das Gemälde „Sommernacht am Strand“ 1937 der österreichischen Galerie Belvedere für zwei Jahre geliehen.

Kölner Stadtanzeiger 01.03.06

3 Ordnet die Texte ihren Ressorts zu. Begründet die Zuordnung.

4 Vergleicht verschiedene Tageszeitungen. Welche Ressorts finden sich in allen Zeitungen täglich wieder? Welche tauchen nur einmal in der Woche auf?

5 Erstellt ein Infoplakat mit Textbeispielen für die täglich wiederkehrenden Ressorts.

6 Präsentiert eure Plakate und begründet dabei die Zuordnungen der Textbeispiele.

! Merke

Von einer Tageszeitung erwarten die Leserinnen und Leser, dass sie über viele verschiedene Themen auf dem Laufenden gehalten werden. Deshalb gibt es in Zeitungen verschiedene **Ressorts**, die Zuständigkeitsbereiche einer Zeitung, in denen Informationen und Hintergründe zu einem bestimmten Thema angeboten werden.

Das Wichtigste in Kürze – Aufbau und Sprache einer Nachricht

1 Beschreibt mithilfe des Comics, wie eine Nachricht in die Zeitung kommt.

2 Welche Aufgaben und Schwierigkeiten hat der Redakteur oder die Redakteurin?

KVB-Fahrer mit Stein beworfen

■ **Köln** – Mit einem faustgroßen Stein hat ein betrunkener Mann gestern Nachmittag in der U-Bahn-Station Appellhofplatz die Scheibe einer Straßenbahn eingeschmissen. Das Glas ging zwar zu Bruch, doch verletzt wurde niemand.

Wie die Polizei mitteilte, hatte der 36-Jährige zuvor in dem Zug der Linie 3 eine Zigarette geraucht. Mehrere Fahrgäste wiesen ihn vergeblich darauf hin, dass dies untersagt ist. Auch der Bahnfahrer schaltete sich schließlich ein und bat den uneinsichtigen Fahrgast, den Zug an der nächsten Haltestelle zu verlassen. Dies tat der Mann auch, hob dann aber einen Stein aus dem Gleisbett auf und schleuderte ihn gegen die Seitenscheibe der Fahrerkabine. Anschließend versuchte er, in Richtung Appellhofplatz zu flüchten. Doch mit drei Zeugen lief der KVB-Fahrer dem Randalierer hinterher. Sie holten den Mann ein, hielten ihn fest und riefen die Polizei.

Kurz darauf nahmen die Beamten den 36-Jährigen fest. Er bekommt nun eine Strafanzeige wegen Sachbeschädigung. Weil er Polizeiangaben zufolge deutlich alkoholisiert war, wurde ihm eine Blutprobe entnommen.

Kölner Stadtanzeiger 01.03.06

▸▸ **Seite 241 f.** Verschiedene Textsorten LS „Umgang mit Medien“

3 Untersucht den Aufbau der Nachricht: Welche W-Fragen werden in der Schlagzeile (Überschrift) und im ersten Abschnitt des Textes beantwortet?

4 Kürzt den Text von hinten nach vorne: Bis zu welcher Stelle ist die Nachricht immer noch verständlich?

5 Untersucht gleichermaßen weitere Nachrichten aus einer Tageszeitung.

6 Stellt in einer Skizze den Aufbau einer Nachricht dar. Überlegt dann, warum Nachrichten so aufgebaut sind.

7 Schreibt eine ähnlich aufgebaute Nachricht zu einem Ereignis eurer Wahl.

8 Eine Nachricht gibt auf W-Fragen Antworten. Aus diesem Grund kommt eine Nachricht auch nicht ohne adverbiale Bestimmungen aus. Sucht in den Nachrichten auf dieser Doppelseite nach adverbialen Bestimmungen, schreibt sie heraus und bestimmt sie.

Tipp

Zur Erinnerung
Satzglieder, die die Umstände eines Geschehens näher bestimmen, heißen **adverbiale Bestimmungen.** Sie informieren über Zeit, Ort, Richtung, Grund, Mittel, Zweck, Bedingung, Art und Weise.

▶▶ Seite 254
Satzglieder und das Attribut
LS „Sprache untersuchen – Grammatik“

Verfolgungsjagd endete im Straßengraben

■ **Frechen** – Eine wilde Verfolgungsjagd mit der Polizei lieferte sich ein 32 Jahre alter Mann aus Königswinter am Sonntagnachmittag. Ausgangspunkt war eine allgemeine Verkehrskontrolle an der Dürener Straße in Frechen. Noch bevor die Polizei ihn kontrollieren konnte, gab der Mann Gas und fuhr über die A1 und A4 davon. Schließlich wechselte er auf die A 555, die er am Rastplatz Eichkamp wieder verließ.

Die Fahrt ging weiter über Feldwege und Landstraßen von Bornheim in Richtung Wesseling. Als der Flüchtige versuchte, einen Polizeiwagen trotz Gegenverkehr zu überholen, stieß er mit seinem Fahrzeug mit dem Auto eines entgegenkommenden 42-Jährigen zusammen. Der Wagen des Täters raste in eine Böschung und überschlug sich. Schon Sekunden später kroch der Mann aus seinem schwer beschädigten Wagen und wollte zu Fuß weiter. Den Beamten gelang es jedoch, ihn zu fassen. Der Grund für die Reaktion des Mannes waren offensichtlich die 158 Gramm Amphetamine[1] und eine Münzsammlung, die laut Polizei vermutlich aus einem Einbruch stammten und die man in seinem Kofferraum fand. Der Mann war vom Landgericht Bonn gesucht worden, um seine Freiheitsstrafe von 584 Tagen anzutreten, zu der er wegen eines Vergehens gegen das Betäubungsmittelgesetz verurteilt worden war.

Kölner Stadtanzeiger 01.03.06

[1] Amphetamine: Aufputschmittel

9 Welches Tempus wird überwiegend in der Nachricht verwendet? In welches Tempus wechselt der Verfasser im letzten Satz? Warum tut er das?

10 Analysiert die Nachricht: Entspricht sie vom Aufbau her eurer Skizze?

11 Macht aus der Nachricht eine Kurzmeldung.

Merke

Nachrichten in Zeitungen haben die Aufgabe, die Leser objektiv, das heißt den Tatsachen entsprechend und meinungsfrei, über ein aktuelles Ereignis zu informieren. Je nach Ausführlichkeit unterscheidet man folgende Formen:
Kurzmeldung: Beantwortet nur die allerwichtigsten W-Fragen zu einem Geschehen, liefert keine Hintergründe
Nachricht: Liefert übersichtliche, knappe Informationen, kaum Hintergründe
Bericht: Langform der Nachricht, Hintergrundinformationen, ausführliche Darstellungen

▶▶ Seite 252 f.
Tempus
LS „Sprache untersuchen – Grammatik“

Journalisten als Augenzeugen – Reportagen

Damit, wie hier im Berliner Stadion, zur WM alles wie geschmiert läuft, muss viel organisiert werden.

Hinter den Kulissen der WM

Ohne sie könnte die Fußball-Weltmeisterschaft nicht beginnen: Die Organisatoren, Rasenmeister und Stadionwarte sorgen dafür, dass genügend Bälle in den Stadien sind – und Bratwürstchen für die Fans! GEOlino berichtet über die heimlichen Macher der WM.

Julia Bierwirth schlägt die Hände über dem Kopf zusammen. Alles, was im Berliner Olympiastadion gebraucht wird, muss durch diesen einen einzigen schmalen Tunnel: Sattelschlepper voller Bratwürstchen, Bildschirme, Bälle. Nicht zu vergessen das Gepäck der Fußballer. Auwei! Hoffentlich geraten die Lieferungen nicht durcheinander! Kaum auszudenken, wenn der brasilianische Superstar Ronaldinho kurz vor dem Anpfiff nicht seine Tasche, sondern die von Michael Ballack in der Kabine fände oder gar eine Kiste Würstchen! Julia greift zu einem ihrer zwei Handys: „Unbedingt erst die Würstchen, dann die Taschen liefern! Sonst haben wir hier Chaos." Ein Mitarbeiter am anderen Ende der Leitung notiert die Anweisung. Dann setzt Julia Bierwirth ihren Kontrollgang durchs Stadion fort.

2500 Bälle und vier Millionen Brötchen

Für die 32-Jährige hat die WM schon lange vor dem ersten Spiel begonnen. Sie ist Chefin der Logistik, das heißt: Julia Bierwirth und ihre Mitarbeiter sorgen dafür, dass alles zur rechten Zeit am rechten Fleck ist – in ganz Deutschland. Eine gigantische Aufgabe: Etwa vier Millionen Brötchen müssen zum passenden Termin an die zwölf WM-Stadien geliefert werden, 800 000 Würstchen, 224 Tonnen Gepäck von 736 Fußballern und Hunderten Betreuern und Offiziellen, 2500 Bälle – und 370 000 Quadratmeter Rasen, aufgewickelt zu Ballen, die an riesige Klopapierrollen erinnern. Zum Glück ist das Grün schon vor Tagen in den Stadien verlegt worden. Bierwirth macht einen Haken auf ihrer langen Liste.

Am Ende des Ganges angekommen, blickt sie auf die neue Tartanbahn, die das Berliner Fußballfeld umrundet. Unterirdisch gibt es eine Aufwärmhalle für die Fußballer! Extra für die WM ist das Stadion vier Jahre lang umgebaut worden. Auch die elf anderen Fußballtempel, in denen während der WM gekickt wird, haben es in sich: Das neue Münchner Stadion zum Beispiel kann seine Farbe wechseln. Die Arena in Gelsenkirchen ist auf über 600 Pfählen gebaut, die Rasenfläche lässt sich komplett herausfahren, so dass man im Inneren Konzerte veranstalten und sogar Biathlonrennen austragen kann! […]

Weltmeister im Organisieren

Julia Bierwirth […] blättert sich weiter durch ihren dicken Papierstapel: Tabellen, in denen etwa die Reiseroute von Ronaldinhos Sporttasche aufgelistet ist. Darin steht: Die Klamotten kommen kurz vor dem Spiel der Brasilianer gegen Kroatien am 13. Juni aus dem Taunus nach Berlin. Von hier aus geht es zurück, dann nach München, später nach Dortmund. So weit, so gut. Eigentlich dürfte nichts durcheinanderkommen. Es sei denn, die Brasilianer ändern spontan ihre Pläne. „Südamerikaner legen sich ungern fest", seufzt Julia Bierwirth, schweigt einen Moment und sagt: „Aber auch das bekommen wir hin! Wir wollen ja zeigen, dass die Deutschen auf jeden Fall Weltmeister im Organisieren sind."
Einen WM-Pokal gibt es dafür leider nicht. Julia Bierwirth und ihre Leute dürfen die echte Trophäe aus knapp fünf Kilogramm Gold noch nicht einmal transportieren! Denn die ist bis kurz vorm Endspiel an einem geheimen Ort versteckt. Kein Wunder! Schon zweimal wurde das wertvolle Goldstück gestohlen. […]

1. Beschreibt, welche Unterschiede zur Nachricht euch nach dem ersten Leseeindruck spontan auffallen.
2. Gebt wieder, worum es in dieser Reportage geht.
3. Untersucht die Sprache des Textes:
   - In welchem Tempus ist der Text geschrieben? Was bewirkt das beim Leser?
   - Nennt Beispiele, in denen die Sinne und Gefühle angesprochen werden.
4. Schreibt die Fakten aus dem Text heraus und formuliert damit eine Nachricht in sachlicher Sprache.
5. Verfasst selbst eine Reportage aus eurem täglichen Umfeld. Achtet darauf, viele Sinneseindrücke festzuhalten, aber erfragt auch Fakten für euren Text. Überarbeitet dann eure Texte in einer Schreibkonferenz.

! Merke

Reportagen sind Texte, in denen den Lesern in Form eines Augenzeugenberichts ein unmittelbarer Eindruck von einem Ereignis gegeben werden soll. In Form einer Schilderung wird die Atmosphäre des Ereignisses eingefangen und für den Leser nachvollziehbar gemacht. Auch das wörtliche Zitieren von Augenzeugen gehört dazu.
Für die Themen gibt es keine Grenzen: Außergewöhnliches aus fernen Ländern oder das alltägliche Umfeld im Dorf, Sport, Kultur – alles kann Stoff für Reportagen bieten.
Wie bei Nachrichten gilt, dass die Fakten stimmen müssen. Durch die eigene (subjektive) Sicht des Reporters bzw. der Reporterin wird allerdings in Reportagen auch Meinung transportiert.

▸▸ Seite 196 ff.
Erzählende Schreibformen – Die Reportage/Übungen zum Verfassen einer Reportage
LS „Schreiben"

Umgang mit Texten/Medien

Schreiben

Das Recht auf eine eigene Meinung – Kommentare und Leserbriefe

Jeder hat das Recht, seine Meinung in Wort, Schrift und Bild frei zu äußern und zu verbreiten und sich aus allgemein zugänglichen Quellen ungehindert zu unterrichten. Die Pressefreiheit und die Freiheit der Berichterstattung durch Rundfunk und Film werden gewährleistet. Eine Zensur findet nicht statt.

Artikel 5 des Grundgesetzes

1 Überlegt, warum das Recht auf Meinungsäußerung in das für alle Deutschen verbindliche Grundgesetz aufgenommen wurde. Was bedeutet das für Journalisten?

Kommentar

Telenovelas: Nicht von dieser Welt

Von Horst M. Goteveld

Na, denn Prost – die deutsche Fernsehlandschaft ist um eine Attraktion reicher: „Telenovelas“ heißt das Zauberwort, mit dem insbesondere die jüngere Klientel an der Glotze gehalten werden soll – ein Plan, der aufzugehen scheint. Die Dauerserien, einst in Südamerika zur Ablenkung von einer trostlosen Wirklichkeit erfunden, greifen jetzt auch bei uns immer mehr um sich. Damit ist den Fernsehmachern ein weiterer großer Wurf in Richtung Zuschauerverblödung gelungen. Eine Schattenwelt voller Jungzombies, allesamt versandhauskataloggestylt und mit Mühe darauf hin dressiert, einen halbwegs auswendig gelernten Satz von sich zu geben. Dazu eine – wenn man das so nennen kann – Handlung, die so ist wie ein Couchtisch: platt und durchsichtig. Der Zweck solcher Telenovelas sollte jedem klar sein: Sie sind Schmiermittel für die Werbung drum herum und nichts anderes, vor diesem Hintergrund mögen sie ihre Berechtigung im werbefinanzierten Fernsehen ja noch haben. Von wirklichem Übel allerdings wird das Ganze, wenn das öffentlich-rechtliche Fernsehen auf den Zug springt und aus zwangsweise von allen Bürgern eingetriebenem Geld solch einen Schmonzes unters Volk bringt. Einer solch konsequenten Ausblendung von jeglichem Wirklichkeitsbezug sollten sich unsere gebührenfinanzierten Fernsehanstalten tunlichst enthalten und die Sendezeit Dingen vorbehalten, die doch ein wenig wichtiger sind. Laut PISA-Studie sind wir schon dumm genug, da kann die Sendezeit wirklich für Sinnvolleres reserviert werden als „Telenovelas“ – denn die haben wir nun zu allerletzt gebraucht.

▸▸ **Seite 243** Kommentare LS „Umgang mit Medien“

2 Wertet den Kommentar aus. Welcher Anlass liegt ihm zu Grunde?

3 An welchen sprachlichen Mitteln wird deutlich, dass hier persönliche Meinungen geäußert werden? Tragt die Forderungen und Schlussfolgerungen des Autors in Stichworten zusammen.

4 Beschreibt den Aufbau des Kommentars.

! Merke

Der **Kommentar** ist die wichtigste meinungsäußernde Textsorte in der Tageszeitung. In ihm sagt der Verfasser seine ganz persönliche Meinung zu einem aktuellen Sachverhalt. Damit die Leser Meinung und sachliche Information auseinanderhalten können, haben Kommentare eine andere äußere Form als Nachrichten.

5 Überlegt, was die Leserinnen und Leser für Motive haben könnten, einen Leserbrief zu schreiben.

Nach einer Reportage über den Erfolg der „Telenovelas“ im deutschen Fernsehen fanden sich in einer Tageszeitung eine Reihe von Leserbriefen:

Ich weiß gar nicht, was der Redakteur an den Telenovelas zu bemängeln hat. Ich jedenfalls bin begeisterter Fan von „Verliebt in Berlin“ und verpasse keine Folge. Man leidet so richtig mit den Hauptfiguren mit. Und wem diese Figuren nicht passen, der kann ja die Off-Taste drücken.

Selma Cetinkaya, Gießen

Das ist nicht in Ordnung, sich über die jungen Schauspieler und Schauspielerinnen so lustig zu machen. Das haben die nicht verdient, denn sie stehen ja erst am Anfang ihrer Karriere. Ein bisschen mehr Geduld mit den jungen Leuten!

Helga Reder, Wiesbaden

Recht hat der Verfasser. Die Handlungen sind unglaubwürdig, extrem durchsichtig und es werden so ziemlich alle Plattheiten verbraten, die man sich vorstellen kann.

Sebastian Kohler, Hanau

6 Was könnte in der Reportage gestanden haben?

7 Wodurch wird deutlich, dass es sich um persönliche Meinungen handelt?

8 Verfasst zu der Reportage auf Seite 66 f. einen Leserbrief.

Werdet selbst zu Journalisten – Projekt Klassenzeitung

Ihr habt jetzt eine ganze Menge Informationen rund um die Zeitung bekommen. Jetzt ist die Zeit, es selbst zu probieren – mit einer Zeitung, an der die ganze Klasse mitwirkt.

Schritt 1	Besprecht in der Klasse, welchen Umfang die Zeitung haben soll und welche Themen aufgenommen werden könnten. Einige Vorschläge wären Themen aus Schule, Stadt, Freizeit, Sport, Personenportraits, Film- und Musikrezensionen …	
Schritt 2	Verteilt die Arbeit in Gruppen. Denkt auch daran, eine Redaktionsgruppe zu bilden, die die gelieferten Texte mithilfe von Textverarbeitungsprogrammen „in Form bringt". Nutzt Rechtschreibwörterbücher und die Rechtschreibhilfe des Textverarbeitungsprogramms. Die Gruppen gehen an die Arbeit, d.h. Termine festlegen, Informationen einholen, Interviews machen, Befragungen durchführen, Fotos anfertigen … Handwerkszeug: Ein Block und Stifte müssen immer dabei sein, bei Interviews ist ein Diktiergerät/Aufnahmegerät notwendig. Gut ist es auch, wenn eine Digitalkamera dabei ist.	 
Schritt 3	Wenn ihr alle Informationen zusammengetragen habt, tippt sie in den PC und gebt die Ausdrucke an das Redaktionsteam weiter.	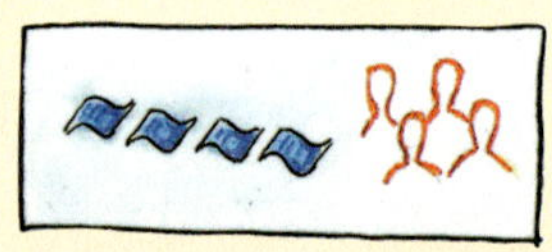
Schritt 4	Das Team bespricht, welche Artikel aufgenommen werden, welche zur Überarbeitung noch einmal zurückgehen müssen und welche vom Team überarbeitet werden.	
Schritt 5	Herstellung der Zeitung mit einem Textverarbeitungs- und Publikationsprogramm; Vervielfältigung, Zusammenheftung	
Schritt 6	Verteilung und kritische Besprechung (Redaktionskonferenz) in der Klasse.	

Textverarbeitung – So sieht es nach Zeitung aus

Um eure Zeitung zu gestalten, reicht für den Anfang ein normales Textverarbeitungsprogramm wie z.B. *Word*. Damit könnt ihr problemlos Texte in Spalten setzen, Grafiken und Bilder einfügen, Schlagzeilen und Bildunterschriften hervorheben und vieles mehr. Hier bekommt ihr einige Tipps für das Layout.

Seite 273 ff.
Mit einem Textverarbeitungsprogramm arbeiten LS „Lern- und Arbeitstechniken“

Eine Seite in Spalten einteilen

Klickt auf das Spaltensymbol und wählt mit gedrückter Maustaste aus, wie viele Spalten ihr haben möchtet. In diesem Fall wird die Seite in zwei Spalten eingeteilt.

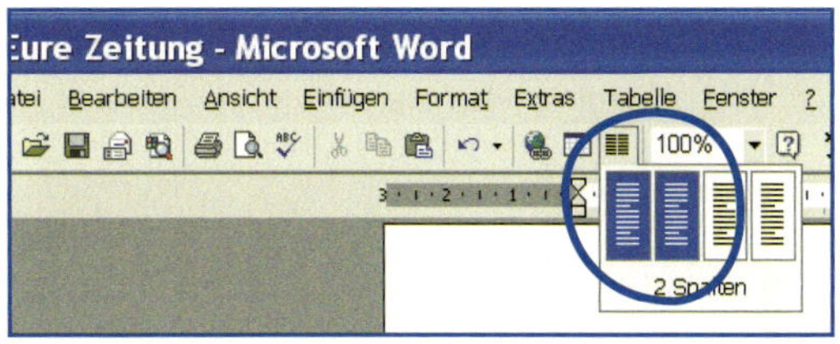

Eine Grafik einfügen und in den Text integrieren

Auch wenn ihr eure Zeitung in Spalten eingeteilt habt, könnt ihr Grafiken einfügen, die über die Spalten hinausgehen. So geht es: Klickt auf das Menü *Einfügen* und wählt den Unterpunkt *Grafik*. Hier könnt ihr die Quelle eures Bildes auswählen. Ein Doppelklick auf das gewählte Bild – und schon befindet es sich auf eurer Seite und kann mit der Maus an seinen Platz geschoben oder vergrößert bzw. verkleinert werden.

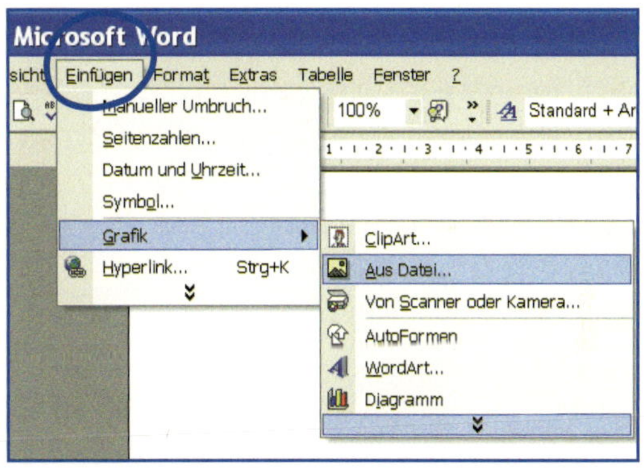

Und jetzt noch die Bildunterschrift

Kein Bild ohne Unterschrift – so sollte es sein und es geht ganz einfach: Mit der Maustaste über die Grafik gehen, rechte Maustaste klicken und den Punkt *Beschriftung* auswählen. Ihr braucht in das Dialogfeld nur noch euren Text einzugeben und mit *OK* bestätigen.

Tipp

Wenn ihr möchtet, dass Text um eure Grafik herumfließt, klickt die Grafik mit einem Doppelklick an, wählt aus dem Menü den Punkt *Layout* und hier *passend*. Dann könnt ihr die Grafik verschieben, wohin ihr wollt, euer Text läuft um sie herum. Probiert auch andere Möglichkeiten aus.

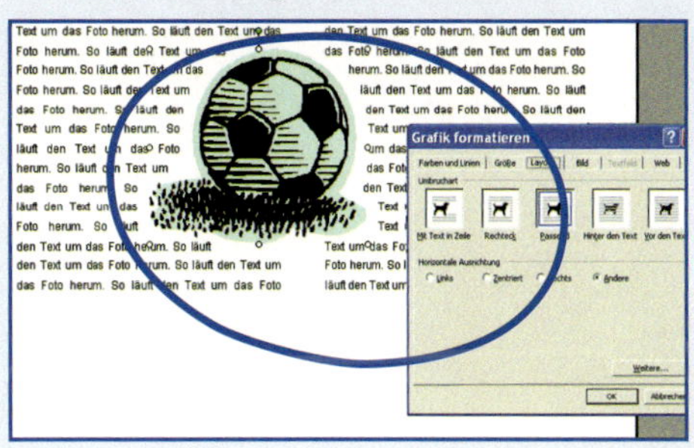

Impulse zur Weiterarbeit

- Viele Tageszeitungen bieten für Schulklassen ein kostenloses Kurzabonnement an. Nutzt diese Möglichkeit.
- Tragt verschiedene Tageszeitungen vom gleichen Tag zusammen und vergleicht, wie unterschiedlich über ein Ereignis berichtet wird.
- Recherchiert im Internet: Was sind Nachrichtenagenturen, welche Aufgaben haben sie und welche gibt es?
- Ihr könnt im Rahmen eines Tagesausflugs eine Setzerei oder eine Druckerei besichtigen.
- Erkundigt euch, ob es möglich ist, in einer Zeitungsredaktion oder in einem Verlag ein Praktikum zu machen.
- Informiert euch über Berufe, die mit Printmedien zu tun haben.
- Schreibt zu einem Tageszeitungsartikel einen Leserbrief und schickt ihn ab.

Werbung – Audiovisuelle Medien untersuchen

Im Fernsehen, im Radio, in der Zeitung, auf dem Bus oder an der Bushaltestelle: Wohin man sieht und was man hört – Werbung!
Werbung hat dabei viele positive Seiten: Man wird auf neue Produkte oder Dienstleistungen aufmerksam gemacht oder auf Angebote hingewiesen. Werbung hat aber auch negative Seiten: Man wird zum Kauf von Sachen verführt, die man vielleicht gar nicht braucht, oder es werden Bedürfnisse geweckt, die man vorher nicht hatte. Wer Werbung für sich sinnvoll nutzen möchte, sollte in jedem Fall etwas über die Machart von Werbung wissen …

Im Einzelnen

- lernt ihr zwischen Werbemitteln und Werbeträgern zu unterscheiden und führt eine Umfrage über „Werbungskonsum" durch
- beschreibt ihr den Aufbau, die Gestaltung und Wirkung von Werbeanzeigen
- erfahrt ihr, was man unter Schleichwerbung genau versteht
- setzt ihr euch mit der Sprache der Werbung auseinander
- beschäftigt ihr euch mit Werbung im Radio und gestaltet selbst einen Radiowerbespot

Umgang mit Texten/Medien

Schreiben

Überall Werbung – Sich in der Welt der Werbung orientieren

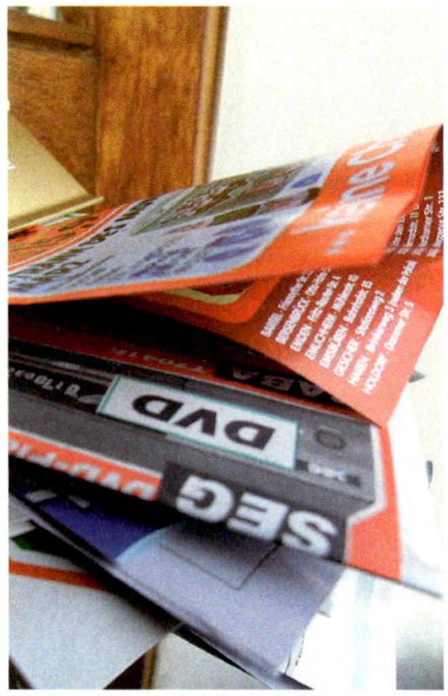

▶▶ **Seite 244**
Werbung
LS „Umgang mit Medien“

1 Werbung begegnet uns fast überall. Schaut euch die Bilder an und beschreibt sie genau.

2 Welche weiteren Werbeformen bzw. -orte kennt ihr noch? Sammelt möglichst viele verschiedene Beispiele und besprecht die Gemeinsamkeiten und Unterschiede.

3 Erstellt in kleinen Gruppen eine Definition von „Werbung“.

4 Recherchiert im Internet, was man unter „Spam“ und „Paidmailing“ versteht. Welche weiteren Werbeformen werden im Internet noch verwendet? Sammelt möglichst viele unterschiedliche Beispiele mit den genauen Quellenangaben der Webseiten.

! Merke

Unter **Werbeträgern** versteht man die Medien oder Gegenstände, die die Werbebotschaft mithilfe der verschiedenen Werbemittel zum Verbraucher „tragen“: Plakatwand, Zeitung, Radio, Feuerzeug usw. **Werbemittel** sind die Werbeformen, die in oder auf den verschiedenen Werbeträgern verwendet werden können: Plakate (z.B. auf einer Litfaßsäule), Spots (z.B. im Fernsehen), Aufkleber (z.B. auf einem Auto).

Fragebogen „Werbungskonsum“

1. **Kreuze an, wie alt du bist.** ☐ 13 J. ☐ 14 J. ☐ 15 J. ☐ 16 J.
2. **Bist du ein Junge oder ein Mädchen? Kreuze an.** ☐ Junge ☐ Mädchen
3. **Wie steht du im Allgemeinen zur Werbung?**
   ☐ Werbung ist interessant. ☐ Werbung ist mir egal. ☐ Werbung stört mich.
4. **In oder auf welchen Werbeträgern siehst, liest oder hörst du am meisten Werbung?**
   ☐ Fernsehen ☐ Radio ☐ Internet ☐ Zeitung ☐ Zeitschrift
   ☐ Plakatwände ☐ andere, welche: ______________________
5. **Nenne spontan eine Werbung, die dich in letzter Zeit besonders angesprochen hat.**
   ____
6. **Warum hat dir diese Werbung besonders gefallen?**
   ____
   ____
7. **Hat dich eine Werbung schon einmal bewusst zum Kauf eines Produkts angeregt?**
   ☐ nein ☐ ja, z.B. bei: ______________________
8. …

5 Untersucht mithilfe des Merkekastens den Fragebogen. Welche der Fragen sind geschlossen, welche offen oder halb offen?

6 Welche Vor- und Nachteile haben die einzelnen Fragearten? Diskutiert darüber.

7 Ergänzt den Fragebogen zum Thema „Werbungskonsum“ um weitere Fragen, die euch wichtig sind, und führt anschließend die Umfrage in euren Parallelklassen oder auch bei anderen Klassen durch.

8 Wertet eure Umfrage aus und besprecht die Ergebnisse. Fasst anschließend die wichtigsten und interessantesten Ergebnisse in einem Informationstext zusammen.

Merke

In Interviews und Fragebögen unterscheidet man zwischen
- **geschlossenen Fragen:** die möglichen Antworten sind vorgegeben (die Antwort ist oft nur ein „Ja“ oder „Nein“, ein einziges Wort oder eine Zahl)
- **halb offenen Fragen:** ein möglicher Antwortbereich ist vorgegeben, kann aber ergänzt werden
- **offenen Fragen:** die mögliche Antwort ist offen und kann ganz unterschiedlich ausfallen; bei offenen Fragen sind oft auch längere Antworten möglich

Tipp

Die Ergebnisse der Auswertung der geschlossenen und halb offenen Fragen könnt ihr mithilfe eines Computers auch in Diagrammen darstellen.

Umgang mit Texten/Medien

Schreiben

Reich und schön – Werbeanzeigen untersuchen

Seite 244 f.
Analyse von Werbeanzeigen
LS „Umgang mit Medien"

1. Vergleicht die Werbeanzeigen miteinander. Aus welchen Elementen bestehen die Anzeigen jeweils? Was haben sie gemeinsam?
2. Untersucht Aufbau, Gestaltung und Wirkung der einzelnen Anzeigen näher. Vergleicht dann die verschiedenen Werbestrategien miteinander.
3. Überlegt, welches Frauenbild hier jeweils dargestellt wird. Begründet eure Meinung.

4 Seht euch die Werbeanzeigen noch einmal an und überlegt, welche Leitbilder hier angesprochen werden.

5 Überlegt, welche anderen Leitbilder es noch gibt. Mit welchen davon werden Jugendliche in der Werbung häufig angesprochen?

6 In Zeitungen und Zeitschriften, wie z. B. in den oben abgebildeten, sind zahlreiche Werbeanzeigen zu finden. Sammelt aus verschiedenen Zeitungen und Zeitschriften möglichst unterschiedliche Werbeanzeigen. Verschafft euch zunächst einen Überblick über das Werbematerial und analysiert anschließend die einzelnen Anzeigen genauer. Haltet eure Ergebnisse in Form einer Tabelle fest.

7 Gestaltet selbst eine Werbeanzeige zu einem Produkt eurer Wahl oder einem Fantasieprodukt. Ihr könnt dazu Bilder oder Texte aus euch vorliegenden Anzeigen oder Zeitschriftenberichten kombinieren oder auch selbst etwas zeichnen. Fertigt zu eurer Anzeige eine Beschreibung nach der Tabelle aus Aufgabe 6 an. Stellt anschließend eure Anzeigen im Klassenraum aus und macht einen „Museumsgang".

8 Sucht euch im Anschluss an den Museumsgang zwei oder drei Bilder aus und analysiert sie mithilfe der Tabelle aus Aufgabe 6. Vergleicht eure Analyse mit der Analyse des Gestalters der Anzeige. Kommt es in den Analysen zu unterschiedlichen Einschätzungen, dann diskutiert diese Fälle gemeinsam in der Klasse.

Merke

Leitbilder sind Wunschvorstellungen, die man hat (Schönheit, Reichtum, Erfolg ...); sie werden in der **Leitbildwerbung** gezielt eingesetzt, um den Konsumenten zu vermitteln, dass sich das Leitbild durch den Kauf eines Produkts zumindest teilweise erfüllt.

Marke/ Produkt - Kurzbeschreibung der Anzeige	*Werbebotschaft(en) und Produkteigenschaften*	*Leitbild(er)*
...	... ...	...

Arbeitstechnik

Museumsgang
Wie in einem richtigen Museum geht man von „Bild" zu „Bild" und begutachtet die verschiedenen Arbeiten. Nach einer angemessenen Betrachtungszeit stellt sich die eine Hälfte der Klasse vor ihre Bilder und steht den Betrachtern für Erklärungen und eventuelle Fragen zur Verfügung. Nach einer Weile wird getauscht und die andere Hälfte der Klasse geht zu ihren Bildern.

Umgang mit Texten/Medien

Schreiben

Erst auf den zweiten Blick – Was ist Schleichwerbung?

Der folgende Text ist ein Auszug aus einem Artikel der Zeitschrift „werben & verkaufen", die sich vor allem an Unternehmer und Werbeschaffende wendet.

Werbung als Programm

Immer mehr Marken drängen in das redaktionelle Umfeld von TV-Sendungen.

Sie sind Kult. Tausende von Frauen geben ein Vermögen für diese sexy Stilettos aus. Natürlich nicht für irgendwelche, sondern für Manolo Blahniks. Noch vor drei Jahren kannte die sündhaft teuren Pumps in Deutschland kein Mensch. Dann kam die Serie „Sex and the City". Deren Hauptfigur Carrie trägt in jeder Folge Manolo Blahnik (natürlich nicht zufällig) – und viele Frauen wollen seitdem diese Schuhe besitzen. Einen derartigen Erfolg hätte klassische Werbung niemals erzielt. Eine Randerscheinung? Nein. Der TV-Trend für das kommende Jahr heißt *Advertiser Founded Programming* (AFP). […]

Der Blick über den Teich inspiriert die Deutschen. „Das Interesse an AFP seitens der Werbetreibenden und Produzenten wird immer größer", meint Kastner. Für die Entwicklung gibt es Gründe. Seit Längerem haben lange Werbeblöcke bei dem Zuschauer ein schlechtes Image. Und immer noch müssen die Sender sparen und geben den Kostendruck an die Produzenten weiter. Nicht zuletzt zwingt der *Personal Video Recorder* (PVR) zum Handeln. Denn in Kürze wird der Festplattenrekorder, mit dem man die Werbung überspringen kann, auch in Deutschland erschwinglich. Auch größere Sender werden umdenken müssen. […]

Die Entwicklung in den USA zeigt: Die Zuschauer sehen mehr aufgezeichnete Sendungen an als in Echtzeit.

1. Erklärt mit euren eigenen Worten, was man unter dem Begriff *Advertiser Founded Programming* versteht.
2. Sucht nach einem deutschen Begriff für *Advertiser Founded Programming.* Benutzt gegebenenfalls ein englisch-deutsches Wörterbuch.
3. Überlegt, ob die Unterscheidung zwischen Werbeträgern und Werbemitteln auch auf diese Werbeform anwendbar ist.
4. Welche Gründe werden im Text für den neuen TV-Trend *AFP* genannt? Schreibt die Gründe in Stichwörtern heraus und verfasst anschließend einen kurzen Informationstext.
5. Sprecht darüber, ob euch in den Medien selbst schon ähnliche Fälle von Werbung aufgefallen sind. Sammelt die Beispiele.

Aus dem Rundfunkstaatsvertrag (RStV)

§ 2 Begriffsbestimmungen

[…]

(2) Im Sinne dieses Staatsvertrages ist

[…]

6. Schleichwerbung die Erwähnung oder Darstellung von Waren, Dienstleistungen, Namen, Marken oder Tätigkeiten eines Herstellers von Waren oder eines Erbringers von Dienstleistungen in Programmen, wenn sie vom Veranstalter absichtlich zu Werbezwecken vorgesehen ist und die Allgemeinheit hinsichtlich des eigentlichen Zwecks dieser Erwähnung oder Darstellung irreführen kann. Eine Erwähnung oder Darstellung gilt insbesondere dann als zu Werbezwecken beabsichtigt, wenn sie gegen Entgelt oder eine ähnliche Gegenleistung erfolgt […].

§ 7 Inhalte von Werbung und Teleshopping, Kennzeichnung

[…]

2. Werbung oder Werbetreibende dürfen das übrige Programm inhaltlich und redaktionell nicht beeinflussen. […]
3. Werbung und Teleshopping müssen als solche klar erkennbar sein. Sie müssen im Fernsehen durch optische Mittel, im Hörfunk durch akustische Mittel eindeutig von anderen Programmteilen getrennt sein. In der Werbung und im Teleshopping dürfen keine unterschwelligen Techniken eingesetzt werden.

[…]

6. Schleichwerbung und entsprechende Praktiken sind unzulässig. […]

6 Erklärt mit eigenen Worten die hier abgedruckten Begriffsbestimmungen in §2 und die Bestimmungen in §7 des Rundfunkstaatsvertrags.

7 Sucht nach Gründen, die für ein Verbot von verdeckter Werbung in Filmen sprechen. Sollte solche Werbung eurer Meinung nach trotzdem erlaubt werden? Diskutiert darüber.

Seite 207
Diskussionen und Debatten durchführen
LS „Sich verständigen – Gespräche führen – Argumentieren“

Reiseshop in der ARD-Fernsehserie „Marienhof“

8 Beschreibt die beiden Bilder möglichst genau. Geht dabei auch auf die Kameraeinstellung und Kameraperspektive ein.

9 Welche verdeckte Werbebotschaft wird vermittelt? Formuliert sie.

Seite 247 ff.
Kameraeinstellung
LS „Umgang mit Medien“

Umgang mit Texten/Medien

Nachdenken über Sprache

Auf die Formulierung kommt es an – Sprache der Werbung

▸▸ Seite 246
Werbesprache
LS „Umgang mit Medien“

1 Analysiert die Werbeslogans. Welche sprachlichen Mittel werden verwendet?

2 Formuliert, wo möglich, die Werbebotschaft als direkten Appell.
Beispiel: *„Der Gelbe Engel“ – Lassen Sie uns Ihr Schutzengel sein!*

3 Werbesprache ist oft sehr attributreich. Überprüft dies an den Slogans der linken Seite und bestimmt dort alle vorkommenden Attribute.

Seite 254
Satzglieder und das Attribut
LS „Sprache untersuchen – Grammatik"

Merke

Unter einem **Attribut** versteht man eine Beifügung oder nähere Bestimmung zu einem Bezugswort (meist ein Nomen). Attribute sind keine Satzglieder. Sie können nicht frei im Satz verschoben werden, sondern bleiben bei ihrem Bezugswort.
Attribute können unterschiedliche Formen haben. Man unterscheidet unter anderem
- attributive Adjektive und Partizipien: *ein himmlischer Genuss, bei strahlendem Sonnenschein*
- attributives Adverb: *sehr elegant, extra billig, besonders kompetente Berater*
- präpositionales Attribut: *die Marke mit dem gewissen Extra*
- Genitivattribut: *das schönste Gefühl der Welt*
- Attributsätze (als Nebensatz): *ein Vergleich, der sich lohnt*

4 Viele Attribute lassen sich in andere Attributformen umwandeln:
ein Vergleich, der sich lohnt → *ein sich lohnender Vergleich*
die Marke mit dem gewissen Extra → *die Marke, die ein gewisses Extra besitzt*
das schönste Gefühl der Welt → *das schönste Gefühl, das auf der Welt existiert*
Experimentiert mit den in Aufgabe 3 gefundenen Attributen und erprobt Umformungen. Wie verändert sich die Wirkung der Slogans?

5 Sucht aus Werbeanzeigen in Zeitungen und Zeitschriften nach weiteren Slogans, die euch gut gefallen, und untersucht sie auf Attribute. Erprobt auch hier Umformungen.

6 Welche verschiedenen Merkmale weisen die folgenden Slogans auf?

Bitte ein Bit! (Bitburger Bier)

Drivers wanted! (VW)

Neckermann macht's möglich

Intel inside

Haribo macht Kinder froh

Otto … find' ich gut!

Freude am Fahren (BMW)

Wir können alles. Außer Hochdeutsch.

7 Welche Sprachhandlungen (z.B. appellieren, behaupten, aussagen, argumentieren usw.) werden in den Slogans jeweils vollzogen? Sprecht darüber.

8 Formuliert selbst zehn Slogans und analysiert sie gegenseitig (sprachliche Mittel, Attribute, Sprachhandlungen).

Merke

Die bewusste Auswahl der sprachlichen Mittel gehört zur Strategie der Werbung.
Slogans weisen oft mehrere der folgenden Merkmale auf:
- kurz und bündig
- interessant
- treffend
- einprägsam
- verständlich
- markenbezogen
- witzig

Der Ton macht die Musik – Radiospots untersuchen und gestalten

1 Untersucht bei verschiedenen Rundfunksendern die Werbeblöcke. Arbeitet in Gruppen und teilt euch die Sender untereinander auf. Hört jeden dieser Sender morgens und abends jeweils eine Stunde lang an (am besten, ihr nehmt die entsprechende Sendung auf). Formuliert dabei wichtige Aspekte in Stichwörtern oder Sätzen.

Prüfe

- Wie viele Werbeblöcke gibt es? Wie lange dauern sie jeweils?
- Laut Rundfunkstaatsvertrag muss Werbung „durch akustische Mittel eindeutig von anderen Programmteilen getrennt sein". Wie wird das jeweils gelöst?
- Für welche Produkte wird zu welcher Tages-zeit geworben?
- An welche Zielgruppe wenden sich die Spots vorrangig (an Kinder, Erwachsene, ältere Menschen)?
- Machen die Sender Eigenwerbung für sich? Wenn ja, wie?
- Welche anderen Werbeformen (außer den Spots und der Eigenwerbung) kommen in der Sendung vor (z.B. Gewinnspiele, bei denen ein Produkt gewonnen werden kann)?
- Wie ist die Qualität der Sendungen, die ihr gehört habt? Hängt die Qualität der Sendung mit der Art der Werbung zusammen?

2 Präsentiert euch gegenseitig die Ergebnisse eurer Untersuchung und besprecht diese anschließend.

3 Wählt in der Klasse einen Radiospot aus, der euch gut gefällt oder besonders interessiert, und analysiert ihn genauer:
- Wie viele Sprecher gibt es? Was könnt ihr über sie sagen (Alter, Geschlecht, Sprechweise, Stimmung …)?
- Was sagen die Sprecher genau?
- Welche Geräusche gibt es?
- Welche Art von Musik wird verwendet?
- Wo gibt es Pausen? Was bewirken sie?

4 Schreibt nun ein Drehbuch zu dem von euch aufgenommenen Spot nach dem Muster auf der gegenüberliegenden Seite. Beschreibt dabei die Äußerungen und den Ablauf so genau wie möglich.

Tipp

Beachtet bei der Analyse auch die Sprechweise (wie z.B. Aussprache, Satzmelodie, Sprechtempo und Lautstärke). Zur Markierung könnt ihr die verschiedenen Zeichen der Lesepartitur verwenden, z.B. „//" für Pausen oder Unterstreichungen für betonte Stellen. Ihr könnt euch auch weitere Zeichen ausdenken.

	Sprecher 1 (junger Mann mit tiefer Stimme)	**Sprecher 2 (junge Frau mit heller Stimme)**	**Musik/Geräusche/ Pausen**
Text (Sprechweise)			Jingle (3 Sek.)
Text (Sprechweise)	Und warum haben Sie sich gerade für dieses Waschmittel entschieden? *(interessiert, Frageintonation; „dieses Waschmittel" betont)*		
Text (Sprechweise)		*(lacht, dann nach kurzer Pause:)* Weil es günstig ist und hervorragend in der Qualität. *(„hervorragend" betont)*	In der kurzen Pause Supermarktgeräusche
Text (Sprechweise)	...	...	...

5 Entwerft in Gruppen einen eigenen Spot zu Produkten, zu denen ihr bereits eine Werbeanzeige gestaltet habt.
- Sprecht euch untereinander ab und entwerft in jeder Gruppe einen Spot für eine unterschiedliche Zielgruppe (Jugendliche, Erwachsene, Männer, Frauen, ältere Menschen).
- Orientiert euch in der Planungsphase an den Bausteinen unten. Schreibt anschließend ein genaues Drehbuch.

Anzahl der Sprecher | Alter und Geschlecht der Sprecher | Sendezeit

Sendelänge | Slogan | Musik (Jingle) | Produkt und Produktname

Geräusche | Werbestrategie | zentrale Werbebotschaft | Aufbau des Spots

6 Nehmt die Spots auf und spielt sie euch gegenseitig vor. Notiert euch dabei wichtige Stichwörter. Besprecht die Spots. Achtet dabei besonders darauf, ob es gelungen ist, die gewünschte Zielgruppe anzusprechen.

Tipp

Bei der Gestaltung des Jingles bzw. der Musik hilft euch bestimmt eure Lehrerin/euer Lehrer für Musik. Ihr könnt selbst etwas komponieren, aber auch auf bestehende Musikstücke zurückgreifen und diese ggf. verändern.

Impulse zur Weiterarbeit

- Ihr könnt Fernsehspots analysieren und vergleichen: Gibt es bei der Werbung Unterschiede zwischen einzelnen TV-Sendern (privat – öffentlich-rechtlich)?
- Ihr könnt eine Werbeagentur besuchen und euch zeigen lassen, wie dort gearbeitet wird. Fragt nach, wie die Agentur einen Radiospot entwerfen würde.
- Erstellt ein Archiv mit den ungewöhnlichsten Werbungen.
- Sammelt möglichst verschiedene Werbeträger oder Bilder davon.
- Recherchiert, was der „Rundfunkstaatsvertrag" ist und was er alles regelt.
- Recherchiert im Internet nach Fällen von Schleichwerbung (mögliche Suchwörter: „Schleichwerbung", „verdeckte Werbung", „Product Placement").
- Informiert euch in der Bibliothek über die Geschichte der Werbung und sucht nach Beispielen für Werbungen aus früheren Zeiten. Ihr könnt diese Werbungen auch sprachlich analysieren. Was hat sich alles verändert, was ist gleich geblieben?
- Erstellt euren „Slogometer" – eure klasseninterne Hitliste der 20 besten Werbeslogans.

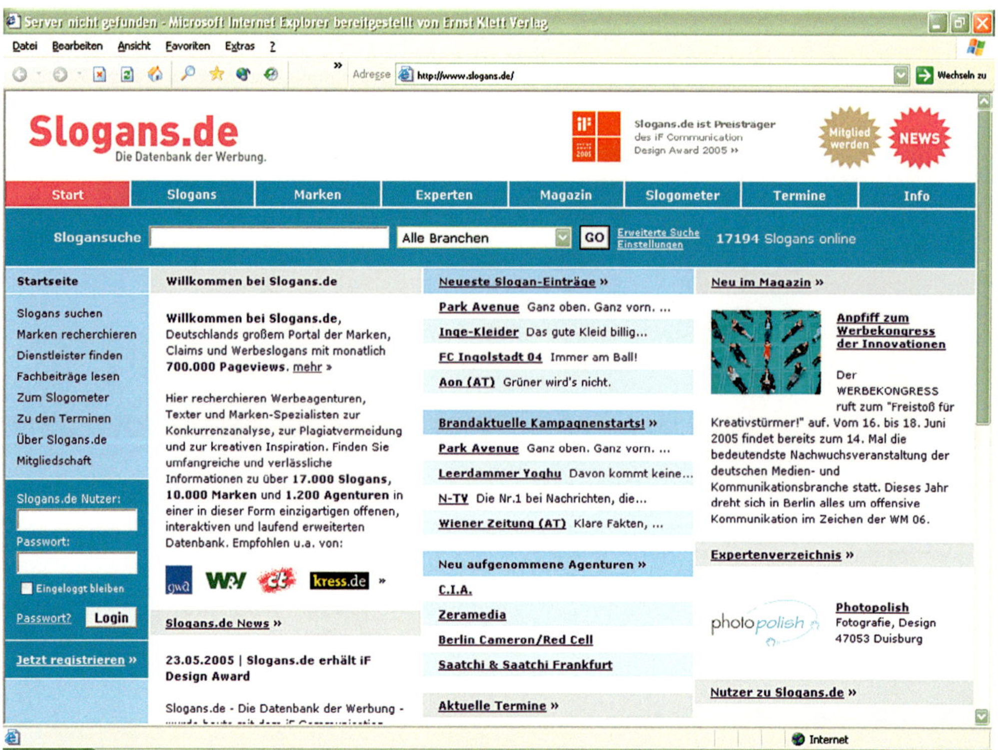

Spielt unser Wetter verrückt? – Der Konjunktiv

Mit dem Wetter setzen wir uns jeden Tag auseinander: Wir wollen wissen, wie es morgen wird, wir ärgern uns bei Regen und freuen uns bei Sonne. Im Fernsehen und in den Zeitungen gibt es regelmäßig Berichte, besonders dann, wenn das Wetter verrücktspielt. Dann werden von den Journalisten viele Meinungen von Experten, wie Klimaforschern und Meteorologen, eingeholt.
Wie man die Aussagen anderer oder Mögliches und Unmögliches wiedergibt, lernt ihr in diesem Kapitel. Dabei spielen die Verben eine besondere Rolle.

Im Einzelnen lernt ihr

- die verschiedenen Aussagearten von Verben kennen und unterscheiden
- den Konjunktiv II und Konjunktiv I sowie die „würde-Form" als Alternative zu bilden
- die Verwendung des Konjunktivs II zum Ausdruck von etwas Möglichem, nur Gedachtem, von etwas Unwirklichem, nicht Möglichem
- die Verwendung des Konjunktivs I in der indirekten Rede

Wenn die Erde zu warm wird … – Konjunktiv II

Klimaveränderungen und ihre Folgen

■ Auf der Erde wird es wärmer. Daran sind die Menschen nicht unschuldig, denn sie tragen durch die Verbrennung von Holz, Kohle und Öl dazu bei, dass die Erdatmosphäre mit Ruß und anderen Schadstoffen belastet wird. Dadurch wird die Wärmeabstrahlung von der Erdoberfläche gemindert (Treibhauseffekt). Die Temperaturen steigen. Wissenschaftler haben mit Computermodellen ausgerechnet, was in der Zukunft passieren könnte, wenn es wärmer wird.

So könnten die Meeresspiegel steigen, wodurch küstennahe Regionen, die nur knapp über dem Meeresspiegel liegen, überflutet würden. Die Jahreszeiten wären anders: Heiße trockene Sommer und milde Winter hätten auf unsere Landschaft und die Landwirtschaft großen Einfluss.

Vermutet wird auch, dass es häufiger extremere Wetterereignisse gäbe, zum Beispiel Orkane und durch heftige Niederschläge verursachte Überschwemmungen. Zudem könnten jetzt schon relativ trockene Länder zu Wüsten werden.

Deshalb fordern die Wissenschaftler Politiker und Bürger auf, alles zu tun, damit die fortschreitende Erderwärmung aufgehalten wird. Zu den nötigen Maßnahmen zählen unter anderem das Energiesparen und eine alternative Energiegewinnung, zum Beispiel aus Wasser und Wind.

1 In dem Text findet ihr Tatsachen und Vermutungen. Übertragt folgende Tabelle in euer Heft und stellt stichwortartig die Aussagen des Textes zusammen.

Tatsache	Vermutung
Erde wird wärmer	*Meeresspiegel könnte steigen*
…	…

2 Schreibt die Verbformen aus dem Text heraus, an denen ihr erkennen könnt, dass die Aussagen Vermutungen sind.

Merke

Modus: Aussageweise des Verbs

Für Verben gibt es verschiedene **Modi** (Einzahl **Modus,** lateinisch für Art, Weise), mit denen man ausdrücken kann, ob etwas wirklich oder unwirklich, möglich oder unmöglich ist.

- **Indikativ:** Er ist die „Normalform" bzw. „Wirklichkeitsform". Mit ihm bezeichnet man Handlungen oder Zustände, die man für wahr hält, z.B.: *„Auf der Erde wird es wärmer."*
- **Konjunktiv:** Eine Form des Modus „Konjunktiv" ist der **Konjunktiv II**. Er wird gebraucht, um etwas Unwirkliches oder Mögliches und nur Gedachtes darzustellen, z.B.: *„Die Jahreszeiten wären anders."* (Sie sind es aber noch nicht.)

*Obwohl der **Konjunktiv II** nichts mit der Vergangenheit zu tun hat, wird zu seiner Bildung der Verbstamm der Vergangenheitsformen der Verben benutzt.*

Person	Indikativ	Konjunktiv II
ich	lief	liefe
du	liefst	liefest
er/sie/es	lief	liefe
wir	liefen	liefen
ihr	lieft	liefet
sie	liefen	liefen

*Es gibt aber auch Verben, in denen Indikativ und Konjunktiv gleich sind. Dann wird als Ersatz mit **würde + Infinitiv** gearbeitet.*

Person	Indikativ	Konjunktiv II
ich	legte	legte/würde legen
du	legtest	legtest/würdest legen
er/sie/es	legte	legte/würde legen
wir	legten	legten/würden legen
ihr	legtet	legtet/würdet legen
sie	legten	legten/würden legen

Seite 253 Modus LS „Sprache untersuchen – Grammatik"

3 Was unterscheidet die Konjunktivformen in der linken Tabelle vom Indikativ? Bei welchen Personalformen kann man keinen Unterschied erkennen?

4 Bei einer Reihe von Verben, die ein **a, o** oder **u** im Verbstamm haben, werden diese im Konjunktiv II zu **ä, ö** oder **ü** umgewandelt, z.B. *ich hatte – ich hätte; ich gab – ich gäbe; ich konnte – ich könnte; ich wurde – ich würde.* Bildet für diese Verben nach dem Muster der Tabelle oben links die Formen des Indikativ und Konjunktiv II.

5 Arbeitet mit den beiden Illustrationen: Schreibt einen Text mit der Überschrift „Nicht nur lustig: Was wäre, wenn Köln am Meer läge?". Verwendet dabei Verbformen wie im Zeitungsausschnitt. Ihr könnt z.B. so beginnen:
„Wenn Köln am Meer läge, könnten wir …" *„Es wäre möglich …"* *„Es würde …"*
Tauscht eure Texte aus und besprecht die inhaltlichen und formalen Schwierigkeiten.

Wenn der Konjunktiv fremd klingt – Die „würde-Form" als Alternative

Bastian Sick

Der Dativ ist dem Genitiv sein Tod

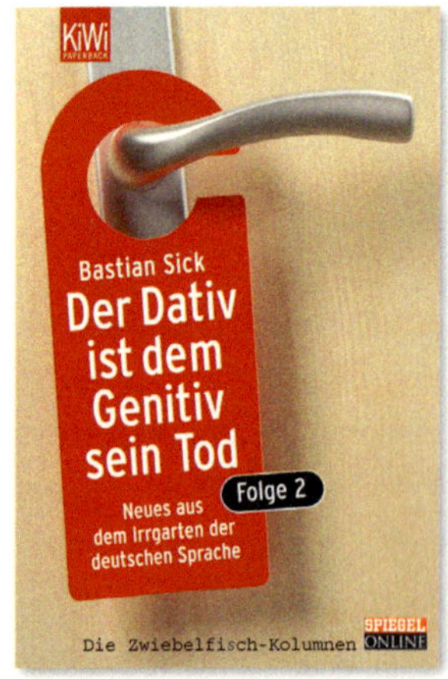

Henry überrascht mich gelegentlich mit ganz erstaunlichen Formulierungen. Da sitzen wir zusammen im Café und unterhalten uns über einen gemeinsamen Freund, und plötzlich sagt er: „Säßen wir jetzt nicht bei Kaffee und Kuchen, riefe ich ihn sofort an." Zweimal Konjunktiv II in einem Satz! Mir fällt vor Begeisterung die Kuchengabel aus der Hand. „Du meinst, würden wir jetzt nicht hier sitzen, würdest du ihn sofort anrufen?" Henry sieht mich streng an: „Nein, ich meine *säßen* und *riefe*, du hast mich genau verstanden." – „Spräche jeder so wie du, lieber Henry, schwämmen mir als Kolumnisten[1] die Felle davon", erwidere ich augenzwinkernd. „Schwämmen oder schwömmen?", fragt Henry, und schon stecken wir mitten im Sumpf der unregelmäßigen Verben. „Büke der Bäcker sein Brot mit mehr Gefühl, verdürbe es nicht so schnell", sagt Henry. „Spönnest du weniger, so stürbe ich nicht gleich vor Lachen!", entgegne ich. „Hübe jeder seinen Müll auf, gewönne die Stadt an Lebenswert", kontert Henry. „Gnade!", rufe ich. „Das ist ja nicht auszuhalten! Hübe heißt es ganz bestimmt nicht!"

[1] *Kolumnist: Zeitungsautor, der Artikel schreibt, die regelmäßig unter der gleichen Überschrift erscheinen; solche regelmäßigen Texte in Zeitschriften werden Kolumnen genannt.*

▶▶ **Seite 253** Modus
LS „Sprache untersuchen – Grammatik"

1. Manche Konjunktiv-Formen klingen veraltet oder sehr ungewöhnlich. Sie werden im täglichen Sprachgebrauch kaum noch verwendet. Schreibt diese Formen aus dem Text heraus und bestimmt den Indikativ.

2. Im Text wird eine Alternative genannt, wie man die seltsamen Formen vermeiden kann. Schreibt die entsprechende Textstelle heraus.

3. Schreibt die Zeilen 9–15 des Textes um, indem ihr, wo es möglich ist, die „würde"-Form verwendet, z.B.
Würde jeder so wie du sprechen, lieber Henry, würden …

4. Vergleicht eure Textfassung mit der Vorlage: Wie wirken die Texte?

! Merke

Die **„würde-Form"** wird wie der Konjunktiv II gebraucht. Man bildet sie mit der **Konjunktiv-Form** von **werden** und einem **Infinitiv:**
Ich würde gehen
du würdest gehen
er/sie/es würde gehen
wir würden gehen
ihr würdet gehen
sie würden gehen

5 Wahrsagerinnen liegen nicht immer richtig mit ihren Vorhersagen. Wenn ein Wissenschaftler diese Aussagen macht, muss er den Konjunktiv II verwenden: Setzt die Aussagen um und verwendet dabei die entsprechenden Formen.

Nachdenken über Sprache

Schreiben

Äußerungen anderer wiedergeben – Indirekte Rede und Konjunktiv I

Die Reporter der Schülerzeitung „Schulecho“ sind durch den Zeitungsartikel auf das Thema „Klimaveränderung“ aufmerksam geworden und wollen es aufgreifen. Sie interviewen dazu eine Klima-Expertin zum Phänomen des Treibhauseffekts.

Schulecho Guten Tag, Frau Rump. Danke, dass Sie uns zur Verfügung stehen.

Frau Rump Guten Tag. Bitte, bitte. Na dann fragt mal los.

Schulecho Wie kam man darauf, die Erde mit einem Treibhaus zu vergleichen?

Frau Rump Die Erde ist von einer schützenden Hülle, der Atmosphäre, umgeben. Zum Glück für uns trifft so nicht die gesamte Menge der Sonnenstrahlung auf die Erde, sondern nur ein Teil. Was durchkommt, wird an der Erdoberfläche in Wärmestrahlen umgewandelt. Gäbe es die Atmosphäre nicht, würde diese Wärmestrahlung direkt wieder ins All entweichen. Es wird aber durch die Schutzhülle ein Teil der Wärme zwischen Erdoberfläche und Atmosphäre festgehalten. Und das funktioniert bei einem Treibhaus ganz ähnlich. Deshalb hat man sich diesen Vergleich zur Veranschaulichung ausgesucht.
Oh, Telefon. Ihr müsst mich einen Moment entschuldigen …
Da bin ich wieder, jetzt kann es weitergehen.

Schulecho Aber dann ist der Treibhauseffekt doch was Positives.

Frau Rump Klar, der natürliche Treibhauseffekt sorgt für eine angenehme Durchschnittstemperatur von etwa 15 Grad auf der Erde. Aber seit etwa 200 Jahren greift der Mensch immer stärker in die Atmosphäre ein.

Schulecho Wie denn das?

Frau Rump Indem er alles Mögliche verbrennt: Öl, Holz, Gas hinterlassen Kohlendioxid und Rußpartikel. Dazu kommt, dass die Zahl der Menschen stark gestiegen ist. Sie müssen in immer stärkerem Ausmaß Landwirtschaft betreiben. Durch Methangase, die in der Massentierhaltung entstehen, oder Stickstoffdünger wird die Atmosphäre zusätzlich belastet.

Schulecho Was bedeutet das für die Atmosphäre?

Frau Rump Sie wird immer dichter. Dadurch wird zusätzlich Wärme auf der Erde zurückgehalten, und das ist nicht unbedingt gut.

Schulecho Warum?

Frau Rump Man befürchtet, dass die Meeresspiegel ansteigen, weil das Polareis schmilzt. Auch besteht die Gefahr, dass extreme Wetterereignisse wie Stürme und Starkregen den Menschen immer mehr zu schaffen machen. Einigen Erdregionen drohen Dürren.

Schulecho Vielen Dank für das Gespräch und auf Wiedersehen.

Frau Rump Gerne. Auf Wiedersehen.

1 Stellt die Aussagen des Interviews in Form einer Mind-Map dar.

2 Gebt die Kernaussagen in einem Kurzvortrag wieder.

Aus dem Interview wurde ein Bericht angefertigt.

Schluss mit prima Klima

■ Die Erde wird oft mit einem Treibhaus verglichen. Die Geografin Frau Rump erklärte, dieser Vergleich komme daher, dass die Erde wie ein Treibhaus mit einer schützenden Hülle versehen sei. Was beim Treibhaus die Glasscheiben seien, sei im Falle der Erde die Atmosphäre, die aus verschiedenen Gasen bestehe. So werde verhindert, dass die Wärmestrahlen gleich wieder ins All zurückstrahlen. Dies sei ein Segen für uns, denn der natürliche Treibhauseffekt sorge für eine angenehme Durchschnittstemperatur von 15 Grad.

In den letzten 200 Jahren habe aber der Mensch durch die verstärkte Verbrennung von Öl, Holz und Gas die Atmosphäre „dichter“ gemacht. Auch die stark gewachsene Landwirtschaft, bedingt durch die Bevölkerungszunahme, trage dazu bei. So entstehe durch die Massentierhaltung eine große Menge Methangas und auch Stickstoffdünger gebe Gase an die Atmosphäre weiter.

Dies, so die Geografin, bedeute, dass die Wärmestrahlen stärker als natürlich zurückgehalten werden. Es werde also wärmer, was einen Anstieg der Meeresspiegel zur Folge habe. Auch mit einem Anstieg extremer Wetterereignisse sei zu rechnen.

3 Vergleicht den Text mit dem Interview links: Wo wurde gekürzt, was wurde weggelassen? Decken sich die Angaben im Bericht mit den Informationen, die ihr in eurer Mind-Map gesammelt habt?

4 Das Interview besteht aus direkter (wörtlicher) Rede. In dem Text oben wurde die indirekte Rede verwendet. Woran könnt ihr in diesem Text erkennen, dass es sich um Aussagen handelt, die nicht von den Verfassern des Berichts stammen?

5 In der indirekten Rede werden von der Normalform abweichende Verbformen verwendet. Schreibt diese Verbformen heraus.

! Merke

Etwas Gesagtes lässt sich in **direkter Rede** und in **indirekter Rede** wiedergeben.
Wenn man etwas in direkter (wörtlicher) Rede wiedergibt, bedeutet das, dass die Aussage auch genau so gemacht wurde. Häufig muss man aber Äußerungen zusammenfassen oder man lässt nicht zum Thema Passendes weg. Dies geschieht dann in indirekter Rede. Man weiß dann, dass die Aussagen eines anderen verkürzt oder formal verändert wiedergegeben wurden.
In der indirekten Rede kommt eine weitere Form des Modus „Konjunktiv“, der **Konjunktiv I**, zum Einsatz.

▸▸ **Seite 253**
Modus
LS „Sprache untersuchen – Grammatik“

Nachdenken über Sprache

Schreiben

Den Treibhauseffekt verringern – So bildet man den Konjunktiv I

Merke

Eine Reihe von im **Konjunktiv I** stehenden Verben habt ihr bereits kennen gelernt. Grundlage für die Formenbildung ist der **Präsensstamm des Verbs.** Im Unterschied zu den Normalformen wird bei einigen Personalformen im Konjunktiv I ein **e** eingefügt.

Indikativ	Konjunktiv I
ich kaufe	ich kaufe
du kaufst	du kaufest
er/sie/es kauft	er/sie/es kaufe
wir kaufen	wir kaufen
ihr kauft	ihr kaufet
sie kaufen	sie kaufen

1 Legt euch in eurem Heft nach diesem Muster eine Tabelle an und bildet den Konjunktiv I der Verben *rennen* und *fliegen*.

2 Vergleicht die Indikativformen mit den Konjunktivformen. Was stellt ihr fest?

Nach dem Interview beschloss eine Gruppe, das Thema im Politikunterricht anzusprechen und zu überlegen, ob man auch im kleinen Bereich der Schule einen Beitrag zur Verringerung des Treibhauseffekts leisten könnte. Peter hatte die Aufgabe, mitzuschreiben. Dies sind seine Notizen:

- *Mit dem Problem der Energieverschwendung in der Schule beschäftigen (Susanne)*
- *Was geht mich das an? (Hans)*
- *Ernsthaft diskutieren (Susanne)*
- *Überlegen, wie Energie gespart werden kann (Alex)*
- *Mit Licht anfangen (Sascha)*
- *Licht brennt ganzen Tag (Ayse)*
- *Hausmeister Schuld (Sascha)*
- *Heizung bollert, auch wenn es warm ist (Anika)*
- *Soll Badeanzug mitbringen, wenn es zu warm ist (Konstantin)*
- *Blödmann (Anika)*
- *Lichtdienst für die Schule einrichten (Karin)*
- *Wie soll das funktionieren? (Hans)*
- *Schüler drehen in erster Pause eine Runde und schalten Lampen aus (Veysel)*
- *Soll reihum von verschiedenen Klassen organisiert werden (Daniela)*
- *SV um Unterstützung bitten (Falko)*
- *Wer arbeitet einen Plan aus? (Carsten)*
- *Alex, Ayse, Thomas, Sascha und Anika würden mitmachen*
- *Wollen nächste Woche ihre Ideen der Klasse vorstellen*
- *Überlegen, wo weitere Maßnahmen möglich sind (Lehrer)*

Merke

Die Formen der Verben **haben, sein** und **müssen** im **Konjunktiv I** lauten:

ich habe	ich sei	ich müsse
du habest	du seist	du müssest
er/sie/es habe	er/sie/es sei	er/sie/es müsse
wir haben	wir seien	wir müssen
ihr habet	ihr seiet	ihr müsset
sie haben	sie seien	sie müssen

3 Manche Verben haben auch stark abweichende Formen. Dazu gehören die Verben *haben, sein* und *müssen*. Schreibt zunächst die Indikativformen für diese Verben auf.

4 Schreibt nun mithilfe der Notizen von Seite 92 eine Zusammenfassung der Stunde. Verwendet indirekte Rede im Konjunktiv I.

Seite 277 f.
Protokollieren
LS „Lern- und Arbeitstechniken“

Zusammenfassung der Politikstunde vom 05. 04. 2007, 8.45 bis 9.30 Uhr

Thema der Stunde: Maßnahmen zum Energiesparen an unserer Schule
Fehlend: Stephanie Holzmann, Ron Wegener (beide entschuldigt)

Verlauf der Diskussion:
Susanne schlug vor, dass man sich mit dem Problem der Energieverschwendung in der Schule beschäftigen könne. Hans fragte, …

Tipp

Formuliert abwechslungsreich und wählt für die Zusammenfassung treffende Verben zur Einleitung der Rede aus. So könnt ihr z. B., anstatt immer nur *sagen* zu schreiben, auch folgende Verben verwenden:

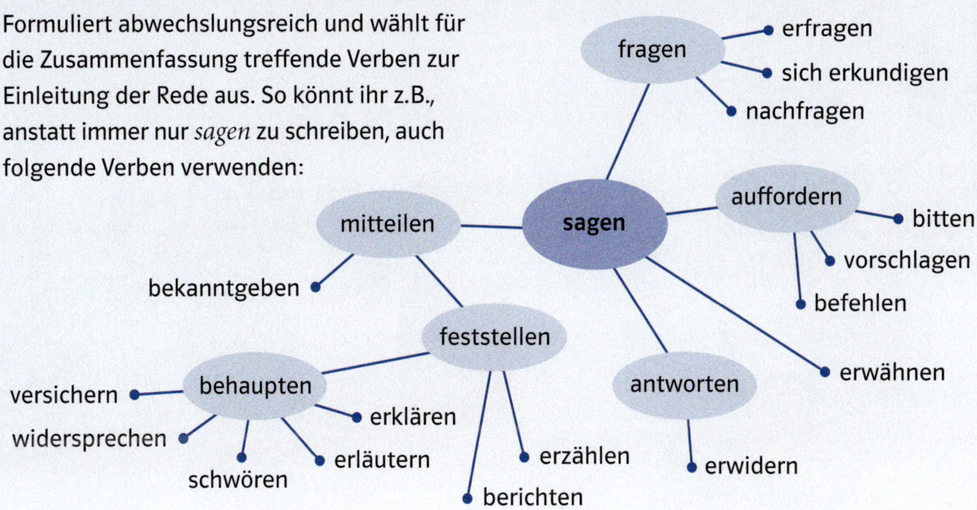

Impulse zur Weiterarbeit

- Erstellt eine Wandzeitung oder eine Ausstellung zum Thema „Klimawandel“.
- Informiert euch im Internet über die „Agenda 21“. Gibt es Aktionen dazu in eurer Stadt oder eurer Schule?
- Führt ein Projekt zum Energiesparen an eurer Schule durch.
- Untersucht Berichte in Tageszeitungen auf die Verwendung von indirekter Rede.
- Führt ein Kurzinterview zu einem Thema eurer Wahl durch. Nehmt die Antworten auf und notiert sie zunächst so, wie sie gesagt wurden. Verfasst dann daraus einen Bericht in indirekter Rede.

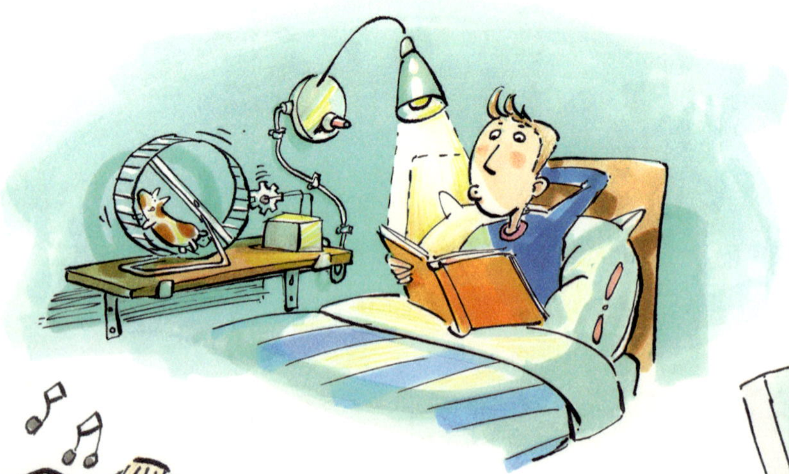

Eine Reise durch die deutschsprachigen Länder – Nachdenken über Sprache

In diesem Kapitel begebt ihr euch nicht nur auf eine Reise durch die deutschsprachigen Länder, sondern auch durch euren Klassenraum, indem ihr an Stationen arbeitet. Dort werden euch Aufgaben zu schon bekannten und unbekannten Grammatik- und Rechtschreibphänomenen gestellt, die ihr selbstständig lösen sollt.

Im Einzelnen lernt ihr

- was ihr bei der Methode „Lernen an Stationen" beachten müsst
- Subjekt-, Objektsätze, Infinitivgruppen und die dazugehörige Zeichensetzung kennen
- wann bei Wortverbindungen getrennt oder zusammengeschrieben wird
- welche Wörter groß- bzw. kleingeschrieben werden
- Fehlerschwerpunkte noch einmal näher zu betrachten

Haupt- und Amtssprache Deutsch – Lernen an Stationen

Die Grundidee des Lernens an Stationen besteht darin, dass ein Hauptthema in verschiedene Unterthemen gegliedert wird. Das Hauptthema des folgenden Stationenbetriebs lautet: „Eine Reise durch die deutschsprachigen Länder – Nachdenken über Sprache". Die Teilgebiete, nämlich euch bereits bekannte, aber auch unbekannte Grammatik- und Rechtschreibphänomene, findet ihr an den verschiedenen Stationen, die im Klassenzimmer aufgebaut wurden. Sie sollen dort von euch selbstständig bearbeitet werden.

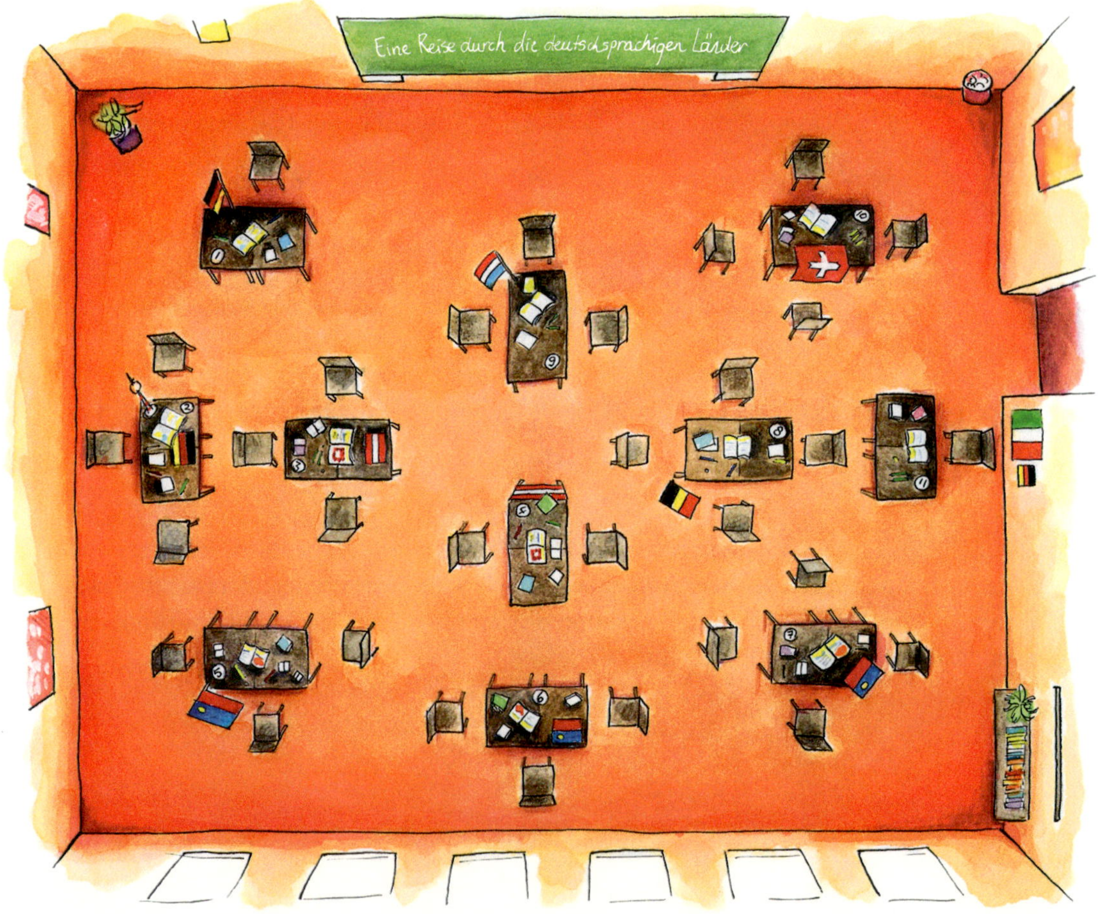

Weltweit gibt es 101 Millionen Menschen, deren Muttersprache Deutsch ist, und 121 Millionen, die Deutsch als zweite Sprache angeben. Deutsch ist nach Englisch, aber noch vor Französisch, Japanisch, Spanisch und Chinesisch, die Sprache, die am meisten im Internet verwendet wird.

Somit wird diese Sprache häufiger benutzt, als viele denken.

Dass Deutsch in Deutschland die Hauptsprache ist, weiß jeder. Dies trifft aber auch auf Österreich und das kleine Land Liechtenstein zu. In Belgien, Luxemburg, der Schweiz und Italien ist die deutsche Sprache, neben anderen, Amtssprache.

1 Recherchiert: Wo liegen konkret die Unterschiede zwischen Haupt- und Amtssprache?

Organisation eines Stationenbetriebs

Regeln

- Ihr könnt die Stationen in einer beliebigen Reihenfolge bearbeiten.
- Arbeitet allein, zu zweit oder in einer Gruppe, allerdings mit höchstens vier Personen (Ausnahme: Station IV).
- Wechselt erst die Station, wenn ihr alle Aufgaben bewältigt habt.
- Kontrolliert eure Aufgaben mit dem entsprechenden Lösungsblatt erst dann, wenn ihr an einer Station fertig seid.

Laufzettel

- Erstellt euren eigenen Laufzettel. Er dient zu eurer persönlichen Kontrolle und zeigt euch an, welche Aufgaben ihr schon erledigt habt.

Laufzettel „Eine Reise durch die deutschsprachigen Länder"
Name: ______________________

Stationen	bearbeitet am	bearbeitet mit	gesehen von/am
I Subjekt- und Objektsätze			
II Infinitivgruppen			

Aufbau

- Stellt euer Klassenzimmer so um, dass elf Stationen entstehen.
- Schlagt an jeder Station die entsprechende Seite in einem „deutsch.punkt"-Schülerbuch auf und legt das angegebene Zusatzmaterial und die evtl. erforderlichen Regeln aus den Lernstationen dazu.
- Markiert die Stationen. Ihr könnt z.B. die jeweilige Nationalflagge zeichnen und auf die Tische legen.
- Regeln, die euch aus den vergangenen Schuljahren eigentlich bekannt sein müssten, findet ihr für den Fall, dass ihr nachschlagen müsst, auf den Seiten 252 ff.

Aufgaben

- Arbeitet, wie vorher besprochen, an den Stationen und kontrolliert die Richtigkeit eurer Lösungen.
- Bearbeitet die Stationen innerhalb einer Woche.

Abschluss

- Präsentiert eure Lösungen und besprecht sie.
- Diskutiert, welche Aufgaben einfach, welche schwer waren.
- Überlegt, ob sich bei einer Station persönliche Schwächen gezeigt haben, an denen ihr noch arbeiten müsst.

1 Fasst den Ablauf des Stationenbetriebs mit eigenen Worten kurz zusammen.

Nachdenken über Sprache

Schreiben

Deutschland – Nebensätze

Subjekt- und Objektsätze — Station I

Deutschland, Land der Dichter und Denker

Vielen Menschen ist nicht bewusst dass sich Goethe und Schiller erst sehr spät (1795) kennen lernten.

Dass sie danach eine enge Freundschaft verband wissen Literaturkenner.

Dennoch ist oft nicht bekannt wie lange sie sich zuvor bewusst aus dem Weg gegangen sind.

Goethe-Schiller-Denkmal in Weimar

1 Schreibt die Sätze ab und setzt entsprechend die Kommas ein.

2 Bestimmt in den Hauptsätzen jeweils Subjekt, Prädikat und Objekt, indem ihr sie farbig unterstreicht. Was fällt euch auf?

Seite 255 Nebensätze LS „Sprache untersuchen – Grammatik“

Merke

Nicht nur einzelne Wörter können Subjekt oder Objekt sein, sondern auch ganze Sätze.

Subjektsatz:

Vielen ist nicht klar, dass es sich bei Deutsch um eine verbreitete Sprache handelt.

Hauptsatz , Subjektsatz (Wer oder was ist nicht klar?)

Objektsatz:

Trotzdem versteht ein Deutscher oft nicht, was ein Schweizer sagt.

Hauptsatz , Objektsatz (Wen oder was versteht ein Deutscher nicht?)

Zwischen Hauptsatz und Subjekt- oder Objektsatz steht in der Regel ein Komma.

Deutschlands verschiedene Gesichter

Vielen Deutschen ist nicht bewusst, dass ihre Heimat sehr abwechslungsreich ist. Wer immer nur der Sonne entgegenfährt, hat weder ein Auge für die Alpenlandschaft im Süden noch für die abwechslungsreiche Küste von Nord- und Ostsee im Norden. Jeder wird fragen, was denn mit der Mitte Deutschlands ist. Dass viele hier das Sauerland, den Harz oder das Erzgebirge wiederentdecken, machen die steigenden Besucherzahlen deutlich.

Zu Recht wird der ein oder andere an dieser Stelle anmerken, dass wichtige Gebiete wie das Rheinland, die Mecklenburger Seenplatte, viele andere sehenswerte Landschaften und natürlich die malerischen Städte vergessen wurden. Dass sich eine Reise auch durch Deutschland lohnt, ist offensichtlich.

3 Schreibt den Text ab und unterstreicht zunächst die Hauptsätze grün, die Nebensätze blau.

4 Bei welchen Nebensätzen handelt es sich um einen Subjekt-, bei welchen um einen Objektsatz? Markiert diese durch verschiedenfarbige Wellenlinien.

Infinitivgruppen — Station II

Berlin

Die halbstündige Fahrt mit den Bussen der Linie 100 oder 200 ist eine bequeme Art sich einen Überblick über Berlin zu verschaffen.

Vielen aber ist eine Fahrt mit einem Ausflugsschiff auf der Spree oder der Havel lieber als mit dem Bus zu fahren oder zu laufen.

Um die berühmten Museen wie das Pergamonmuseum mit dem Ischtartor aus Babylon zu besuchen stattet man der Museumsinsel einen Besuch ab.

Ebenso lohnt es sich bei Sonnenschein hinauszufahren um am Wannsee zu baden.

Auch das Nachtleben Berlins hat viel zu bieten. Neben Sightseeing, Kultur und Entspannung sollte man nicht verpassen eine Shoppingtour durch die berühmten Kaufhäuser wie das KDW (Kaufhaus des Westens) zu machen.

Zusatzmaterial
Nachschlagewerke wie Lexika, Reiseführer oder Atlanten

1. Schreibt die Sätze ab, unterstreicht die Infinitivgruppen und setzt die Kommas richtig ein.

2. Schaut in den Nachschlagewerken unter Berlin nach. Was erfahrt ihr selbst über Berlin? Formuliert mithilfe dieses Zusatzmaterials mindestens fünf Sätze mit Infinitivgruppen. Unterstreicht auch hier die Infinitivgruppen und achtet auf die Kommas.

Pergamonmuseum: Ischtartor

! Merke

Infinitivgruppe

Eine Infinitivgruppe (auch Infinitivsatz genannt) ist ein **erweiterter Infinitiv mit zu.** Sie steht für einen Satzteil des übergeordneten Satzes und kann also auch Subjekt-, Objekt- oder Adverbialsatz sein.

Es ist ein großes Erlebnis, Berlin zu bereisen.
Dort gibt es viel zu sehen.

Eine Infinitivgruppe grenzt man mit einem Komma ab, wenn sie

- mit **um, ohne, statt, anstatt, außer,** oder **als** eingeleitet ist.
- von einem Nomen abhängt.

Liegt ein einfacher Infinitiv mit *zu* vor, der durch keinen Zusatz erweitert ist, kann das Komma weggelassen werden.

▸▸ **Seite 263**
Zeichensetzung
LS „Rechtschreibung“

Österreich – Zusammen- und Getrenntschreibung

Zusammen- und Getrenntschreibung 1 — Station III

Ein Besuch in Österreich

Maria aus Frankfurt und Paula aus Salzburg haben sich im Chat *kennen gelernt.* Nachdem sie inzwischen oft *stundenlang* miteinander telefonieren, soll endlich ein persönliches Treffen *stattfinden.*

Maria wird Paula in den Winterferien in Salzburg besuchen. Sie wollen gemeinsam *Ski laufen* und sich die *wunderschöne* Stadt *ansehen,* wenn sie dort *spazieren gehen.* Sicherlich werden sie sich neben den ganzen Aktivitäten auch ein wenig *ausruhen* und lange schlafen.

Nur vier Tage werden sie *beisammen sein,* dann muss Maria wieder *heimfahren.* Die kurze Zeit wird schnell *vorbei sein,* aber vielleicht werden sie sich dabei *näherkommen* und schon in den Sommerferien könnte es zu einem Gegenbesuch kommen. Paula würde wie Maria mit der Bahn nach Frankfurt reisen und gemeinsam würden sie nach dem Winter im verschneiten Österreich dann den Sommer im *schwülwarmen* Deutschland genießen.

▸▸ **Seite 261 f.** Zusammen- und Getrenntschreibung LS „Rechtschreibung“

Tipp

Grundsätzlich solltet ihr, wenn ihr euch nicht sicher seid, ob ihr getrennt oder zusammenschreiben müsst, im Lexikon nachschlagen.

1 Schreibt die kursiv gedruckten Wörter aus dem Text heraus und bestimmt die Wortarten der Zusammensetzungen.

2 Begründet mithilfe der Regeln, warum die Wortverbindungen zusammen- bzw. getrennt geschrieben werden.

! Merke

Grundwort Verb

Nomen + Verb

- Der Regelfall ist die Getrenntschreibung. *(z.B. Feuer fangen)*
- Wenn das Nomen nicht mehr als Nomen wahrgenommen wird, schreibt man es mit dem Verb zusammen. *(z.B. teilnehmen, irreführen)*

Verbpartikel + Verb

- Verbpartikel sind Präpositionen oder Adverbien, die mit Verben feste Verbindungen eingehen. *(z.B. annehmen, aufeinanderstapeln)*
- Ob die Verbindung als feste Zusammensetzung zu betrachten ist, hängt vom Sinnzusammenhang ab.

Verbindungen mit dem Verb „sein“

- Diese Verbindungen werden getrennt geschrieben. *(z.B. dabei sein, lieb sein)*

Grundwort Adjektiv

Zwei Adjektive werden zusammengeschrieben, wenn

- der erste Bestandteil bedeutungsverstärkend oder -vermindernd ist. *(z.B. schwerreich, supergut)*
- der erste Bestandteil mit dem nachfolgenden Adjektiv gleichrangig ist. *(z.B. hellgelb, taubstumm)*

Eine Zusammensetzung liegt ebenfalls vor, wenn ein längerer Ausdruck verkürzt wird. *(z.B. mehrere Zentimeter dick → zentimeterdick/einen Finger breit → fingerbreit)*

Zusammen- und Getrenntschreibung 2 — Station IV

Berühmtes aus Österreich

1 • Aus Salzburg stammen die berühmten ***Mozart - Kugeln.***

2 • Schau nur, wie die österreichischen Skispringer ***dahin - fliegen.***

3 • Die Weiden in der Steiermark sind ***dunkel - grün*** und saftig.

4 • Als Wiener muss man ***Walzer - tanzen*** können.

5 • Beim Wiener Opernball sind die Gäste ***super - reich.***

6 • Das Geheimnis der Linzer Torte wird nicht ***preis - gegeben.***

7 • Johann Strauß konnte vielen den Walzer ***nahe - bringen.***

8 • Der Automobilbauer Ferdinand Porsche konnte viele Autofahrer ***zufrieden - stellen.***

9 • ***Mehl - Speisen*** gehören zu Österreichs Spezialitäten.

10 • Seht, wie die Fans Arnold Schwarzenegger ***an - beten.***

11 • Bei einer Donaufahrt kann man die Seele ***baumeln - lassen.***

12 • Im Riesenrad auf dem Prater scheint den Verliebten der ***gold - gelbe*** Mond zum Greifen nah.

13 • Beim Rennen am Hahnenkamm ***wett - eifern*** die Skisportler.

14 • Die Welt ***lob - preist*** die Eleganz der Lipizzaner.

15 • ***Meter - hoch*** liegt hier im Winter der Schnee.

16 • Wer aus Italien ***heim - kehrt,*** fährt über den Brenner.

17 • An den ***tief - blauen*** und zahlreichen Seen wird sehr viel Wassersport getrieben.

18 • In den Wiener Kaffeehäusern kann man auf einen Schwatz ***beisammen - sein.***

Zusatzmaterial
Spielfiguren

Spielregeln

- Spieler A entscheidet bei den Sätzen mit den ungeraden Nummern, ob die kursiv gedruckten Wörter getrennt oder zusammengeschrieben werden, Spieler B bei denen mit den geraden Nummern.
- Ist die Lösung richtig, darf er auf sein nächstes Feld. Bei einer falschen Antwort muss er eine Runde auf seinem momentanen Feld verweilen. Außerdem muss er die entsprechende Regel auf der Seite zuvor heraussuchen.

1 Spielt dieses Spiel zu zweit.

Nachdenken über Sprache

Schreiben

Liechtenstein – Groß- und Kleinschreibung

Groß- und Kleinschreibung 1 — Station V

Liechtenstein

das durchwandern des landes liechtenstein ist für sportliche auch zu fuß möglich, denn man stößt schnell an seine grenzen. es misst an der breitesten stelle 12,36 km und an seiner längsten 24,56 km. damit hat das zwischen österreich und der schweiz liegende land eine gesamtfläche von 162 km^2. im wesentlichen sind die grenzen liechtensteins natürliche, im westen verläuft der rhein und im osten, an der grenze zu österreich, befindet sich das alpen-hochgebirge. die hauptstadt ist vaduz. es gibt viel interessantes in dem land und sein entdecken wird zu einer reizvollen touristischen aufgabe. die 34 600 liechtensteiner leben in einer konstitutionellen erbmonarchie[1], deren regent fürst hans adam II. von und zu liechtenstein ist. 2004 hat er seinen sohn, alois von liechtenstein, zu seinem offiziellen stellvertreter ernannt und ihn mit der ausübung der hoheitsrechte[2] betraut. erst seit 1984 gibt es hier auch das wahlrecht für frauen.

das kleine fürstentum hat keine landeseigene währung. bezahlt wird mit schweizer franken.

obwohl die amtssprache deutsch ist, ist ein verstehen für menschen im norden und der mitte deutschlands oft schwierig, da ein dialekt gesprochen wird, der im großen und ganzen dem in den nahe liegenden schweizer kantonen[3] ähnelt. liechtenstein ist der einzige staat mit deutsch als alleiniger amts- und landessprache.

[1] *Erbmonarchie: durch eine Staatsverfassung in ihren Machtbefugnissen eingeschränkte Monarchie*

[2] *Hoheitsrechte: besondere Rechte, hier des Fürsten von Liechtenstein*

[3] *Kanton: Bundesland der Schweiz*

▸▸ Seite 260 ff. Groß- und Kleinschreibung LS „Rechtschreibung“

1 Schreibt den Text in der korrekten Groß- und Kleinschreibung in euer Heft.

2 Kreist nun die großgeschriebenen Wörter ein. Überlegt, warum sie großgeschrieben werden, und verfasst Regeln für die Großschreibung.

3 Unterstreicht alle Nominalisierungen und die Nomensignale.
Welcher Wortart gehörte die Nominalisierung ursprünglich an? Um welches Nomensignal handelt es sich? Übertragt die folgende Tabelle in euer Heft und ordnet ein.

Text	ursprüngliche Wortart	Nomensignal
Das Durchwandern	Verb	Artikel
im …	…	…
…	…	…

Groß- und Kleinschreibung 2 — Station VI

Mit dem Zug durch Liechtenstein!?

Das Fortbewegen per Zug ist in (l)iechtenstein nur begrenzt möglich, da die Eisenbahnstrecke nur 9,5 Kilometer beträgt. Dieser Bahnabschnitt wird von den (ö)sterreichischen Bundesbahnen betreut. Eine (l)iechtensteinische Rundtour im Bus ist da schon eher möglich, denn das Land verfügt über ein gut ausgebautes Straßennetz von 140 Kilometern, allerdings ohne eine Autobahn. Wer öffentliche Verkehrsmittel nutzen will, greift also zum (l)iechtenstein (b)us, die Busgesellschaft fährt auch (s)chweizer Gemeinden an und ist eine Tochterfirma des (s)chweizer Postautos.

1. Schreibt den Text ab und bestimmt, ob diese Namen groß- oder kleingeschrieben werden.
2. In der Lernstation „Rechtschreibung" auf Seite 260 findet ihr die Regeln zur Groß- und Kleinschreibung von Namen. Sucht zu jeder Regel drei weitere Beispiele.

Zeitangaben – Groß oder klein? — Station VII

Ein Tag in Julias Leben

Julia ist vierzehn Jahre alt und lebt in Schaan in Liechtenstein. Seit ein paar Wochen führt sie ein Tagebuch, in das sie abends all das notiert, was sie erlebt hat. Damit sie nichts vergisst, schreibt sie kleine Zettel, die sie sich an die Pinnwand heftet.

1. Schreibt Julias Tagebucheintrag. Verwendet dabei anstatt der Uhrzeiten andere Zeitangaben (z.B. am Morgen, nachmittags, später etc).
2. Unterstreicht die Zeitangaben in eurem Eintrag und verfasst dafür Regeln zur Groß- und Kleinschreibung.
3. Schreibt einen Tagebucheintrag über euren heutigen Tag. Überprüft anschließend mithilfe der erarbeiteten Regeln die Groß- und Kleinschreibung.

Viermal Amtssprache Deutsch – Häufige Fehlerquellen

Dass oder *das?* — Station VIII

Zusatzmaterial
Lexikon

Belgien

Da___ unser Nachbarland Belgien neben Französisch und Niederländisch auch Deutsch als Amtssprache hat, ist vielen nicht bekannt. Dabei spielt da___ Deutsche aber eine untergeordnete Rolle. Da___ seit ca. 175 Jahren bestehende Land, da___ zu den Vielvölkerstaaten zählt, teilt sich in Flandern und Wallonien ein. Da___ deutschsprachige Gebiet, da___ an die BRD grenzt, wird zur wallonischen Region gezählt.

▸▸ Seite 263
das/dass-Schreibung
LS „Rechtschreibung“

1 Schreibt den Text ab. Entscheidet dabei, ob es *dass* oder *das* heißen muss. Setzt ihr den Artikel ein, dann notiert das Ersatzwort in Klammern dahinter.

2 Formuliert selbst zehn Sätze zum Thema Belgien, in denen ihr *dass* oder *das* einsetzt. Um euch über dieses Land zu informieren, nehmt das Lexikon zur Hilfe.

Merke

- Das Wort „dass“ ist eine Konjunktion. Meistens gehen Verben des Meinens, Sagens, Denkens, Fühlens und Wahrnehmens voraus.
- Der Artikel „das“ kann ersetzt werden durch „dieses“, „jenes“ oder „welches“ (Ersatzwort).

Ent- oder *end-* am Wortanfang? — Station IX

Zusatzmaterial
Folie/Folienstift
Wörterbuch
Atlas

Luxemburg

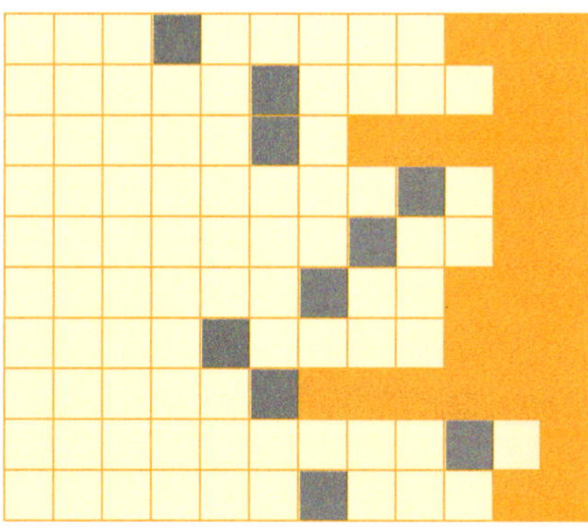

- etwas wegwerfen
- die letzte Haltestelle
- der Lauf um den Sieg
- relaxen
- Kidnapper
- flüchten können
- eine Weinflasche öffnen
- nicht aufhörend
- eine Wahl treffen
- unabänderlich/verbindlich

Merke

Ein Wort wird mit „end-“ geschrieben, wenn seine Bedeutung sich vom Wort **Ende** ableitet, z.B. *endlich.* Wenn nicht, wird es mit „t“ geschrieben, z.B. *entwerfen.*

1 Legt eine Folie auf das Rätsel und tragt die gesuchten Wörter ein. Entscheidet, ob das Wort mit *ent-* oder *end-* beginnt. Falls ihr nicht auf die Lösung kommt, könnt ihr das Wörterbuch zur Hilfe nehmen.

2 Die grauen Kästchen ergeben von oben nach unten gelesen zwei Flüsse, die durch Luxemburg fließen. Nennt diese beiden Flüsse.

3 Entwickelt selbst ein Rätsel zu Luxemburg, in dem Wörter mit *ent-* und *end-* vorkommen. Nehmt dabei den Atlas zur Hilfe.

Wieder oder *wider*? — Station X

Schweiz

Weihnachten fahren wir w…der zum Skifahren in die Schweiz. Carola aber fährt nur w…derwillig mit. In der letzten Zeit w…dersetzt sie sich unseren Eltern sehr häufig. Ich jedoch freue mich auf das W…dersehen mit Familie Stampfli, unseren Gastgebern, deren Sohn Joseph so alt ist wie ich. Schon w…derholt haben wir bei ihnen in der Nähe von Zermatt am Matterhorn Urlaub gemacht. Trotz meiner Schwester spiegelt Letzteres w…der, wie wohl wir uns dort fühlen.

1 Überlegt, ob ihr hier in den Lücken ein *i* oder *ie* einsetzen müsst, und schreibt den Text richtig in euer Heft.

! Merke

Ein **ie** wird eingesetzt, wenn **wieder** die Bedeutung „nochmals", „erneut" hat.
Ein **i** wird verwendet, wenn **wider** für „gegen", „entgegen" steht.

Fremdwörter — Station XI

Italien und Deutschland – Gemeinsame Wörter

Zusatzmaterial
Folie/Folienstift
Fremdwörterlexikon

	1	2	3	4	5	6	7	8	9	10	11
1	R	H	O	K	P	W	D	I	B	A	K
2	I	N	T	E	L	L	I	G	E	N	Z
3	N	X	S	T	O	A	S	R	M	N	Q
4	F	P	L	I	V	O	K	A	B	E	L
5	I	D	T	E	M	P	U	S	G	F	J
6	N	P	O	G	Z	Y	S	A	H	K	K
7	I	D	W	E	A	B	S	R	H	J	L
8	T	C	U	N	W	L	I	L	D	E	G
9	I	S	K	U	R	I	O	S	O	P	L
10	V	K	A	S	J	I	N	A	T	U	R
11	K	O	N	J	U	N	K	T	I	O	N

1 Findet in diesem „Buchstabendurcheinander" neun senkrecht oder waagerecht versteckte Fremdwörter. Legt dazu die Folie auf das Rätsel und kreist sie ein.

2 Schreibt die Fremdwörter heraus und erklärt sie mithilfe des Fremdwörterlexikons.

3 Die gefundenen Fremdwörter gibt es ähnlich auch im Italienischen. Erklärt, warum es in der deutschen und italienischen Sprache so viele ähnliche Vokabeln gibt.

▸▸ **Seite 107 ff.** UV „Geheimnisvolles Lingualalien"

4 Unter den Wörtern im Rätsel gibt es vier grammatikalische Begriffe. Erklärt diese.

Impulse zur Weiterarbeit

- Informiert euch zu einem der Länder, in denen Deutsch Haupt- oder Amtssprache ist, und erstellt ein Plakat, das ihr dann der Klasse in Form eines Referats vorstellt.

- Entwickelt weitere Aufgaben zu typischen Rechtschreib- oder Grammatikproblemen, z.B. zum Thema Wortarten, Satzglieder, Fachwörter, Dehnungs-h. Schaut dazu in euren alten Heften nach oder fragt euren Lehrer/eure Lehrerin nach Material. Neu entstandene Aufgaben könnt ihr nach Ländern benennen, in denen es sehr viele Deutschsprechende gibt, wie Argentinien, Australien, Brasilien, Chile oder Dänemark.

- Stellt euch vor, ihr reist mit Freunden zu Fuß, per Fahrrad oder mit öffentlichen Verkehrsmitteln durch eines der vorgestellten Länder. Schreibt eure Erlebnisse auf, z.B. in Form eines Reisetagebuchs, eines Interviews mit einer Zeitung oder einer Reportage.

- Entwickelt ein Spiel zu einem der hier genannten Rechtschreib- oder Grammatikphänomens.

Geheimnisvolles Lingualalien – Die Vielfalt der Sprache(n)

Alles begann mit dem Besuch in einer Bibliothek. Das folgende Kapitel erzählt die Geschichte einer Gruppe von Jugendlichen, die während eines Bibliotheksbesuchs dort unbemerkt den Keller aufsuchen, um in den vielen alten, staubbedeckten Büchern zu stöbern. Schließlich schlagen sie ein besonders geheimnisvolles Buch auf. Auf den folgenden Seiten erfahrt ihr, was danach geschehen ist und wie sie plötzlich zu Sprachforschern wurden …

Im Einzelnen lernt ihr

- die Vielzahl von „großen" und „kleinen" Sprachen kennen
- welche Einflüsse fremde Sprachen auf die eigene haben
- Möglichkeiten kennen, die Vielfalt der Sprache(n) zu ordnen
- wie unterschiedliche Sprachen einen Satz bilden

Ankunft in Lingualalien – Eigene und fremde Sprachen

Aus dem Erlebnisbericht der drei Sprachforscher

Unser Besuch in der Bibliothek hatte unerwartete Folgen. Wir ahnten, dass wir ein Problem hatten. Im Keller hatten wir ein uraltes Buch entdeckt und aufgeschlagen. Kaum aber hatten wir uns gemeinsam über das riesige Buch gebeugt, wurde uns zuerst leicht schwindelig, die Umgebung war nur noch unscharf zu erkennen und dann waren wir – bis heute wissen wir nicht wie – sozusagen von dem Buch verschlungen worden und landeten in einer anderen Welt. Und dieses Land heißt – wie wir später erfuhren – Lingualalien. Zunächst versteckten wir uns eine Zeit lang und beobachteten fasziniert das merkwürdige Treiben. Wir hatten dabei vor allem das Problem, dass wir die Sprache der Lingualalier nicht verstanden.

Als wir dann von ihnen entdeckt wurden, stellten wir fest, dass sie uns jedoch sehr gut verstehen und ohne Probleme mit uns sprechen konnten. Glossopatrix, der älteste und würdigste der Lingualalier, ließ uns schließlich zu sich holen und erklärte uns das Geheimnis des Babel-Chips:

„Ihr lasst den Babel-Chip einfach in eure Ohren gleiten. Er setzt sich in eurem Gehirn fest und ernährt sich von den Energiefeldern des Gehirns – erstaunlicherweise nicht von dem eigenen, sondern von Gehirnen, die in der Nähe sind. Er wandelt dann die empfangenen Gehirnströme um und schickt neue Impulse an euer eigenes Gehirn. Dort verarbeitet euer Sprachzentrum die Impulse und ihr versteht, was um euch herum gesprochen und gedacht wird."

Fortsetzung des Erlebnisberichts ...

Sensationell – und in der Tat, wir konnten jetzt die Lingualalier verstehen. Am nächsten Tag wurden wir in eine Versammlung eingeladen, in der es um unser Schicksal gehen sollte.

Fortsetzung des Erlebnisberichts ...

So war das also – gefangen in Lingualalien. Erst wenn wir die Lehre der Sprachmagier erfolgreich bestanden hätten, durften wir wieder nach Hause. Was für eine Aussicht!

1 Wie viele und welche Sprachen sind in eurer Klasse vertreten? Wie heißen diese Sprachen?

2 Europa hat viele Sprachen. Einige von diesen Sprachen werden auch außerhalb Europas gesprochen. In welchen Ländern kann man sich außerhalb Europas z. B. mit Spanisch, Portugiesisch oder Französisch verständigen?

3 Nehmt den Atlas und ordnet jedem europäischen Land die gesprochene Sprache zu. Vorsicht: In einigen Ländern werden mehrere Sprachen gesprochen.

Die erste Lektion – Das Fremde in der eigenen Sprache entdecken

Aus dem Erlebnisbericht der drei Sprachforscher

Da wir ohnehin keinen Weg aus Lingualalien herausfinden konnten, mussten wir uns in das Schicksal fügen und die Lehre bei den Sprachmagiern antreten.
Glossopatrix verkündete das Thema unserer ersten Lektion: Das Fremde in der eigenen Sprache entdecken.

Mit einer leichten Übung fing die Lektion an. Wir sollten unsere Aufmerksamkeit schulen und genau auf die Wörter achten.

1 Die drei Sprachforscher brauchten nur wenige Minuten, um die Speisekarte zu korrigieren und alle „Fehler" zu finden. Wie lange braucht ihr für die Lösung?

2 Als Nächstes sollten die Sprachforscher die Wörter finden, die aus dem Französischen stammen. Wie viele Wörter habt ihr gefunden?

3 Ein Wort stammt aus dem Englischen. Welches? Schlagt in einem Wörterbuch nach, wenn ihr unsicher seid.

Fortsetzung des Erlebnisberichts …

Mit dem Wort „Schokolatten" hatten wir unsere Schwierigkeiten. Natürlich geht es hier um das deutsche Wort „Schokolade". Aber das kommt so ähnlich auch im Englischen „chocolate" vor und auch im Französischen „chocolat" und wahrscheinlich noch in vielen anderen Sprachen. Aus welcher Sprache also stammte es ursprünglich?

„Immer wieder sind Menschen zu Entdeckungen in die Welt hinausgefahren, haben Dinge mitgebracht, die bislang unbekannt waren, wie z.B. die Schokolade. Also fehlten auch die Wörter in der eigenen Sprache, um die neue Sache zu bezeichnen. So hat man sich mit den Wörtern aus dem Land beholfen, aus dem die Sache stammt. Dann wurde das fremde Wort in die eigene Sprache „eingebürgert". Wenn man sie in Schreibung und Aussprache kaum noch als fremde Wörter erkennen kann, nennt man sie **Lehnwörter**, sind sie in der eigenen Sprache auffällig, nennt man sie **Fremdwörter**."

Schokolade *w* Das in dt. Texten seit dem 17. Jh. bezeugte Fremdwort entstammt einer Eingeborenensprache Mexikos. Die Spanier brachten das mex. Wort **chocolatl,** das eine Art Kakaotrank bezeichnet, nach Europa (span. **Chocolate**) und vermittelten es den anderen europäischen Sprachen, vgl. dazu Wörter im Engl., Franz. Uns erreichte das Wort vermutlich durch niederl. Vermittlung.

Fortsetzung des Erlebnisberichts ...

Glossopatrix, das merkten wir bald, war echt schlau und auch ziemlich gerissen. Wenn er seine Weisheiten verbreitete, warteten neue Übungen auf uns.

4 Glossopatrix möchte wissen, aus welchen Ländern ursprünglich die Früchte „Banane", „Paprika", „Pfirsich" stammen und auf welchen Wegen die Wörter zu uns gelangten. Was glaubt ihr? Wie könnt ihr das überprüfen?

▸▸ **Seite 270 f.**
Mit Nachschlagewerken arbeiten
LS „Lern- und Arbeitstechniken"

5 Legt auch ihr die Abschlussprüfung ab, die die Sprachforscher zu dieser Lektion bestehen müssen. Sie hat drei Teile:
- Findet zu den unten stehenden Wörtern die deutschen Entsprechungen.
- Entscheidet für jedes gefundene Wort, ob es sich um ein Fremd- oder ein Lehnwort handelt.
- Nennt die Sprache, aus der die Wörter jeweils stammen (siehe gelben Kasten).

clown | la mayonnaise | grapefruit | le teint

al Sah'ra | gulyás | insalata | carnevale | al sifr

tolmács | skateboard | le cousin | giro

le portrait | le bureau | pianoforte | al mumiya

Arabisch
Französisch
Englisch
Ungarisch
Italienisch

Nachdenken
über Sprache

Sprechen
und Zuhören

Die zweite Lektion – Ordnung in der Vielfalt der Sprachen entdecken

Aus dem Erlebnisbericht der drei Sprachforscher

Wir hatten mit Erfolg die erste Lektion bearbeitet und waren ziemlich stolz. Was würde uns Glossopatrix als zweite Lektion vorsetzen? Wir saßen im Kreis, er machte ein geheimnisvolles Gesicht und fing an zu erzählen:

„Vor vielen, vielen Jahren schuf Aba, der gute Geist über den Wolken, die Menschen, also die Choctaw. Alle sprachen die Choctaw-Sprache, und jeder verstand den anderen. Die Choctaw kamen aus dem Schoß der Erde und waren aus gelbem Lehm gemacht. Und niemand hatte vor ihnen auf der Erde gelebt.
Eines Tages kamen sie zusammen, schauten zum Himmel hinauf und wunderten sich über die Wolken und das Blau des Himmels. Woraus mochte das alles bestehen? Wozu war es gut? Sie wurden neugierig und beratschlagten. Schließlich waren sie entschlossen, den Himmel zu erreichen, um sich dort selbst umzusehen.
Sie sammelten Felsen und Steine und türmten sie auf zu einem Hügel, um zum Himmel zu gelangen. In der Nacht kam ein Unwetter auf und ebnete den Hügel ein. Niemand wurde getötet. Aber als die Menschen unter den Felsbrocken und Steinen hervorkrochen und sich besprechen wollten, waren sie plötzlich erschrocken und verängstigt. Sie konnten sich gegenseitig nicht mehr verstehen, weil jeder seine eigene Sprache sprach. Einige hatten allerdings die ursprüngliche Sprache der Menschen behalten. Sie sind die Ahnen des heutigen Choctaw-Volks. Die anderen begannen, gegeneinander zu kämpfen, und schließlich verteilten sie sich über den ganzen Erdball."

Fortsetzung des Erlebnisberichts ...

„Kommt euch die Geschichte bekannt vor?", nervte uns Glossopatrix. Ja klar, und wir brachten dann das Gespräch auf die Bibel und den Turmbau von Babel. Er kehrte wieder mal den Lehrmeister raus und erklärte, dass die Lingualalier aufgegeben hätten, den Ursprung der Sprachen und der Sprachenvielfalt wissenschaftlich zu erforschen. Wohl aber hätten sie ein Fest, die Vielfalt der Sprachen zu feiern. Und bei dieser Gelegenheit würden sie Geschichten über den Ursprung erzählen und sich gegenseitig die Geschichten vorspielen. Am Ende der zweiten Lektion sollten wir uns an der Feier beteiligen. Und dann würde man ja sehen, ob wir unsere Lektion gelernt hätten!

1. Glossopatrix möchte, dass sich die Sprachforscher Geschichten ausdenken, wie die Menschen zur Sprache gekommen sind und warum sie nicht alle dieselbe Sprache sprechen. Tauscht euch über die Einfälle aus, die ihr dazu habt.

2. Spielt die Geschichte der Choctaw. Achtet dabei vor allem auf die Darstellung der Sprachverwirrung.

„Wenn man schon nicht den Ursprung der Sprachen wissenschaftlich erforschen kann, dann aber die verwandtschaftlichen Beziehungen der Sprachen. Voraussetzung ist: Man hat ein genaues Auge und ist sensibel für Sprachen. Dann kann man Sprachen zu „Familien“ zusammenstellen. Damit kommen wir zu eurer nächsten Aufgabe.“

?	?	Sanskrit		?	?
one	unus	१ एक	eka	un	uno
two	duo	२ द्व	dvau	deux	dos
three	tres	३ त्रि	tri	trois	tres
four	quattuor	४ चत्वार्	catvara	quatre	cuatro
five	quinque	५ पञ्च	panca	cinq	cinco
six	sex	६ षट्	shat	six	seis
seven	septem	७ सप्त	sapta	sept	siete
eight	octo	८ अष्ट	ashtau	huit	ocho
nine	novem	९ नव	nava	neuf	nueve
ten	decem	१० दश	dasha	dix	diez

?		Hindi[1] / Urdu[2]			?	
এক	ekh	एक	ek	ایک	واحد	wahed
দুই	dui	दो	do	دو	إثنين	(it)nen
তিন	tin	तीन	tin	تین	ثلاثة	teleta
চার	cha	चार	char	چار	أربعة	arba
পাঁচ	panch	पाँच	panch	پانچ	خمسة	hamsa
ছয়	choi	छः	chai	چھ	ستة	sitta
সাত	shaat	सात	sat	سات	سبعة	saba
আট	aat	आठ	ath	آٹھ	ثمانية	temania
নয়	noi	नौ	nau	نو	تسعة	tissa
দশ	dosh	दस	das	دس	عشرة	ashara

[1] *Hindi: Amtssprache in Indien*

[2] *Urdu: Neuindische Sprache, die in Pakistan als Amtssprache gilt.*

Englisch | Lateinisch | Französisch | Spanisch | Arabisch | Bengali

3 Die Zuordnung der Zahlwörter zu den Sprachen hatten die Sprachforscher schnell gefunden. Das schafft ihr sicher auch.

4 Glossopatrix wollte noch mehr Zahlwörter aus unterschiedlichen Sprachen, z. B. aus dem Russischen oder aus dem Türkischen. Und er verlangte, die deutschen Zahlen zu ergänzen und herauszufinden, mit welchen Sprachen das Deutsche verwandt ist. Löst diese Aufgabe für die Sprachforscher.

5 Versucht das Gleiche mit dem deutschen Wort „Vater“ oder „Mutter“.

Die dritte Lektion – Der Tanz der Wörter im Satz

Aus dem Erlebnisbericht der drei Sprachforscher

Nun hatten wir uns schon eine ziemlich lange Zeit in Lingualalien aufgehalten und hatten deutliche Fortschritte gemacht. Das musste schließlich sogar Glossopatrix zugeben, als er uns eines Tages zu sich rief:

„Ihr seid zwar noch keine echten Lingualalier, aber immerhin muss ich zugeben, dass ihr doch viel Neues über die unterschiedlichen Sprachen der Welt gelernt habt. Ich glaube deshalb, es ist allmählich Zeit, euch in eure Welt zurückzuschicken. Allerdings müsst ihr zuvor noch eine letzte Lektion bestehen."

Englisch

The		lives	in	a	small	
Das	Mädchen	wohnt	in	einem	kleinen	Haus.

Französisch

La		habite	dans	une	petite	
Das	Mädchen	wohnt	in	einem	kleinen	Haus.

Türkisch

	bir	küçük		oturuyor.
Mädchen	einem	klein	Haus in	wohnt.

Kroatisch

	živi	u	màloj	
Mädchen	wohnt (lebt)	in	kleinem	Haus.

Ungarisch

A		egy	kis		lakik.
Das	Mädchen	ein	klein	Haus in	wohnt.

Schwedisch

	bor	i	ett	litet	
Das Mädchen	wohnt	in	einem	kleinen	Haus.

Polnisch

	mieszka	w	malym	
Mädchen	wohnt	in	kleinem	Haus.

Spanisch						
La		vive	en	una	pequeña	
Das	Mädchen	wohnt	in	einem	kleinen	Haus.

Griechisch						
To		μενι	σε	ενα	μικρο	
To	koritsi	meni	se	ena	mikro	spiti
Das	Mädchen	wohnt	in	einem	kleinen	Haus.

Italienisch						
La		abita	in	una	piccola	
Das	Mädchen	wohnt	in	einem	kleinen	Haus.

Arabisch (von rechts nach links zu lesen)							
saghir	al	mansel	al	fi	taskon	bent	al
kleinen	dem	Haus	dem	in	wohnt	Mädchen	Das

1 Nun haben es die Sprachforscher schon mit elf verschiedenen Sprachen zu tun. Helft ihnen, mithilfe der Wortbausteine die Sätze zu vervollständigen. Schreibt die Sätze dazu in euer Heft.

girl | jeune | fille | κοριτσι | Djèvòjcica | lány | Flickan

Dziewczynka | muchacha | ragazza | maison | hus | Kiz

house | kůćl | casa | házban | casa | Domu | σπιτι | evde

2 Welche Gemeinsamkeiten der Satzbildung lassen sich an den Beispielen feststellen? Welche Unterschiede kann man beschreiben? Stellt Stichpunkte für die Beantwortung zusammen.

Fortsetzung des Erlebnisberichts ...

So kam der Tag unserer Abreise: Die Gruppe der Lingualalier, die seinerzeit beschlossen hatte, uns erst dann zurückzuschicken, wenn wir ihre Ausbildung durchlaufen hatten, begleitete uns in die Bibliothek von Lingualalien. Dort lag auf einem Tisch ein besonders dickes und gelehrt aussehendes Buch. Glossopatrix überreichte uns unsere Diplome. „Nun werdet ihr die Vielfalt der Sprachen in eurer eigenen Welt untersuchen. Ich wünsche euch viel Glück dabei!“ Dann wies er auf das dicke Buch: „Indem ihr dieses Buch aufschlagt, werdet ihr in eure Welt zurückkehren. Gute Reise!“

3 Überlegt, was die Sprachforscher mit dem, was sie in Lingualalien gelernt haben, in ihrer Welt anfangen werden.

Impulse zur Weiterarbeit

- Untersucht, wie viele Sprachen die Schülerinnen und Schüler in eurer Schule eigentlich sprechen, und stellt die Namen dieser Sprachen auf einer großen Wandzeitung zusammen.

- Erstellt eine Art Sprachenkarte und zeichnet darin ein, in welchen Ländern die Sprachen, die ihr in eurer Schule gefunden habt, als Landessprache gesprochen werden.

- Versucht einmal, die Vielfalt der Sprache(n) in eurem Alltag aufzuspüren. Wenn ihr darauf achtet, wird euch bald auffallen, wie allgegenwärtig sie ist. Sehr viele Lebensmittel zum Beispiel enthalten Hinweise in unterschiedlichen Sprachen. Ihr könnt Beispiele dieser Art sammeln und daraus eine kleine Ausstellung gestalten.

- Hier könnt ihr euch über bedrohte Sprachen informieren:
  Gesellschaft für bedrohte Sprachen e.V.
  Allgemeine Sprachwissenschaft / Institut für Linguistik
  Universität zu Köln
  50923 Köln
  www.uni-koeln.de/gbs

Liebesbriefe gestern und heute – Wie sich Sprache verändert

Liebesbotschaften schicken sich Verliebte schon seit Menschengedenken. Doch auch wenn sich die Gefühle nicht verändert haben, die Sprache und die Form der Botschaften haben es umso mehr. Das muss auch Jonas feststellen, als er einen alten Liebesbrief findet und daraufhin versucht, einen eigenen zu verfassen.

Im Einzelnen lernt ihr

- wie sich die deutsche Sprache im Laufe der Zeit verändert hat
- etwas über die Geschichte einzelner Wörter
- Unterschiede zwischen eurer Sprache, der Jugendsprache, und der Sprache älterer Generationen kennen
- euch kritisch mit der Veränderung von Sprache durch moderne Kommunikationsmittel auseinanderzusetzen

Liebesbrief aus der Vergangenheit – Sprache im Wandel der Zeit

Jonas schleppt gerade die dritte Kiste mit Spielzeug, für das er nun endgültig zu alt geworden ist, auf den Dachboden.
Oben angekommen sieht er sich um und stellt fest, dass er bei Weitem nicht der Erste ist, der hier ausgediente Sachen abstellt: Omas alter Fernsehsessel, Papas alter Bildschirm und ganz hinten in der Ecke ein alter Koffer, der seine Neugierde weckt.
Er öffnet ihn und entdeckt obenauf ein Bündel Briefe. Sie sind schon ganz vergilbt und scheinen ein wenig zerbrechlich. Von wann und von wem die wohl sind? Vorsichtig zieht Jonas einen Brief aus dem Umschlag und beginnt zu lesen:

12. Oktober 1915

Herzliebste Louise,

heute Nacht brach ein ungeheuerliches Gewitter hernieder, und nun weht's eisig. Große, jedoch wohlige Stürme kamen auch über mich, als ich am Vormittage Deinen Brief erhielt. Mir wurd warm und eine große Freude durchdrang mein Herz, weil Du mir diese Zeilen schriebst.

Ich las sie am Strand, an unserem Platze. Zu schnell verrann die Zeit und die Zahl der noch nicht gelesenen Zeilen, drum wiederholt ich sie dreimal, viermal, unzählige Male. Eine alte Dame schaute mich mit ihrem Parapluie in der Hand an und ich bemerkte, wie ich versonnen lächelte, den wiedereinsetzenden Regen gar nicht spürend.

Welch eine Wonne, von Dir geliebt zu werden. Ach Louise, könntest Du doch bei mir sein. Trotz Wind und Wetter wäre es wohlig und die Trübsal verschwände. Wenn Du wüßtest, wie ich mich nach Dir sehne, ich gäbe alles hin für Dich, hier bei mir. Und wenn Du dann herausträtest auf den Trottoir, könnt auch die Sonn sich nicht länger verstecken.

Versprich mir nichts, als diese eine Freude, daß unsere Liebe ewig währt. Mögest Du, meine Holde, mir diesen einzigen Wunsch nicht verwehren.

Schreibe mir, ob Du an mich denkst. Ich gedenke Deiner täglich, ach stündlich, mehr noch in jeder Minute.

Dein Johannes

Jonas ist sich nicht sicher, ob er diesen Brief als romantisch oder kitschig bezeichnen soll. Aber Johannes und Louise müssen seine Urgroßeltern gewesen sein. Oma erzählt manchmal von ihnen. Die Frage kann Jonas sich also noch selbst beantworten, aber vieles in dem Brief hat er gar nicht verstanden.

1 Beschreibt euren ersten Eindruck zu dem Brief und begründet eure Meinung mit Textstellen.

2 Die Fragen, wer den Brief schrieb und wann, hat Jonas beantworten können, aber den Inhalt hat er nicht ganz verstanden. Woran liegt das eurer Meinung nach?

3 Der Brief der Urgroßeltern ist vermutlich anders geschrieben, als ihr heute einen Brief verfassen würdet. Benennt Unterschiede in Rechtschreibung, Grammatik und Sprachstil und findet treffende Beispiele.

Häufige Verwendung des Konjunktivs	Anhängen eines „e“	…
gäbe	…	…
wäre	…	…
…		

Seite 253
Modus
LS „Sprache untersuchen – Grammatik“

4 Versteht ihr alles, was in dem Brief steht? Schreibt die Textstellen, bei denen ihr Probleme habt, in euer Heft und versucht, sie zu klären. Welche Nachschlagewerke können euch dabei helfen?

Seite 270 f.
Mit Nachschlagewerken arbeiten
LS „Lern- und Arbeitstechniken“

5 Schreibt eine Geschichte, die erklärt, warum Jonas' Urgroßeltern nicht zusammen sein konnten.

6 Was könnte Louise Johannes zurückschreiben? Verfasst ihren Brief und versucht unter Zuhilfenahme eurer Erkenntnisse aus Aufgabe 3, den Schreibstil dieser Zeit anzuwenden. Tauscht eure Briefe aus und besprecht eure inhaltlichen und formalen Schwierigkeiten.

Der Herkunft auf der Spur – Die Geschichte der Wörter: Etymologie

Jonas hat sich aus dem Brief seines Urgroßvaters einige Wörter herausgesucht, die er nicht versteht. Um eine Erklärung für die Wörter zu finden, holt er sich aus dem Büro seines Vaters ein so genanntes etymologisches Lexikon. Zuerst schlägt er das Wort „Wonne" nach:

Altenglisch *Mittelhochdeutsch* *Althochdeutsch* *Indogermanisch*

Wonne Das Substantiv Wonne *mhd.* wünne, wunne, *ahd.* wunn[i]a, *aengl.* wynn gehört zu der unter → *gewinnen* dargestellten *idg.* Wurzel *u̯en[ə] – „umherziehen, streifen, nach etwas suchen oder trachten". **Wonne** bedeutet zunächst „Verlangen, Lust, Freude, Genuss", dann „was Genuss, Freude bereitet", anfänglich mehr in materiellem Sinne, später auch in geistigem. Schon in *ahd.* Zeit konnte das Substantiv Wonne auch für das damit verwandte, bereits damals absterbende *ahd.* winne „Weide[platz]" in dessen Bedeutung eintreten.

Jonas muss zunächst einige Abkürzungen klären. Er schreibt den Text aus dem Lexikon ab und macht sich Randbemerkungen. Dann erstellt er eine Art Stammbaum[1] des gesuchten Wortes, um sich die Veränderungen und die Bedeutung des Wortes klarzumachen.

[1] *Stammbaum: Schema zur Veranschaulichung von Verwandtschaftsverhältnissen*

Merke

Die **Etymologie** gibt Auskunft über die Geschichte eines Wortes. Man erfährt, woher dieses Wort stammt und wie es sich im Laufe der Zeit verändert hat. Diese Informationen findet man in einem etymologischen Lexikon.

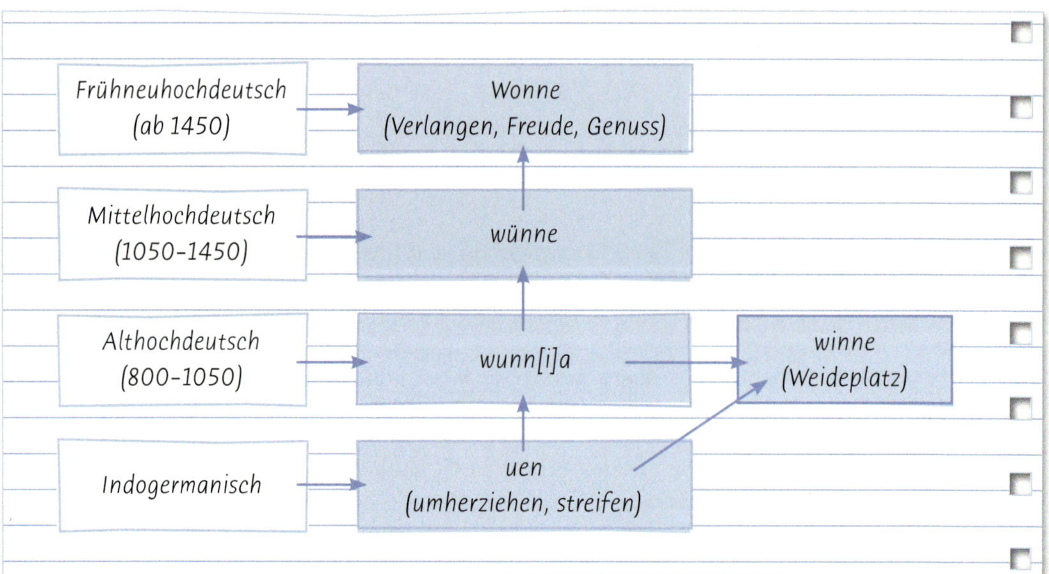

Jonas ist überrascht, wie alt das Wort „Wonne" schon ist, wie stark es sich verändert hat und wie wenig Ähnlichkeit es nur noch mit dem ursprünglichen Wort „uen" hat.

1. Vergleicht die verschiedenen Sprachstufen im Stammbaum. Welche Lautveränderungen stellt ihr fest?
2. In dem etymologischen Lexikon, das Jonas verwendet hat, stand auch, dass die Wörter „Wonne" und „wohnen" miteinander verwandt sind. Könnt ihr euch dieses aufgrund der Bedeutung der Begriffe erklären?
3. Findet selbst heraus, wie diese Wörter miteinander verwandt sind. Verwendet dazu verschiedene Nachschlagewerke (etymologisches Lexikon, Fremdwörterlexikon, Lexikon der Rechtschreibung, …). Ihr könnt natürlich auch im Internet nachschauen.

▸▸ **Seite 270 f.**
Mit Nachschlagewerken arbeiten
LS „Lern- und Arbeitstechniken"

Der Forschertrieb hat Jonas gepackt und außerdem will er ja den Brief seines Urgroßvaters verstehen. Also schlägt er das nächste Wort nach.

4. Zeichnet wie Jonas einen Stammbaum für das Wort „hold".
5. Lexikonartikel, wie der rechts, sind oftmals schwer verständlich. Worin seht ihr die Ursachen dafür?
6. Vereinfacht den Artikel zum Wort „hold", indem ihr ihn umschreibt und mit eigenen Worten wiedergebt.
7. Schlagt selbst die Wörter „Hochzeit", „Gatte" und „Paar" nach und zeichnet einen Stammbaum für die Begriffe. Seid ihr dabei vielleicht auf überraschende Ursprünge der Begriffe gestoßen?

hold Das *gemeingerm.* Adjektiv *mhd.* holt, *ahd.* hold „günstig, gnädig; ergeben dienstbar, treu", *gotisch* hulþs „gnädig", *aengl.* hold „gnädig, günstig, angenehm; treu", *schwedisch* huld „gnädig, freundlich" gehört wahrscheinlich im Sinne von „geneigt" zu der unter → *Halde* dargestellten Wortgruppe. Das Adjektiv hold liegt auch dem Namen der Sagen- und Märchengestalt Frau Holle (s. Holle) und der Bildung **Unhold** (*mhd.* unholde „der Böse, Teufel", *ahd.* unholdo „böser Geist") zugrunde.

Wie sage ich es mit meinen Worten? – Jugendsprache

„Eigentlich ist so ein Brief gar nicht so übel", denkt Jonas, nachdem er jetzt alles verstanden hat. Ob man heute ein Mädchen, z.B. Hilal, das ist die Neue in seiner Klasse, mit einem solchen Brief noch beeindrucken könnte?

1 Was glaubt ihr, kann Jonas seine Klassenkameradin mit einem Brief beeindrucken oder sollte er sich lieber etwas anderes einfallen lassen? Nehmt Stellung und begründet eure Meinung.

Jonas fragt sich, ob er überhaupt in der Lage ist, so einen Brief zu schreiben. Als Hilfestellung legt er sich den Brief seines Urgroßvaters neben sein leeres Blatt und beginnt:

> Liebe Hilal,
> schon als du zum ersten Mal in unsere Klasse kamst, spürte ich eine große Freude und Wonne …

Er schüttelt den Kopf, zerknüllt den Brief und wirft ihn in den Müll. „So funktioniert das nicht!"

2 Überlegt, warum Jonas denkt, dass er mit diesem Brief bei Hilal kein Glück haben wird.

3 Helft Jonas, indem ihr selbst versucht, einen Brief an Hilal zu schreiben.

4 Sucht aus euren Briefen Begriffe und sprachliche Wendungen heraus, von denen ihr vermutet, dass Jonas' Urgroßvater oder auch eure Eltern diese so nie benutzt hätten.

Merke

Jugendsprache

Jede Generation hat ihre eigene Sprache und so nennt man die Sprache der jeweiligen Jugendgeneration **Jugendsprache.** Sie weicht im Geschriebenen und Gesprochenen von der Hochsprache/Standardsprache ab. Typisch für Jugendsprache sind z.B.:

- **Metaphern:** *runterkommen, einzecken*
- **Anglizismen** (Wörter, die dem Englischen oder Amerikanischen entlehnt wurden): *heavy, cruisen*
- **Zusammensetzungen:** *hammerhart, megacool*
- **umgangs- und vulgärsprachliche Äußerungen:** *rattig, verpissen*
- **Übernahmen aus Fachsprachen:** *galaktisch, surfen*

Jonas ist klar geworden, dass ihm der erste Versuch seines Briefs nicht gefallen hat, weil er sich nicht so las, als sei er von ihm. Also legt er den Brief des Großvaters zur Seite und beginnt neu.

Liebe Hilal,
ich finde es echt cool, dass du jetzt in unserer Klasse bist. Mit einigen aus der Klasse bin ich ganz dick befreundet.
Unsere Clique ist megamäßig drauf und ziemlich crazy.
Am Wochenende machen wir oft alle etwas zusammen. Samstag wollen wir z.B. im HOT abhängen und abzappeln.
Ich fänd's krass, wenn du mitkommen würdest.

CU
Jonas

5 Tragt aus dem Brief in euer Heft die Wörter zusammen, die der Jugendsprache entstammen. Ordnet sie den im Merkkasten genannten Besonderheiten der Jugendsprache zu (manche lassen sich mehrfach zusortieren).

6 Ergänzt die Wortliste aus Aufgabe fünf mit eigenen Beispielen (z.B. aus euren Briefen in Aufgabe 4).

7 Überlegt, warum und wann man als Jugendlicher eine eigene Sprache verwendet.

8 Nennt Beispiele für unterschiedliche Sprachen innerhalb verschiedener Jugendgruppen.

Moderne Liebesbriefe – Wie sich Sprache durch neue Medien verändert

„Irgendwie", denkt Jonas, „ist Briefe schreiben insgesamt out!". Und so schreibt er Hilal letztendlich eine E-Mail.

Von: Jonas
An: Hilal
Betreff: Grüße

Hi,
schön, dass du in unserer Klasse bist * freuZz *. Hasse mal Bock mit mir inne City oder so ;-), z. B. am Samstag ins HOT? Kommste mit?

HDL, bis morgen,
Jonas

1 Beschreibt die Veränderungen in den Liebesbriefen, indem ihr mithilfe der Tabelle die drei Liebesbotschaften vergleicht.

	Urgroßvater	Jonas' Brief	Jonas' E-Mail
Satzbau	…	…	…
Rechtschreibung	…	…	…
Sprachstil	…	…	…

2 Sucht Wörter heraus, bei denen sich nicht die Rechtschreibung, sehr wohl aber die Bedeutung verändert hat.

3 Wertet dann eure Tabelle in Form einer Zusammenfassung aus.

Kaum ist Jonas im Netz und hat seine E-Mail versendet, piepst sein Handy. Auf seinem Display liest er:

4 Inwiefern hat sich bei einer SMS die Sprache noch weiter verändert?

5 Wenn man jemandem etwas schriftlich mitteilen möchte, hat man – dank moderner Techniken – heute dazu verschiedene Möglichkeiten, die jedoch oftmals recht kritisch betrachtet werden. Versucht, mithilfe eines Meinungsbarometers herauszufinden, welche Möglichkeit in welcher Situation in eurer Klasse für die geeignetste gehalten wird und warum. Nutzt dazu die oben stehenden Behauptungen.

Arbeitstechnik

Meinungsbarometer

- Stellt in eurer Klasse Tische und Stühle an den Rand und teilt das Klassenzimmer in zwei Hälften.
- Die eine Hälfte steht für „Stimme ich zu", die andere für „Lehne ich ab". Zur Mitte hin nimmt die Zustimmung bzw. Ablehnung ab.
- Nach dem Vorlesen einer Aussage sortiert sich jeder Schüler bzw. jede Schülerin einer Seite zu.
- Begründet nun in einer Diskussion euren Standpunkt.
- Bestimmt evtl. zwei Personen, die die wichtigsten Ergebnisse der Diskussion notieren und später der Klasse präsentieren.

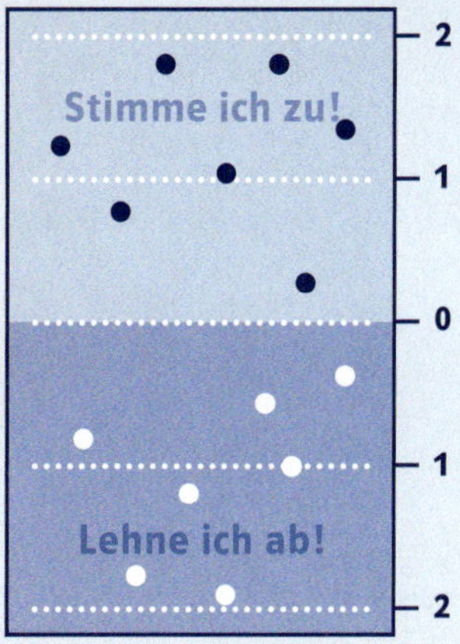

6 In welcher Situation würdet ihr einen Brief, eine E-Mail bzw. eine SMS verschicken? Begründet eure Meinung.

Impulse zur Weiterarbeit

- Versucht herauszufinden, wie eure Urgroßeltern und Großeltern sich kennen gelernt haben.
- Erarbeitet ein eigenes Lexikon zur Jugendsprache in eurer Klasse.
- Führt an eurer Schule eine Umfrage zum Thema „Wann werden moderne Kommunikationsmittel verwendet?" durch.
- Schreibt eine Bedienungsanleitung für ein Handy zum Verfassen einer SMS. Formuliert dabei so, dass auch jemand, der noch nie ein Handy in der Hand hatte, die Bedienungsanleitung nachvollziehen kann.
- Tipps zum Nachschlagen:
  - Duden. Das Herkunftswörterbuch Bd.7. Etymologie der deutschen Sprache. Die Geschichte der deutschen Wörter bis zur Gegenwart. Mannheim: Bibliographisches Institut 2001.
  - Fidibus. Wörterbuch Deutsch. Stuttgart, Leipzig: Klett 2006.
  - PONS Wörterbuch der Jugendsprache. Deutsch-Englisch-Französisch-Spanisch. Stuttgart: Klett 2006.

Natürlich(e) Gedichte – Naturgedichte

Gedichte über die Natur – immer wieder haben Schriftstellerinnen und Schriftsteller versucht, ihr Verhältnis zur Natur in Worte zu fassen; in Worte, die mehr sind als eine sachliche Beschreibung. Entstanden sind dabei Gedichte, die einen traurig machen, nachdenklich werden lassen, erheitern, schallend lachen lassen, trösten usw. Lasst euch ein auf diese Welten und erfahrt selbst die Kraft der Worte.

Im Einzelnen

- entdeckt ihr bisher unbekannte Seiten des Meeres
- erfahrt ihr, dass man mit dem Mond auch sprechen kann
- lernt ihr berühmte Jahreszeitengedichte kennen
- setzt ihr euch mit dem Zusammenhang von Natur, Mensch und Welt auseinander
- lernt ihr Lyriker kennen, die nicht immer alles ernst nehmen

Abgrundtief und geheimnisvoll – Meeresgedichte

Der Dichter Alexander Puschkin am Ufer des Meeres (1896). Leonid Ossipowitsch Pasternak (1862–1945)

Friedrich Hebbel (1813–1863)

Meeresleuchten

Aus des Meeres dunklen Tiefen
Stieg die Venus[1] still empor,
Als die Nachtigallen riefen
In dem Hain[2], den sie erkor.

Und zum Spiegel, voll Verlangen,
Glätteten die Wogen sich,
Um ihr Bild noch aufzufangen,
Da sie selbst auf ewig wich.

Lächelnd gönnte sie dem feuchten
Element den letzten Blick,
Davon blieb dem Meer sein Leuchten
Bis auf diesen Tag zurück.

[1] *Venus: römische Göttin der Liebe*
[2] *Hain: kleines Wäldchen*

Elisabeth Langgässer (1899–1950)

Die Stimme des Meeres

Ho, ho, ho, höre du Schifflein,
Sonne und Menschen und Fische im Arm …
Höret ihr Menschen den Ozean,
Alten, uralten Ozean,
Der rings um die ganze Erde geht.
Überall bin ich –
Oben und unten,
Trage euch Schiffe,
Wiege euch Fische,
Hüte euch Muscheln und Perlen am Grund.
Anfang weiß ich und Ende,
Denn ich bin aller Ende,
Irgendwo liegt mir
Immer die Sonne,
Aufgang und Untergang,
Immer im Arm. –
Geht sie hier auf,
Dort geht sie schon unter,
Wiege sie aufwärts,
Wiege hinunter,
Sonne und Menschen und Fische im Arm …

Joseph von Eichendorff (1788–1857)

Meeresstille

Ich seh von des Schiffes Rande
Tief in die Flut hinein:
Gebirge und grüne Lande
Und Trümmer im falben[3] Schein
Und zackige Türme im Grunde,
Wie ich's oft im Traum mir gedacht,
Das dämmert alles da unten
Als wie eine prächtige Nacht.

Seekönig auf seiner Warte
Sitzt in der Dämmrung tief,
Als ob er mit langem Barte
Über seiner Harfe schlief;
Da kommen und gehen die Schiffe
Darüber, er merkt es kaum,
Von seinem Korallenriffe
Grüßt er sie wie im Traum.

[3] *falb: gelblich*

Johann Wolfgang von Goethe (1749–1832)

Meeresstille

Tiefe Stille herrscht im Wasser,
Ohne Regung ruht das Meer,
Und bekümmert sieht der Schiffer
Glatte Fläche rings umher.
Keine Luft von keiner Seite!
Todesstille fürchterlich!
In der ungeheuren Weite
Reget keine Welle sich.

1 Setzt das Gedicht, das euch am meisten anspricht, in ein Bild um und vergleicht die Ergebnisse.

2 Vergleicht die vier Gedichte zum Thema Meer. Welche inhaltlichen Schwerpunkte werden gesetzt und welche Perspektive wird jeweils im Gedicht eingenommen?

3 Lest das Gedicht „Meeresstille" von Goethe laut vor und stellt einen Zusammenhang von Inhalt und Form her. Achtet dabei auf Reim und Metrum.

▶▶ **Seite 220 ff.**
Gedichte untersuchen
LS „Umgang mit literarischen Texten"

Des Menschen Traumbereiter – Mondgedichte

Joseph von Eichendorff (1788–1857)

Mondnacht

Es war, als hätt der Himmel
Die Erde still geküsst,
Dass sie im Blütenschimmer
Von ihm nun träumen müsst.

Die Luft ging durch die Felder,
Die Ähren wogten sacht,
Es rauschten leis die Wälder,
So sternklar war die Nacht.

Und meine Seele spannte
Weit ihre Flügel aus,
Flog durch die stillen Lande,
Als flöge sie nach Haus.

Günter Eich (1907–1972)

Abend im März

Ich trete in die Türe ein,
der Mond war vor mir dort.
Ach Mond, du sollst nicht bei mir sein!
Er schweigt und geht nicht fort.

Er wohnt in meiner Stube drin
seit gestern, als ich kam.
Ich seh ihn, weil ich traurig bin,
ich kenn ihn nur im Gram.

Ich zünde keine Lampe an,
ich setz mich in sein Licht,
durch's Fenster blick ich dann und wann,
der Mond erkennt mich nicht.

So ess ich einen goldnen Fisch,
gieß Wasser mir ins Glas.
Wie eine Wiese ist der Tisch,
im Mondlicht wächst das Gras.

Jetzt wird er bald verfinstert sein,
wohl gegen Ende März.
Und sinnlos fällt das Wort mir ein:
„Er ist der Nacht ihr Herz."

Er ist so blind, er ist so taub,
ihn kümmern Tränen nicht,
er schwankt im Wind, er hängt im Laub,
ach mit demselben Licht.

Johann Wolfgang von Goethe (1749–1832)

An den Mond

Füllest wieder Busch und Tal
Still mit Nebelglanz,
Lösest endlich auch einmal
Meine Seele ganz;

Breitest über mein Gefild
Lindernd deinen Blick,
Wie des Freundes Auge mild
Über mein Geschick.

Jeden Nachklang fühlt mein Herz
Froh – und trüber Zeit,
Wandle zwischen Freud' und Schmerz
In der Einsamkeit.

Fließe, fließe, lieber Fluss!
Nimmer werd' ich froh,
So verrauschte Scherz und Kuss,
Und die Treue so.

Ich besaß es doch einmal,
Was so köstlich ist!
Dass man doch zu seiner Qual
Nimmer es vergisst!

Rausche, Fluss, das Tal entlang,
Ohne Rast und Ruh,
Rausche, flüstre meinem Sang
Melodien zu,

Wenn du in der Winternacht
Wütend überschwillst
Oder um die Frühlingspracht
Junger Knospen quillst.

Selig, wer sich vor der Welt
Ohne Hass verschließt,
Einen Freund am Busen hält
Und mit dem genießt,

Was, von Menschen nicht gewusst
Oder nicht bedacht,
Durch das Labyrinth der Brust
Wandelt in der Nacht.

1 Beschreibt die Empfindungen des jeweiligen lyrischen Ichs in den Mondgedichten. Welche sprachlichen Bilder unterstützen diese Empfindungen?

2 Tragt das Gedicht „An den Mond" sinnbetont vor. Dabei solltet ihr je nach dargestellter Situation z.B. größere und kleinere Sprechpausen einlegen, bestimmte Wörter besonders betonen, das Lesetempo, den Klang und die Lautstärke eurer Stimme variieren. Ihr könnt den Text zum Lesen vorbereiten, indem ihr ihn kopiert und mit Betonungszeichen markiert, z.B. // für Pausen oder Unterstreichungen für betonte Stellen.

3 Lasst den Mond in Günter Eichs Gedicht dem lyrischen Ich antworten.

▸▸ **Seite 221 ff.**
Reim/Metrum und Rhythmus/Bilder
LS „Umgang mit literarischen Texten"

Im Wandel der Zeit – Jahreszeitengedichte

Joseph von Eichendorff (1788–1857)

Frühlingsnacht

Übern Garten durch die Lüfte
Hört ich Wandervögel ziehn,
Das bedeutet Frühlingsdüfte,
Unten fängt's schon an zu blühn.

Jauchzen möcht ich, möchte weinen,
Ist mir's doch, als könnt's nicht sein!
Alte Wunder wieder scheinen
Mit dem Mondesglanz herein.

Und der Mond, die Sterne sagen's,
Und in Träumen rauscht's der Hain,
Und die Nachtigallen schlagen's:
Sie ist deine, sie ist dein!

Georg Trakl (1887–1914)

Sommer

Am Abend schweigt die Klage
des Kuckucks im Wald.
Tiefer neigt sich das Korn,
der rote Mohn.

Schwarzes Gewitter droht
über dem Hügel.
Das alte Lied der Grille
erstirbt im Feld.

Nimmer regt sich das Laub
der Kastanie.
Auf der Wendeltreppe
rauscht dein Kleid.

Stille leuchtet die Kerze
im dunklen Zimmer;
eine silberne Hand
löschte sie aus;

windstille, sternlose Nacht.

Rainer Maria Rilke (1875–1926)

Herbsttag

Herr: es ist Zeit. Der Sommer war sehr groß.
Leg deinen Schatten auf die Sonnenuhren,
und auf den Fluren lass die Winde los.

Befiehl den letzten Früchten voll zu sein;
gib ihnen noch zwei südlichere Tage,
dränge sie zur Vollendung hin und jage
die letzte Süße in den schweren Wein.

Wer jetzt kein Haus hat, baut sich keines mehr.
Wer jetzt allein ist, wird es lange bleiben,
wird wachen, lesen, lange Briefe schreiben
und wird in den Alleen hin und her
unruhig wandern, wenn die Blätter treiben.

Christian Morgenstern (1871–1914)

Novembertag

Nebel hängt wie Rauch ums Haus,
drängt die Welt nach innen;
ohne Not geht niemand aus,
alles fällt in Sinnen.

Leiser wird die Hand, der Mund,
stiller die Gebärde.
Heimlich wie auf Meeresgrund,
träumen Mensch und Erde.

Johann Gottfried Herder (1744–1803)

An die Bäume im Winter

Gute Bäume, die ihr die starr entblätterten Arme
Reckt zum Himmel und fleht wieder den Frühling herab!
Ach, ihr müsst noch harren, ihr armen Söhne der Erde,
Manche stürmische Nacht, manchen erstarrenden Tag!
Aber dann kommt wieder die Sonne mit dem grünenden Frühling
Euch; nur kehret auch mir Frühling und Sonne zurück?
Harr geduldig, Herz, und bringt in die Wurzel den Saft dir!
Unvermutet vielleicht treibt ihn das Schicksal empor.

1. Formuliert mithilfe einer Assoziationskette die Bilder, die euch in den Sinn kommen, wenn ihr an die verschiedenen Jahreszeiten denkt.
2. Sucht die Verben und Adjektive aus den Gedichten heraus, die die jeweilige Jahreszeit charakterisieren, und stellt sie einander gegenüber. Vergleicht diese anschließend mit euren Assoziationsketten.
3. Schreibt ein Parallelgedicht zu „Novembertag“, das eure Stimmungen und Aktivitäten im November wiedergibt und tragt dieses vor.

Harmonie oder Konfrontation? – Mensch und Natur

Rose Ausländer (1901–1988)

Aber ich weiß

War ich ein Falter
vor meiner Geburt
ein Baum oder
ein Stern

Ich habe es vergessen

Aber ich weiß
dass ich war
und sein werde

Augenblicke
aus Ewigkeit

Bettine von Arnim (1785–1859)

Ich kann sprechen mit der Natur,
wenn ich allein mit ihr bin,
aber es darf niemand hinter mir sein.
Denn grad das Alleinsein macht,
dass ich mit ihr bin.

Regine Lotz-Albach (geb. 1937)

Unvergänglich

Wenn wir gebrochen werden
wie eine Blume
die leuchtende
hat uns der Wind
zuvor ein paar
Samen ausgeblasen
und wir blühen weiter
in Gottes Garten

Christoph Meckel (geb. 1935)
Andere Erde

Wenn erst die Bäume gezählt sind und das Laub
Blatt für Blatt auf die Ämter gebracht wird,
werden wir wissen, was die Erde wert war.
Einzutauchen in Flüsse voll Wasser
und Kirschen zu ernten an einem Morgen im Juni
wird ein Privileg sein, nicht für Viele.
Gerne werden wir uns der verbrauchten Welt
erinnern, als die Zeit sich vermischte
mit Monstern und Engeln, als der Himmel
ein offener Abzug war für den Rauch
und Vögel in Schwärmen über die Autobahn flogen
(wir standen im Garten, und unsre Gespräche
hielten die Zeit zurück, das Sterben der Bäume
flüchtige Legenden von Nesselkraut).

Shut up. Eine andere Erde, ein anderes Haus.
(Ein Habichtflügel im Schrank. Ein Blatt. Ein Wasser)

Jürgen Becker (geb. 1932)
Natur-Gedicht

in der Nähe des Hauses,
der Kahlschlag, Kieshügel, Krater
erinnern mich daran –
nichts Neues; kaputte Natur,
aber ich vergesse das gern,
solange ein Strauch steht

Ulla Hahn (geb. 1946)
Schöne Landschaft

Mitunter tut sich
der Himmel auf
zeigt sein Geheimnis
im Spiegel der Erde
Zeigt uns was
wir noch übrig ließen
von der Erde die einmal
sein Ebenbild war.

1 Entwickelt Deutungsvorstellungen und formuliert, was mit „Shut up" in Christoph Meckels Gedicht gemeint ist.

2 Beschreibt mit eigenen Worten das Verhältnis des lyrischen Ichs zur Natur, wie es in den ersten drei Gedichten geschildert wird.

3 Deutet das Verhältnis Natur – Welt in den letzten drei Gedichten.

Immer heiter und so weiter – Natur pur

Christian Morgenstern (1871–1914)

Möwenlied

Die Möwen sehen alle aus,
als ob sie Emma hießen.
Sie tragen einen weißen Flaus
und sind mit Schrot zu schießen.

Ich schieße keine Möwe tot,
Ich lass sie lieber leben –
und füttre sie mit Roggenbrot
und rötlichen Zibeben[1].

O Mensch, du wirst nie nebenbei
der Möwe Flug erreichen.
Wofern du Emma heißest, sei
zufrieden, ihr zu gleichen.

[1] *Zibeben: große Rosinen*

Heinrich Heine (1797–1856)

Das Fräulein stand am Meere

Das Fräulein stand am Meere
Und seufzte lang und bang,
Es rührte sie so sehre
Der Sonnenuntergang.

Mein Fräulein! Sein Sie munter,
Das ist ein altes Stück;
Hier vorne geht sie unter
Und kehrt von hinten zurück.

Heinz Erhardt (1909–1979)

Frühling

Wie wundervoll ist die Natur!
Man sieht so viele Blüten,
auch sieht man Schafe auf der Flur
und Schäfer, die sie hüten.
Ein leises Lied erklingt im Tal:
der müde Wandrer singt es.
Ein süßer Duft ist überall,
nur hier im Zimmer stinkt es!

Theodor Storm (1817–1888)

Sommermittag

Nun ist es still um Hof und Scheuer,
Und in der Mühle ruht der Stein;
Der Birnenbaum mit blanken Blättern
Steht regungslos im Sonnenschein.

Die Bienen summen so verschlafen;
und in der offnen Bodenluk',
Benebelt von dem Duft des Heues,
Im grauen Röcklein nickt der Puk.

Der Müller schnarcht und das Gesinde,
Und nur die Tochter wacht im Haus;
Die lachet still und zieht sich heimlich
Fürsichtig die Pantoffeln aus.

Sie geht und weckt den Müllerburschen,
Der kaum den schweren Augen traut:
„Nun küsse mich, verliebter Junge;
Doch sauber, sauber! Nicht zu laut."

Heinrich Seidel (1842–1906)

November

Solchen Monat muss man loben;
Keiner kann wie dieser toben,
keiner so verdrießlich sein,
und so ohne Sonnenschein!
Keiner so in Wolken maulen,
keiner so mit Sturmwind graulen!
Und wie nass er alles macht!
Ja, es ist 'ne wahre Pracht.

Seht das schöne Schlackerwetter!
Und die armen welken Blätter,
wie sie tanzen in dem Wind
und so ganz verloren sind!
Wie der Sturm sie jagt und zwirbelt
und sie durcheinanderwirbelt
und sie hetzt ohn' Unterlass;
Ja, das ist Novemberspaß!

1 Beschreibt, wie die einzelnen Gedichte den humorvollen Effekt erzeugen.

2 Tragt eines der Gedichte vor und bezieht dabei auch pantomimische Gestaltungselemente mit ein.

3 Findet zu jedem der Gedichte eins aus diesem Kapitel mit ähnlicher Thematik und vergleicht sie.

4 Sucht euch auf den vorherigen Seiten ein ernsthaftes Gedicht aus und erzeugt durch kleine Veränderungen ein heiteres.

Impulse zur Weiterarbeit

- Beobachtet aus dem Fenster eurer Klasse die Natur im Wandel der Jahreszeiten. Setzt diese Beobachtungen und eure Stimmungen in Gedichte um.
- Geht in die Natur, schließt die Augen und notiert anschließend die Geräusche und Gerüche. Formuliert diese Erfahrungen in einem Gedicht.
- Sammelt weitere Meeres- und Mondgedichte und gestaltet mit Fotografien kleine Gedichtbände. Diese eignen sich auch sehr gut als Geschenke.
- Tragt euch in einer ruhigen Stunde eure Lieblingsgedichte vor.
- Veranstaltet eine szenische Lesung eurer Lieblingsgedichte; dabei ergänzt ihr euren Gedichtvortrag mit pantomimischen Gestaltungselementen und Requisiten. Ihr könnt dabei auch in Gruppen verschiedene Möglichkeiten erarbeiten.
- Sucht Literatur zur geschichtlichen Entwicklung der Naturlyrik und arbeitet dieses Thema als Referat aus.
- Geht durch eure Stadt. Findet Motive für Gedichte aus dem Kapitel, fotografiert diese und gestaltet damit eine Collage.

Spieglein, Spieglein an der Wand – Schönheitsideale und Körperbilder

Schon immer haben sich Menschen mit Idealvorstellungen von Schönheit und Körper auseinandergesetzt. So scheint es auf den ersten Blick, dass, wer schön ist, Erfolg hat, beliebt ist und geliebt wird. Was aber ist denn eigentlich schön? Gibt es etwas, das unbestritten von allen Menschen der Welt schön gefunden wird? Ist nur das schön, was man liebt? Kann man Schönheit in eine Formel packen? Kommt wahre Schönheit wirklich von innen?

Im Einzelnen

- setzt ihr euch mit unterschiedlichen Vorstellungen von Schönheit auseinander
- erfahrt ihr etwas über die Erforschung von Schönheitsidealen
- erhaltet ihr einen Überblick darüber, wie sich Schönheitsideale im Laufe der Zeit gewandelt haben
- geht es darum, dass Schönheit auch eine Frage der Perspektive ist
- setzt ihr euch mit übersteigerten Körperidealen auseinander

Was ist schön? – Erste Erklärungsversuche zum Begriff „Schönheit“

Nico (14)

Ich finde es ganz gut, wenn man weder zu dick noch zu dünn ist. Bei Männern finde ich einen Bierbauch total schlimm. Und wenn jemand zu behaart ist, finde ich das auch schrecklich.

Ein richtiges Vorbild habe ich nicht. Manchmal sehe ich jemanden in einer Zeitschrift oder so, dann denke ich: „So würde ich auch gern aussehen.“ Aber jemanden wie Schwarzenegger finde ich übertrieben. Man muss ja nicht jeden Muskel einzeln sehen. Es soll halt ästhetisch wirken und das tut Schwarzenegger nicht. Seine Figur finde ich extrem.

Ich mache morgens vor der Schule Übungen, um meine Muskeln aufzubauen. Ich mache erst einmal 30 Liegestützen und so 150 Sit-Ups. Manchmal mache ich auch etwas mit dem Bauchtrainer. Und abends mache ich das auch, aber dann trainiere ich länger. Da habe ich ja mehr Zeit. Das mache ich, um Muskeln zu kriegen. Außerdem macht es mich morgens wach. Die Muskeln kann man auch sehen. Ich bin ganz zufrieden mit mir, wenn ich in den Spiegel gucke. Wenn ich mal nicht trainiert habe, sehe ich das aber auch. Dann denke ich, dass ich am nächsten Morgen wieder früher aufstehen muss und was tun.

Für mich ist es schon wichtig, gut auszusehen. Ich achte auch bei den Klamotten drauf. Natürlich muss ich nicht immer die teuersten Sachen haben. Aber manchmal will man etwas gerne haben. Dann spare ich da auch drauf. Ich trage Zeitungen aus, und davon kann ich mir dann Klamotten kaufen.

Ich finde, dass Schönheit aber auch was ist, was mit dem Charakter zu tun hat. Wenn man lächelt oder viel lacht, wirkt man schöner, als wenn man immer ernst ist. Ich fand auch schon einmal ein Mädchen toll, das ich am Anfang gar nicht so hübsch fand. Aber nach einer Weile fand ich sie dann schon ganz gut aussehend, weil sie eben sehr nett war.

Angelina (13)

Ich bin ziemlich zufrieden mit mir, wie ich aussehe. Klar, ein paar Kleinigkeiten könnten immer besser sein. Aber eigentlich finde ich mich völlig in Ordnung, so wie ich bin. Ich glaube, dass Schönheit auch viel damit zu tun hat, wie man ist. Ob man nett ist oder ein Biest. Ich suche mir meine Freundinnen ja auch nicht danach aus, ob sie schön sind, sondern ob sie nett sind. Ist mir doch egal, wie sie aussehen. Und umgekehrt ist es genauso. Ich finde es wichtiger, Spaß zu haben und zufrieden zu sein, als schön zu sein. Eine Diät oder so habe ich noch nie gemacht, und ich glaube auch nicht, dass ich eine machen würde. Das bringt ja nichts. Ich habe

ein ziemlich gutes Selbstbewusstsein, glaube ich. Wahrscheinlich liegt das daran, dass ich schon mein halbes Leben lang Karate mache. Ich habe damit angefangen, als ich sechs war. Ich glaube, deshalb bin ich ziemlich ausgeglichen und so. Und es ist ein gutes Gefühl, zu wissen, dass man sich damit verteidigen kann. Ich fühle mich stark dadurch.

Klar, es gibt mal Tage, da stehe ich vorm Spiegel und dann gefällt mir irgendetwas nicht an mir. Meistens ist das dann, wenn der Tag schon komisch angefangen hat oder in der Schule etwas passiert. Aber ich weiß, dass das wieder vorbeigeht. Ich versuche dann, etwas zu machen, was mir Spaß macht. So kriege ich wieder bessere Laune. Ich spiele dann was oder treffe mich mit einer Freundin. Das bringt mir viel mehr, als schlecht gelaunt vor dem Spiegel zu stehen. Zum Glück habe ich das aber sowieso nicht oft.

Gaby Schuster

Verflixte Schönheit. Tipps für schlaue Mädchen

Poeten und Dichter beschreiben die Schönheit als „willkommenen Gast" (Goethe), als „empfundenen Rhythmus" (Morgenstern), als Tugend (Shakespeare) und als „offenen Empfehlungsbrief" (Schopenhauer). Der Volksmund ist schon kritischer. Die Franzosen behaupten: „Auch der Teufel war schön, als er jung war!" Und die Iren meinen: „Schönheit bringt den Topf nicht zum Kochen."

Im deutschen Universal-Wörterbuch der Duden-Redaktion findet sich dagegen unter „schön" die nüchtern sachliche Auskunft: Von einem Aussehen, das so anziehend wirkt, dass es als wohlgefällig und bewundernswert empfunden wird.

Das erklärt zwar einiges, weist aber auch gleichzeitig auf die größte Schwierigkeit an der Sache hin. Empfindungen sind nämlich etwas Persönliches und sehr Unterschiedliches. Beispiel gefällig?

Neutral gesehen ist die Farbe Pink ein intensives Rosa. Persönlich findest du Pink jedoch abscheulich und deine Freundin hält Pink für total schön. Wer von euch hat Recht? Jede! Denn jede von euch hat das Recht auf ihre eigenen Empfindungen und ihre eigene Meinung. Beides wird jedoch entscheidend von deiner Umgebung geprägt, von der Zeit, in der du lebst, von den aktuellen Modetrends und deinen eigenen Möglichkeiten.

1. Die beiden Jugendlichen Nico und Angelina äußern sich dazu, was sie persönlich als schön empfinden. Beschreibt, was die beiden unter Schönheit verstehen.
2. In dem Textauszug „Verflixte Schönheit" werden Umschreibungen verschiedener Schriftsteller für den Begriff Schönheit angeführt. Entwickelt Deutungsvorstellungen und formuliert in Stichwörtern, was im Einzelnen gemeint sein könnte.
3. Untersucht die Problematik bei der Definition des Begriffs „Schönheit", auf die in dem Textauszug aufmerksam gemacht wird. Findet weitere Beispiele, die dies belegen.
4. Verfasst eine eigene Definition zur Fragestellung „Schönheit, was ist das?". Tragt euch die Texte vor und diskutiert über die Gemeinsamkeiten und Unterschiede eurer Definitionen.

Wahre Schönheit … – Erforschung von Schönheitsidealen

magazine community knowhow

Du bist hier: News&Themen > Körper&Geist > Artikel-Archiv > Spieglein, Spieglein …

Spieglein, Spieglein …

Kennt ihr eine Frauenzeitschrift, die keine „Beauty-Seiten“ hat? Ein Märchen, in dem nicht irgendwo von einer wunderschönen Prinzessin die Rede ist? Ein Liebeslied, in dem nicht die Schönheit eines geliebten Menschen besungen wird? […]

Was ist schön?

Mit der Wahrnehmung von Attraktivität haben sich auch in jüngster Zeit viele ForscherInnen beschäftigt. Insbesondere über die Schönheit von Gesichtern wurde heftigst spekuliert. Durchschnittlichkeit und Normalität sei das eigentlich Schöne, meinen die einen. Denn wenn man Tausende von Gesichtern mit einem speziellen Programm übereinanderlegt, kommt am Ende ein attraktives Gesicht heraus. Andere glauben, die Symmetrie des Gesichts habe einen besonderen Einfluss auf die Attraktivität. Das allein kann es aber definitiv nicht sein, denn wenn man eine Gesichtshälfte spiegelt, so dass man ein wirklich symmetrisches Gesicht erhält, kommt häufig ein äußerst bizarres Bild dabei heraus. Wieder andere meinen, dass „Reifezeichen gepaart mit Merkmalen des Kindchenschemas“ besonders attraktiv machen. Oder aber, dass Mimik und Beweglichkeit eines Gesichts den schönen Eindruck hinterlassen. Eine Gruppe von Psychologiestudenten der Universität Regensburg hat für den Wettbewerb „Bodycheck – wie viel Körper braucht der Mensch?“ ebenfalls die Wahrnehmung von Attraktivität untersucht. Dazu zeigten sie Versuchspersonen jede Menge Gesichter, deren Attraktivität beurteilt werden sollte. Eine Vielzahl der vorgelegten Gesichter waren allerdings „gemorpht“, das heißt sie wurden mithilfe eines speziellen Computerprogramms aus verschiedenen Gesichtern zusammengeschmolzen. So konnten die Studenten sehr gut überprüfen, welche geringfügigen Änderungen (z.B. eine höhere Beimischung von „kindlichen Anteilen“ wie z.B. große Augen, hohe Stirn) ein Gesicht attraktiver machen. Bezeichnenderweise wurden die gemorphten Gesichter stets bevorzugt – sowohl von den normalen Testpersonen als auch von den Beauty-Fachleuten einer Modelagentur: Favorisiert wurden also Gesichter, die es in Wirklichkeit überhaupt nicht gibt. Das erscheint typisch für eine Gesellschaft, die immer unrealistischeren Schönheitsidealen hinterherjagt.

22. Mai 2003, Sabine Melchior – www.lizzynet.de

> NEWS > AKTUELL > HINTERGRUND > GUT ZU WISSEN > WEBKATALOG > COMMUNITY

17. 04. 2004 – Psychologie

Altes Klischee bestätigt: Wahre Schönheit kommt tatsächlich von innen

Ein guter Charakter macht attraktiv – ein schlechter hässlich

Wahre Schönheit kommt von innen. Dieses Klischee ist gar nicht so weit von der Wirklichkeit entfernt, haben amerikanische Forscher nun gezeigt: Menschen beziehen in die Bewertung der äußerlichen Attraktivität auch Charaktereigenschaften der Personen ein, deren Schönheit sie beurteilen sollen. Über die Experimente berichtet die Universität von Wisconsin in Madison.

Die meisten Studien über Schönheitsideale untersuchen lediglich die rein äußerliche Beurteilung anderer. Kevin Kniffin von der Universität von Wisconsin und David Sloan Wilson von der Binghamton-Universität führten nun drei Studien durch, bei denen die Probanden zwar auch die äußerliche Attraktivität anderer bewerten sollten. Dabei kannten einige der Versuchsteilnehmer jedoch die Menschen, die sie zu beurteilen hatten. So konnte auch der Charakter in die Bewertung mit einfließen.

In einem Experiment sollten die Probanden die Attraktivität anderer anhand von Fotos aus Schuljahrbüchern beurteilen – dabei kannten sie eine der abgebildeten Personen. In einer weiteren Studie ließen die Wissenschaftler die Mitglieder eines Sportteams sich gegenseitig einschätzen und baten auch Außenstehende darum, das Aussehen der Sportler zu bewerten. Im dritten Versuch fragten die Forscher die Teilnehmer eines archäologischen Sommercamps zu Beginn und am Ende nach sechs Wochen nach der Attraktivität der Kollegen. Alle drei Experimente zeigten, dass auch Charaktereigenschaften, die nur vertrauteren Personen bekannt sind, einen deutlichen Einfluss auf die Bewertung der äußerlichen Attraktivität haben. So bewerteten etwa die Sommercampteilnehmer ihre Mitstreiter nach sechs Wochen gemeinsamer Arbeit anders als zu Beginn des Camps. Mitglieder des Sportteams zum Beispiel beurteilten das Aussehen des Mannschafts-Drückebergers als weniger attraktiv als das Aussehen des Teamleiters. Für Fremde waren dagegen beide gleich attraktiv. Die Ergebnisse zeigen, dass Schönheit weit über äußere Merkmale hinausgeht und dass bei der Partnerwahl auch innere Werte wie Kooperationsbereitschaft, Verlässlichkeit und Intelligenz zählen. „Wer seine Attraktivität erhöhen möchte, sollte sich darauf konzentrieren, ein wertvoller, sozialer Partner zu werden", raten Kniffin und Wilson.

ddp/bdw – Cornelia Pfaff – www.wissenschaft.de

1 In dem Text „Spieglein, Spieglein …" wird der Begriff „gemorpht" verwendet. Beschreibt, was hiermit gemeint ist.

2 Erläutert den Unterschied zwischen innerer und äußerer Schönheit.

3 Auch Forscher haben sich mit der Fragestellung „Was ist schön?" auseinandergesetzt. Gebt in eigenen Worten wieder, welche Forschungsergebnisse es hierzu gibt.

4 Beurteilt die unterschiedlichen Untersuchungsansätze und -ergebnisse. Besprecht, welche Forschungsmethoden ihr für mehr oder weniger sinnvoll erachtet.

▶▶ **Seite 177 ff.**
Leseaufträge prüfen
LS „Lesestrategien, Lesetechniken"

Schönheitsideale im Wandel der Zeit – Sozialgeschichtliche Betrachtung

Kirstin Holighaus

Zu dick? Zu dünn? Lust und Frust mit dem Essen

Heute schön, morgen hässlich – Schönheitsideale im Wandel der Zeit

Was heute schön ist, kann schon bald als hässlich gelten. Am deutlichsten wird das bei der Mode, die sich sehr häufig wandelt: Hosen mit Schlag und Blusen mit weiten Ärmeln waren in den 70er-Jahren modern, lila Cordhosen und durchsichtige Regenjacken in den 80ern. Noch vor kurzer Zeit waren Plateausohlen und Hüftjeans hip. […]

Genauso wie mit den Modetrends ist es auch mit den Vorstellungen davon, welche Figur schön oder hässlich ist: Sie verändern sich ständig.

Wandelnde Schönheitsideale bei Mädchen und Frauen

Heute gilt Übergewicht nicht unbedingt als attraktiv – aber das war nicht immer so. Die Griechen und die Römer fanden vor 2000 Jahren üppige Frauen schön. Das kann man heute an den Statuen sehen, die aus dieser Zeit übrig geblieben sind. Die Darstellungen der Göttinnen Venus oder Aphrodite wirken auf uns ziemlich mollig, fast dick.

Im 17. Jahrhundert malten berühmte Künstler wie Rembrandt oder Rubens gerne dicke Frauen, denn auch zu dieser Zeit empfand man dick noch als besonders schön. Wer dick war, zeigte damit, dass er reich war. Denn nur wer reich war, hatte damals so viel zu essen, dass er überhaupt dick werden konnte. Klar, dass das heute, wo es auf unserem Teil der Erde mehr als genug zu essen gibt, kein Pluspunkt mehr für Schönheit ist. […]

Mitte des 19. Jahrhunderts wurde eine schmale Taille bei Frauen sehr modern. Um die zu bekommen, trugen Frauen Korsetts. Sie bestanden aus einem festen Stoff, der in regelmäßigen Abständen mit Stäben aus Metall oder Holz verstärkt war. Das Korsett wurde so eng geschnürt, dass es die Brüste hervorhob und die Taille ganz schmal machte. Um 1900 gab es Korsetts, die Bauch und Hüften so stark einschnürten, dass der Po hervorstand. Von der Seite sahen die Frauen fast wie Enten aus – und auch das galt als schön.[…]

Im letzten Jahrhundert wechselte das Schönheitsideal dann immer schneller zwischen dick und dünn: In den 20er-Jahren galt es für Frauen als schick, möglichst flachbrüstig zu sein und kurze Haare – einen so genannten „Bubikopf" zu tragen. Das war ein Anzeichen dafür, dass die Frauen selbstbewusster wurden und nicht mehr alles tun wollten, was Männer von ihnen erwarteten.

In den 40er-Jahren erschienen in amerikanischen Modezeitschriften dann aber schon wieder Artikel darüber, wie man es schaffen konnte, nicht so dünn zu sein. Die amerikanische Schauspielerin Marilyn Monroe zum Beispiel galt in den 50er- und 60er-Jahren als sehr sexy – und hatte sehr viele weibliche „Kurven" bei Kleidergröße 44. Das ist für heutige Begriffe recht groß.

In den 60er-Jahren wandelte sich das Schönheitsideal schon wieder: Erst in England und dann überall auf der Welt wurde das Model Twiggy berühmt. Twiggy war sehr, sehr mager, hatte flache Brüste und schmale Hüften. Seit Twiggy gilt schlank sein als schön.

Wandelnde Schönheitsideale bei Jungen und Männern

Schon viele Menschen haben sich Gedanken darüber gemacht, was schön ist. Die Griechen fanden vor 2000 Jahren Harmonie und Symmetrie, also Gleichmäßigkeit, sehr schön. Schönheit wurde schon damals als rein äußerliche Eigenschaft angesehen und das ist leider auch heute noch oft so.

Bei den Griechen galten junge Männer als besonders schön. Das Ziel war, die Jungen zu „schönen und guten“ Männern zu erziehen. Denn in der Vorstellung der Griechen waren hässliche Menschen auch schlechte Menschen.

Schönheit und Sport hatten damals sehr viel miteinander zu tun, denn Sport wurde vorwiegend nackt gemacht. Und da die meisten Jungen sehr viele Sportwettkämpfe hatten, bei denen sie sich nackt zeigen mussten, wollten sie dabei natürlich auch gut aussehen. Durch die unterschiedlichen Sportarten hatten sie oft sowieso schon einen sehr muskulösen Körper. Und sie waren sehr braun, was ebenfalls als schön galt.

Bei den Sportveranstaltungen wurde neben Kraft und Geschicklichkeit auch die Schönheit der Jungen bewundert – und auch bewertet. In Athen fanden jedes Jahr die „Wettkämpfe der Schönsten“ statt, ein Schönheitswettbewerb nur für junge Männer. Und in der Stadt Sparta mussten sich die jungen Männer sogar regelmäßig alle zehn Tage den Staatsbeamten zur Begutachtung vorstellen. Wer einen muskulösen Körper hatte, wurde gelobt. Aber wer Fett angesetzt hatte, wurde bestraft!

Im Laufe der Jahrhunderte wurde es für Männer dann aber wichtiger, kräftig und gut genährt zu sein. Besonders ab Mitte des 16. Jahrhunderts war es schick, etwas molliger auszusehen. Auch für Männer galt: Wer dick war, schien wohlhabend, weil er offensichtlich genug zu essen hatte. Und während bei Frauen Attraktivität immer etwas mit dem Aussehen zu tun hat(te), galten Männer mit viel Geld als attraktiv. Männer, die schlank waren, stopften sich ihre Jacke aus, um dicker zu wirken. Wer dünne Beine hatte, polsterte sich die eng anliegenden Hosen aus, damit man das nicht sah. […]

Erst Ende des letzten Jahrhunderts begann man, dicke Männer nicht mehr als schön zu empfinden. Und heute ist es für Männer und Jungen fast genauso wichtig, schlank zu sein, wie für Frauen und Mädchen.

1. Beschreibt, weshalb sich im Laufe der Zeit Schönheitsideale bei Mann und Frau gewandelt haben. Begründet, warum es geschlechtsspezifische Idealvorstellungen gibt.

2. Erstellt eine Wandzeitung, auf der ihr ideale Körperbilder im Verlauf unterschiedlicher Jahrhunderte darstellt. Sucht hierfür in der Bibliothek und im Internet nach Abbildungen, um eure Wandzeitung zu illustrieren.

Schönheit – Eine Frage der Perspektive?

Ingrid Kötter

Nasen kann man so und so sehen

Es ist fast 20 Uhr, als Onkel Thomas aus Kanada zu Besuch kommt. Er will sofort Irina begrüßen.

„Warte einen Augenblick!“, bittet die Mutter. „Irina ist jetzt vierzehn. Das ist ein schwieriges Alter. Um 20 Uhr ist eine Klassenfete. Mal will sie hingehen, dann wieder nicht. Sie hat fürchterliche Laune.“

Irina steht in ihrem Zimmer vor dem Spiegel.

In letzter Zeit steht sie oft dort.

Mürrisch betrachtet sie ihr Gesicht von allen Seiten. „Diese Nase!“, flüstert sie. „Diese entsetzlich große Nase! Eine Nase wie Manuela müsste man haben.“

Alle Jungen in Irinas Klasse sind hinter Manuela mit der niedlichen Stupsnase und dem albernen Gekicher her.

Mit verbissenem Gesicht kratzt Irina an einem Pickel herum, befühlt eingehend ihre Nase und stöhnt. An manchen Tagen ist es wie verhext. Da kommt einfach alles zusammen: Zwei neue Pickel, davon einer mitten auf der großen Nase, die dadurch natürlich erst recht unangenehm auffällt. Und dann noch Onkel Thomas. Irina hat ihn mindestens drei Jahre nicht gesehen. Onkel Thomas ist Mutters jüngster Bruder. Er ist 23 Jahre alt, lebt in Kanada und hat die dämliche Angewohnheit, Irina bei jedem Wiedersehen hochzuheben und abzuküssen.

„Ich mag diese Küsserei nicht“, sagt Irina zu ihrem Spiegelbild, geht zur Zimmertür und will sie abschließen. Das macht sie in letzter Zeit oft, wenn Besuch kommt, den sie nicht ausstehen kann.

„Sei nett zu meinem Lieblingsbruder! Er kommt extra aus Kanada“, hat die Mutter gesagt.

Irina denkt an den schlaksigen, pickeligen Jüngling, sie denkt: Von mir aus kann der vom Mond kommen. Sie will den Schlüssel im Schloss herumdrehen. – Zu spät! Onkel Thomas steckt seinen Kopf zur Tür herein: „Hallo, kann ich reinkommen?“ Schon ist er im Zimmer.

Sieht echt gut aus, der Typ. Hat mächtig breite Schultern gekriegt. Und dann der Bart! Mensch, hat der sich verändert. Er hebt Irina nicht hoch, er küsst sie nicht ab. Er sieht mit ihr zusammen in den Spiegel, staunt, haut ihr kräftig auf die Schultern und sagt: „Meine Güte, du bist ja eine richtig hübsche junge Dame geworden!“

„Ach was! Quatsch keinen Käse!“, sagt die junge Dame und hält ihr Gesicht ganz dicht vor die Spiegelscheibe. „Sieh dir diese Pickel an und dann meine Nase!“

„Pickel hatte ich in deinem Alter auch“, sagt Onkel Thomas. „Siehst du noch welche? Und was deine Nase betrifft, tröste dich! Du bist erst vierzehn. Du und deine Nase, ihr wachst ja noch.“

Irina reißt entsetzt die Augen auf. „Wächst noch? Meine Nase? – Alles! Bloß das nicht!“

Sie betrachtet sich im Spiegel. Ihre Augen füllen sich mit Tränen.

„Na, na!“, sagt Onkel Thomas. „Ich finde deine Nase ja schon fast richtig, aber noch ein wenig zu klein.“

„Zu klein????“ Irina wischt sich eine Träne ab und sieht ungläubig in den Spiegel.

„Na ja“, meint Onkel Thomas. „Man kann Nasen so und so sehen. Es kommt wohl auf den Betrachter an.“

„Wie siehst du es denn?“

„Also, wenn du mich fragst, ich kann zum Beispiel Frauen mit Stupsnasen nicht ausstehen. Kleine Mädchen mit Stupsnasen, na gut. Aber Frauen mit Stupsnasen sind für mich einfach unmöglich. Viel zu niedlich. Zu puppig. Keine frauliche Ausstrahlung. Magst du etwa Stupsnasen?“

„Ich? – Nein. – Eigentlich nicht.“ Irina strahlt ihren Onkel an, fällt ihm um den Hals und küsst ihn ab. „Oh, Onkel Thomas! Wenn du wüsstest! Du bist prima! Kannst ruhig mal wieder vorbeikommen! Tschüs! Ich muss weg. Wir haben jetzt ’ne Klassenfete.“

1. Warum entscheidet sich Irina schließlich, doch zur Klassenfete zu gehen?
2. Ingrid Kötters Erzählung heißt „Nasen kann man so und so sehen“. Begründet, in welchem Zusammenhang der Textinhalt mit dem Titel steht.
3. Schreibt eine Gedankenrede aus der Sicht von Onkel Thomas, als er Irinas Zimmer betritt und seine Nichte erblickt.
4. Wer bestimmt, was Schönheit ist? Tauscht eure Ansichten und Erfahrungen dazu aus.

Seite 31
UV „Das Herz eines Boxers“

Schöner Schein – Übersteigerte Körperideale

Gerhard Eikenbusch

Und jeden Tag ein Stück weniger von mir

Eigentlich scheint in Fraukes Leben alles in Ordnung zu sein: Sie besucht die achte Klasse eines Gymnasiums, ist eine gute Schülerin und bereitet auch ihren Eltern keinerlei Sorgen, bis sie plötzlich im Biologieunterricht zusammenbricht und für einen Tag zur Untersuchung ins Krankenhaus muss. Da keine ernsthafte Erkrankung festzustellen ist, wird Frauke am nächsten Tag wieder nach Hause entlassen.

„Endlich!" Frauke wirft ihre Tasche aufs Bett, klatscht in die Hände. „Endlich wieder in meinem Zimmer."

„Du warst doch nur eine Nacht fort." Frau Wanter packt die Tasche aus, wirft die dreckige Wäsche in einen Korb.

Frauke betrachtet die Andenken und Erinnerungsstücke auf dem Wandregal.

Ballettschuhe. Muscheln aus der Nordsee. Ein Halfter. Ehrenurkunde der letzten Bundesjugendspiele. Postkarten aus Italien, Frankreich, Österreich. Eine kleine Puppe. Stofftiere. Ein Poesiealbum.

Alles ordentlich aufgebaut.

Jeder Gegenstand hat seine Geschichte. Frauke könnte erzählen, wie sie ihre Mutter immer wieder angebettelt hat, zur Ballettschule gehen zu dürfen. Wie stolz sie war, als sie endlich die Ballettschuhe geschenkt bekam. Und wie enttäuscht, als sie nach ein paar Übungsstunden von der Mutter hören musste: ‚Es passt nicht zu dir. Du bist nicht zart genug fürs Ballett.' […]

„Kommst du, es gibt Abendessen!", bittet ihr Vater.

„In Ordnung." Frauke schließt die Tür, legt sich auf den Teppich, dreht sich und bleibt still liegen.

Das gehört mir.

Sie kriegen mich nicht. Nie im Leben.

„Möchtest du etwas Salat?"

„Ich habe in der Klinik schon zwei Becher Heringssalat gegessen!"

„Furchtbar!" Ihre Mutter ekelt sich. „Dieses Abfallzeug. Iss bitte vom frischen Salat. Der ist in der Sommerzeit besonders wichtig. Du brauchst Vitamine."

Frauke schiebt den Teller zur Seite.

„Ich habe letzte Nacht keine Minute geschlafen, Frauke. Habe mir große Sorgen um dich gemacht. Was tust du uns nur an!"

„Das ist die Pubertät. Das kommt und geht auch wieder vorbei."

„Du willst uns nur Sorgen machen", sagt Frau Wanter erschöpft, wischt sich die Lippen mit der Damastserviette ab. „Fraukeschatz", beginnt Herr Wanter ruhig, „wir müssen Klarheit gewinnen. Ich möchte nicht, dass du dich in der Schule übernimmst und dich quälst. Wenn du es nicht schaffst oder willst, musst du eben zur Hauptschule gehen und machst später eine Ausbildung. Vielleicht eignest du dich doch besser für einen praktischen Beruf." Herr Wanter wartet auf Fraukes Widerspruch und Empörung.

Frauke starrt ihn entgeistert an. […]

„Frauke, was ist? Was meinst du dazu?"

„Ich gehe morgen wieder zur Schule. Weiß gar nicht, was ihr habt."

Frau Wanter hält einen Augenblick inne, blickt dann ihren Mann an. „Früher war sie anders", sagt sie.

Frauke weiß, was ihre Mutter jetzt erzählen wird.

Dass Frauke ein pflegeleichtes Kind gewesen ist. Dass sie immer ihren Eltern gehorcht hat. Dass sie Angst gehabt hat, wenn ihre Eltern Angst hatten. Dass sie nicht fröhlich war, wenn ihre Eltern nicht fröhlich waren.

„Wir haben noch einmal Glück gehabt", sagt Herr Wanter erleichtert. „Meine Tochter wirft die Flinte nicht ins Korn, die ist zäh."

„Sie ist sensibel, kommt mehr auf mich heraus", erwidert Frau Wanter.

„Streitet euch nicht, es ist alles in Ordnung. Ich bin wieder hier und bin gesund. Und jetzt muss ich die Schultasche noch packen", sagt Frauke, gibt ihren Eltern die Hand, wünscht ihnen eine gute Nacht. Sie nimmt mehrere Treppenstufen auf einmal, mit ein paar Schritten ist sie oben in ihrem Zimmer, holt gleich die Waage unter ihrem Bett hervor, stellt sich behutsam darauf, schaut auf die Anzeigescheibe, bückt sich, um genau ablesen zu können.

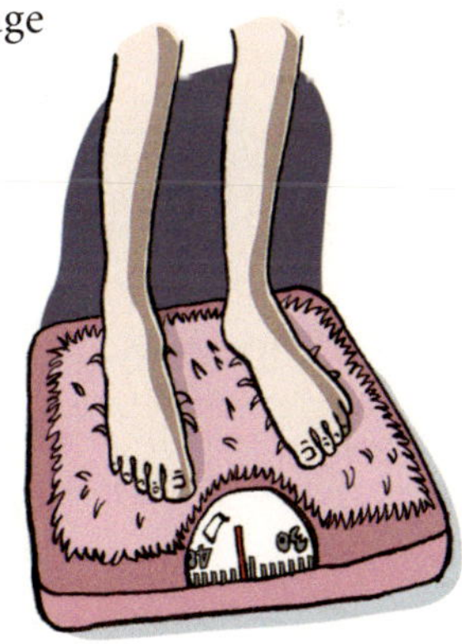

Sechsunddreißig Kilo. Damals wog sie zweiundfünfzig Kilo. Vor einem Jahr noch.

Vor einem halben Jahr noch knapp fünfzig. Wie sie damals ausgesehen hat!

Fettstirn. Pickel. Polster an den Hüften. Dicke Beine.

Sie geht ins Badezimmer, beugt sich über die Toilette, steckt den Zeigefinger zitternd in den Mund, bis das Kribbeln kommt, das Kitzeln. Jetzt muss sie nur noch etwas kräftiger drücken.

1 Bei ihrer Rückkehr nach Hause nimmt Frauke sehr bewusst einzelne Gegenstände in ihrem Zimmer wahr und knüpft an einige auch „kleinere Geschichten". Was sagen diese über Fraukes Person und ihre Beziehung zu ihren Eltern aus?

2 Untersucht das Gespräch der Familie Wanter während des Abendessens.
- Welche Themen werden angesprochen?
- Wie verhalten sich die einzelnen Personen und was sagt dies über ihre Beziehung zueinander aus?

▸▸ **Seite 205 f.**
Gespräche untersuchen
LS „Sich verständigen – Gespräche führen – Argumentieren"

3 Magersucht hat viele Ursachen. In dem Textauszug werden indirekt einige Ursachen für Fraukes Essstörung aufgezeigt. Versucht, diese zu erklären, und belegt eure Aussagen mithilfe von Textzitaten.

▸▸ **Seite 268**
Zitieren
LS „Lern- und Arbeitstechniken"

Impulse zur Weiterarbeit

- Recherchiert im Internet zu Schönheitsidealen in unterschiedlichen Epochen und Kulturen.

- Führt eine Befragung zum Thema „Schönheit" an eurer Schule durch. Bei eurer sorgfältigen Planung der Umfrage solltet ihr festlegen, welchen Umfang diese haben soll, welche Altersstufe ihr befragen möchtet und welche inhaltlichen Schwerpunkte ihr setzen wollt.

- Gestaltet einen Abend rund um das Thema „Schönheit". So wäre es möglich, Experten wie z.B. Psychologen, Ärzte, Ernährungsberater einzuladen, die etwas zu diesem Themenbereich sagen können. Führt mit ihnen eine Podiumsdiskussion durch.

- Bei den folgenden bundesweiten Einrichtungen könnt ihr euch z.B. weiter informieren:
  - *Bundeszentrale für gesundheitliche Aufklärung, Postfach 910152, 51071 Köln*
  - *Dick & Dünn. Beratung bei Essstörungen e.V. ,Innsbrucker Str. 25, 10825 Berlin*

- Lesetipps

  Romane
  - Miriam Pressler: Bitterschokolade. Weinheim/Basel: Beltz 1980.
  - Kjersti Scheen: Mondfee. Weinheim/Basel: Beltz 2003.

  Sachbücher
  - Kristin Holighaus: Zu dick? Zu dünn? Lust und Frust mit dem Essen. Weinheim/Basel: Beltz 2004.
  - Gaby Schuster. Verflixte Schönheit. Tipps für schlaue Mädchen. München: Kösel 2002.
  - Sarah Stillmann: Du bist du! Haufenweise Tipps zum Glücklichsein und Glücklichwerden. Freiburg: Bauer 2002.

Erfindungen, die Zeit und Raum verändern – Sachtexte lesen und verstehen

Die Menschen sind erfindungsreich. Sie sind neugierig, wollen alles entdecken und wissen, wollen ausprobieren. Sie erforschen die Natur und ihre Gesetze, das Leben auf der Erde, das abhängig ist von Zeit und Raum. Erfinder nutzen neue Erkenntnisse über die Natur, um neue, bisher unbekannte Lösungen für Probleme und Fragen zu bekommen.
In diesem Kapitel werden euch Erfindungen vorgestellt, die unsere Vorstellungen von Zeit und Raum nachdrücklich veränderten, ja, die Zeit und Raum überwinden helfen.

Im Einzelnen erfahrt ihr

- wie lang und mühevoll der Weg bis zur Erfindung einer ganz genauen Uhr war
- wer zur Erfindung der Eisenbahn beitrug, die damals die Reisezeit unglaublich verkürzte
- wie es zur Erfindung des Autos kam, das uns heute eine schnelle Bewegungsfreiheit gestattet
- wer uns ermöglichte, in kürzester Zeit von einem Ende der Welt zum anderen zu kommunizieren

Wie misst man die Zeit? – Die Erfindung mechanischer Uhren

Kurze Geschichte der Zeit

Wenn Carl von Linné gefragt wurde, wie spät es sei, so reichte ihm ein Blick auf das Blumenbeet vor seinem Fenster in Uppsala. Das sah aus wie eine Uhr und war 1745 von dem Botaniker reihum mit zahlreichen Kräutern bepflanzt worden. Die Blumenuhr funktionierte, weil Roter Pippau, Schuppenmiere, Mauseohr oder Wunderblume ihre Blüten im Lauf des Vormittags ziemlich pünktlich öffnen und auch nachmittags wieder schließen. Linné habe mit seiner Uhr, so sagt man, bis auf fünf Minuten genau gelegen. Jedenfalls im Sommer.

Nun lebte Linné zwar in einer Zeit, in der in den meisten Uhren ausgefeilte Räderwerke steckten. Dennoch hatte er mit seiner Blumenuhr weniger Probleme als manch anderer mit den technischen Wunderwerken. So gehörte zu den großen Herausforderungen jener Zeit der Bau einer Uhr, die so robust war und zugleich so genau ging, dass Seefahrer damit ihre Position bestimmen konnten. Denn der Längengrad, auf dem sich ein Schiff gerade befand, konnte nur berechnet werden, wenn neben dem Stand von Sonne, Mond oder Sternen auch die exakte Uhrzeit bekannt war.

Der hilflose Versuch war der Verzweiflung entsprungen. Denn immer mehr Schiffe kamen vom Kurs ab und sanken, weil die Uhren an Bord falschgingen. Erst 1759 gelang dem englischen Tischler John Harrison die Konstruktion einer Uhr, die während einer fast zwölfwöchigen Reise nach Jamaika um nur fünf Sekunden falschging – damit können auch moderne mechanische Uhren kaum mithalten.

Ihre Anfänge hatte die Zeitrechnung vor 5000 Jahren. Damals galt es nicht, eine allgemein gültige Uhrzeit, sondern den Lauf der Zeit zu bestimmen. In China etwa verwendete man Kerzen. Bei ihnen trennten Flammen in regelmäßigen Abständen die Fäden, an denen Gewichte hingen; fielen diese herab, schlugen sie auf einen Gong.

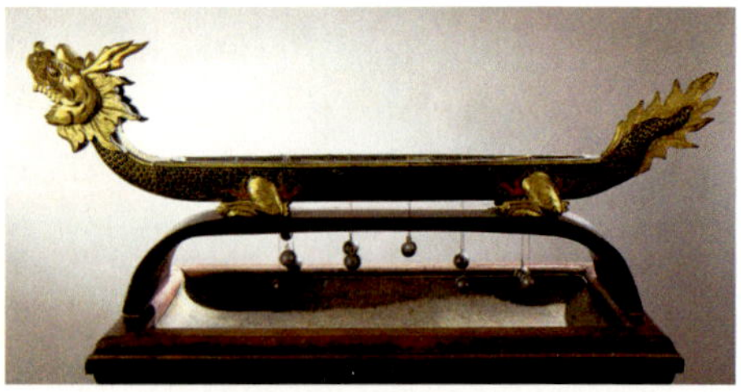

Zeitmesser aus China: Jede Stunde fällt eine Kugel scheppernd aufs Blech

[…] Nach ähnlichem Prinzip wie die einfache Wasseruhr der Sumerer funktionierte auch die Sanduhr, die aber erst im 14. Jahrhundert erfunden wurde, als man bereits mit Glas gut umgehen konnte. Rund fünfhundert Jahre lang war sie für Seefahrer einziges Instrument der Zeitmessung. Und ein ziemlich ungenaues: So musste Christoph Kolumbus sein Sandglas, die *ampoletta*, auf seiner Reise nach Amerika im Jahr 1492 jede Nacht mithilfe der Sterne neu stellen. Er nutzte die Uhr allerdings nicht zum Navigieren – er hatte ja ohnehin nur das vage Ziel vor Augen, den westlichen Seeweg nach Indien zu finden. Und dazu verließ er sich allein auf Karten, Kompass und sein Gefühl.

Mit seinen *ampolettas* teilte er die Zeit der Wachen ein. Bis heute ertönt auf Schiffen alle halbe Stunde der Glasenschlag, der einst vom Rieseln des Sands im Zeitglas bestimmt wurde.

Die Einteilung des Tags in zweimal zwölf Stunden wurde in Mesopotamien ersonnen, wo man erstmals verstand, den Schatten der Sonne als Maß für die Zeit zu nutzen. Hier und etwa zeitgleich auch in Ägypten und China erfand man im 3. Jahrtausend v. Chr., was die Griechen später Gnomon (griechisch/lateinisch: Schattenstab) nannten: einen senkrecht in den Boden gesteckten Stab, dessen wandernder Schatten die Tageszeit anzeigte. Womöglich waren auch die ägyptischen Obelisken nichts anderes als monumentale Zeitmesser. Später versah man den Schattenstab mit einem Loch in der Spitze, sodass zusätzlich die Sonnenhöhe bestimmt werden konnte.

Die größte Sonnenuhr der Welt in Gosport, Hampshire

Mithilfe der Schattenlänge konnten schließlich auch die Sonnenwenden bestimmt werden – die ersten Uhren mit Datumsanzeige also. Die Sonnenuhr war jahrtausendelang jeder Konkurrenz überlegen. Bis ins 18. Jahrhundert nahm man klappbare Taschenmodelle mit auf Reisen. Da blickten die Handwerker mechanischer Uhren bereits auf eine lange Geschichte zurück. Schließlich tuftelten schon im 9. Jahrhundert die Erfinder an den ersten mechanischen Zeitmessern.

Doch der Durchbruch kam erst, als es gelang, die stete Antriebskraft eines Gewichts in zählbare Takte zu gliedern. [...] Um 1400 zeigten vielerorts mächtige Turmuhren die Zeit an – wenn auch recht ungenau, denn es gab häufig nur einen Stundenzeiger.

Hundert Jahre später waren die Uhren dann so klein, dass sie auf den Kaminsims passten und im 16. Jahrhundert sogar in die Rocktasche. Denn 1510 hatte der Nürnberger Schlossermeister Peter Henlein (1480–1542) eine Uhr konstruiert, deren Werk von einer winzigen Feder angetrieben wurde – und die, einmal aufgezogen, fast zwei Tage lief.

Heute sind auch die mechanischen Wunderwerke en miniature beinahe aus der Mode. Seit den 1970er-Jahren werden sie von der Quarzuhr verdrängt. Und wer heute zeitgemäß sein will, trägt eine Armbanduhr, die die Zeit gar nicht mehr selbst misst. Sie empfängt Funksignale der Atomuhr in Braunschweig und ist so genau, dass sie in dreißig Millionen Jahren höchstens um eine Sekunde abweicht.

1. Listet in einem Zeitstrahl die verschiedenen Möglichkeiten der Zeitmessung auf, die im Laufe der Geschichte bis heute erfunden wurden.
2. Zeichnet eine Möglichkeit der Zeitmessung auf und erläutert sie.
3. Beschreibt, wann und wo es heute auf eine möglichst genaue Bestimmung der Zeit ankommt. Wie bestimmt die Uhr unseren Tagesablauf?

▶▶ **Seite 232**
Ein Schaubild anfertigen
LS „Umgang mit Sachtexten"

Umgang mit Texten/Medien

Schreiben

Städte rücken zusammen – Die Eisenbahn verkürzt die Reisezeit

„Den linken Arm trage ich in einer Binde, und ich wäre glücklich, wenn ich den Kopf auch in einer tragen könnte, so zerschlagen ist er mir." Diese Reiseeindrücke verdanken wir dem deutschen Dichter Christian Fürchtegott Gellert (1715–1769). Er war mit einer Postkutsche unterwegs gewesen. [...] Nur 6 bis 8 Kilometer legte sie in einer Stunde zurück.

Die Eisenbahn

Einen einzigen Erfinder der Eisenbahn gibt es nicht, denn zu ihrer Entwicklung trugen viele Menschen bei. [...]

Die erste Dampflokomotive baute der Bergwerksingenieur Richard Trevithick in Großbritannien. Der Anlass war eine Wette zwischen zwei Eisenwerksbesitzern. Einem von ihnen, Samuel Homfray, gehörte das Eisenwerk Pn-y-darran und eine Bahn mit eisernen Schienen, die das Werk mit einem 15 Kilometer entfernten Kanal verband. Homfray wettete mit einem anderen Eisenwerksbesitzer, dass es Trevithick gelingen würde, ein schienentaugliches Dampffahrzeug zu bauen. Es sollte so konstruiert sein, dass es die Zugpferde ersetzen und Wagen mit zehn Tonnen Eisen zum Kanal ziehen konnte.

Trevithick kannte sich gut mit Dampfmaschinen aus. Er kam auf die Idee, für die Eisenbahn eine Dampfmaschine auf Räder zu montieren. Die Kraft der Maschine nutzte er für den Antrieb der Räder. Nach viel Tüftelei konnte im Februar 1804 die Wette eingelöst werden. In vier Stunden und fünf Minuten zog die Lok fünf Wagen mit zehn Tonnen Eisen und einigen Grubenarbeitern zum Kanal. Sie erreichte eine Geschwindigkeit von 8 km/h. Die Presse feierte die erste Reise mit einer Dampflokomotive und die Wette war gewonnen. Danach hatte Trevithick weniger Glück. Obwohl er seine Lok weiter verbesserte, fand er keine Käufer. 1808 versuchte er es noch einmal in London. Auf einer eingezäunten runden Eisenbahn konnte das Publikum gegen Bezahlung die neue Dampflok „Catch me who can" – „Fang mich wer kann" – bestaunen und in einem Wagen mitfahren. Doch das Interesse blieb gering. Außerdem gab es noch keine stabilen Eisenschienen, die auf Dauer das Gewicht der Lokomotive aushielten. Nach einem Schienenbruch gab der Erfinder der Dampflokomotive auf.

Eine Dampflokomotive ist nichts anderes als ein Kraftwerk auf Rädern. Um zu fahren, nutzt sie die Kraft des Wasserdampfes – dieselbe Kraft, die auch den Deckel eines Kochtopfes hochheben kann. Die wichtigsten Teile einer Lok sind der Dampfkessel mit eingebauter Feuerbüchse, die Dampfmaschine und das Fahrgestell mit den Rädern.

[…] Im Jahr 1825 baute der englische Erfinder George Stephenson im Auftrag verschiedener Bergwerksunternehmer eine Eisenbahn zwischen der Bergwerkstadt Darlington und der Hafenstadt Stockton. Diese Bahn war etwas Besonderes. Zum ersten Mal auf der Welt diente eine Eisenbahn mit Dampflokomotive nicht nur als private Werkbahn, sondern jeder konnte sie benutzen.

Die 1829 von George Stephenson konstruierte Lokomotive „Rocket", die zum Vorbild für alle späteren Dampflokomotiven wurde.

Am 27. September 1825 fand die Einweihung der Strecke statt. In Stockton läuteten die Kirchenglocken, und Kanonenschüsse krachten. Tausende Zuschauer brachen in Jubel aus, als der von der „Locomotion Nr. 1" gezogene Zug mit Fahrgästen und Gütern aus Darlington eintraf. Von diesem Tag an fuhren regelmäßig von Dampflokomotiven gezogene Güterzüge der Stockton & Darlington Eisenbahngesellschaft zwischen den beiden Städten. Wer mit eigenen Fahrzeugen auf der Bahn fahren wollte, musste sich bei der Eisenbahngesellschaft extra dafür anmelden. Den Personentransport besorgten zunächst private, von Pferden gezogene Eisenbahnkutschen. Seit 1833 lösten Züge mit Dampflokomotiven die Pferdekutschen langsam ab, die letzte fuhr 1856 auf dieser Strecke.

1830 wurde in England eine neue Eisenbahnverbindung eingeweiht. Die 50 Kilometer lange zweigleisige Strecke war in vierjähriger Bauzeit unter der Leitung von George Stephenson entstanden und verlief zwischen der Hafenstadt Liverpool und der Industriestadt Manchester. Noch nie zuvor hatte es eine Eisenbahn wie diese gegeben.

Erstmalig wurden Dämme aufgeschüttet, Berge durchschnitten, Versorgungsstationen für Lokomotiven eingerichtet, Brücken, Tunnel und Bahnhöfe gebaut. Auf der Strecke durften nur noch Züge mit Dampflokomotiven fahren. Es gab verschiedene Wagen für Menschen, Tiere, Güter und den Transport von Kutschen. Jeder, der wollte, konnte nun mit der für damalige Zeiten unglaublichen Geschwindigkeit von 50 Kilometern pro Stunde zwischen Liverpool und Manchester hin- und herfahren. Die Züge waren schneller und billiger als Pferdekutschen oder Kanalschiffe. Deren Besitzern gefiel diese Konkurrenz natürlich gar nicht.

1 Gliedert den Text und verseht jeden Abschnitt in eurem Heft mit einer Überschrift.

2 Erstellt einen Lexikoneintrag zu jedem der Erfinder der Eisenbahn.

3 Durch die Erfindung der Eisenbahn entstanden für die Menschen im 19. Jahrhundert neue Möglichkeiten, Zeit und Raum zu überwinden. Erläutert dies.

4 Versetzt euch in eine Person im Jahre 1830, die zum ersten Mal Eisenbahn fährt. Ist sie begeistert, verängstigt …? Schreibt einen Brief an einen Freund, indem ihr von euren Eindrücken berichtet.

Seite 230 f.
Sich einen Sachtext erschließen
LS „Umgang mit Sachtexten"

Fahren, wohin man will – Die Erfindung des Autos

Pferdewagen sind überholt

1894: Sensationelle Rekordfahrt mit dem Automobil gelingt

Tausende Menschen stehen jubelnd am Straßenrand und winken dem deutschen Automobilpionier Freiherr von Liebieg zu, der vom Steuer seines Fahrzeuges aus ihr Winken siegessicher erwidert. Die letzten Kilometer bis nach Reims werden zu einer Triumphfahrt. Es ist schier unglaublich. Rund 2500 Kilometer hat er zurückgelegt, nur noch wenige Meter sind es jetzt bis zum Ziel seiner Rekordfahrt. Gestartet ist er mit seinem von Carl Benz gebauten Automobil namens Viktoria im böhmischen Reichenberg und demonstriert mit dieser Fahrt eindrucksvoll die enorme Leistungsfähigkeit der neuen motorisierten Fahrzeuge.

Pferde scheuen, Hunde kläffen und Menschen springen beim Anblick des Automobils entsetzt zur Seite oder reagieren mit Spott. „Soll das die Zukunft sein? Ein knatternder Motor und schreckliche Abgase?“, fragen diese Kritiker.

Wie wird das Auto erfunden?

Bertha Benz beim Tankstopp (1888)

Kaum ist die Dampfmaschine dank James Watt ausgereift, tauchen auch schon die ersten Ideen auf, Fahrzeuge mit Dampfkraft anzutreiben. Bereits im 18. Jahrhundert baut der Franzose Nicholas Joseph Cugnot den ersten funktionsfähigen Dampfwagen, der Kanonen in die Schlacht ziehen soll. Auch sein englischer Kollege Richard Trevithick, der Erfinder der Eisenbahn, baut einen dampfgetriebenen Wagen. Bald folgen Dampfomnibusse, die bis zu 18 Passagiere aufnehmen können und mit 15 km/h durch die Straßen Londons fahren. Sogar richtige Buslinien werden eingerichtet. Doch auf Dauer bewähren sich diese Ungeheuer nicht, vor allem weil die Dampfmaschine zu groß und zu schwer ist. Einen leichteren Antrieb bietet dagegen der Motor, den der deutsche Maschinenbauer Nikolaus Otto im Jahr 1876 vorstellt. Im Vergleich zu den Dampfmaschinen ist der Ottomotor klein und leise. Die Konstrukteure Gottlieb Daimler und Wilhelm Maybach setzen diesen neuen „Ottomotor“ als Antrieb für Kutschen und Fahrräder ein. Unabhängig von Daimler und Maybach konstruiert auch der aus Karlsruhe stammende Ingenieur Carl Benz einen eigenen Motor und baut ihn in ein dreirädriges Fahrzeug ein, das er „Patent-Motorwagen“ nennt. Zwar machen sich manche Zeitungen über diesen „Wagen ohne Pferde“ lustig, doch ist diese Erfindung des Jahres 1885 das erste richtige Auto mit Benzinmotor. Um mehr Aufmerksamkeit für das neuartige Fahrzeug zu erzielen, setzt sich Bertha Benz, die Frau des Erfinders, ans Steuer und fährt die 106 Kilometer von Mannheim nach Pforzheim. Da es noch keine Tankstellen gibt, muss sie das Benzin in der Apotheke kaufen.

Mit seiner sensationellen Fernfahrt von Reichenberg nach Reims sorgt schließlich Freiherr von Liebieg für eine Weltsensation. Zunächst setzt sich das Automobil in Frankreich besonders gut durch. Das Eisenbahnnetz in Deutschland ist sehr gut ausgebaut und der Bedarf an Mobilität damit zunächst abgedeckt. In Frankreich dagegen verlaufen alle Bahnlinien auf Paris zu, es fehlen Querverbindungen. Dafür sind jedoch die Straßen gut ausgebaut und ideal zum Autofahren. Die noch junge Automobilindustrie nutzt auch Rennen, um für ihre Autos zu werben. 1891 lässt Peugeot beim Radrennen Paris – Brest einen Wagen mit Benzinmotor mitfahren. Der kann zwar nicht mit den schnellsten Radfahrern mithalten, erregt aber umso mehr Aufsehen beim Publikum. Allein um Geschwindigkeit geht es 1895 beim Rennen von Paris nach Bordeaux und zurück. Knapp 1200 Kilometer müssen in 100 Stunden zurückgelegt werden. Die Fahrzeuge mit Benzinmotoren haben starke Konkurrenten, nämlich die Dampfwagen. Die müssen zwar vorgeheizt werden, bringen jedoch eine höhere Leistung. So erreicht 1906 ein Stanley-Steamer eine Geschwindigkeit von 205 Kilometern in der Stunde. Dieser Weltrekord zeigt, warum es Autos mit Ottomotor so schwer haben, sich auf dem Markt durchzusetzen.

Bleiben die Dampfwagen trotzdem auf der Strecke?

Das Automobil hat in seiner Anfangszeit bei einem Großteil der Bevölkerung einen eher schlechten Ruf: Die Raserei bei den Sportrennen, spektakuläre Unfälle mit Toten, vor allem aber Lärm und Gestank lassen zunächst wenig Begeisterung aufkommen. Im Lauf der Zeit werden für die meisten die Nachteile durch das Maß an neuer Bewegungsfreiheit aufgewogen, die das Auto verspricht. Außerdem können mit dem Auto viele Verkehrsprobleme gelöst werden, da Großstädte wie London oder New York um 1900 im Pferdemist zu ersticken drohen. Denn für die gesamte Versorgung von Millionen von Bürgern stehen in den Städten nur Pferdewagen zur Verfügung, bis das Auto diese Aufgabe übernimmt.

Besonders in Amerika wird das Auto rasch zu einem großen Erfolg. Hier sorgt der Unternehmer Henry Ford Anfang des 20. Jahrhunderts durch Fließbandmontage dafür, dass das Auto in großer Stückzahl zu günstigen Preisen produziert wird. Sein berühmtes »Modell T« wird in 19 Jahren insgesamt 15 Millionen Mal gebaut. Viele Farmer kaufen das robuste Auto, das sich auf holprigen Wegen gut einsetzen lässt.

Das Auto als Fortbewegungs- und Transportmittel ist aus dem Leben der Bewohner der Industriestaaten heute nicht mehr wegzudenken. Es schafft ihnen einerseits große Bewegungsfreiheit, andererseits macht es sie aber auch abhängig von einer kostbaren Ressource[1] unserer Erde: dem Erdöl.

[1] *Ressource: Rohstoffquelle*

1 Welche Rolle spielte Freiherr von Liebieg in der Geschichte des Autos?

2 Vergleicht die Eisenbahn mit dem Auto. Welche Vorteile und Nachteile hat das jeweilige Verkehrsmittel?

3 Verändert das Auto die Überwindung von Zeit und Raum in anderer Weise als die Eisenbahn? Versetzt euch in Personen um 1900 und diskutiert.

▸▸ **Seite 177 f.** Leseaufträge prüfen LS „Lesestrategien, Lesetechniken“

Moderne Kommunikation weltweit und sekundenschnell – Telefon, Handy, Internet

Gerd Binnig[1]

Wie geht das mit dem Telefon?

[1] *Gerd Binnig: Nobelpreisträger für Physik*

Alexander Graham Bell und Thomas Watson

Als ich ein Kind war, gab es noch keine Handys. Und weil uns die Eltern so gut wie nie an ihren Apparat ließen – sie sagten immer: „Das Telefon ist nur für Notfälle" –, bastelten wir uns einen eigenen. Wir nahmen zwei leere Konservendosen, verbanden sie mit einer langen, straff gespannten Schnur und fertig war das Telefon. Selbst leise Wörter, in die Dose gesprochen, waren im Zimmer nebenan gut zu verstehen, wenn man die Schnur schön straff hielt und das Ohr in die Öffnung der anderen Dose drückte. Wir waren begeistert: Es funktionierte!

Ganz ähnlich aufgeregt müssen Alexander Graham Bell und sein Kollege Thomas Watson gewesen sein, als sie von zwei verschiedenen Zimmern aus miteinander sprechen konnten – über das von ihnen erfundene Telefon. Das war 1876, also zur Zeit, als deine Ur-Ur-Ur-Großeltern lebten! Bell hatte jahrelang experimentiert, bis es ihm gelang, einen „sprechenden Telegrafen" zu bauen, wie er das nannte. Telegrafieren – also fernschreiben, wie das griechische Wort auf Deutsch übersetzt heißt – konnte man damals schon. So perfekt wie ein modernes Faxgerät war das allerdings noch nicht. Ein Draht führte zu einem Gerät mit einer Scheibe, auf der Buchstaben standen. Wenn man einen Schalter umlegte, floss Strom durch den Draht. Je nachdem, wie viel das war, zeigte eine Nadel unterschiedliche Buchstaben auf der Scheibe an, die man aufschreiben und zu Wörtern zusammensetzen konnte. Das war noch ziemlich umständlich.

Schneller ging das Morsen, das so heißt, weil es der Amerikaner Samuel Morse erfunden hat. Er schickte nicht Dutzende verschiedener Signale über die Leitung, sondern nur zwei: kurze und lange. Je nachdem, in welcher Reihenfolge sie kamen, standen sie für unterschiedliche Buchstaben und Worte. Das berühmteste Zeichen ist SOS, der internationale Hilferuf der Seefahrer: dreimal kurz, dreimal lang, dreimal kurz. Das Morse-Verfahren wird heute kaum mehr angewendet, aber das SOS-Signal kennst du vielleicht: Manche Witzbolde haben ihre Handys darauf programmiert: Statt Klingeln ertönt dann SOS: „Düt, düt, düt-düüt, düüt, düüt-düt, düt, düt".

Alexander Bell genügten die Morsezeichen aber nicht: Er wollte richtige, gesprochene Unterhaltungen übertragen. Als Lehrer für schwer hörbehinderte Kinder wusste er, dass Wörter und Sätze durch Schwingungen des Stimmbands und unserer Atemluft entstehen: Wenn er einem Schüler ein Wort beibringen wollte, führte er die Hand des tauben Kindes an seinen Kehlkopf, damit es die unterschiedlichen Töne fühlen und nachahmen konnte. Die Schwingungen der Stimme breiten sich automatisch in der Luft aus, in alle Richtungen auf einmal – wie die Wellenkreise, wenn du einen Stein ins Wasser wirfst. Verschieden hohe Töne machen unterschiedlich große Wellen. Um die

Töne gezielt von einem Ort zum anderen zu schicken, musste Bell einen Weg finden, die Wellen nur in eine bestimmte Richtung zu lenken, dorthin, wo der Mensch war, mit dem er sprechen wollte. Beim Konservendosen-Telefon, von dem ich vorhin erzählt habe, reicht dazu eine Schnur: Wenn man in die Blechdose hineinspricht, bringen die Töne die Schnur zum Schwingen und diese Wellen laufen bis zur anderen Dose. Aber von München bis Hamburg könnten wir beide auf diese Weise nicht telefonieren: Über weite Entfernungen verlieren die Wellen nämlich an Kraft und lösen sich irgendwann auf. Der Grund dafür liegt darin, dass so eine Schnur aus einem schlappen Material besteht und auch die Luft drumherum die Schwingungen dämpft.

Also versuchte es Bell wie beim Morsen, mit Elektrizität. Denn auch elektrischer Strom kann wellenförmig dahinfließen, allerdings viel schneller als die Welle auf der Schnur. In einem elektrischen Draht befinden sich unzählige winzige Teilchen, die unglaublich beweglich sind: die so genannten Elektronen. Wenn man an einem Ende des Drahtes einige von ihnen anstößt, dann geben sie diesen Stoß blitzschnell an ihre Nachbarn weiter. Diese geben den Stoß ebenfalls weiter und so fort. Das ist wie in einem überfüllten Zug, in dem einer an einem Ende jemanden anrempelt, der droht umzufallen, rempelt daraufhin seinen Nachbarn an und so weiter. Elektronen machen das aber, ohne sich zu berühren. Sie mögen sich nämlich nicht besonders und gehen sich deshalb aus dem Weg. Dass sich überhaupt so viele von ihnen in einem Draht aufhalten, liegt an den vielen Protonen, die auch anwesend sind. Protonen sitzen im Kern der Atome, aus denen der Draht besteht, und Elektronen lieben Protonen. Wenn nun einem Elektron ein anderes zu nahe kommt, weicht es sofort aus. Es merkt das, weil Elektronen witzigerweise ebenfalls miteinander „telefonieren", und zwar ständig. Sie telefonieren aber drahtlos, indem sie sich Lichtblitze (Photonen) zuschicken. Im Prinzip könnte man sagen, weil Elektronen miteinander telefonieren, können wir es auch. Sie geben die Informationen entlang des Drahtes weiter. Ich denke aber, sie verstehen nicht, was sie da weitergeben.

Weil Elektronen so extrem leicht sind und somit sehr schnell reagieren können und sie außerdem mit Lichtsignalen kommunizieren, können sich die Stoßwellen praktisch mit Lichtgeschwindigkeit ausbreiten. Zum Glück geht das so schnell, sonst könnten wir nämlich gar nicht mit jemandem in Amerika telefonieren. Stell dir vor, wir müssten das mit der Schnur machen. Dann würde ein Wort – wenn es überhaupt ankäme – im besten Fall etwa eine Stunde brauchen, bis es dort ist. Das wäre ein langweiliges Gespräch, bei dem man über Stunden auf eine Antwort warten müsste.

Aber zurück zu Bell: Lange bastelte er an seinen Apparaten herum, doch es kamen nur krächzende und pfeifende Töne heraus. Die Schwierigkeit bestand darin, die Schwingungen der Stimme in Stoßwellen der Elektronen zu verwandeln. Der ersehnte Durchbruch wurde schließlich nur zufällig bemerkt: Bells Assistent Watson hatte im

Labor nebenan eine ätzende Flüssigkeit verschüttet und rief aufgeregt: „Mr. Bell! Kommen Sie schnell!“ Sekunden später ging die Tür auf und Bell kam hereingestürzt – er hatte seinen Partner gehört, aber nicht durch die Wand hindurch, sondern über den Versuchsapparat, der beide Zimmer miteinander verband.

Arbeiten an einem Telefonkabel

Die lange Bastelarbeit hatte sich gelohnt: Das Schwingungsmuster von Watsons Hilferuf war über den elektrischen Draht zu Bells Gerät transportiert worden. Um das Durcheinander elektrischer Wellen, das zuvor nur ein Fiepen und Kreischen erzeugte, verständlich zu machen, hatte Bell seine Erfindung verbessert: Er spannte eine feine Haut – man nennt das Membran – über das eine Ende der Sprechmuschel. […] Diese Haut fing die Wellen von Bells Tönen auf und leitete sie an eine Spule weiter, die sie in elektrischen Strom verwandelte. […]

Im folgenden Jahr schon, das war 1877, gründete Bell eine Telefongesellschaft, um die neue Erfindung im ganzen Land zu verbreiten. Überall wurden Leitungen verlegt, über die Gespräche von einem Ort zum anderen liefen, bald quer durch die USA oder durch Europa. Später wurden riesige Kabel im Meer versenkt, die Verbindungen auch zwischen den Kontinenten herstellten.

Heute telefonieren immer mehr Menschen mit einem schnurlosen Telefon, dem Handy. Es benötigt keinen Draht mehr, weil es ungefähr so funktioniert wie das Radio: Die Schwingungen der Töne werden von Sendemasten aus in alle Windrichtungen durch die Luft gefunkt. Rundfunksendungen können alle hören, die ein Radio haben. Der Handy-Anruf dagegen ist nur an einen einzigen Empfänger gerichtet. Damit nicht auch andere Menschen mithören können, kann das Gespräch nur von dem Gerät mit der richtigen Telefonnummer entschlüsselt werden. Dein Handy steht nämlich, wenn es eingeschaltet ist, in Verbindung mit einer Sendestation (einem Antennenmast) in deiner Nähe. Diese Station weiß immer, wo du bist, auch wenn du nicht telefonierst, weil dein Handy ständig Signale funkt. Die kannst du allerdings nicht hören. Wenn jetzt jemand deine Telefonnummer wählt, schickt die Zentrale (der Mobilfunkbetreiber) eine Meldung an alle Sendestationen, aber es reagiert nur die, die in deiner Umgebung ist. Dann leitet sie das Gespräch weiter. Und so wird aus dem Wellensalat in der Luft eine ganz persönliche Botschaft – nur für dich. Zum Beispiel die Lösung der Mathematikaufgabe, die dir dein Freund aus der ersten Reihe nach hinten in die letzte funkt.

So wie nicht viele Leute durcheinanderreden können, weil sonst keiner mehr etwas versteht, so wie nicht unbegrenzt viele Sendestationen senden können, weil sie sich sonst gegenseitig stören, ist auch der Raum für Telefongespräche in der Luft beschränkt. Um Platz zu sparen, senden die Millionen Handys, die es gibt, die Gespräche nicht einfach in Wellen aus wie ein Radiosender: Die würden sich schnell in die Quere kommen und unverständliche Töne produzieren. Stattdessen zerlegen Handys die Sprache in einen digitalen Code. Das funktioniert ähnlich wie das Morsen: Wörter werden in Zeichen zerlegt – nur sind es beim Handy statt kurzer oder langer Töne die

Ziffern 0 und 1 – genau wie beim Computer. Millionen von ganz dicht hintereinandergepackten Nullen und Einsen werden dann paketweise in kurzen Abständen vom Sendemast oder einem Satelliten abgestrahlt: Man nennt das Pulsen. Winzige Computerchips in den Handys ver- und entschlüsseln die ausgehenden und eingehenden Zahlenpakete, machen Töne zu elektronischen Sendesignalen oder umgekehrt. [...]

Viele Menschen nehmen gar kein Telefon mehr, wenn sie jemanden erreichen wollen, sondern setzen sich an ihren Computer. Der muss über eine Telefonleitung mit dem Internet verbunden sein, einem riesigen, weltweiten Netzwerk, in dem vielleicht 200 Millionen Computer auf der ganzen Welt zusammenhängen. Wenn du einen Internet-Anschluss zu Hause oder in der Schule hast, kannst du damit ganz schnell Briefe nach Japan oder nach Alaska schicken. Man nennt das E-Mail – die englische Abkürzung für Electronic Mail, elektronische Post. Manche Computer können in Zukunft Funksignale senden und empfangen und durch die Luft miteinander verbunden sein – wie heute schon das Handy deines Schulfreundes mit deinem. Drähte wird es aber möglicherweise trotzdem geben, weil sie so wahnsinnig viele Informationen transportieren können. Vielleicht werden es aber schon bald kaum noch elektrische, sondern hauptsächlich „Lichtdrähte", die so genannten Glasfasern sein. Dann telefonieren wir miteinander so ähnlich wie die Elektronen, nämlich mit Licht. Allerdings nicht drahtlos, wie die Elektronen das können.

Viel praktischer wäre es natürlich, wenn wir gar keine Apparate mehr bräuchten, sondern einfach Gedanken lesen könnten. Du glaubst, das geht nicht? O.K., schwierig ist es schon, aber ganz unmöglich ist es vielleicht nicht. Schon heute arbeiten wir an winzigen Minicomputern, mit völlig neuartigen Chips. Chips, das sind die winzigen Schalttafeln, die Computer heute brauchen, um zu rechnen. Stattdessen werden die neuen, irrwitzig winzigen Denkmaschinen möglicherweise mit den allerkleinsten Bausteinen unseres Körpers arbeiten, den Atomen. Aus denen können wir vielleicht Apparate konstruieren, die noch viel schneller arbeiten als die schnellsten Computer von heute – und die dennoch so winzig sind, dass wir sie direkt in unseren Körper, vielleicht sogar ins Gehirn, einbauen können. Dort müssen sie dann unsere Gedanken spüren, in elektronische Signale übersetzen und an den Empfänger senden. Oder wäre es dir doch lieber, wenn keiner deine Gedanken kennt?

1 Welche der Aussagen kommen im Text vor? Übertragt die richtigen Antworten in euer Heft.

- ☐ Das Morsen wurde von Alexander Graham Bell 1876 erfunden.
- ☐ In einem elektrischen Draht befinden sich unzählige winzige Teilchen, so genannte Elektronen.
- ☐ Die erste Telefongesellschaft wurde Ende des 19. Jahrhunderts gegründet.
- ☐ Der Raum für Telefongespräche in der Luft ist unbeschränkt.
- ☐ In Zukunft wird es trotz Funksignalen möglicherweise auch noch Drähte geben.

2 Stellt euch die Welt ohne Telefon, Handy und Internet vor: Was wäre anders?

Impulse zur Weiterarbeit

- Erstellt ein Lexikon der Erfindungen. Weitere Erfindungen sind z. B. das Flugzeug, die Glühbirne, die Rakete, das Fahrrad …

- Ihr könnt einzelne Erfindungen nachbauen, z.B. eine Sand-, Wasser- oder Kerzenuhr, oder auch ein einfaches Telefon aus Joghurtbechern, vielleicht sogar eine Art Dampflok.

- Informiert euch über den Wettbewerb „Jugend forscht".
  - Erstellt ein Plakat der interessantesten, witzigsten oder nützlichsten Erfindungen der jugendlichen Forscher. Vielleicht gab es auch mal Teilnehmer von eurer Schule.
  - Überlegt euch, mit welchem Thema ihr eventuell selber mitmachen könnt.

- Versetzt euch in eine Person, die zur Zeit einer Erfindung lebte. Schreibt einen Tagebucheintrag dieser Person, wie sie zum ersten Mal eine Taschenuhr aus der Nähe sieht, eine Bahnfahrt erlebt, ein Auto sieht, in eine durch Glühbirnen beleuchtete Großstadt kommt, telefonieren darf…

- Versucht doch einmal, eine Woche ohne eine der hier vorgestellten Erfindungen auszukommen. Wie lebt es sich ohne Handy und Telefon, ohne Auto, Bus und Straßenbahn, ohne Armbanduhr?

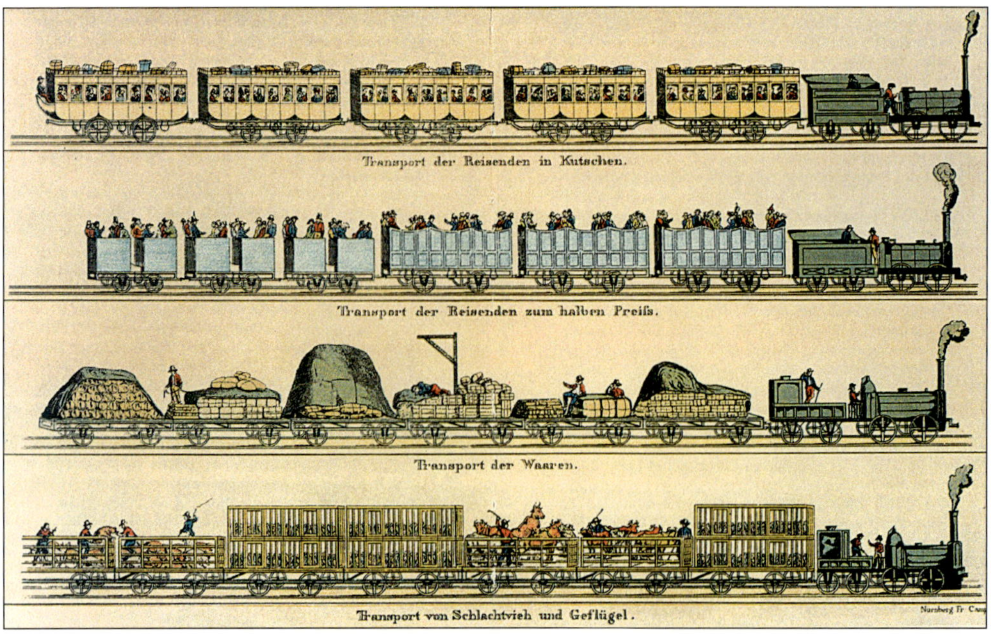

Eisenbahnlinie Manchester – Liverpool, eröffnet am 15. September 1830:
Personen-, Waren- und Viehtransport mit der Lokomotive von George Stephenson

Kuriose Begebenheiten – Novellen und Kalendergeschichten entdecken

In diesem Kapitel lernt ihr eine Novelle in Auszügen und verschiedene Kalendergeschichten kennen. Kalendergeschichten entstanden im 16. Jahrhundert im Zusammenhang mit der Weiterentwicklung des Buchdrucks. Sie wurden für Kalender geschrieben, die häufig das einzige gedruckte Buch neben der Bibel im Haushalt waren.
In dem Begriff „Novelle“ steckt das Wort novus – neu; gemeint ist damit, dass eine neue Begebenheit erzählt wird, also ein Ereignis, das nicht vorhersehbar war. Die Novelle entstand im 14. Jahrhundert.

Im Einzelnen erfahrt ihr

- wie ein grüner Jägersmann in der Novelle „Die schwarze Spinne“ Schrecken verbreiten kann
- etwas über eine tragische Liebesgeschichte
- dass Kalendergeschichten oft Lebensweisheiten enthalten
- dass Anekdoten auch immer wieder aktuell sein können

Die schwarze Spinne – Eine ungewöhnliche Begegnung

Jeremias Gotthelf

Die schwarze Spinne

In der 1842 entstandenen Novelle „Die schwarze Spinne“ verknüpft Gotthelf zwei Handlungen miteinander: Bei einer Kindstaufe in einem wohlhabenden Bauernhaus fällt den Gästen ein schwarzer Fensterpfosten auf. Nach mehrmaligem Ausweichen erzählt der Großvater des Täuflings die Geschichte der schwarzen Spinne. Sie soll sich immer noch in diesem Fensterpfosten befinden. Gotthelf lässt den Großvater die sagenhaften Geschehnisse, die sich im 13. Jahrhundert im Schweizer Emmental ereignet und zu der Gefangennahme der schwarzen Spinne geführt haben, erzählen. Zur damaligen Zeit herrschten im Tal schreckliche Ritter, die die Bauern unterdrückten. Der schlimmste von ihnen war Hans von Stoffeln, der zuerst von den Bauern den Bau eines neuen Schlosses erzwang und anschließend von ihnen einen Schattengang von hundert ausgewachsenen Buchen innerhalb eines Monats verlangte. Die Bauern waren verzweifelt, da sie nicht wussten, wie sie dieser Forderung nachkommen sollten. Als der Teufel in der Gestalt eines dürren, grünen Jägersmannes mit schwarzem Gesicht und rotem Bärtchen ihnen Hilfe anbot, wenn sie ihm ein ungetauftes Kind überließen, flohen sie vor ihm.

Jeremias Gotthelf (1797–1854)

Jeremias Gotthelf hieß ursprünglich Albert Bitzius und war Pfarrer in der Schweiz, im Kanton Bern. Seine Schriftstellertätigkeit übte er neben seinem Beruf aus. Er schrieb zahlreiche Erzählungen, Novellen und Anekdoten.

Nur Christine, die Lindauerin, konnte nicht fliehen; sie erfuhr es, wie man den Teufel leibhaftig kriegt, wenn man ihn an die Wand male. Sie blieb stehen wie gebannt, musste schauen die rote Feder am Barett[1] und wie das rote Bärtchen lustig auf- und niederging im schwarzen Gesichte. Gellend lachte der Grüne den Männern nach, aber gegen Christine machte er ein zärtlich Gesicht und fasste mit höflicher Gebärde[2] ihre Hand. Christine wollte sie wegziehen, aber sie entrann dem Grünen nicht mehr; es war ihr, als zische Fleisch zwischen glühenden Zangen. Und schöne Worte begann er zu reden, und zu den Worten zwitzerte[3] lüstern[4] sein rot Bärtchen auf und ab. So ein schön Weibchen habe er lange nicht gesehen, sagte er, das Herz lache ihm im Leibe; zudem habe er sie gerne mutig, und gerade die seien ihm die liebsten, welche stehenbleiben dürften, wenn die Männer davonliefen.

Wie er so redete, kam Christinen der Grüne immer weniger schreckhaft vor. Mit dem sei doch noch zu reden, dachte sie, und sie wüsste nicht, warum davonlaufen, sie hätte schon viel Wüstere gesehen. Der Gedanke kam ihr immer mehr: mit dem ließe sich etwas machen, und wenn man recht mit ihm zu reden wüsste, so täte er

[1] Barett: Hut

[2] Gebärde: Körperbewegung, die etwas ausdrücken soll

[3] zwitzerte: sprang

[4] lüstern: gierig

einem wohl einen Gefallen, oder am Ende könnte man ihn übertölpeln wie die andern Männer auch. Er wüsste gar nicht, fuhr der Grüne fort, warum man sich so vor ihm scheue; er meine es doch so gut mit allen Menschen, und wenn man so grob gegen ihn sei, so müsse man sich nicht wundern, wenn er den Leuten nicht immer täte, was ihnen am liebsten wäre. Da fasste Christine ein Herz und antwortete: Er erschrecke aber die Leute auch, dass es schrecklich wäre. Warum habe er ein ungetauft Kind verlangt, er hätte doch von einem andern Lohn reden können, das komme den Leuten gar verdächtig vor; ein Kind sei immer ein Mensch, und ungetauft eins aus den Händen geben, das werde kein Christ tun. „Das ist mein Lohn, an den ich gewohnt bin, und um anderen fahre ich nicht, und was frägt man doch so einem Kinde nach, das noch niemand kennt! So jung gibt man sie am liebsten weg, hat man doch noch keine Freude an ihnen gehabt und keine Mühe mit ihnen. Ich aber habe sie je jünger, je lieber; je früher ich ein Kind erziehen kann auf meine Manier[5], um so weiter bringe ich es, dazu habe ich aber das Taufen gar nicht nötig und will es nicht." Da sah Christine wohl, dass er mit keinem anderen Lohn sich werde begnügen wollen; aber es wuchs in ihr immer mehr der Gedanke: Das wäre doch der Einzige, der nicht zu betrügen wäre!

Darum sagte sie: Wenn aber einer etwas verdienen wolle, so müsste er sich mit dem Lohne begnügen, den man ihm geben könne; sie aber hätten gegenwärtig in keinem Hause ein ungetauft Kind, und in Monatsfrist gäbe es keins, und in dieser Zeit müssten die Buchen geliefert sein. Da schwänzelte gar höflich der Grüne und sagte: „Ich begehre das Kind ja nicht zum Voraus. Sobald man mir verspricht, das erste zu liefern

[5] *Manier: Art und Weise*

ungetauft, welches geboren wird, so bin ich schon zufrieden." Das gefiel Christine gar wohl. Sie wusste, dass es in geraumer Zeit kein Kind geben werde in ihrer Herren Gebiet. Wenn nun einmal der Grüne sein Versprechen gehalten und die Buchen gepflanzt seien, so brauche man ihm gar nichts mehr zu geben, weder ein Kind noch was anderes; man lasse Messen lesen zu Schutz und Trutz[6] und lache tapfer den Grünen aus, so dachte Christine.

Sie dankte daher schon ganz herzhaft für das gute Anerbieten und sagte: Es sei zu bedenken, und sie wolle mit den Männern darüber reden. „Ja", sagte der Grüne, „da ist gar nichts mehr weder zu denken noch zu reden. Für heute habe ich euch bestellt, und jetzt will ich den Bescheid; ich habe noch an gar vielen Orten zu tun und bin nicht bloß wegen euch da. Du musst mir zu- oder absagen, nachher will ich von dem ganzen Handel nichts mehr wissen." Christine wollte die Sache verdrehen, denn sie nahm sie nicht gerne auf sich, sie wäre sogar gerne zärtlich geworden, um Stündigung[7] zu erhalten; allein der Grüne war nicht aufgelegt, wankte nicht, „jetzt oder nie", sagte er. Sobald aber der Handel geschlossen sei um ein einzig Kind, so wolle er in jeder Nacht so viel Buchen auf Bärhegen[8] führen, als man ihm vor Mitternacht unten an den Kirchstalden[9] liefere, dort wollte er sie in Empfang nehmen. „Nun, schöne Frau, bedenke dich nicht", sagte der Grüne und klopfte Christine holdselig auf die Wange. Da klopfte doch ihr Herz, sie hätte lieber die Männer hineingestoßen, um hintendrein sie schuld geben zu können. Aber die Zeit drängte, kein Mann war da als Sündenbock, und der Glaube verließ sie nicht, dass sie listiger als der Grüne sei und wohl ein Einfall kommen werde, ihn mit langer Nase abzuspeisen. Darum sagte Christine: Sie für ihre Person wolle zugesagt haben; wenn aber dann später die Männer nicht wollten, so vermöchte[10] sie sich dessen nicht, und er solle es sie nicht entgelten lassen. Mit dem Versprechen, zu tun, was sie könne, sei er hinlänglich zufrieden, sagte der Grüne. Jetzt schauderte es Christine doch an Leib und Seele; jetzt, meinte sie, komme der schreckliche Augenblick, wo sie mit Blut von ihrem Blute dem Grünen den Akkord[11] unterschreiben müsse. Aber der Grüne machte es viel leichtlicher und sagte: Von hübschen Weibern begehre er nie eine Unterschrift, mit einem Kuss sei er zufrieden. Somit spitzte er seinen Mund gegen Christines Gesicht, und Christine konnte nicht fliehen, war wiederum wie gebannt, steif und starr. Da berührte der spitzige Mund Christines Gesicht, und ihr war, als ob von spitzigem Eisen aus Feuer durch Mark und Bein fahre, durch Leib und Seele; und ein gelber Blitz fuhr zwischen ihnen durch und zeigte Christine freudig verzerrt des Grünen teuflisch Gesicht, und ein Donner fuhr über sie, als ob der Himmel zersprungen wäre.

Verschwunden war der Grüne, und Christine stund wie versteinert, als ob tief in den Boden hinunter ihre Füße Wurzeln getrieben hätten in jenem schrecklichen Augenblick. Endlich war sie ihrer Glieder wieder mächtig, aber im Gemüte brauste und sauste es ihr, als ob ein mächtiges Wasser seine Fluten wälze über turmhohen Felsen hinunter in schwarzen Schlund. Wie man im Donner der Wasser die eigene Stimme nicht hört, so ward Christine der eigenen Gedanken sich nicht bewusst im Tosen, das donnerte in ihrem Gemüte. Unwillkürlich floh sie den Berg hinan, und immer glühender fühlte sie ein Brennen an ihrer Wange, da wo des Grünen Mund sie berührt; sie rieb, sie wusch, aber der Brand nahm nicht ab. [...]

[6] *Trutz: Gegenwehr*

[7] *Stündigung: Aufschub*

[8] *Bärhegen: schroffer Berg, auf dem das Schloss steht, hier sollen auch die Buchen eingepflanzt werden*

[9] *Kirchstalden: steiler Kirchweg*

[10] *vermöchte: nichts dafür können*

[11] *Akkord: hier Vertrag*

1 Gebt diesen Textauszug mit euren eigenen Worten mündlich wieder und klärt gemeinsam Begriffe, die euch nicht bekannt sind.

2 Entwickelt Deutungsvorstellungen und formuliert in Stichwörtern, wie es mit dieser Geschichte weitergehen könnte.

3 Der Teufel besiegelt Christines Versprechen mit einem Kuss, dabei ist ihr „als ob von spitzigem Eisen aus Feuer durch Mark und Bein fahre, durch Leib und Seele" (Zeile 67 f.). Beschreibt, welche Gedanken Christine in diesem Moment durch den Kopf gegangen sein mögen.

4 Christine wird nach ihrer Rückkehr über ihre Begegnung mit dem Grünen von den Männern befragt. Schreibt dieses Gespräch auf. Geht dabei auch auf die Forderung des Grünen und die Reaktion der Männer ein.

5 In einer Novelle wird meist das Schicksal von Menschen in einer Krisensituation dargestellt, die eine plötzliche Wendung nimmt. Untersucht den vorliegenden Textauszug daraufhin.

6 Christine verspricht dem Teufel ein ungetauftes Kind, weil sie den Bauern im Emmental helfen möchte. Wie beurteilt ihr Christines Verhalten?

7 In Novellen tauchen häufig „Leitmotive" oder „Dingsymbole" auf, also Gegenstände oder Tiere von symbolhafter Bedeutung, die an bedeutsamen Stellen wiederholt erscheinen. In der vorliegenden Novelle spielt die schwarze Spinne eine große Rolle. Untersucht: Woher könnte die Spinne kommen? Wann wird sie wohl auftauchen? Notiert eure Gedanken in Form einer Mind-Map.

Seite 217 ff.
Novelle
LS „Umgang mit literarischen Texten"

„Unverhofftes Wiedersehen“ – Eine tragische Liebesgeschichte

Johann Peter Hebel

Unverhofftes Wiedersehen

Die Kalendergeschichte „Unverhofftes Wiedersehen“ entstand 1810. Die Vorlage zu dieser Geschichte lieferte ein Bericht über den Bergmann Mats Israelson, der 1670 in den Kupfergruben von Falun in Schweden verschwand und dessen Leiche 1719 in einem Stollen gefunden wurde.

Der
Rheinländische Hausfreund
oder
Neuer Calender
auf das Schaltjahr 1808,
mit lehrreichen Nachrichten und lustigen Erzählungen.
Karlsruhe, im Verlag des Großherzogl. Lyceums.

Johann Peter Hebel (1760–1826) war Lehrer an einem Karlsruher Gymnasium. Diese Schule gab einen Kalender mit dem Titel „Der Rheinländische Hausfreund“ heraus. Hebel veröffentlichte in diesem Kalender seine Geschichten, Erzählungen, Märchen und Anekdoten.

In Falun in Schweden küsste vor guten fünfzig Jahren und mehr ein junger Bergmann seine junge, hübsche Braut und sagte zu ihr: „Auf Sankt Luciä[1] wird unsere Liebe von des Priesters Hand gesegnet. Dann sind wir Mann und Weib und bauen uns ein eigenes Nestlein.“ – „Und Friede und Liebe soll darin wohnen“, sagte die schöne Braut mit holdem Lächeln, „denn du bist mein Einziges und Alles, und ohne dich möchte ich lieber im Grab sein als an einem anderen Ort.“ Als sie aber vor Sankt Luciä der Pfarrer zum zweiten Male in der Kirche ausgerufen hatte: „So nun jemand Hindernis wüsste anzuzeigen, warum diese Personen nicht möchten ehelich zusammenkommen“, da meldete sich der Tod. Denn als der Jüngling den andern Morgen in seiner schwarzen Bergmannskleidung an ihrem Haus vorbeiging, der Bergmann hat sein Totenkleid immer an, da klopfte er zwar noch einmal an ihrem Fenster und sagte ihr Guten Morgen, aber keinen Guten Abend mehr. Er kam nimmer aus dem Bergwerk zurück, und sie säumte vergeblich selbigen Morgen ein schwarzes Halstuch mit rotem Rand für ihn zum Hochzeitstag, sondern als er nimmer kam, legte sie es weg und weinte um ihn und vergaß ihn nie. Unterdessen wurde die Stadt Lissabon in Portugal durch ein Erdbeben zerstört, und der Siebenjährige Krieg ging vorüber, und Kaiser Franz der Erste starb, und der Jesuitenorden wurde aufgehoben und Polen geteilt, und die Kaiserin Maria Theresia starb, und der Struensee[2] wurde hingerichtet, Amerika wurde frei, und die vereinigte französische und spanische Macht konnte Gibraltar nicht erobern.
Die Türken schlossen den General Stein in der Veteraner Höhle in Ungarn ein, und der Kaiser Joseph starb auch. Der König Gustav von Schweden eroberte Russisch-Finnland, und die Französische Revolution und der lange Krieg fingen an, und der Kaiser Leopold der Zweite ging auch ins Grab. Napoleon eroberte Preußen, und die Engländer bombardierten Kopenhagen, und die Ackerleute säten und schnitten. Der Müller mahlte, und die Schmiede hämmerten, und die Bergleute gruben nach den Metalladern in ihrer unterirdischen Werkstatt. Als aber die Bergleute in Falun im Jahr 1809 etwas

[1] *Tag der heiligen Lucia (13. Dezember)*

[2] *dänischer Staatsmann*

vor oder nach Johannis zwischen zwei Schachten eine Öffnung durchgraben wollten, gute dreihundert Ellen tief unter dem Boden, gruben sie aus dem Schutt und Vitriolwasser[3] den Leichnam eines Jünglings heraus, der ganz mit Eisenvitriol durchdrungen, sonst aber unverwest und unverändert war, also dass man seine Gesichtszüge und sein Alter noch völlig erkennen konnte, als wenn er erst vor einer Stunde gestorben oder ein wenig eingeschlafen wäre an der Arbeit. Als man ihn aber zu Tage aus gefördert hatte, Vater und Mutter, Freunde und Bekannte waren schon lange tot, kein Mensch wollte den schlafenden Jüngling kennen oder etwas von seinem Unglück wissen, bis die ehemalige Verlobte des Bergmanns kam, der eines Tages auf die Schicht gegangen war und nimmer zurückkehrte. Grau und zusammengeschrumpft kam sie an einer Krücke an den Platz und erkannte ihren Bräutigam; und mehr mit freudigem Entzücken als mit Schmerz sank sie auf die geliebte Leiche nieder, und erst als sie sich von einer langen heftigen Bewegung des Gemüts erholt hatte, „es ist mein Verlobter", sagte sie endlich, „um den ich fünfzig Jahre lang getrauert hatte und den mich Gott noch einmal sehen lässt vor meinem Ende. Acht Tage vor der Hochzeit ist er auf die Grube gegangen und nimmer gekommen." Da wurden die Gemüter aller Umstehenden von Wehmut und Tränen ergriffen, als sie sahen die ehemalige Braut jetzt in der Gestalt des hingewelkten kraftlosen Alters und den Bräutigam noch in seiner jugendlichen Schöne, und wie in ihrer Brust nach fünfzig Jahren die Flamme der jugendlichen Liebe noch einmal erwachte; aber er öffnete den Mund nimmer zum Lächeln oder die Augen zum Wiedererkennen; und wie sie ihn endlich von den Bergleuten in ihr Stüblein tragen ließ, als die Einzige, die ihm angehöre und ein Recht an ihm habe, bis sein Grab gerüstet sei auf dem Kirchhof. Den andern Tag, als das Grab gerüstet war auf dem Kirchhof und ihn die Bergleute holten, schloss sie ein Kästlein auf, legte ihm das schwarzseidene Halstuch mit rotem Streifen um und begleitete ihn in ihrem Sonntagsgewand, als wenn es ihr Hochzeitstag und nicht der Tag seiner Beerdigung wäre. Denn als man ihn auf dem Kirchhof ins Grab legte, sagte sie: „Schlafe nun wohl, noch einen Tag oder zehn im kühlen Hochzeitsbett, und lass dir die Zeit nicht lang werden. Ich habe nur noch wenig zu tun und komme bald, und bald wird's wieder Tag. Was die Erde einmal wiedergegeben hat, wird sie zum zweiten Male auch nicht behalten", sagte sie, als sie fortging und sich noch einmal umschaute.

[3] *Vitriol: alte Bezeichnung für Eisensulfat, wurde zur Konservierung verwendet*

1 Der Leichnam des Bräutigams war eine lange Zeit von der Erde begraben. Wie verdeutlicht Hebel diese Zeitspanne in seiner Geschichte?

2 Hebels Kalendergeschichte thematisiert Liebe, Zeit und Tod. Was verbindet ihr mit diesen Begriffen?

Seite 215
Kalendergeschichte
LS „Umgang mit literarischen Texten"

Umgang mit Texten/Medien

Schreiben

Wie heißt es so schön …? – Lebensweisheiten in Kalendergeschichten

Johann Peter Hebel

Das wohlfeile Mittagessen

Es ist ein altes Sprichwort: Wer andern eine Grube gräbt, fällt selber darein. – Aber der Löwenwirt in einem gewissen Städtlein war schon vorher darin. Zu diesem kam ein wohlgekleideter Gast. Kurz und trotzig verlangte er für sein Geld eine gute Fleischsuppe. Hierauf forderte er auch ein Stück Rindfleisch und ein Gemüse für sein Geld. Der Wirt fragte ganz höflich: Ob ihm nicht auch ein Glas Wein beliebe? „O freilich, ja", erwiderte der Gast, „wenn ich etwas Gutes haben kann für mein Geld." Nachdem er sich alles wohl hatte schmecken lassen, zog er einen abgeschliffenen Sechser aus der Tasche und sagte: „Hier, Herr Wirt, ist mein Geld." Der Wirt sagte: „Was soll das heißen? Seid ihr mir nicht einen Taler schuldig?" Der Gast erwiderte: „Ich habe für keinen Taler Speise von euch verlangt, sondern für mein Geld. Hier ist mein Geld. Mehr hab ich nicht. Habt ihr mir zu viel dafür gegeben, so ist's eure Schuld." – Dieser Einfall war eigentlich nicht weit her. Es gehörte nur Unverschämtheit dazu und ein unbekümmertes Gemüt, wie es am Ende ablaufen werde.

Aber das Beste kommt noch. „Ihr seid ein durchtriebener Schalk", erwiderte der Wirt, „und hättet wohl etwas anderes verdient. Aber ich schenke euch das Mittagessen und hier noch ein Vierundzwanzigkreuzerstück dazu. Nur seid stille zur Sache und geht zu meinem Nachbarn, dem Bärenwirt, und macht es mit ihm ebenso!" Das sagte er, weil er mit seinem Nachbarn, dem Bärenwirt, aus Brotneid in Unfrieden lebte und einer dem andern jeglichen Tort[1] und Schimpf gerne antat und erwiderte. Aber der schlaue Gast griff lächelnd mit der einen Hand nach dem angebotenen Geld, mit der anderen vorsichtig nach der Türe, wünschte dem Wirt einen guten Abend und sagte: „Bei eurem Nachbarn, dem Herrn Bärenwirt, bin ich schon gewesen, und eben der hat mich zu euch geschickt und kein anderer."

So waren im Grunde beide hintergangen und der Dritte hatte den Nutzen davon. Aber der listige Kunde hätte sich noch obendrein einen schönen Dank von beiden verdient, wenn sie eine gut Lehre daraus gezogen und sich miteinander ausgesöhnt hätten. Denn Frieden ernährt, aber Unfrieden verzehrt.

[1] *Tort: Kränkung*

Johann Peter Hebel

Das sonderbare Rezept

Es ist eigentlich kein großer Spaß dabei, wenn man ein Rezept in eine Apotheke tragen muss. Aber vor vielen Jahren war es doch einmal ein Spaß.

Da hielt ein Bauer von einem fern gelegenen Hof eines Tages mit einem Wagen und zwei Pferden vor der Stadtapotheke. Er nahm vorsichtig eine große hölzerne Stubentür vom Wagen und trug sie in die Apotheke.

Der Apotheker wunderte sich und sagte: „Was wollt ihr hier, guter Freund, mit eurer Stubentür?“

Nun aber sagte der Bauer, der Doktor sei bei seiner kranken Frau gewesen. Er habe ihr einen Saft aufschreiben wollen. Aber im ganzen Haus sei keine Feder, keine Tinte und kein Papier gewesen, nur ein Stück Kreide. Da habe der Herr Doktor das Rezept an die Stubentür geschrieben. Und nun solle der Herr Apotheker so gut sein und den Saft kochen.

Kurz –, wenn der Saft die Frau nur gesund gemacht hat. Der handelt richtig, der sich in der Not zu helfen weiß.

1 Johann Peter Hebel wollte mit seinen Kalendergeschichten unterhalten und belehren. Inwieweit trifft dies auf diese beiden Kalendergeschichten zu? Vergleicht dazu beide miteinander.

Seite 215
Kalendergeschichte
LS „Umgang mit literarischen Texten“

2 Gestaltet zu der Kalendergeschichte „Das wohlfeile Mittagessen“ einen Comic.

3 Verfasst zu einer der beiden Kalendergeschichten eine Parallelgeschichte, die in der Gegenwart spielt.

4 „Not macht erfinderisch“ heißt ein deutsches Sprichwort. Dieses Sprichwort trifft auf die Geschichte „Das sonderbare Rezept“ zu. Kennt ihr eine weitere Geschichte, die zu diesem Sprichwort passt? Erzählt euch diese Geschichten.

Kurioses heute – Anekdoten im 20. Jahrhundert

Bertolt Brecht *

Der hilflose Knabe

Einen vor sich hin weinenden Jungen fragte ein Vorübergehender nach dem Grund seines Kummers. „Ich hatte zwei Groschen für das Kino beisammen", sagte der Knabe, „da kam ein Junge und riß mir einen aus der Hand", und er zeigte auf einen Jungen, der in einiger Entfernung zu sehen war. „Hast du denn nicht um Hilfe geschrien?", fragte der Mann. „Doch", sagte der Junge und schluchzte ein wenig stärker. „Hat dich niemand gehört?" fragte ihn der Mann weiter, ihn liebevoll streichelnd. „Nein", schluchzte der Junge. „Kannst du denn nicht lauter schreien?" fragte der Mann. „Nein", sagte der Junge und blickte ihn mit neuer Hoffnung an. Denn der Mann lächelte. „Dann gib auch den her", sagte er, nahm ihm den letzten Groschen aus der Hand und ging unbekümmert weiter.

Bertolt Brecht *

Die zweifelhafte Korrektur

Der Lehrer der französischen Sprache huldigte einer bösartigen Göttin, die schreckliche Opfer verlangte, der *Gerechtigkeit*. Am geschicktesten zog daraus mein Mitschüler B. Nutzen. Bei der Korrektur der schriftlichen Arbeiten, von deren Güte das Aufrücken in die nächste Klasse abhing, pflegte der Lehrer auf einem besonderen Bogen die Anzahl der Fehler hinter jedem Namen zu notieren. Rechts davon stand dann auf seinem Blatt die Note, so daß er einen guten Überblick hatte. Sagen wir, 0 Fehler ergab eine I, die beste Note, 10 Fehler ergaben eine II und so weiter. In den Arbeiten selber waren die Fehler rot unterstrichen. Nun versuchten die Unbegabten mitunter, mit Federmessern ein paar rote Striche auszuradieren, nach vorn zu gehen und den Lehrer darauf aufmerksam zu machen, daß die Gesamtfehlerzahl nicht stimmte, sondern zu groß angegeben war. Der Lehrer nahm dann einfach das Papier auf, hielt es seitwärts und bemerkte die glatten Stellen, die durch die Politur mit dem Daumennagel auf der radierten Fläche entstanden waren. B. ging anders vor. Er unterstrich in seiner schon korrigierten Arbeit mit roter Tusche einige vollkommen richtige Passagen und ging gekränkt nach vorn, zu fragen, was denn da falsch sei. Der Lehrer mußte zugeben, daß da nichts falsch sei, selber seine roten Striche ausradieren und auf seinem Blatt die Gesamtfehlerzahl herabsetzen. Dadurch änderte sich dann natürlich auch die Note. Man wird zugeben, daß dieser Schüler in der Schule denken gelernt hatte.

* *alte Rechtschreibung*

Sigismund von Radecki

Ehrlichkeit

Ein Monteur kam mit seinem Gehilfen in eine Wohnung, um Reparaturen zu machen. Als sie ins Wohnzimmer traten, hörte er die Dame des Hauses flüstern: „Marie, sehen Sie, dass die Wertsachen verschlossen und in Sicherheit gebracht sind. Man kann nie wissen …"

„Karl", sagte der Monteur laut und zog seine Taschenuhr heraus: „Nimm die Uhr und lauf damit nach Haus. Diese Wohnung ist offenbar nicht ganz sicher. Man kann nie wissen …"

Frederik Hetmann

Der Pferdedieb

Ein junger Mann aus dem Wilden Westen wurde wegen Pferdediebstahls verhaftet und vor Gericht gestellt. Alle Beweise sprachen gegen ihn, aber der Verteidiger brachte bei seinem Plädoyer die verwitwete Mutter, die arme kleine Frau des Angeklagten und seine unmündigen Kinder ins Spiel. Am Ende seiner Rede forderte er die Geschworenen auf, seinem Mandanten ins Gesicht zu schauen und dann zu entscheiden, ob ein Pferdedieb so aussehe. Er hatte so herzzerbrechend plädiert, dass die Jury den jungen Mann schließlich freisprach.

Nach der Verhandlung trat ein Freund des Angeklagten auf den jungen Mann zu und fragte ihn im Vertrauen: "Sag mal, hast du dieses Pferd eigentlich gestohlen oder nicht?"

„Tja", antwortete der und kratzte sich am Kopf, „ich weiß nicht. Ich dachte immer, ich hätte, aber nachdem ich die Rede meines Verteidigers gehört habe, bin ich nicht mehr so sicher."

1. Wählt einen Text aus und weist nach, dass es sich bei diesem um eine Anekdote handelt.
2. Worin liegt der Witz in diesen Geschichten?
3. Schreibt selbst eine kurze Anekdote, in der etwas Merkwürdiges passiert. Als Vorlage kann ein Zeitungsartikel oder eine selbst erlebte witzige Situation dienen.

▸▸ **Seite 216**
Anekdote
LS „Umgang mit literarischen Texten"

Impulse zur Weiterarbeit

- Gestaltet einen Klassen-Kalender, in dem ihr ungewöhnliche Geschichten sammelt.

- Schreibt eine Kalendergeschichte zu einem szenischen Text um und spielt diesen dann nach.

- Stellt Nachforschungen über den „Rheinischen Hausfreund“ an.

- Verfasst über Jeremias Gotthelf und Johann Peter Hebel einen Steckbrief.

- Legt ein aktuelles Witz- bzw. Anekdotenbuch an.

- Lesetipps
  - Bertolt Brecht: Lektüre für Minuten. München: Insel 2002.
  - Bertolt Brecht: Kalendergeschichten. Reinbek: Rowohlt 2003.
  - Jeremias Gotthelf: Die schwarze Spinne. Stuttgart, Leipzig: Klett 1996.
  - Deutsche Anekdoten. Hrsg. v. Jürgen Rein. Stuttgart:Reclam 1999.
  - Die Spinne in der Yucca Palme. Sagenhafte Geschichten von heute. Hrsg. v. Rolf W. Brednich. München: Beck 1999.
  - Wenn ich die Wahrheit sagen sollte, müsste ich lügen. Das Anekdoten-Buch. Stuttgart: Reclam 2005.

Lernstationen

Mithilfe der Lernstationen kannst du wichtige Inhalte des Deutschunterrichts

- selbstständig erarbeiten, wiederholen und vertiefen und
- überprüfen, ob du wirklich erfolgreich gelernt hast.

In den Lernstationen ist vieles ähnlich wie in den Unterrichtsvorhaben: Sie sind in (Teil-)Kapitel gegliedert und haben Verweise in den Randspalten, die sich vor allem auf die Unterrichtsvorhaben beziehen. Wenn du diesen Verweisen nachgehst, findest du Materialien und Hinweise, die dir helfen, das Gelernte zu vertiefen.

Die letzte Seite der Lernstationen hat jeweils eine besondere Funktion. Hier kannst du selbst überprüfen, ob du das Wichtigste aus der Lernstation tatsächlich beherrschst. Wenn du diese letzte Seite regelmäßig bearbeitest, entsteht nach und nach dein persönliches Portfolio für den Deutschunterricht. Zur Selbstüberprüfung („Selbst-Evaluation") gehören drei Schritte:

- Im Abschnitt „Kann ich das wirklich? – Lernspiegel" werden dir Fragen gestellt, die sich auf wichtige Inhalte beziehen und in der Lernstation behandelt werden. Wenn du die Antwort nicht weißt, solltest du die Lernstation ein zweites Mal durcharbeiten. Danach gehst du wieder zurück zu den Fragen des Lernspiegels.

- Um dir das Lernen zu erleichtern, solltest du ein eigenes Lernlexikon anlegen. Im Abschnitt „Lernlexikon" werden dir deshalb jeweils die Stichworte genannt, zu denen du eine Karteikarte anlegen bzw. bereits angelegte Karten ergänzen solltest.

- Im „Lerndossier" legst du Texte und andere Produkte (Collagen, Tonaufnahmen usw.) ab, die bei der Erarbeitung der Lernstationen entstanden sind und mit denen du nachweisen kannst, dass du die Ziele der Lernstation erreicht hast.

Übrigens:
Die Lösungen für die meisten der Aufgaben in den Lernstationen kannst du kostenlos unter www.klett.de aus dem Internet herunterladen. Auf diese Weise kannst du dich jederzeit selbst überprüfen.

Lernstation: Lesestrategien, Lesetechniken

1 Schulerfolg und Lesen – Prüfe dich selbst

Lesefähigkeiten sind wichtig für erfolgreiches Lernen in allen Fächern. Um gute Noten z.B. in Mathematik, Naturwissenschaften, Geschichte oder Erdkunde zu bekommen, muss man Texte sicher und zügig lesen und verstehen können. Es lohnt sich also, Lesehindernisse zu überwinden und Lesetechniken und Lesestrategien immer wieder zu üben.

Woran erkennt man Leseschwierigkeiten?

Ein Leser/eine Leserin, der/die noch viel Übung braucht …	Ja, das mache ich auch	Nein, das mache ich nicht	Weiß nicht
beschwert sich, wenn im Unterricht oder als Hausaufgabe Texte gelesen werden sollen	…	…	…
bewegt beim stillen Lesen die Lippen	…	…	…
gibt vor dem Ende des Textes auf	…	…	…
lässt sich durch Geräusche leicht ablenken	…	…	…
verwendet eine Lesehilfe (= Finger, Bleistift, …)	…	…	…
springt mit den Augen im Text hin und her	…	…	…
ist noch nicht fertig, wenn die anderen schon längst mit dem Lesen aufgehört haben	…	…	…
hat beim Lesen eine verkrampfte Körperhaltung	…	…	…
murmelt beim Lesen mit	…	…	…
unterbricht sich häufig beim Lesen, um aus dem Fenster zu schauen oder zu anderen Kontakt aufzunehmen	…	…	…
pendelt beim Lesen mit dem Oberkörper oder mit dem Kopf	…	…	…
blättert im Buch häufig vor und zurück, bleibt bei den Abbildungen hängen	…	…	…
…	…	…	…

1. Welche weiteren Tätigkeiten, die beim Lesen störend sind, fallen dir ein?
2. Überprüfe dich selbst. Wie oft hast du mit „Ja, das mache ich auch" geantwortet?
3. Bitte jemanden in deiner Klasse, dich mithilfe der Tabelle beim Lesen im Unterricht zu beobachten.
4. Beobachte selbst andere beim Lesen – z. B. morgens in der Straßenbahn. Überlege, ob sie wohl „gute" oder „schlechte" Leser/Leserinnen sind und woran man das erkennen kann.

2 Vor dem Lesen – Leseaufträge prüfen

Gute Leser/Leserinnen lassen sich nicht einfach „in einen Text hineinfallen". Sie bereiten sich vielmehr gründlich vor, um sich dann aktiv und motiviert mit dem Text auseinandersetzen zu können. Dazu gehört, dass man die Leseaufträge vor dem Lesen gründlich prüft.

Seite 156 ff.
UV „Erfindungen, die Zeit und Raum verändern"

Seite 142 f.
UV „Spieglein, Spieglein an der Wand"

Am 18. Mai 1980 campt der Vulkanologe David Johnston am Coldwater Ridge, nur einige Kilometer nördlich des Vulkans Mount St. Helens. Es ist 8.32 Uhr, als Johnston funkt: "Vancouver, Vancouver this is it!". Es sind Johnstons letzte Worte. Die Nordflanke des Mount St. Helens stürzt in einem gewaltigen Erdrutsch in sich zusammen und reißt Johnston und 56 andere Menschen in den Tod. Was war passiert?

Der Vulkan Mount St. Helens gehört Anfang 1980 zu den schönsten Stratovulkanen der Cascade Mountains im Nordwesten der USA. Schon im März 1980 macht sich der lange Zeit ruhige Vulkan durch mehrere kleinere Erdbeben bemerkbar. Am 27. März ertönt ein ohrenbetäubender Knall. Der Mount St. Helens ist aufgewacht. Noch speit er keine Lava. Lediglich das Grundwasser über der Magmenkammer wird durch die Hitze im Vulkan zum Kochen gebracht und explodiert. In der folgenden Zeit entsteht so ein Krater von 400 Metern Durchmesser. Langsam entsteht durch das aufsteigende Magma an der Nordflanke eine Beule. Sie wächst bis Mitte Mai etwa 100 Meter hoch. Zum Schluss täglich um zwei Meter.

Am 18. Mai um 8.32 Uhr lässt ein Erdbeben der Stärke 5 den Berg erzittern. Die heiße Gesteinsbeule bricht in sich zusammen, zersplittert in eine Lawine aus Millionen von kleinen und großen Bruchstücken, die den Berghang hinunterrutschen. Direkt auf David Johnston zu. [...] Währenddessen explodiert an der Stelle, wo eben noch die Beule war, die Nordwestflanke des Vulkans. Wie eine frisch geschüttelte Flasche Sekt, der man den Korken abschlägt. Gewaltige Massen aus Wasserdampf und Gesteinsbruchstücken überholen die Gesteinslawine und verwüsten alles, was im Weg steht. Bäume werden wie Streichhölzer umgeknickt. Am Ende ist eine fächerförmige Fläche von 30 Kilometer Breite und 20 Kilometer Länge zerstört. [...]

Jetzt ist die flach sitzende Magmenkammer des Vulkans von einer enormen Last befreit. Sie explodiert in einer gewaltigen Eruption. Binnen weniger Minuten wird vulkanische Asche bis in 20 Kilometer Höhe geschleudert. Neun Stunden dauert der Ausbruch. Zurück bleibt ein 1,5 mal 3 Kilometer großes Loch an der Nordflanke des Vulkans. Wegen seiner Form wird es Amphitheater genannt.

gründlich lesen = soll wohl heißen, dass wir alles genau lesen und auf Einzelheiten und Fakten achten sollen

erklären = offensichtlich sollen wir die Einzelheiten und Fakten so aufeinander beziehen, dass wir schon herausfinden, wie Vulkanausbrüche funktionieren

(1)–(3) = es geht wohl um drei unterschiedliche Fragen, die wir mithilfe der Informationen beantworten sollen, die wir im Text gefunden haben

Meine Strategie, den Text zu bearbeiten:

(a) Text überfliegend lesen

(b) feststellen, worum es in den einzelnen Abschnitten geht, vielleicht Überschriften zu den Abschnitten formulieren

(c) auf einem Blatt eine Tabelle mit drei Spalten zeichnen mit den Überschriften (1) „Warum“, (2) „Wie“, (3) „Was war danach?“

(d) Text noch einmal lesen und passende Stichwörter jeweils in eine Spalte schreiben

(e) üben, wie man die Antworten auf die drei Fragen mündlich vorträgt

Aufgabe	**Bearbeitungsstrategie**
Finde heraus, (1) wo der Mount St. Helens liegt und (2) ob in seiner Nähe noch weitere Vulkane liegen.	…
Stelle dir vor, David Johnston wäre am 18. Mai 1980 zusammen mit seinem Freund Mike auf dem Mount St. Helens gewesen. Schreibe aus Mikes Sicht einen möglichst spannenden Bericht über den tragischen Tod des Forschers.	…
Der Mount St. Helens ist heute mehr denn je eine Touristen-Attraktion. Würdest du dieses Gebiet auch gern besuchen? Gib dafür Gründe an.	…

1 Analysiere diese Aufgaben und fasse in einer Strategie zusammen, wie du den Text liest und bearbeitest und wie du deine Leseergebnisse strukturierst.

3 Während des Lesens – Leseschwierigkeiten überwinden

Viele Texte sind widerspenstig. Sie lassen sich nicht leicht und zügig lesen. Immer wieder trifft man in solchen Texten auf einzelne Wörter, Sätze oder ganze Abschnitte, bei denen man stockt und nicht recht weiß, was sie bedeuten. Diese Lesehindernisse müssen aus dem Weg geräumt werden, damit man die Leseaufträge erfolgreich bearbeiten kann. Dafür gibt es geeignete Arbeitstechniken.

3.1 Wörter als Lesehindernisse

Schon beim ersten überfliegenden Lesen werden einzelne Wörter „auffällig". Dann drängen sich Fragen auf wie:

- Das Wort habe ich noch nie gehört oder gesehen. Was ist damit eigentlich gemeint?
- Das Wort habe ich so oder in ähnlicher Form schon mal gehört oder gesehen, aber ich weiß nicht mehr genau, was es bedeuten kann.
- Das Wort kenne ich, aber hier wird es mit einer anderen bzw. speziellen Bedeutung verwendet.

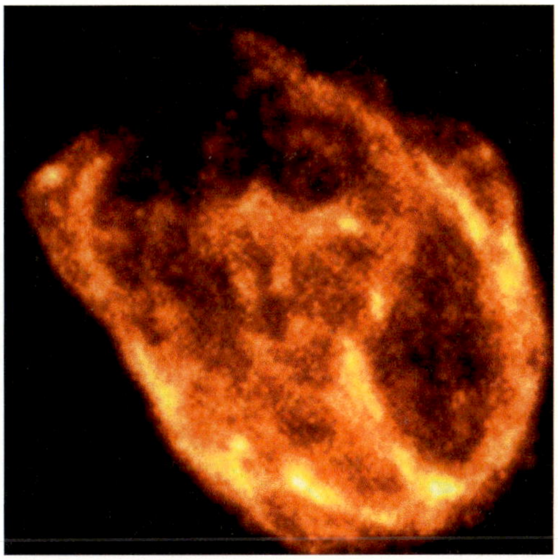

Schwarzes Loch

Ein Schwarzes Loch ist die populäre Bezeichnung für einen Bereich im Raum, der ein so starkes Gravitationsfeld enthält, dass keine Materie oder Information, die in diesen Bereich hineingeraten ist, diesen wieder verlassen kann. Terminologisch wurde „Schwarzes Loch" 1967 von John Archibald Wheeler geprägt, womit auf den Umstand verwiesen wird, dass auch elektromagnetische Wellen (z.B. Licht) aus dem Bereich nicht entweichen können und es einem menschlichen Auge daher schwarz erscheinen würde.

1 Führe mit dem Textabschnitt und den markierten Wörtern ein „stilles Gespräch". Welche Wörter sind für dich ein Lesehindernis?

populär = müsste eigentlich „beliebt" heißen wie in „Pop-Star", also „beliebter Sänger" – Bedeutung passt hier irgendwie nicht – Habe schon mal den Begriff „Population", also Bevölkerung, gehört – könnte also heißen „von der Bevölkerung".

An diesem Beispiel erkennt man, dass man sich zunächst nicht durch einzelne „schwierige" Wörter aus dem Takt des überfliegenden Lesens bringen lassen sollte, denn viele Wörter, die Fragen aufwerfen, werden im Fortgang des Textes – oft noch im selben Abschnitt – erläutert.

Schwarze Löcher können als finaler Zustand eines blauen Sterns bei einer Supernova entstehen. Andere Endzustände von Sternen sind Weiße Zwerge und Neutronensterne. Bei der Explosion eines Sterns (= Supernova) erzeugen atomare Umwandlungsprozesse einen Innendruck, der das Zusammenfallen unter seiner eigenen Anziehungskraft verhindert. Sterne sind also heiße Gaskugeln. Geht im Leben eines Sterns der „Brennstoff" aus, sinkt auch der Innendruck. Der Stern beginnt unter seiner eigenen Anziehungskraft zu kollabieren. Sterne, die kleiner als das 3,2fache der Sonnenmasse sind, finden wieder Halt. Es bilden sich so genannte Weiße Zwergsterne oder Neutronensterne, die langsam erkalten.

2 Was sollen dir die farbigen Unterlegungen im Textbeispiel anzeigen?

3 Welche Wörter sind für das Textverständnis unbedingt wichtig und erklären sich nicht aus dem Text selbst?

kol|la|bie|ren 1. MEDIZIN zusammenbrechen, einen Kollaps oder Schwächeanfall erleiden 2. PHYSIK in sich zusammenstürzen (kosmische Staub- oder Gaswolke, Stern)

Kol|laps *der; -es, -e* 1. MEDIZIN Schwächeanfall, Zusammenbruch, Kreislaufversagen 2. wirtschaftlicher Zusammenbruch, Ruin 3. PHYSIK das In-sich-Zusammenstürzen (kosmischer Gas- oder Staubwolken, Sterne)

4 Welche Informationen gibt dir das Wörterbuch zum Stichwort „Kollaps"? Welche sind für den Textauszug wichtig? Woran kannst du das erkennen?

Wichtig ist, dass man sich darauf einlässt, beim ersten überfliegenden Lesen nicht jedes Wort verstehen zu müssen, und dass man abwartet, ob sich die Lesehindernisse aus dem Text selbst erklären. Entscheidungen, wie man Wörter als Lesehindernisse aus dem Weg räumt, sehen so aus:

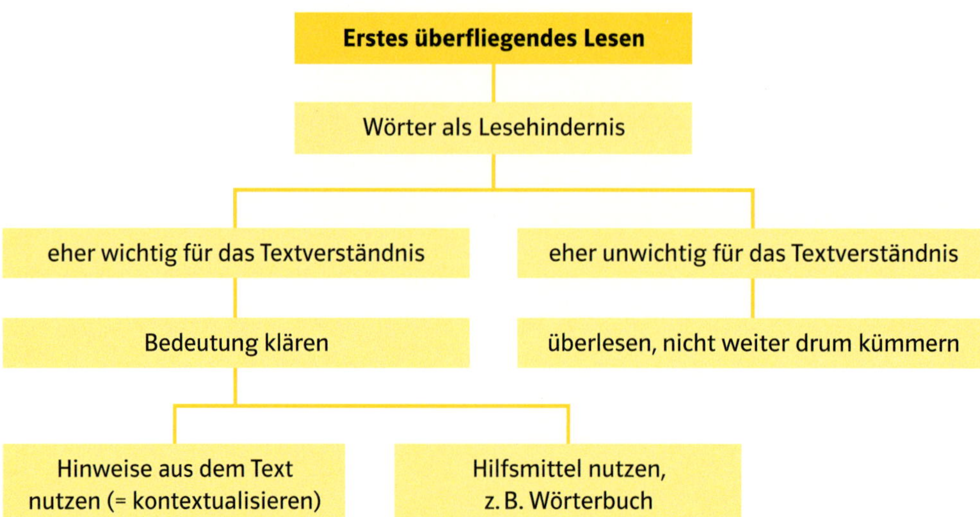

▸▸ **Seite 270 f.**
Mit Nachschlagewerken arbeiten
LS „Lern- und Arbeitstechniken"

3.2 Sätze als Lesehindernis

Geübte Leser/Leserinnen achten schon beim ersten überfliegenden Lesen auf Strukturwörter (z. B. Konjunktionen, Relativpronomen), die am Anfang von Nebensätzen stehen oder einen weiteren Hauptsatz anfügen:
ob, dass, wann, warum, woher, womit, wie, wer, was, wem, wen, wo, wohin, bevor, ehe …
Wenn diese Wörter einen Nebensatz einleiten, kann man oft schon an den Wörtern selbst ablesen, worauf sich die folgende Aussage bezieht bzw. welche Bedeutung ihr insgesamt zukommt.

Seite 255 f.
Nebensätze
LS „Sprache untersuchen – Grammatik“

Erwartet wird nach …

weil, denn …	als ob …	bevor, nachdem …	wo, wohin …	der, die, das …
im weitesten Sinne eine Begründung	eine Aussage, die die Art und Weise, wie etwas geschieht, erläutert	eine Klarstellung der Zeit bzw. der zeitlichen Abfolge	eine Klarstellung bezüglich des Ortes oder der Richtung	Aussagen, die sich auf eine Person, ein Lebewesen, einen Sachverhalt beziehen

1 Untersuche, was weitere Strukturwörter im Satzgefüge ankündigen, und vervollständige die Tabelle durch weitere Spalten.

Lesehindernisse können auch dadurch entstehen, dass Sätze besonders lang und/oder kompliziert gebaut sind, wie z. B. folgendes Satzgefüge:

Für alle Sterne mit einer Masse, die mehr als das 3,2fache der Sonnenmasse beträgt, gibt es keine neue Stabilität durch einen sich aufbauenden Innendruck, denn die übermächtige Anziehungskraft komprimiert den Gasball immer mehr, und schließlich ist die Anziehungskraft so groß geworden, dass selbst das Licht von der immer kleiner werdenden Sternenoberfläche nicht mehr entweichen kann.

2 Versuche, dir dieses Satzgefüge über die Strukturwörter zu erklären.

Wenn Sätze und Satzgefüge nach dem ersten Lesen immer noch das Textverständnis erschweren, sollte man sie in einzelne kurze Sätze auflösen und in die „eigene Sprache“ übersetzen.

Da in seiner Nähe Licht und jegliche Art von Materie von dem im Endzustand begriffenen Stern absorbiert wird, bleibt der entsprechende Bereich im Raum schwarz.

Solche Sterne, die in einem Schwarzen Loch verschwunden sind, behalten, da sie ihre ursprüngliche Masse nicht verlieren, ihre Anziehungskraft und deshalb kann man sie auch orten.

Schwarze Löcher sind mit so genannten Aufsammlungsscheiben umgeben, in denen sich Staub und Gas sammeln, die im Röntgenlicht strahlen, und manchmal geraten auch ganze Sterngruppen in den Sog eines Schwarzen Loches.

3 Löse die Satzgefüge in einzelne kurze Sätze auf und übersetze sie in „deine Sprache“.

4 Während des Lesens – Bedeutung zwischen den Zeilen und hinter den Wörtern suchen

Um Texte lesen und verstehen zu können, muss man manchmal „hinter die Wörter“ schauen und „zwischen den Zeilen“ lesen. Auch wenn solche Texte an der Oberfläche einfach erscheinen, man jedes Wort versteht und die Sätze unkompliziert gebaut sind, gibt es Lesehindernisse, weil Bedeutungen unter der Textoberfläche verborgen sein können.

Sinneinheiten im stillen Gespräch mit dem Text auf verborgene Bedeutung prüfen

Bezüge im Text herstellen und Schlüsse ziehen

Wörter danach überprüfen, welche Stimmung sie erzeugen

Spiel mit Wörtern im Text auffinden und ihre Bedeutung und Wirkung überprüfen

Russel Hoban, Nicola Bayley

La Corona und der Blechfrosch

La Corona war der Name der schönen Dame im Bild innen auf dem Deckel der Zigarrenkiste. Sie trug ein purpurrotes Gewand und eine goldene Krone. Hinter ihr lag eine ruhige blaue Meeresbucht, in der ein Schaufeldampfer fuhr. Eine Lokomotive zog, an schattigen Palmen und Pyramiden vorbei, über die rosafarbene weite Ebene eine schwache Rauchfahne hinter sich her. Hoch oben segelte ein Ballon.

Aber die Dame würdigte keines dieser Dinge jemals eines Blickes. Sie saß zwischen Rädern und Ambossen, Weizengarben, Hämmern, umgestürzten Säulenfüßen und Gartenurnen, zeigte auf eine neben ihr stehende Weltkugel und blickte beharrlich über den linken Rand des Bildes hinaus.

Im Innern der Zigarrenkiste wohnten ein Blechfrosch, eine Muschel, ein gelbes Bandmaß und ein Vergrößerungsglas. Der Blechfrosch war hellgrün und gelb und hatte zwei vollkommen runde Augen, die wie gelb-schwarze Spiegeleier aussahen. Neu hatte er fünf Shilling gekostet; wenn er aufgedreht wurde, hüpfte der Frosch. Der Frosch hatte sich in La Corona verliebt und war deshalb immerfort aufgedreht. Er versuchte unermüdlich, zu ihr ins Bild zu hüpfen, stieß aber nur mit der Nase daran und fiel in die Kiste zurück.

Bezüge im Text herstellen und Schlüsse ziehen

Zigarrenkiste mit Inhalt: Blechfrosch, Muschel, Bandmaß, Vergrößerungsglas	Was sagen uns diese Dinge über den Ort der Handlung? Wo spielt diese Geschichte?	*Diese Dinge stehen bestimmt auf einem Speicher oder in einer Abstellkammer, einer eigenen Welt außerhalb unserer Wirklichkeit.*
La Corona	Was sagt der Name über die schöne Hauptperson aus? Weche Bedeutung findet man in einem Lexikon unter „Corona“ oder „Korona“?	
Er versuchte unermüdlich, zu ihr ins Bild zu hüpfen, stieß aber nur mit der Nase daran und fiel in die Kiste zurück.	Was sagt uns das über die Art der Beziehung zwischen dem Frosch und La Corona?	
La Corona: purpurrotes Gewand, goldene Krone, zeigt auf eine neben ihr stehende Weltkugel	Was sagt uns das über die Hauptperson? Welche Eigenschaften werden ihr hier zugeschrieben?	

1. Finde heraus, welche Bedeutung hinter den Wörtern steckt.
2. Suche nach anderen Stellen im Text mit verschlüsselter Bedeutung. Was kann z.B. mit dem Wort „aufgedreht“ noch gemeint sein, und was sagt es über den Blechfrosch aus?

Sinneinheiten im stillen Gespräch mit dem Text auf verborgene Bedeutungen prüfen

Man geht die Sinneinheiten (Sätze, Abschnitte) beim langsamen und genauen stillen Lesen durch und prüft, ob man einzelne Stellen im Text „übersetzen“ muss:

„Ich liebe dich“, erklärte der Frosch.	Die Wörter meinen, was sie sagen. Wörtliche Bedeutung. Keine Übersetzung erforderlich.

Doch sie sagte nichts, schaute ihn nicht einmal an.	Bedeutet hier: Sie liebt ihn nicht, will deshalb nicht antworten. Der Frosch bedeutet ihr nichts, deshalb schaut sie ihn nicht einmal an.

Der Blechfrosch dachte lange und angestrengt nach. Er wartete auf den Augenblick genau zwischen Mitternacht und den zwölf Schlägen der Uhr.

3 Hinter welchen Wörtern steckt hier eine verborgene Bedeutung, und wie lassen sich diese Wörter im stillen Gespräch mit dem Text „übersetzen"?

Wörter danach überprüfen, welche Stimmung sie erzeugen

Immer tiefer hinab folgte er dem gelben Bandmaß ins grüne, mitternächtlich schimmernde Wasser. An Korallen und Seefarnen schwamm er vorbei, an versunkenen Schiffen und Schätzen und den gleitenden Ungeheuern der Tiefe, bis das Bandmaß sich wieder emporwand. Immer höher hinauf schwamm der Blechfrosch, dem Licht entgegen, tauchte zwischen den Tupfen der ruhigen Meeresbucht empor, da, wo der Schaufeldampfer fuhr. Die Tüpfelchen schlossen sich hinter ihm, und nun war er im Bild wie La Corona.

Unsicherheit
Gefahr
Abenteuer
↕
Rettung
Sicherheit
Glück

4 Welche Wörter zeigen an, dass der Weg des Blechfrosches in die Tiefe des Meeres gefährlich sein kann? Und welche Wörter zeigen an, dass der Weg nach oben für ihn gut enden wird?

▸▸ **Seite 52**
UV „Außenseiter? Einfach nur anders?"

Spiel mit Wörtern im Text auffinden und ihre Bedeutung und Wirkung überprüfen

„Hier bin ich", sagte der Blechfrosch, als er am Ufer gelandet war. „Ich liebe dich." „Du siehst ganz verändert aus", sagte La Corona. „Vielleicht bist du kein verzauberter Prinz, aber ein bezaubernder Frosch bist du gewiss." Kurz danach hielten sie Hochzeit. Sie machten eine Seereise …

5 Mit welchem Wort wird hier gespielt?

5 Was ich über Lesestrategien, Lesetechniken gelernt habe – Portfolio

5.1 Kann ich das wirklich? – Lernspiegel

Kann ich …

- die wichtigsten Lesestrategien nennen und erklären, was damit gemeint ist?
- die wichtigsten Techniken a) für ein erstes Lesen und b) für weitere Lesedurchgänge zur Sicherung des Textverständnisses nennen und erläutern?
- Leseaufträge so sorgfältig prüfen, dass ich genau weiß, wie ich den Text zu bearbeiten habe?
- mir beim ersten Lesen Lesehindernisse bewusst machen und erkennen, welche ich weiterbearbeiten muss, weil sie für das Textverständnis wichtig sind?
- die Bedeutung von unbekannten Wörtern ermitteln?
- schwierige und komplizierte Sätze im Text in einfache Strukturen auflösen?
- an Strukturwörtern die Beziehung zwischen Sätzen und Satzteilen ablesen?
- im stillen Gespräch mit dem Text die Wörter und Sätze mit verborgenen Bedeutungen in meine Sprache „übersetzen“?

5.2 Lernlexikon

In deinem Lernlexikon solltest du zum Thema „Lesestrategien und Lesetechniken“ Einträge u. a. zu folgenden Punkten angelegt haben:

Lesestrategien – Lesetechniken – Leseaufträge – Leseschwierigkeiten – verborgene Bedeutungen

5.3 Schatztruhe – Lerndossier

Im Zusammenhang mit dem Thema „Lesestrategien und Lesetechniken“ könntest du Folgendes in deinem Lerndossier abgelegt haben:

- **einen Sachtext, in dem du alle Leseschwierigkeiten beseitigt hast (also: Notizen beilegen!)**
- **eine kleine Sammlung von Textstellen mit von dir aufgelösten verborgenen Bedeutungen**

Lernstation: Sich und andere informieren

1 Arbeitsschritte zum erfolgreichen Referat

▸▸ **Seite 20 f.**
UV „Meine berufliche Zukunft“

Ein erfolgreiches Referat muss gut vorbereitet, verständlich, lebendig und anschaulich sein.
Um das zu erreichen, sollten mehrere Arbeitsschritte und die sich daraus ergebenden Fragestellungen beachtet werden.

Sich einem Thema nähern
- Was weiß ich schon über die Thematik?
- Was fällt mir spontan dazu ein?
- Was möchte ich über das Thema erfahren?

Einen Arbeitsplan erstellen
- Wie viel Zeit benötige ich?
- Wann habe ich Zeit, mich um mein Referat zu kümmern?
- Wie teile ich mir meine Zeit ein?

Informationen sammeln und auswerten
- Was sollte ich an Informationen an die anderen weitergeben?
- Woher bekomme ich Informationen?
- Wie muss ich sie bearbeiten?
- Wie fasse ich die Informationen strukturiert zusammen?

Den Vortrag vorbereiten
- Wie baue ich mein Referat auf?
- Welche Hilfestellungen für meinen Vortrag gibt es?
- Wie hält man einen guten Vortrag?

Das Ergebnis präsentieren
- Welche Möglichkeiten habe ich, meine Ergebnisse zu veranschaulichen?

Bewertung eines Referats
- Welche Kriterien müssen bei der Bewertung eines Referats berücksichtigt werden?

1.1 Sich einem Thema nähern

▶▶ Seite 139 ff.
UV „Spieglein, Spieglein an der Wand“

Im Zusammenhang mit dem Lesekapitel „Spieglein, Spieglein an der Wand“ ist ein Referat zum Thema „Schönheitsideale und ihre historische Veränderung – Vergleich Barock und heute“ vergeben worden. Um sich dem Thema zu nähern, sollte man zunächst notieren, was man schon zur Thematik weiß. Dazu ist ein Cluster besonders geeignet.

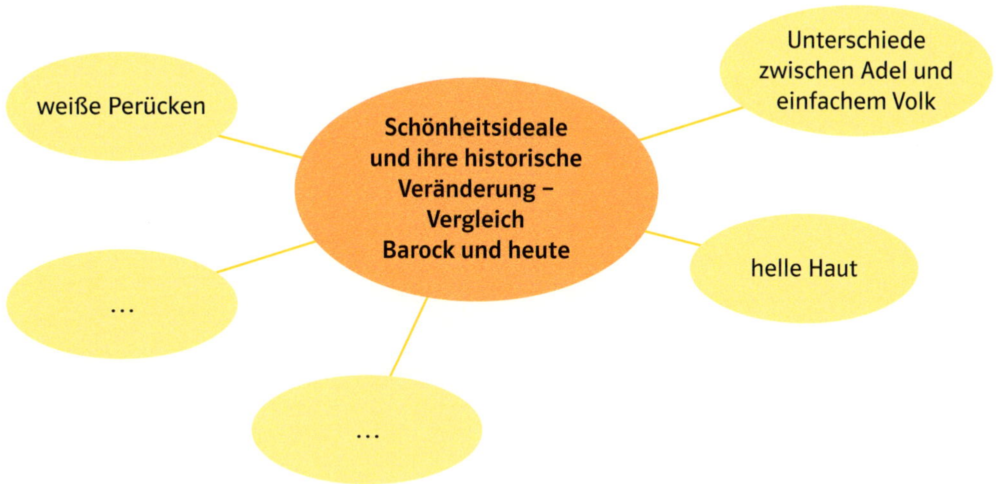

1 Hier hat jemand begonnen, zu notieren, was er über die Mode des Barocks schon weiß. Ergänze das Cluster in deinem Heft mit deinem eigenen Vorwissen.

2 Sortiere deine Ideen, indem du sie in einer Mind-Map einordnest. Diese könnte wie folgt beginnen, es sind aber auch andere Ordnungskriterien möglich.

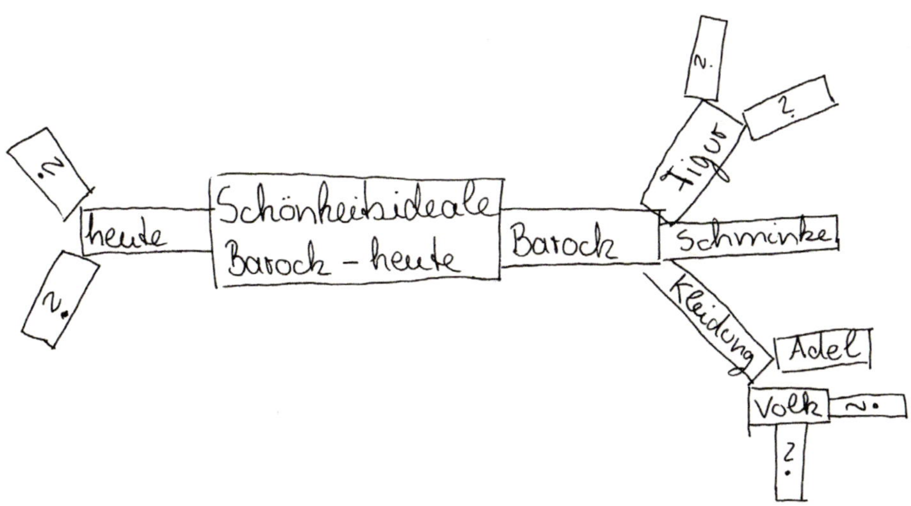

3 Trage die Fragen zusammen, die sich ergeben haben und die du noch recherchieren musst.
- *Wie sah die Kleidung des Barocks beim Adel und beim einfachen Volk genau aus?*
- *Hat man sich zur Zeit des Barocks schon geschminkt und wenn ja, wie?*

1.2 Einen Arbeitsplan erstellen

Damit man am Ende nicht unter Zeitdruck gerät, sollte man sich für die Erarbeitung seines Referats einen Zeitplan erstellen.

Zeitplan für mein Referat (1. von 2 Wochen)							
	Montag	**Dienstag**	**Mittwoch**	**Donnerstag**	**Freitag**	**Samstag**	**Sonntag**
Vormittag	Schule bis 13.15 Uhr					aus-schlafen	Handball-spiele
Nachmittag	Nachhilfe	Hausaufgaben				*Material sichten und Texte erarbeiten*	
		Recherche Bibliothek	*Material sichten*				
Abend	*Internet-recherche*	Handball-training		Handball-training	Treffen mit den anderen in der Stadt	Party bei Kevin	

1 In zwei Wochen musst du selbst ein Referat halten. Erstelle dir einen Zeitplan.

1.3 Informationen sammeln und auswerten

Um an Informationen für dein Referat zu kommen, hast du mehrere Möglichkeiten:

Sich informieren

- Bibliothek
- Buchhandlung
- Internet
- Experten

1 Überlege, wo du in deiner eigenen Umgebung nach Informationen für dein Referat recherchieren würdest.
Notiere dir zu jeder Informationsquelle (Internet-)Adressen, Namen etc.

2 Welche eigenen Erfahrungen hast du schon bei einer Recherche gemacht? Trage zu den verschiedenen Informationsquellen deine Erfahrungen zusammen.

Bei der Suche nach Material wurde folgender Text gefunden und im Hinblick auf die Fragestellungen an das Referat bearbeitet:

Die Schmink- und Perückenkunst erreichte besonders in Frankreich, das zum modischen Vorbild wurde, neue Höhepunkte. Im 17. und 18. Jahrhundert wurden die kunstvoll gelockten Perücken und die weiß gepuderten Gesichter zum Kennzeichen der oberen Schicht. Weiße Haut, mit Rouge gerötete Wangen, rote Lippen, geschwärzte Brauen und schwarze Schönheitspflästerchen, diese Farben bestimmten das schöne Gesicht. Wer sich gar nicht oder nur dezent schminkte, wurde als vulgär betrachtet. „Der gute Ton will, dass Rouge sehr dick aufgetragen werde und die inneren Augenlider berühre", beobachtete Graf von Vaublanc.

Männer und Frauen machten sich so zurecht und auch die prächtigen, bunten Kleider wurden von beiden Geschlechtern getragen. Kinder wurden ebenso gekleidet und geschminkt wie die Erwachsenen. Haare und Perücken wurden mit Haarpuder gepflegt. Da man auf Wasser und Seife ja verzichtete, war das fettsaugende Puder die einzige Möglichkeit, die Haare einigermaßen sauber zu halten.

17./18. Jh. in Frankreich: Oberschicht trägt kunstvolle Perücken und ist weiß geschminkt

→ auf abstoßende Weise derb und gewöhnlich

Mode unabhängig von Alter und Geschlecht

3 Welche Methoden zur Texterarbeitung wurden hier angewendet? Liste die einzelnen Schritte auf.

▶▶ **Seite 230 ff.**
Sich einen Sachtext erschließen
LS „Umgang mit Sachtexten"

4 Fasse den Text mithilfe der Randbemerkungen zusammen.

August III. v. Polen

Amelie Elisabeth v. der Pfalz

„Las Meninas", 1599–1660.

1.4 Den Vortrag vorbereiten

▶▶ Seite 20 f.
UV „Meine berufliche Zukunft“

Damit der Vortrag gelingt, sind einige Aspekte im Hinblick auf den Aufbau und die Sprechweise zu beachten.

Gliederung eines Referats

Einleitung ▶
- Thema und seine Bedeutung klar formulieren
- Gliederung deutlich machen (Folie, Plakat, Tischvorlage)

Hauptteil ▶
- Gliederungspunkte darstellen und veranschaulichen (Folie, Plakat, …)

Schluss ▶
- Vortrag kurz zusammenfassen und mit wenigen Worten an den Anfang anknüpfen (Rahmen)

1 Verfasse eine Einleitung zu deinem Referat.

Um im Vortrag nicht „den Faden zu verlieren“ und besser frei sprechen zu können, sollte man sich Karteikarten machen, auf denen die wichtigsten Informationen stehen.

Die Karteikarte

Aufbau ▶
- nicht größer als DIN-A5
- durchnummeriert
- Schlüsselwörter farbig markiert
- deutlich lesbar
- strukturiert, Gliederungspunkte auf den ersten Blick erkennbar

Inhalt ▶
- auf Kernaussagen beschränkt
- in Stichwörtern verfasst

2 Lege für deine Einleitung eine Karteikarte an und übe damit unter Berücksichtigung der Tipps auf S. 21 („So kommt euer Kurzreferat gut an“) diesen Teil des Referats.

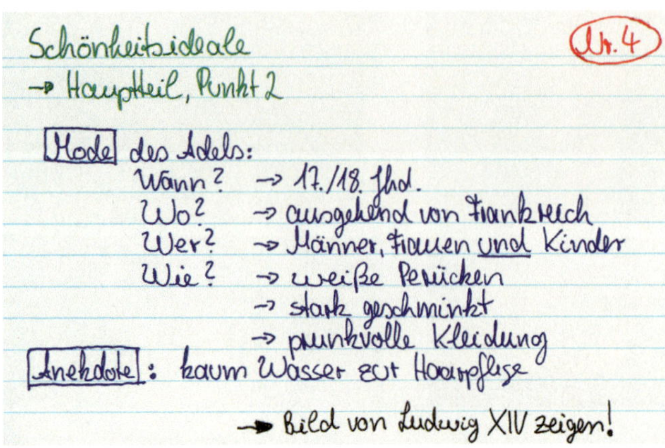

1.5 Das Ergebnis präsentieren

Referat

veranschaulichen

- Tafel
- Gegenstände
- Power-Point-Präsentation
- …

vortragen

- Kleidung
- Mimik
- Körperhaltung
- …

1. Welche weiteren Möglichkeiten zur Veranschaulichung eines Vortrags fallen dir ein?
2. Welche weiteren Aspekte spielen beim Vortragen eine Rolle?
3. Übertrage die Tabelle in dein Heft und ergänze darin, welche Vor- oder Nachteile die einzelnen Visualisierungsmöglichkeiten haben.

▸▸ **Seite 204**
Sich verständigen
LS „Sich verständigen – Gespräche führen – Argumentieren“

Möglichkeiten	*Vorteile*	*Nachteile*
Power-Point-Präsentation	*– Möglichkeit, Bilder, Text und Grafiken zu zeigen* *– schneller Wechsel durch Knopfdruck möglich* *– …*	*– hohe technische Fertigkeiten werden vorausgesetzt* *– Technik nicht immer in Klassenräumen vorhanden* *– …*

1.6 Bewertung eines Referats

Anhand des folgenden Beurteilungsbogens werden die Bewertungskriterien für ein Referat noch einmal deutlich. Du kannst damit dein eigenes, aber auch andere Referate bewerten.

Bewertungskriterien für ein Referat			
Inhalt	☺	😐	☹
Die Darstellung ist schlüssig.			
Der Inhalt wird verständlich vorgetragen.			
Der Vortrag ist gedanklich nachvollziehbar gegliedert.			
Referent erweist sich als Experte (beantwortet Fragen).			
Informationsquellen waren vielfältig und gut.			
Vortrag	☺	😐	☹
Das Interesse des Zuschauers wird geweckt (z.B. durch Einleitung).			
Es wird frei vorgetragen.			
Der Referent spricht deutlich und nicht zu schnell.			
Es wird eine angemessene Körpersprache verwendet.			
Ein Blickkontakt zwischen Referent und Zuhörern wird hergestellt.			
Medieneinsatz	☺	😐	☹
Die Gliederung des Vortrags ist den Zuhörern präsent.			
Medien werden sinnvoll und gut erkennbar eingesetzt.			

1 Konkretisiere einige Bewertungskriterien wie in dem folgenden Beispiel.

Medien werden sinnvoll und gut erkennbar eingesetzt.

– Sie helfen, den Inhalt des Referats besser zu verstehen
– Sie sind für alle gut lesbar
– …

2 Ergänze noch weitere Bewertungskriterien, die dir sinnvoll erscheinen.

3 Trage dein Referat einem Freund, deinen Eltern, Geschwistern etc. vor und lasse sie mithilfe des Bewertungsbogens deinen Vortrag beurteilen.

2 Einen Geschäftsbrief verfassen

Einen Geschäftsbrief schreiben sich nicht nur Firmen untereinander. Auch als Privatperson bekommt man solche und muss sie verfassen, z.B. wenn man an eine Versicherung oder Bank schreibt oder eine Bewerbung verfasst.
Selbst wenn man auf dem Postweg um Informationen für ein Thema bitten möchte, sollte man diese Form anwenden, da sie sehr übersichtlich ist und der Adressat schnell wichtige Informationen herausfinden kann.

▶▶ **Seite 15**
UV „Meine berufliche Zukunft“

Norman Dahl
Friedrichsstr. 14
59457 Werl
(0 29 22) 1 23 45
E-Mail: norman.dahl@web.de

Werl, 04. Oktober 2006

Schloss Ludwigsburg
Modemuseum
Schlossstr. 30
71634 Ludwigsburg

Informationen zur Kleidung im 17. Jahrhundert

Sehr geehrte Damen und Herren,

im Zusammenhang mit der Vorbereitung eines Referats zum Thema „Schönheitsideale und ihre historische Veränderung – Vergleich Barock und heute“ habe ich mich daran erinnert, dass uns auf einer Klassenfahrt bei einer Führung durch die Ludwigsburg vor einem Jahr auch Kleidungsstücke aus dem Barock gezeigt wurden.

Da mein Referat hier seinen Schwerpunkt legt, wäre es schön, möglichst umfangreiches Material zu dieser Thematik zu haben. Somit möchte ich Sie bitten, mir, wenn möglich, Informationsmaterial über Kleidung, Frisuren etc. aus dem 17. Jahrhundert zuzuschicken. Vielleicht können Sie mir aber auch ein paar Tipps für meine Recherche geben.

Ich danke Ihnen im Voraus für Ihre Bemühungen und würde mich freuen, wenn Sie mir Material zusenden könnten.

Mit freundlichen Grüßen

Norman Dahl

1 Ordne dem Geschäftsbrief folgende Gliederungspunkte zu:

Anrede | Empfängerdaten | Betreff | Ort, Datum

Grußformel | Text | Absenderangaben | Unterschrift

Beim Verfassen eines Geschäftsbriefs sind folgende Aspekte zu beachten:

1. Schrift: Schriftgrad 10–12; gängige, gut lesbare Schriftart (z.B. Arial oder Times New Roman)

2. Papier: DIN-A4-Format, weißes unliniertes Papier

3. Ränder: oben/unten ≥ 1,8 cm
rechts/links ≥ 3,0 cm

4. Sonstiges:
- Datum des Briefs in der gleichen Zeile wie der Name des Absenders
- Text ist durch eine Leerzeile von der Anrede abgesetzt und wird mit einfachem Zeilenabstand geschrieben. Absätze werden durch eine Leerzeile getrennt.
- Rechtschreibung und Grammatik beachten
- Umschlag und Brief übersichtlich gestalten
- ausreichend frankierter Umschlag mit vollständigen Absenderangaben und Empfängerdaten

▸▸ **Seite 261**
Anredepronomen
UV „Rechtschreibung“

2 Schreibe selbst einen Geschäftsbrief an eine Firma, ein Museum, einen Spezialisten etc., in dem du um Informationsmaterial für ein Referat bittest.

3 Was ich über das Informieren gelernt habe – Portfolio

3.1 Kann ich das wirklich? – Lernspiegel

✔ Kann ich ...

- die wichtigsten Arbeitsschritte für die Erarbeitung eines guten Referats nennen?
- Ideen für ein Referat sortieren?
- verschiedene Informationsquellen nennen?
- Textbearbeitungsmethoden anwenden?
- Karteikarten für mein Referat erstellen?
- Vor- und Nachteile verschiedener Visualisierungsmöglichkeiten erläutern?
- Bewertungskriterien für ein gutes Referat benennen?
- den Aufbau eines Geschäftsbriefs erläutern?

3.2 Lernlexikon

In deinem Lernlexikon solltest du zum Thema „Sich und andere informieren“ Einträge u.a. zu folgenden Punkten angelegt haben:

Arbeitsschritte zum Referat – Möglichkeiten der Veranschaulichung – Erstellen einer Karteikarte – Bewertungskriterien für ein Referat – Aufbau eines Geschäftsbriefs

3.3 Schatztruhe – Lerndossier

Im Zusammenhang mit dem Thema „Sich und andere informieren“ könntest du Folgendes in deinem Lerndossier abgelegt haben:

- **einen Arbeits- und Zeitplan für das Verfassen eines Referats**
- **eine selbst verfasste Einleitung mit beschrifteten Karteikarten zu einem Referat**
- **Adressen und Namen von Informationsquellen in deiner Umgebung, die dir bei deiner Recherche helfen können**
- **einen selbst formulierten Geschäftsbrief**

Lernstation: Schreiben

1 Verschiedene Schreibformen

Schreibformen kann man nach ihrer Funktion und damit nach ihrem Stil unterscheiden:

Schreiben

erzählend	**sachlich**	**argumentierend**	**produktions-orientiert – kreativ**
Fantasiegeschichte	Bericht	Leserbrief	Gedicht
Reportage	Protokoll	Textanalyse	Perspektivwechsel …
…	…	…	

❶ Finde weitere Textsorten und ordne sie den unterschiedlichen Funktionen zu. Gibt es Textsorten, die du nicht eindeutig zuordnen kannst?

2 Erzählende Schreibformen – Die Reportage

▸▸ **Seite 66 f.**
UV „Es steht in der Zeitung …“

▸▸ **Seite 235 ff.**
Der Informationsgehalt einer Reportage LS „Umgang mit Sachtexten“

Die Reportage gehört zwar im Rahmen der Zeitung in den Bereich der informierenden Texte, will dieses Ziel aber auf unterhaltsame Art erreichen. Hier sollen den Lesern Erfahrungen so anschaulich vermittelt werden, als hätten sie diese selbst erlebt. Es wird nur das Notwendigste sachlich berichtet. Stattdessen verschafft man den Lesern Einblicke hinter die Kulissen, entdeckt für sie Neues und deutet Zusammenhänge. So dient die Reportage zugleich der Unterhaltung und der Informationsvermittlung.
Eine Reportage, die von einem Menschen handelt, heißt Portrait.

Der Aufbau einer Reportage setzt sich folgendermaßen zusammen:

Einstieg ▶ Der Einstieg will Neugier erwecken, z.B. durch einen besonderen Witz, ein Zitat, ein interessantes Detail, eine spannende Szene, eine Frage oder eine Provokation.

Hauptteil ▶ Dieser sollte nicht chronologisch aufgebaut sein, sondern muss über die gesamte Dauer fesseln. Interessante Informationen werden über den gesamten Artikel verteilt. Ein roter Faden sollte sich durch das Geschehen ziehen und den Leser leiten.

Schluss ▶ Auch hier sollte keine Zusammenfassung gegeben, sondern eine überraschende Wendung oder ein interessanter Aspekt aufgegriffen werden. Man kann auch wieder an den Einstieg anknüpfen.

2.1 Übungen zum Verfassen einer Reportage

Deine Aufgabe auf den folgenden Seiten wird es sein, eine Reportage über einen Spielplatz in deiner Wohnortnähe zu schreiben. Du wirst dafür Abschnitt für Abschnitt durch die anstehenden Arbeitsschritte gelenkt.

1 Stoff sammeln – Wer eine Reportage schreiben will, muss sehen lernen

1 Suche dir einen Spielplatz in deiner Wohnortnähe und setze dich an einem Nachmittag zum Beobachten dorthin. Zu folgenden Fragen solltest du dir Stichworte notieren.

Frage	Hinweise
Welche Atmosphäre lässt sich beobachten?	Achte auf Details: Wetter und Licht, Größe des Platzes, Spielgeräte mit Farbe, Material, Zustand, Geräusche wie Autolärm oder Vogelgezwitscher, Kinderstimmen, …
Wer befindet sich auf dem Spielplatz?	Kinder (geschätztes Alter), Mütter, Väter, Großeltern, …
Wie bewegen sich die Menschen auf diesem Platz?	Du schaffst diese Beobachtung leichter, wenn du dir dieselben Menschen an einem anderen Ort vorstellst, z. B. im Supermarkt, im Museum …
Was tun sie?	Schreibe genau mit, indem du bestimmte Personen über einen längeren Zeitraum beobachtest. Liest die Begleitperson des Kindes z. B. ein Buch, spielt sie mit dem Kind?
Kannst du Gespräche oder Gesprächsfetzen mithören?	Notiere dir solche Gespräche, damit du sie vielleicht später als Zitat verwenden kannst.
Wie empfinden die Beteiligten ihren Ort?	Suche dir eine Begleitperson und ein Kind heraus und stelle ihnen offene Fragen, d. h. Fragen, die nicht nur mit „ja“ oder „nein“ beantwortet werden können. Also z. B. „Wie oft kommen Sie mit Ihrem Kind hierher?“ oder „Was gefällt dir an diesem Spielplatz besonders gut?“ oder „Wenn du dir etwas wünschen könntest, was hättest du hier gerne?“

2 Fakten herausfinden – Ein Reporter kann auch Wissen vermitteln

Wenn du eine Reportage über einen Spielplatz schreibst, ist es natürlich möglich, lediglich Ereignisse zu schildern. Aber häufig nutzt diese Schreibform auch die Möglichkeit, einen Leser zu informieren.

2 Erkundige dich bei der entsprechenden Stadtverwaltung über Spielplätze allgemein und „deinen“ Spielplatz im Besonderen: z. B. „Wie lange gibt es diesen Spielplatz schon?“ oder „Wer kümmert sich um die Pflege?“ oder „Wie viel Geld kostet dieser Spielplatz im Jahr?“.

3 Schreibe dir nun alle wesentlichen Fakten auf und achte darauf, dass Zahlen stimmen, Namen richtig geschrieben werden, der Ort des Spielplatzes genannt werden kann usw.

3 Der Einstieg in die Reportage – Die Einleitung muss fesseln

So nicht:	Sondern:
1. In dieser Reportage geht es um den Spielplatz an der Wernerstraße, der an einer Hauptverkehrsstraße liegt.	*Dröhnende Lastwagen, hupende Autos, das Quietschen vom anhaltenden Bus sind das Erste, was man hört, wenn man den Spielplatz an der Wernerstraße betritt.*
2. Im Sandkasten auf dem Spielplatz im Stadtpark sieht man viele Hundehaufen.	…

4 Schreibe mehrere Einstiege für die 2. Situation:
- Lass ein Kind oder eine Mutter zu Wort kommen.
- Schildere die Gerüche, die du wahrnimmst, möglichst drastisch.
- Formuliere eine Frage als Einstieg.

4 Der Hauptteil – Möglichst abwechslungsreich formulieren

Eine Reportage kann man abwechslungsreich gestalten, indem man verschiedene Aspekte beleuchtet. Folgende Wechsel sind dabei möglich:

Detail ⟷ Gesamteindruck
Jetztzustand ⟷ Vergangenes ⟷ Zukünftiges
Darstellung des Orts ⟷ Hintergrundwissen

5 Fülle diese Oberbegriffe mit deinem konkreten Material und lege einen Bauplan für die Reihenfolge deiner Reportage fest.

SCHREIBPLAN
Einleitung
Zitat Florian zum Hundekot im Sandkasten
Hauptteil
- Eigene Beobachtungen auf dem Spielplatz
- Darstellung einer älteren Mutter über Zustand von vor drei Jahren
- Haltung der Stadt

5 Die Sprache – Anschaulich schreiben

So nicht:	Sondern:
1. Vögel zwitschern von den Bäumen und die Kinder reden viel.	*Das Amselgezwitscher mischt sich mit den zahlreichen Kinderstimmen zu einem vielstimmigen Frühlingslied.*
2. Auf dem Spielplatz befindet sich ein quadratischer Sandkasten mit den Ausmaßen vier mal vier Meter, das Holz ist blau lackiert, die Sitzbreite beträgt 20 cm, die Füllhöhe ist ca. 50 cm. Der Sand ist feinkörnig und hell …	*Der Sandkasten ist größer als manches Kinderzimmer und lädt durch seinen feinen Sand und die blaue Farbe nicht nur die Kinder zum „Kuchenbacken" ein.*

6 Formuliere eine Regel für die beiden Möglichkeiten, anschaulich zu formulieren.

7 Beschreibe die Schaukel oder Rutsche auf deinem Spielplatz anschaulich.

6 Die Sprache – Passiv vermeiden

So nicht:	Sondern:
Es wird um die Geräte herumgelaufen, gelegentlich von der Schaukel heruntergerutscht, ansonsten wird viel im Sandkasten gebuddelt.	...

▸▸ Seite 253
Handlungsart (Genus Verbi)
LS „Sprache untersuchen – Grammatik“

8 Setze diesen Satz ins Aktiv.

7 Die Sprache – Lieber kurze, verständliche Sätze als zu viele Verschachtelungen

So nicht:	Sondern:
Darauf hoffend, dass ihr Vater sie auf der Rutsche anschubst, bleibt Emilia mit in Falten gelegter Stirn auf der Rutsche sitzen und ihrem Mund entfährt ein markerschütterndes Geschrei, während der Vater seiner Tätigkeit des Zeitunglesens weiter nachkommt.	*Wer wird gewinnen? Emilia, die durch lautes Gebrüll ihren Vater zur Schaukel zwingen will? Oder der Vater, der gelassen weiter in der Zeitung blättert? Alle sind gespannt!*
Mit versteinerter Miene faltet der Vater die Zeitung pedantisch, bevor er sie in seinen Rucksack steckt, und schreitet dann betont lässig, die Hände in den Hosentaschen versteckend und sich unauffällig umsehend, auf Emilia zu, um sie kurz darauf wenig liebevoll in die Höhe zu befördern.	...

9 Formuliere diesen Text so um, dass er leichter verständlich wird.

8 Der Schluss – Leicht und heiter statt schwer und ernst

So nicht:	Sondern:
Ein zusammenfassendes Resümee, z.B. *„Insgesamt möchte ich feststellen, dass der Zustand von Kinderspielplätzen ...“*	Aufgreifen des einleitenden Zitats oder des einleitenden Aspekts
Unverbindlichkeiten, z.B. *„Man wird ja in Zukunft sehen, ob ...“*	*„Drei Monate nach meinem Anruf bei der Stadtverwaltung rückt ein Lastwagen mit einer neuen Schaukel an.“*
Eine Moral, z.B. *„Wollen wir alle hoffen, dass auch die Hundebesitzer ...“*	Eine witzige Wendung, z.B. *„Laut fluchend trat Herrchen in das vorhin von seinem Vierbeiner gemachte Häufchen. Zu ärgerlich aber auch!“*

10 Formuliere nun deine Reportage aus und beachte die oben erarbeiteten Aspekte.

3 Argumentierende Schreibformen – Literarische Figurencharakterisierung

▸▸ **Seite 40 f.**
UV „Löcher – Die Geheimnisse von Green Lake“

3.1 Aspekte der Figurencharakterisierung

Die literarische Figurencharakterisierung unterscheidet sich nicht grundlegend von einer Personenbeschreibung. Folgende Aspekte spielen weiterhin eine wesentliche Rolle:

- **Persönliche Daten**
  Name, Alter, Wohnort, Beruf, …
- **Äußere Erscheinung**
  Größe, Figur, Gesicht, Haare, Kleidung, auffallende Kennzeichen, …
- **Charaktereigenschaften**
  momentan oder fortwährend

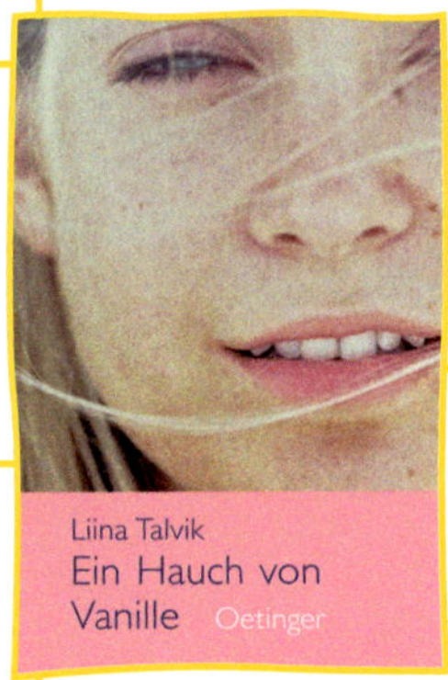

- **Lebensumstände**
  Familienstand, Einrichtung der Wohnung, Hobbys, …
- **Typische Verhaltensweisen**
  Bewegung, Gesichtsausdruck; Was tut jemand? z. B. *geht täglich ins Café, verlegt regelmäßig seinen Schlüssel*
- Welches **Verhältnis** hat jemand zu anderen?

▸▸ **Seite 54 f.**
UV „Außenseiter? Einfach nur anders?“

3.2 Direkte und indirekte Charakterisierung

Nicht immer wird eine Person direkt charakterisiert, sondern literarische Texte bedienen sich häufig der indirekten Charakterisierung. Dabei sind direkte Charakterisierungen nicht immer wahr. Stammen sie vom auktorialen (allwissenden) Erzähler, kann man sie glauben. Stammen sie von einer anderen Romanfigur, muss die Glaubhaftigkeit zunächst überprüft werden.

Figurencharakterisierung

- **direkte** Benennung der Eigenschaften durch
  - allwissenden Erzähler
    - Äußerung hat Gültigkeit
  - andere Romanfigur oder Figur selbst
    - Äußerung muss auf Wahrheitsgehalt hin vom Leser bewertet werden
- **indirekte** Darstellung durch
  - Worte oder Verhaltensweise einer Figur
    - Leser muss Rückschlüsse auf den Charakter ziehen

1 Schlage nach, was das Wort „Charakter“ im ursprünglichen Sinne bedeutet.

▸▸ Seite 120 f. UV „Liebesbriefe gestern und heute“

2 Ergänze die folgende Tabelle mit passenden Adjektiven. Findest du Eigenschaften, die du nicht einer Stärke oder einer Schwäche zuordnen kannst?

Charaktereigenschaften/Verhältnis zu anderen	
Stärken	**Schwächen**
selbstbewusst, mutig, offen, freundlich, …	schüchtern, aggressiv, leichtsinnig, überheblich, …

Du findest im Folgenden zwei Textstellen aus dem Roman „Ein Hauch von Vanille“ von Liina Talvik, die zwei Figuren indirekt charakterisieren.
In dem Roman geht es um das Mädchen Siri, das sich gegen die Krebserkrankung ihrer Großmutter zu stemmen versucht, und um den Jungen Bebe, der ihr dazu ungewöhnliche Aufgaben stellt.

Hinter dem linken Flügel des Schulgebäudes steht er. Er hat den Hut in die Stirn gezogen und die Hände tief in den Taschen seiner schwarzen Hose vergraben. Das Hemd ist wie üblich offen und noch ist seine Brust rot nach der Kälte des Winters. Wenn es richtig kalt ist, zieht er schon mal ein T-Shirt unter dem Hemd an, aber meistens nicht. Meistens ist er genauso gekleidet wie heute: schwarze Turnschuhe, schwarze Hose, ein zu großer Hut. Der schwarze Hut.

DEUTUNG	KOMMENTAR
Dem Leser wird die Figur Bebe nach wenigen Zeilen (1) vorgestellt. Bisher weiß man nichts über ihn. Man vermutet als Leser (2) jedoch, dass es sich um einen Jungen (3) handelt, der noch zur Schule geht, da die Szene auf einem Schulhof (3) spielt. Des Weiteren lässt seine Kleidung (3) vermuten, dass es sich um einen Jugendlichen (3) handelt. Die Figur erfährt hier eine indirekte Charakterisierung, zum einen durch die Haltung (4), zum anderen durch die Kleidung (4). Die Art, wie er dasteht, lässt vermuten, dass er schüchtern ist und nicht auffallen möchte (5). „Er hat den Hut in die Stirn gezogen und die Hände tief in den Taschen seiner schwarzen Hose vergraben.“ (S. 5) (6) Er versteckt sich (7) regelrecht hinter seiner Kleidung.	(1) Einordnung der Textstelle in den Roman (2) Relativierung der Äußerung hinsichtlich ihres Wahrheitsgehalts (3) Rückschluss auf Alter (4) Indirekte Charakterisierung (5) Deutung (6) Zitat als Beleg (7) Begründung der Deutung
Sowohl die Farbe der Kleidung als auch die Art der Kleidung im Winter lassen den Schluss zu, dass …	

3 Übernimm diese Tabelle in dein Heft und setze die Deutung der Textstelle fort, indem du auf Grund von Art und Farbe der Kleidung weitere Rückschlüsse auf Bebes Charakter ziehst. Achte darauf, dein Verfahren zu kontrollieren, indem du die rechte Spalte mit weiteren Kommentaren zu deinem Vorgehen versiehst.

Bald nachdem Bebe gegangen ist, geht auch Siri. Sie geht wie immer zu ihrer Großmutter. Seit sie in die erste Klasse gekommen ist und die anderen nach der Schule in den Hort gegangen sind, ist sie bei ihrer Großmutter gewesen. Mit schweren Schritten steigt sie die Treppe hinauf und bleibt vor Großmutters Tür erst einmal erschöpft stehen. Sie legt die Hand auf die Klinke, zögert aber, ehe sie sie herunterdrückt. Die Nase gegen die Türritze gedrückt, betet sie ein stilles Gebet:

„Lieber Gott, lass es nach Armen Rittern riechen!"
Aber es riecht nicht nach Armen Rittern. Vielleicht kann Großmutter nie, nie mehr Arme Ritter machen, denkt Siri. Vielleicht war das letzte Mal schon das allerletzte Mal und ich habe es nicht gewusst.

4 Werte auch diese Textstelle so aus, dass du Rückschlüsse auf Siris Charakter ziehst.

▸▸ **Seite 59**
UV „Außenseiter? Einfach nur anders?"

3.3 Schritte bei der Erstellung einer literarischen Charakterisierung

Vorarbeiten ▶
- Sammeln von Stichpunkten durch Textarbeit (Unterstreichen, Herausschreiben, Umformulieren)
- Unterscheidung: direkte und indirekte Charakterisierung
- Lesen zwischen den Zeilen und Vermutungen anstellen

Einleitung ▶
- Autor, Titel, Textart, Erscheinungsjahr
- Kurzinfo über das Werk und die zu charakterisierende Person

Hauptteil ▶
- persönliche Daten
- äußere Merkmale
- Lebensumstände
- typische Verhaltensweisen
- Charaktereigenschaften, Verhältnis zu anderen

Schluss ▶
- Zusammenfassende Bemerkung (z.B. *Wie wirkt diese Person auf dich?*)

Allgemeines ▶
- Aspekte können nur insoweit betrachtet werden, als der Text Auskunft gibt
- Begründungen (Zitate) durch den Text vornehmen
- Objektiv-sachlich während der gesamten Darstellung bleiben
- Argumentierend im Hinblick auf den Text vorgehen
- Zeitform: Präsens

1 Untersuche die Figur der Christine aus der Novelle „Die schwarze Spinne" (S. 164 ff.) nach dem obigen Schema.

4 Was ich über das Schreiben gelernt habe – Portfolio

4.1 Kann ich das wirklich? – Lernspiegel

✔ Kann ich ...
• einer Textart einen schwerpunktmäßigen Schreibstil zuordnen?
• das Ziel einer Reportage benennen?
• Beobachtungsfragen formulieren, die für das Schreiben einer Reportage im Vorfeld wichtig sind?
• eine fesselnde Einleitung für eine Reportage schreiben?
• den Hauptteil einer Reportage abwechslungsreich gestalten?
• Schreibtipps für die sprachliche Gestaltung einer Reportage geben?
• drei Alternativen für den Schluss einer gelungenen Reportage schreiben?
• Textstellen finden, die eine Figur indirekt charakterisieren?
• diese Textstellen deuten hinsichtlich des Charakters einer Figur?

4.2 Lernlexikon

In deinem Lernlexikon solltest du zum Thema „Schreiben“ Einträge u.a. zu folgenden Punkten angelegt haben:

Schreibformen – Aufbau einer Reportage – Tipps zum Schreiben einer Reportage – Aspekte einer Figurencharakterisierung – Schritte bei der Erstellung einer literarischen Charakterisierung

4.3 Schatztruhe – Lerndossier

Im Zusammenhang mit dem Thema „Schreiben“ könntest du Folgendes in deinem Lerndossier abgelegt haben:

- **eine von dir verfasste Reportage**
- **die Deutung einer Textstelle hinsichtlich des Charakters einer Figur**

Lernstation: Sich verständigen – Gespräche führen – Argumentieren

1 Sich verständigen

1.1 Verbale und nonverbale Kommunikation

verbale Kommunikation (gesprochene Sprache)	**nonverbale Kommunikation** (nichtgesprochene Sprache)	
	Sprechweise	**Körpersprache**
• Sprachebene/Wortwahl (Dialekt, Fachsprache, Jugendsprache, Ironie) • Satzbau (kurz, einfach, lang, verschachtelt) • Sprecherhandlung (sachlich, informativ, bewertend, appellierend) • Modus (Imperativ: befehlend; Konjunktiv: auffordernd)	• Artikulation (Aussprache: deutlich, undeutlich …) • Intonation (Satzmelodie: steigend, fallend …, Klangfarbe: hell, dunkel …) • Dynamik (Sprechtempo: langsam, schnell …, Sprechfluss: flüssig, stockend …, Pausen) • Lautstärkenwechsel	• Mimik (Gesichtsausdruck: freundlich, finster …) • Gestik (Gesten: zeigen, küssen …; Körperhaltung: lässig, verängstigt …) • Kleidung (Kleidungsstücke, Haare, Kosmetik)

Seite 24 f.
UV „Das Herz eines Boxers“

1 Lies die 1. Szene aus dem Theaterstück „Das Herz eines Boxers“. Untersuche, wie die beiden Hauptfiguren auf verbaler und nonverbaler Ebene handeln. Halte deine Ergebnisse stichwortartig fest.

LEO:
- *verbal: verwendet keine gesprochene Sprache, erscheint hierdurch …*
- *nonverbal: trägt Bademantel, wirkt äußerlich krank*

JOJO:
- *verbal: verwendet Jugendjargon, z. B. „Knackibrigade“ …*
- *nonverbal: …*

2 Stelle dir vor, du bist Regisseur: Formuliere zu den folgenden Aussagen Jojos Regieanweisungen, die etwas über seine Sprechweise aussagen.
Bsp.: *„Schönen Tag, die Knackibrigade Schöner Wohnen soll aus der Butze hier wieder eine menschliche Behausung machen.“ S. 24, Z. 17 ff. (sehr laut, deutlich, flüssig und mit einer hellen, melodischen Stimme gesprochen, kleine Pause nach Begrüßung)*

„Was glotzt du denn so? Der erste Besuch seit dem Krieg, was?“ (S. 24, Z. 41 f.)

„Also wenn du Spaß dran hast, bring ich dir auch gerne Sprechen bei. So die Grundbegriffe: ja, nein, bitte, danke, cool, kult, ätzend.“ (S. 25, Z. 49 ff.)

„Na? Wirkt doch gleich viel freundlicher.“ (S. 25, Z. 59)

1.2 Gespräche untersuchen

Gespräche untersuchen

ANALYSEGESICHTSPUNKTE

- Gesprächspartner
- Gesprächsverlauf/-inhalte
- Gesprächsabsicht/-erwartung
- Beziehung
- verbales und nonverbales Verhalten

1 Ordne den folgenden Formulierungen aus einer Gesprächsanalyse zur 3. Szene des Theaterstücks „Das Herz eines Boxers" die oben genannten Gesichtspunkte der Gesprächsführung zu. Mehrfachnennungen sind möglich.

▸▸ **Seite 28 f.** UV „Das Herz eines Boxers"

Leo erwartet von Jojo, dass dieser seine Orden aus dem 2. Weltkrieg für möglichst viel Geld verkauft.

In dem ersten Gesprächsteil geht es um Leos Bitte, Jojo solle für ihn alte Orden beim Trödler verkaufen. Als Jojo ihm erklärt, dass er hierfür nicht viel Geld bekommen würde, nimmt das Gespräch einen überraschenden Verlauf. Bei der Suche nach wertvollen Gegenständen findet Jojo alte Zeitungsartikel, die von Leos Boxkarriere berichten.

In dem Gespräch der 3. Szene aus dem Theaterstück „Das Herz eines Boxers" des Autors Lutz Hübner unterhalten sich die beiden Hauptfiguren, der Jugendliche Jojo und der ältere Heimbewohner Leo.

Auch auf nonverbaler Ebene zeigt Jojo mit seinen bewundernden Blicken, wie sehr er Leo achtet.

Wie in dem gesamten Jugendtheaterstück, spricht Jojo einen Jugendjargon, was durch die Formulierung „[...] ich soll dir das Lametta da verscheuern, was?" (S. 29, Z. 32 f.) deutlich wird.

Jojo ist ein jugendlicher Straftäter, der seine Sozialstunden damit verbringen soll, dem Heimbewohner Leo das Zimmer zu streichen. Als er durch Zeitungsartikel erfährt, dass Leo ein bekannter Boxer gewesen ist, geht er mit dem älteren Mann von nun an respektvoller um.

■■■ In einer **Gesprächsanalyse** hältst du alle wichtigen Ergebnisse zu den Analysegesichtspunkten schriftlich fest.

- In einer kurzen **Einleitung** werden Autor, Titel, Textart und das Gesprächsthema benannt.
- Im Detail werden im **Hauptteil** die einzelnen Analysegesichtspunkte untersucht und abgearbeitet.
- Der **Schlussteil** dient als Zusammenfassung für die wesentlichen Analyseergebnisse. ■

Formulierungen für eine Gesprächsanalyse

Einleitung	Hauptteil	Schlussteil
• In dem Jugendtheaterstück „Das Herz eines Boxers" des Schriftstellers Lutz Hübner findet ein Gespräch zwischen … statt, in dem es um … geht. • Der szenische Text beinhaltet ein Gespräch zwischen den beiden Figuren … Die beiden unterhalten sich/sprechen/reden über … • In Lutz Hübners Theaterstück … findet in der 3. Szene eine Unterhaltung zwischen den beiden Personen … statt, welche …	**a) Gesprächspartner** • In dem Gespräch unterhalten sich … **b) Verlauf/Inhalte** • In dem ersten Gesprächsteil geht es um … • Daraufhin reden/sprechen/unterhalten sie sich über… • Weiterhin … **c) Erwartungen** • Während Gesprächspartner A …, erwartet Gesprächspartner B, dass … • Gesprächspartner A möchte in dem Gespräch herausfinden … • Beide Gesprächspartner bezwecken/erwarten … **d) Beziehung** • Die Beziehung der beiden Gesprächspartner ist gekennzeichnet durch … • Das Gespräch verläuft …, daher kann daraus geschlussfolgert werden, dass die Beziehung der beiden Personen offenherzig/gestört/neutral … ist. **e) verbales und nonverbales Verhalten** • Durch das nonverbale Verhalten wird verdeutlicht/veranschaulicht… • Der Autor beschreibt, dass Person A … Dieses Verhalten/diese Geste/diese Mimik zeigt, wie … • Die Sprachhandlungen der Person A sind gekennzeichnet durch …	• Zusammenfassend kann über das Gespräch zwischen … festgehalten werden, dass … • Die Kommunikation misslingt/gelingt, weil … • Das Gespräch verläuft für beide Personen positiv/negativ, da …

2 Untersuche die 3. Szene auf S. 28 f. nach den Gesichtspunkten einer Gesprächsanalyse. Halte deine Ergebnisse stichwortartig fest.

3 Verfasse mithilfe deiner stichwortartigen Planung eine Gesprächsanalyse. Du kannst dabei oben gesammelte Formulierungen verwenden und auch die auf S. 205 vorgegebenen Sätze für die Analyse hinzuziehen.

2 Gespräche führen

2.1 Diskussionen und Debatten durchführen

Ein Gespräch, in dem unterschiedliche Meinungen ausgetauscht, begründet und beurteilt werden, nennt sich **Diskussion.** Gute **Argumente** sind gefragt.
Folgende **wichtige Regeln** sind einzuhalten: Jeder Gesprächsteilnehmer muss den anderen **gut zuhören,** diese **ausreden lassen,** seine **eigene Meinung begründen,** aber auch die **Standpunkte anderer akzeptieren** und **tolerieren.**

Diskussion	
Thema	spezielle (Streit-)Frage
Leitung	Diskussionsleiter
Redebeiträge	müssen nicht angemeldet sein
Sitzordnung	Kreis oder Rechteck
Ablauf	**Eröffnung:** Gesprächsleiter erklärt wesentliche Regeln und Ablauf; formuliert Diskussionsthema; übergibt das Wort an Diskussionsteilnehmer **Diskussionsphase:** freie Diskussion unter den Teilnehmern; Gesprächsleiter achtet auf Einhaltung der Regeln **Abschlussphase:** evtl. Aufforderung durch Gesprächsleiter, dass abschließend jeder Teilnehmer kurz die eigene Meinung formuliert; Zusammenfassung der wichtigsten Ergebnisse durch Diskussionsleiter

Eine besondere Form der Diskussion ist die **Debatte.** Diese verläuft noch regelgeleiteter als die Diskussion.

Thema | **Ablauf** | **Leitung** | **Redebeiträge** | **Sitzordnung**

Eröffnung: Eröffnung des Gesprächsleiters durch Vorstellen der Abstimmungsfrage; erklärt Regeln; reglementierte Redezeit von ein bis zwei Minuten pro Sprecher

streng nach Rednerliste; müssen angemeldet sein

Parteien sitzen sich gegenüber; Gesprächsleiter vor Kopf

Abschlussphase: Abstimmung über das debattierte Thema

Gesprächsleiter

Diskussionsphase: abwechselnde Redebeiträge der Pro- und Kontraseite

Spezielle (Streit-) Frage

Vorbereitung: Entwicklung von Argumentationsstrategien

1 Ordne die einzelnen Bausteine den Oberbegriffen zu. Notiere diese in der richtigen Reihenfolge in deinem Heft. Orientiere dich hierbei an der vorgegebenen Struktur für die Diskussion.

2 Vergleiche, wodurch sich die Debatte von der Diskussion unterscheidet.

3 Schriftlich argumentieren

3.1 Thesen, Argumente und Beispiele unterscheiden

Eine **Argumentation** besteht aus drei Teilen:
- **These** (griechisch: setzen, aufstellen): die aufgestellte Behauptung, Meinung oder Forderung.
- **Argument** (lateinisch: erhellen, beweisen): beinhaltet eine Begründung, d.h. es versucht eine aufgestellte These zu stützen. Argumente können Tatsachen (Faktenargumente), Expertenmeinungen (Autoritätsargumente) oder auch Werte (normative Argumente) sein. Argumente sind oft durch Begründungswörter (denn, weil, daher, deshalb, also, folglich…) zu erkennen.
- **Beispiel:** steigert die Überzeugungskraft eines Arguments, weil es einen Sachverhalt noch einmal veranschaulicht.

1. Bestimme, um welche Art von These (Behauptung, Meinung, Forderung) es sich handelt.
2. Ordne die folgenden Argumente den oben genannten Thesen zu.
3. Bestimme, um welche Art von Argument (Faktenargument, Autoritätsargument, normatives Argument) es sich jeweils handelt.

In Amerika existiert kein Jugendstrafrecht. Jugendliche können dort bereits ab dem 14. Lebensjahr nach Erwachsenenstrafrecht verurteilt werden.	Das Anschreien, die körperliche Erniedrigung und die völlige Unterwerfung durch die Campleiter greift die Würde der Häftlinge an. Ein wesentliches Grundrecht wird hierdurch verletzt.	Ein bekannter Rechtswissenschaftler hat durch eine Untersuchung nachgewiesen, dass eine Inhaftierung in Bootcamps Jugendliche nach ihrer Freilassung nicht davon abhält, weitere Straftaten zu begehen.

Tony sollte bloß ein „besserer Junge“ werden

Todesfall/In einem US-Umerziehungslager starb ein 14-Jähriger auf mysteriöse Weise.

■ PHOENIX. Tony Haynes konnte seinen Ärger nicht kontrollieren. Er hatte Lernprobleme, stahl und stand auch schon vor Gericht. Seine Mutter sah nur noch einen Ausweg: ein Bootcamp, wo Drill-Sergeants den 14-Jährigen auf den rechten Pfad zurückpfeifen sollten. „Er sollte dort Respekt und Disziplin lernen“, hoffte Melanie Hudson. Ihre Hoffnungen werden unerfüllt bleiben. Denn Tony, der ein Camp nahe Phoenix im Bundesstaat Arizona besuchte, starb jetzt unter mysteriösen Umständen.

Er wurde gezwungen, Erde zu essen

Er ist mindestens der fünfte Teenager, der in den vergangenen zehn Jahren in einem Trainingslager für verhaltensgestörte Kinder ums Leben kam. Erst vor drei Jahren starb ein Junge aus Kalifornien ebenfalls in einem militärischen Camp, nachdem er gezwungen wurde, Liegestütze über einem Eimer voller Exkremente zu machen. […]

Im Fall von Tony dürften ähnliche Umstände zum Tod geführt haben. Wie Augenzeugen berichten, erbrach sich der Junge, nachdem er gezwungen worden war, Erde zu essen. […]

Die Polizei, die das Camp vorübergehend schloss, berichtete von Kindern, deren Körper blaue Flecken aufwiesen und die von Missbrauch durch das Personal erzählten. […]

Selbst eine Schule im kalifornischen Oakland greift zu der drastischen Maßnahme und schickt diesen Sommer 200 Kinder der siebten Klasse in ein zweiwöchiges Bootcamp. Auch dort steht die Disziplin an vorderster Stelle.

NRZ vom 7. Juli 2001

Keine „Lizenz zum Töten“ für 11-Jährige

■ Nach der Bluttat von Jonesboro wird in den USA heftig darüber gestritten, ob das Gesetz minderjährige Gewalttäter wie erwachsene Kriminelle behandeln soll. In der Kleinstadt hatten zwei 13-jährige Schüler Jagdgewehre von zu Hause entwendet und damit am Mittag während eines falschen Feueralarms gezielt in die aus dem Schulhaus strömende Menschenmenge geschossen.

Das Justizministerium in Washington prüft inzwischen, ob die beiden Knaben nach Bundesrecht als Erwachsene beurteilt werden könnten, um im Fall einer Verurteilung lange Haftstrafen zu ermöglichen. In den 80er-Jahren waren, unter dem Eindruck tödlicher Gefechte zwischen Jugendbanden im Drogenmilieu, die meisten Bundesstaaten dazu übergegangen, bereits 14-Jährige und ältere Minderjährige wie Erwachsene zu bestrafen. […]

tagesanzeiger vom 30.03.98

4 In den beiden Zeitungsartikeln befinden sich einige Beispiele, die bei einer Argumentation zum Jugendstrafrecht in Amerika verwendet werden können. Schreibe diese heraus.

5 Welche Haltung vertrittst du zum Thema „Jugendstrafrecht in Amerika“? Formuliere eine eigene These und stütze sie durch Argumente und Beispiele.

▸▸ **Seite 37 ff.** UV „Löcher – Die Geheimnisse von Green Lake“

3.2 Pro- und Kontra-Argumente erfassen

▸▸ **Seite 230 ff.**
Sich einen Sachtext erschließen
LS „Umgang mit Sachtexten"

Verschärfung des Jugendstrafrechts auch in Deutschland?!

Auch in Deutschland werden seit einiger Zeit die Rufe nach härteren Strafen für Jugendliche immer lauter, weil hierdurch auf die gestiegene Kriminalität junger Leute reagiert werden soll. Es gibt Vorschläge von CDU-regierten Bundesländern, das Alter für die Strafmündigkeit auf zwölf Jahre abzusenken und für Heranwachsende (18- bis 20-jährige Straftäter) stärker das Erwachsenenstrafrecht anzuwenden. Ebenso wird die Einführung eines so genannten „Einstiegsarrestes" vehement gefordert. Es stellt sich die Frage, ob der Erziehungsgedanke, der seit 1923 der Grundgedanke des deutschen Jugendstrafrechts ist, nicht durch eine Verschärfung des Jugendstrafrechts aufgegeben würde.

Gegner dieser Verschärfung des Jugendstrafrechts verweisen auf jugendkriminologische Erkenntnisse, die besagen, dass die meisten Delikte junger Leute auf Besonderheiten in der pubertären Entwicklung zurückzuführen und vorübergehend seien. In der Praxis haben sich seit Einführung des Jugendstrafrechts Maßnahmen wie soziale Trainingskurse, Täter-Opfer-Ausgleich, Schadenswiedergutmachung und Arbeitsauflagen bewährt.

Die Entwicklung der harten Strafmentalität für junge Straffällige in Deutschland knüpft an die Handhabung in den USA an. So wurde unter Clinton die Todesstrafe für Jugendliche ab 16 Jahren ausgebaut und ebenso die lebenslange Haftstrafe ohne Bewährung festgelegt. Auch die Inhaftierung in so genannten „boot camps" ist in Amerika bei jugendlichen Straftätern üblich. In England wurde unter dem Premierminister Tony Blair beispielsweise das Alter unbedingter Strafmündigkeit auf zehn Jahre herabgesetzt und die lebenslange Haftstrafe für Jugendliche eingeführt.

Darüber hinaus stützen sich die Befürworter der Verschärfung des Jugendstrafrechts auf einen tatsächlichen oder jedenfalls so seit 1990 wahrgenommenen Anstieg von Gewaltstraftaten bei jungen Menschen. Dem entgegen steht die Entwicklung seit 1998, die einen Rückgang der Gewalttaten Jugendlicher aufweist. Häufig werden Einzelfälle medienwirksam ausgenutzt, um härtere Strafmaßnahmen für Jugendliche einzufordern. Schreckliche Morde wie die von Kindern an James Bulger in England oder die Ausländerpogrome in Rostock-Lichtenhagen werden schnell verallgemeinert und für eine Verschärfung der Strafrechtspolitik angeführt.

Eine Absenkung der Strafmündigkeit auf das Alter von zwölf Jahren wird gefordert, da viele Jugendliche aufgrund der früher einsetzenden Pubertät schon in diesem Alter voll straffähig seien. Um mit jugendlichen Serientätern bei Autodiebstahl, Straßenraub oder Mord angemessener umgehen zu können, werden milde Maßnahmen wie die Unterbringung in der Jugendpsychiatrie oder erlebnispädagogische Reisen abgelehnt. Vor allem rechtsextremistische Gewalttaten verlangten energischere Strafen.

Gegen eine solche Handhabung spricht, dass gerade bei jungen Straftätern oft Bildungs- und andere Reifedefizite vorliegen. Dies äußert sich vor allem im Schulschwänzen, der zunehmenden Schulverweigerung und dem modernen Analphabetentum. Insgesamt ist die Jugend- und Reifephase länger, schwieriger, risiko- und konfliktbeladener geworden.

Um jungen Tätern einen Vorgeschmack auf eine Freiheitsstrafe zu geben, fordern Befürworter der Verschärfung des Jugendstrafrechts auch einen „Einstiegsjugendarrest". Bei vielen Jugendlichen trägt der Arrest jedoch dazu bei, dem Gefängnis den Schrecken zu nehmen. Zudem werden Verhaltensweisen wie Verschlossenheit, Bockigkeit oder Gleichgültigkeit verstärkt. Auch der Jugendarrest im Sinne eines sozialen Trainings in geschlossenen oder offenen Formen ist umstritten. Neuerliche Versuche in den USA mit entsprechenden „drill-" oder „boot camps" sind gescheitert und äußerst fragwürdig.

1 Suche unter den vorgegebenen Möglichkeiten die Maßnahmen heraus, die zur Verschärfung des Jugendstrafrechts in Deutschland angedacht werden.

- ☐ Jugendliche sollen in Deutschland schon mit 10 Jahren nach dem Erwachsenenstrafrecht verurteilt werden.
- ☐ Es wird angestrebt, einen so genannten „Einstiegsjugendarrest" einzuführen.
- ☐ Auch in Deutschland wird die Einrichtung so genannter „boot camps" erfolgen.
- ☐ Seit 1990 steigt die Jugendkriminalität in Deutschland jährlich an.
- ☐ Die Strafmündigkeit von Kindern und Jugendlichen soll auf das Alter von 12 Jahren herabgesetzt werden.
- ☐ Alle Parteien fordern die Verschärfung des Jugendstrafrechts in Deutschland.

2 In dem Sachtext werden zahlreiche Argumente für (Pro-Argumente) und gegen (Kontra-Argumente) die Verschärfung des Jugendstrafrechts angeführt. Notiere diese in einer Tabelle.

Pro-Argumente	*Kontra-Argumente*
– Auf eine gestiegene Jugendkriminalität muss durch härtere Strafmaßnahmen reagiert werden. – ...	*– Erziehungsmaßnahmen wie soziale Trainingskurse, Täter-Opfer-Ausgleich, Schadenswiedergutmachung und Arbeitsauflagen haben sich in der Praxis bewährt.* – ...

3.3 Einen Argumentationsaufsatz verfassen

In einem **Argumentationsaufsatz** hältst du Argumente für und gegen eine These schriftlich fest. Auch eine schriftliche Argumentation ist, ähnlich wie andere Aufsatzformen, in eine **Einleitung**, einen **Hauptteil** und einen **Schlussteil** gegliedert.

Aufbau eines Argumentationsaufsatzes

Einleitung:

- Benennung der zu diskutierenden Fragestellung, des zu erörternden Themas
- Erklärung der Bedeutung des Problems allgemein
- Anknüpfen der zu diskutierenden Fragestellung

Beispiel: *In jüngster Zeit wird auch in Deutschland darüber nachgedacht, das Jugendstrafrecht zu verschärfen. Geplant sind z.B. die Einführung eines Jugendarrests und die Senkung des Strafalters von 14 auf 12 Jahre. Es stellt sich hier die Frage, ob eine solche Reform …*

Hauptteil:

- Benennung aller Pro- und anschließend aller Kontra-Argumente
- Verwendung möglichst unterschiedlicher Arten von Argumenten (z.B. Autoritätsargument, normatives Argument, Faktenargument)
- Unterstützung der Argumente, wenn möglich, durch Beispiele

Beispiel: Pro-Argumente

Argument 1: *Befürworter der Verschärfung des Jugendstrafrechts begründen ihre Forderung mit der gestiegenen Kriminalität bei Jugendlichen.*

Argument 2: *Ein weiteres Argument für die Reform ist die Tatsache, dass …*

Argument 3: *Des Weiteren spricht für eine Einführung eines „Einstiegsjugendarrests" …*

Kurze Überleitung

Beispiel: Kontra-Argumente

Argument 1: *Gegen eine Verschärfung des Jugendstrafrechts spricht, dass sich bisherige Maßnahmen wie z.B. der „Täter-Opfer-Ausgleich" bewährt haben.*

Argument 2: *Auch werden Jugendliche durch härtere Maßnahmen nicht davon abgeschreckt, weitere Straftaten zu begehen, da …*

Argument 3: *Ein weiteres Argument gegen …*

Schluss:

- Abwägen aller Argumente, um zu einem eigenen Urteil zu gelangen

Beispiel: *Stellt man alle Argumente gegenüber … Die Argumentation zeigt auf, dass …*

1 Mache dir den Aufbau eines Argumentationsaufsatzes klar. Welche Funktion haben die drei Teilbereiche Einleitung, Hauptteil und Schluss?

2 Verfasse nun einen Argumentationsaufsatz zum Thema „Ist eine Verschärfung des Jugendstrafrechts in Deutschland sinnvoll?". Nutze die Pro- und Kontra-Argumente, die du dem Text „Verschärfung des Jugendstrafrechts auch in Deutschland?!" (S. 210 f.) entnommen hast.

4 Was ich über Verständigung gelernt habe – Portfolio

4.1 Kann ich das wirklich? – Lernspiegel

Kann ich …

- verbale und nonverbale Kommunikation unterscheiden?
- Gesprächsmittel benennen und erklären?
- die Aspekte einer Gesprächsanalyse benennen?
- den Aufbau einer Gesprächsanalyse erklären und die Funktion der Gliederungsschritte erläutern?
- eine Gesprächsanalyse stichwortartig planen und die wesentlichen Ergebnisse in Form eines Analysetextes festhalten?
- wesentliche Regeln benennen, die für mündliche Diskussionsformen wichtig sind?
- die Unterschiede beim Ablauf einer Diskussion und einer Debatte erklären?
- Thesen, Argumente und Beispiele in einem Sachtext erkennen?
- zu einem Diskussionsthema Pro- und Kontra-Argumente zusammenstellen und mithilfe der Planung einen sinnvoll strukturierten Argumentationsaufsatz verfassen?

4.2 Lernlexikon

In deinem Lernlexikon solltest du zum Thema „Verständigung“ Einträge u. a. zu folgenden Punkten angelegt haben:

Verbale und nonverbale Kommunikation – Aspekte und Aufbau einer Gesprächsanalyse – Regeln für mündliche Diskussionsformen – Definitionen zu den Begriffen These, Argument und Beispiel – Aufbau eines Argumentationsaufsatzes

4.3 Schatztruhe – Lerndossier

Im Zusammenhang mit dem Thema „Verständigung“ könntest du Folgendes in deinem Lerndossier abgelegt haben:

- **eine von dir selbst verfasste Gesprächsanalyse**
- **einen Argumentationsaufsatz zu einem strittigen Thema**

Lernstation: Umgang mit literarischen Texten

1 Erzählende Texte, Gedichte und szenische Texte unterscheiden

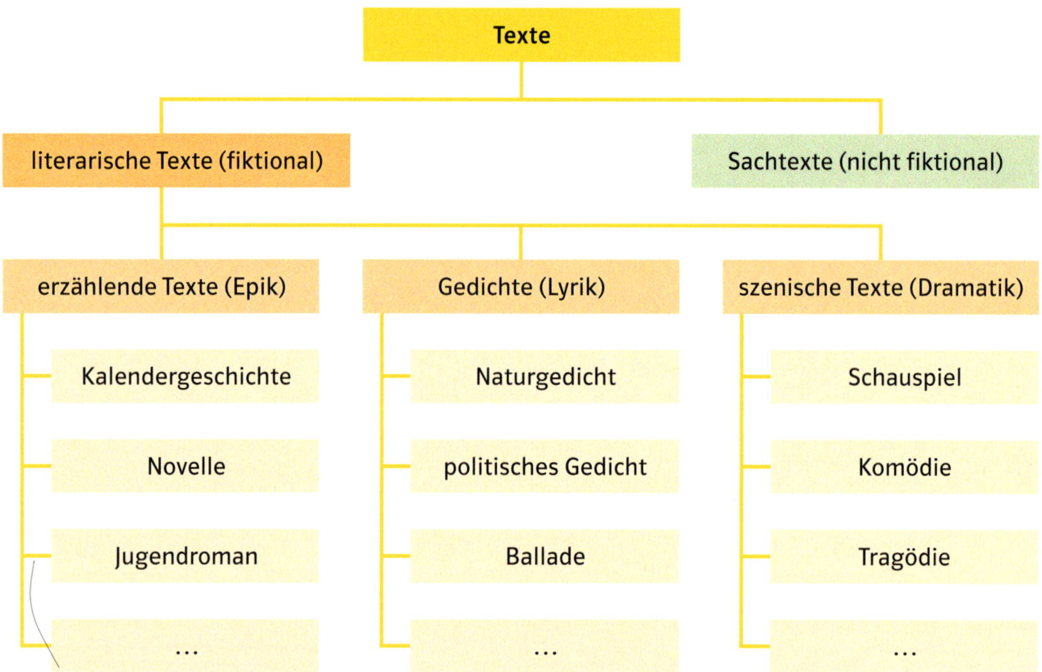

1 Was hast du über die Gemeinsamkeiten und Unterschiede zwischen den drei so genannten „Gattungen" erzählende Texte (Epik), Gedichte (Lyrik) und szenische Texte (Dramatik) gelernt und behalten?
Mache dir Einzelheiten mithilfe des Schemas klar und verdeutliche dir die Ergebnisse anhand von Beispielen, auch aus diesem Buch.

2 Vergegenwärtige dir erneut das Vier-Punkte-Schema, damit du bei der Bearbeitung der folgenden Seiten auf dieses zurückgreifen kannst.

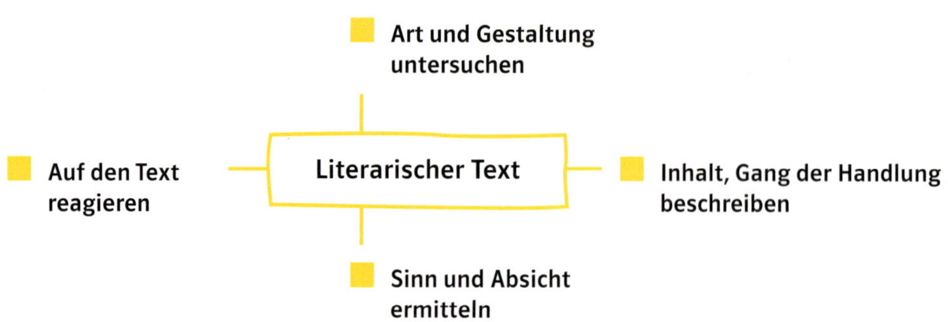

2 Erzählende Texte untersuchen

2.1 Kalendergeschichte

Kalendergeschichten entstanden im 16. Jahrhundert im Zusammenhang mit der Entwicklung des Buchdrucks. Sie wurden für Kalender geschrieben, die häufig das einzige gedruckte Buch neben der Bibel in einem Haushalt waren.

Seite 168 ff. UV „Kuriose Begebenheiten“

- Die Kalendergeschichte ist eine kurze Erzählform, die unterhalten und zugleich belehren will. So wurden damals in den Kalendern unterschiedliche Textsorten wie Schwank, Anekdote, Fabel usw. abgedruckt.
- Inhaltlich geht es meist um eine merkwürdige Begebenheit, von der der Verfasser irgendwo gehört oder gelesen hat.
- Sammlungen von Kalendergeschichten entstanden im 19. Jh. Die bekannteste Sammlung war das „Schatzkästlein des rheinischen Hausfreunds“ (1811) von Johann Peter Hebel.
- Seit dem 20. Jh. werden Kalendergeschichten auch unabhängig von Kalendern verfasst und zeitgleich kunstvoller, da sie nicht mehr volkstümlich sein müssen. Es entsteht eine eigene literarische Gattung.

1 Entnimm dem Merketext Informationen zu den vier Punkten des Schemas:
- Inhalt, Gang der Handlung: *merkwürdige Begebenheit*
- Sinn und Absicht der Geschichte: *unterhalten und belehren, später auch …*
- Art und Gestaltung: …
- Auf die Geschichte reagieren: …

2 Untersuche im Folgenden die Kalendergeschichte „Unverhofftes Wiedersehen“ (S. 168 f.) mithilfe des Schemas genauer. Achte darauf, dass am Ende deiner ausführlichen Untersuchungen ein zusammenhängender Text entstehen soll. Beginne zunächst mit der **Inhaltsangabe:**

Inhaltsangabe
- Stelle zu Beginn den Text und dessen Thema vor.
- Gib den Inhalt sachlich wieder.
- Schreibe im Präsens.
- Verwende zur Wiedergabe von Gesprochenem indirekte Rede.

Du kannst z. B. so beginnen:

In der Kalendergeschichte „Unverhofftes Wiedersehen“ von Johann Peter Hebel, die 1810 entstand, geht es um die ewige Liebe, die über den Tod hinaus dauert.
Die Geschichte, die in Schweden spielt, beginnt damit, dass ein junger Bergmann …

3 Untersuche nun die **Gestaltung** der Kalendergeschichte. Achte dabei besonders auf den Erzähler, seine Perspektive und sein Erzählverhalten. Mache dir Stichwörter.

4 Versuche den **Sinn** der Geschichte zu erklären und zu deuten.

5 Wie **reagierst** du auf die Geschichte? Schreibe deine Gedanken und Überlegungen auf.

2.2 Anekdote

▸▸ **Seite 172 f.**
UV „Kuriose Begebenheiten"

■■■ Der Duden definiert eine Anekdote als „eine kurze, jmdn. od. etwas (humorvoll) charakterisierende Geschichte".
Meyers Taschenlexikon bestimmt die Anekdote als „pointierte Geschichte; epische Kleinform, die auf einen Moment zielt (eine Handlung, eine schlagfertige Entgegnung), in dem sich menschl. Charakterzüge enthüllen oder in dem die Merkwürdigkeit oder die tieferen Zusammenhänge einer Begebenheit zutage treten".■

1 Untersuche, inwiefern diese Definitionen für die beiden folgenden Anekdoten gelten.

Johann Peter Hebel

Farbenspiel

In einer Schule saßen zwei Schüler, von denen hieß der eine Schwarz, der andere Weiß, wie es sich treffen kann; der Schullehrer aber für sich hatte den Namen Rot.
Geht eines Tages der Schüler Schwarz zu einem andern Kameraden und sagt zu ihm: „Du, Jakob", sagt er, „der Weiß hat dich bei dem Schulherrn verleumdet."
Geht der Schüler zu dem Schulherrn und sagt: „Ich höre, der Weiß habe mich bei euch schwarz gemacht, und ich verlange eine Untersuchung. Ihr seid mir ohnehin nicht grün, Herr Rot!" Darob lächelte der Schulherr und sagte: „Sei ruhig, mein Sohn! Es hat dich niemand verklagt, der Schwarz hat dir nur etwas weisgemacht."

Michael Seufert und Sepp Ebelselder

Vier Jahreszeiten

Die Zimmermädchen des Hamburger Hotels „Vier Jahreszeiten" hatten unter einer Marotte des Stars sehr zu leiden. Wenn der Gast von 447 abreiste, mussten sie schnell das Zimmer inspizieren. Der Schauspieler hatte es sich zur Gewohnheit gemacht, etwas mitgehen zu lassen – ein Bild, einen Wandteller, eine Schreibmappe. Vermutlich hatte er das Gefühl, bei den gesalzenen Preisen im „Vier Jahreszeiten" wäre das „Geschenk" inbegriffen. Jahrelang spielte sich dasselbe Ritual ab: Das Mädchen meldete die Verluste telefonisch an der Kasse, der jeweilige Betrag wurde kommentarlos auf die Rechnung gesetzt – und ebenso kommentarlos bezahlt.

2 Worin unterscheiden sich die beiden Anekdoten? Halte deine Ergebnisse stichwortartig fest.

3 Schreibe selbst eine Anekdote. Suche dir dafür eine passende Zeitungsnotiz und arbeite diese aus.

2.3 Novelle

Die Novelle ist ein erzählender Text. Meist wird das Schicksal von Menschen in einer Krisensituation dargestellt, die eine plötzliche Wendung nimmt.

▸▸ Seite 164 ff.
UV „Kuriose Begebenheiten“

- Sie entsteht im 14. Jahrhundert, also dem Übergang vom Mittelalter zur Neuzeit.
- Das Wort *novus* – *neu* steckt in dem Begriff „Novelle“ und meint, dass eine neue Begebenheit erzählt wird, also ein Ereignis, das nicht vorhersehbar war.
- Der Aufbau der Novelle ist dem des Dramas vergleichbar: eine knappe Exposition (Einleitung), ein deutlicher Höhepunkt und ein klar erkennbarer Schluss.
- Die Handlung ist in der Regel einsträngig und knapp.
- Die Novelle verwendet oft ein so genanntes Rahmengeschehen für das Erzählen des Ereignisses. Dieses steht inhaltlich in einem Zusammenhang mit der Geschichte.
- Sie arbeitet häufig mit „Leitmotiven“ oder „Dingsymbolen“ (wie z.B. der „Judenbuche“ in Annette von Droste-Hülshoffs gleichnamiger Novelle).

Hier hat jemand bereits die Novelle „Die schwarze Spinne“ von Jeremias Gotthelf zusammengefasst:

Die Novelle beginnt in einem Bergtal am Himmelfahrtstag bei schönem Wetter; Dorfbewohner bereiten sich freudig auf eine Kindstaufe vor. Die gesamte Familie trifft allmählich ein und macht sich fertig zum Kirchgang. Im Zentrum dieses Abschnitts steht die Patin, die den Namen des Kindes dem Pfarrer im Rahmen der Tauffeier nennen muss, diesen aber aus Versehen nicht erfahren hat. Ein alter Aberglaube verbietet es ihr jedoch, nach dem Namen zu fragen, so dass sie nun ganz unglücklich und in höchster Not zur Taufe geht. Sie wird jedoch erlöst, da der Pfarrer den Namen des Täuflings kennt. Im Anschluss daran begibt man sich zum Festessen auf den Hof der Familie. Dabei bringt ein auffälliger schwarzer Balken im Haus den anderen Paten dazu, den Großvater nach der Bedeutung zu fragen. Dieser ziert sich zunächst, lässt sich aber widerwillig zum Erzählen der folgenden Geschichte überreden: ☐ ☐ ☐ ☐ ☐

Vor 600 Jahren werden die Bauern des Tals von dem Schlossherren Hans v. Stoffel stark geknechtet. Nachdem die Bauern schon lange Zeit ihre Arbeit und somit ihre Einnahmen vernachlässigen und dem Herren Stoffel ein Schloss bauen mussten, sollen sie nun im Mai einen Schattengang von 100 Buchen errichten, was nahezu unmöglich ist. In der allgemeinen Verzweiflung bietet der Teufel, in der Verkleidung eines Grünen Jägers, seine Hilfe an – um den Lohn eines ungetauften Kindes. Die Bauern fliehen jedoch vor ihm.
Die Arbeit am Schattengang beginnt. Als der Grüne Jäger am dritten Tag unter Donner und Blitz noch einmal seinen Vorschlag vorbringt, fliehen die Bauern zwar erneut, aber Christine, eine aus Lindau zugezogene Frau, schließt diesen Pakt eigenmächtig: Der Grüne küsst ihre Wange und der Kuss brennt wie Feuer.
Die Frau beruhigt die Bauern und sie stimmen ihr schließlich zu. Der Schattengang wird mit einiger Zauberei fristgerecht vollendet. Die Bauern sind erleichtert und hoffen, den Teufel überlisten zu können. ☐ ☐ ☐ ☐ ☐ ☐ ☐

Das erste Neugeborene wird vom mutigen Pfarrer gleich nach der Geburt getauft, die Bauern freuen sich, aber auf Christines Wange wächst ein schmerzender schwarzer Fleck. Als das nächste Kind geboren wird, wächst der Fleck zur schwarzen Spinne und diese gebärt bei der Taufe des zweiten Kindes viele kleine schwarze Spinnen, die nun ausschwärmen und das Vieh töten.

Große Not macht sich breit, außerdem kommt noch der Zorn des Ritters über seine toten Rinder hinzu. Die Bauern beschließen darauf, den Teufel zu befriedigen, eine Verschwörung gegen die nächste werdende Kindsmutter kommt unter der Leitung Christines zustande. Gerade die Schwägerin Christines, die als eine der wenigen gegen den Pakt gestimmt hat, gebärt das nächste, das dritte Kind. In einer Gewitternacht reißt Christine das Kind auf dem Weg zur Taufe an sich und will es dem Teufel übergeben. Der Pfarrer aber hat Unheil gewittert, ist zum Treffpunkt geeilt und ein fürchterlicher Kampf entbrennt: Dabei schrumpft Christine zur Spinne zusammen, der Teufel aber flieht vor dem Weihwasser, das Kind wird gerettet und getauft. Danach stirbt es; aber auch der Pfarrer, gezeichnet von schwarzen Flecken, findet den Tod.

Jetzt wütet das Grauen im ganzen Tal. Die schwarze Spinne verschont keinen, auch nicht die Ritter.

Das einzig bislang verschonte Haus ist das der Mutter des dritten Kindes. Diese wartet auf die Spinne und fasst einen Plan: Sie greift die Spinne und steckt sie in ein Loch im Balken, das sie kurz vor ihrem Ableben noch verschließen kann. Wie schon der Pfarrer, so stirbt auch sie. Ruhe und Leben kehren nun ins Tal zurück.

Hier unterbricht der Großvater seine Erzählung, es wird zum Essen gebeten, aber keiner hat jetzt noch Appetit. So erzählt der Großvater die Geschichte zu Ende:

Die Bauern und neu eingezogenen Ritter leben nun ein gottesfürchtiges und friedliches Leben. Gott hält seine Hand über das Tal und es wird wieder reich. Doch nach 400 Jahren kehren Hochmut und Gottlosigkeit erneut ein. Unheil kommt wieder von auswärts in das Tal. In das Haus mit der Spinne zieht eine Frau ein, die Ähnlichkeit mit Christine hat. Sie beherrscht ihren Sohn Christen, verheiratet ihn mit einer herrschsüchtigen Frau und lässt sowohl aus Eitelkeit als auch aus Angst ein neues Haus bauen, die Bediensteten bleiben im alten. Diese sind sich selbst überlassen und werden immer übermütiger und gottloser. Am Heiligen Abend treibt es ein fremder Knecht besonders schlimm und lässt die Spinne schließlich mitten in einer gotteslästerlichen Orgie frei. Die Raserei der Spinne beginnt aufs Neue. Der unschuldige Christen, der dem Wüten der Spinne zusammen mit seinen Kindern entkommen ist, wird von den Dorfbewohnern zum Schuldigen erhoben. In einer dramatischen Aktion fängt er die Spinne wieder ein, bevor auch er stirbt. Die Dorfbewohner erkennen ihr Unrecht und Gottesfurcht kehrt wieder ins Tal ein.

Seitdem, so beendet der Großvater seine Geschichte, werde der alte Balken in jedes neue Haus eingebaut, um als Mahnung zu dienen. Die Kindstaufe findet einen friedlichen Ausklang.

1 Mache dir den Aufbau der Novelle klar, indem du das folgende Schema in dein Heft überträgst und fortführst:

Rahmen	Einleitung	Steigerung	...	Vermeintlicher Schluss	...	Erneuter Höhepunkt	Rahmen
Kindstaufe: Großvater erzählt	Einführung in Ort, Zeit, Personen, Konflikt und Pakt mit dem Teufel	Geburt von 2 Kindern, Spinne verbreitet Schrecken	Spinne von Mutter besiegt	...	...	...	Friedlicher Abschluss der Tauffeier

2 Weise mithilfe der Textauszüge auf S. 164 ff. und der Inhaltsangabe nach, dass es sich um eine Novelle handelt:

Seite 164 ff.
UV „Kuriose Begebenheiten“

Zentraler Konflikt	*Nicht eingehaltenes Versprechen der Lindauerin Christine*
Neues, nicht vorhersehbares Ereignis	
Einsträngige Handlung	
Rahmengeschehen	
Leitmotiv	

3 Gedichte untersuchen

▸▸ Seite 127 ff.
UV „Natürlich(e) Gedichte“

3.1 Gedichte – Bilder – Musik

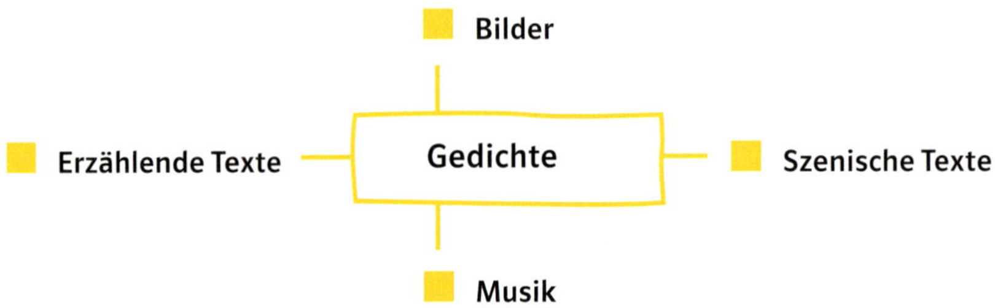

1 Erkunde anhand des Schemas
- was Gedichte mit erzählenden und mit szenischen Texten gemeinsam haben und worin sie sich von ihnen unterscheiden.
- was Gedichte mit Bildern und mit Musik gemeinsam haben und worin sie sich davon unterscheiden.

3.2 Verse und Strophen

Gedichte unterscheiden sich von erzählenden Texten dadurch, dass sie in Gedichtzeilen (= Versen) und oft auch in Strophen gestaltet und gegliedert sind.

Hans-Jürgen Heise
Programm-Unterbrechung

Der Orkan hat viel Spaß
an seinem Tun Er sprüht Salzwasser
und Heringe über den Deich
wirft Telegrafenmasten und Pkws um
drückt die Fensterscheiben
des Wirtshauses ein und hört
am Kofferradio mit was alles er
schon angerichtet hat

1 Schreibe dieses Gedicht von H.-J. Heise als fortlaufenden Text auf und erkunde die Unterschiede, indem du beide Texte laut vorliest.

2 Wodurch unterscheiden sich diese beiden Gedichte? Erkunde wieder durch lautes Lesen die Unterschiede und achte dabei auf Verse und Strophen.

Ludwig Uhland
Frühlingsglaube

Die linden Lüfte sind erwacht,
Sie säuseln und weben Tag und Nacht,
Sie schaffen an allen Enden.
O frischer Duft, o neuer Klang!
Nun, armes Herze, sei nicht bang!
Nun muss sich alles, alles wenden.

Die Welt wird schöner mit jedem Tag,
Man weiß nicht, was noch werden mag,
Das Blühen will nicht enden.
Es blüht das fernste, tiefste Tal:
Nun, armes Herz, vergiss die Qual!
Nun muss sich alles, alles wenden!

3 Versuche zu erläutern, warum das Gedicht „Frühlingsglaube“ ein traditionelles und das Gedicht „Programm-Unterbrechung“ ein modernes Gedicht ist. Achte dabei besonders auf Satzbau und Wortwahl.

3.3 Reim

Unter einem **Reim** versteht man den Silbengleichklang, in der Regel am Ende eines Verses *(z.B. Wende – Ende)*. Der Reim verbindet die Verse zu einer klanglichen Einheit *(z.B. „Die linden Lüfte sind erwacht,/ Sie säuseln und weben Tag und Nacht“)*. Außerdem trägt der Reim zur melodischen Gliederung einer Strophe bei.

Man unterscheidet verschiedene Reimtypen:

- Paarreim (aa bb …)
- Kreuzreim (abab)
- Umarmender Reim (abba)
- Schweifreim (aabccb)

1. Bestimme das Reimschema in dem Gedicht „Frühlingsglaube“ von Uhland (Seite 220).
2. Welche Wirkung entsteht dadurch, dass der zweite b-Reim so lange hinausgezögert wird? Versuche dir die Wirkung durch lautes Lesen klarzumachen.

3.4 Metrum und Rhythmus

Gedichte haben oft ein bestimmtes **Metrum,** d.h. ein Taktschema, das die Abfolge von betonten und unbetonten Silben regelt. Zur Verdeutlichung schreibt man für jede Silbe ein x und notiert über die betonten Silben einen Akzent. Beginnt eine Taktfolge neu, setzt man einen Längsstrich.

Man unterscheidet folgende regelmäßige Taktfolgen:

Metrum	Beispiel	Taktfolge
Jambus xx́ unbetont – betont	*Das Wetter ist recht gut geraten.* *Der Kirchturm träumt vom lieben Gott.* *Die Stadt riecht ganz und gar nach Braten* *Und auch ein bisschen nach Kompott*	xx́ / xx́ / xx́ / xx́ / x xx́ / xx́ / xx́ / xx́ xx́ / xx́ / xx́ / xx́ / x xx́ / xx́ / xx́ / xx́
Trochäus x́x betont – unbetont	*Grabesstill die Wasserwüste,* *Nur die Brandung gärt und kocht* *Willenlos an ferner Küste,* *Wie mein Herz im Busen pocht*	x́x / x́x / x́x / x́x x́x / x́x / x́x / x́ x́x / x́x / x́x / x́x x́x / x́x / x́x / x́

1. Verdeutliche dir die Metren der Gedichtstrophen, indem du sie laut liest und dabei das Taktschema durch Klopfen oder Klatschen hervorhebst.
2. Untersuche die Gedichte „Meeresstille“ von Goethe (S. 129) und „Mondnacht“ von Eichendorff (S. 130) hinsichtlich des Metrums, indem du die Taktfolge jeweils notierst. Stelle nun einen Zusammenhang zwischen Inhalt und Metrum der Gedichte her. Mögliche Adjektive sind dabei: *fröhlich, getragen, langsam, schnell, hektisch, feierlich, traurig, beängstigend, humorvoll, …*
3. Bestimme alle Metren auf der Doppelseite „Immer heiter und so weiter – Natur pur“. Welches Metrum ist hier vorherrschend? Kannst du dies begründen?

▸▸ **Seite 136 f.**
UV „Natürlich(e) Gedichte“

Außer **Jambus** (xx́) und **Trochäus** (x́x) kommen in Gedichten manchmal vor:
- der **Daktylus:** X́xx, also eine betonte – zwei unbetonte Silben
- der **Anapäst:** xxX́, also zwei unbetonte – eine betonte Silbe

Der Daktylus ist das Metrum der griechischen Heldenepen, z.B. der „Odyssee“, die so beginnt: *Ságe mir, Múse, die Táten des weíthin gewánderten Mánnes* […].
Diese Versfüße kannst du dir merken, indem du die beiden Begriffe richtig und deutlich betonst, also *Dáktylus* und *Anapä́st.*

Wenn du ein Gedicht streng nach Taktschema, also „metrisch“ liest, wirkt dein Vortrag eintönig und „geleiert“.

Beim Vortragen von Gedichten musst du beachten:

- Welche betonten Silben werden auch dem Sinn nach betont, welche nicht? Welche haben vielleicht nur eine schwache Betonung?
- Gibt es unbetonte Silben, die wegen des Sinnakzents trotzdem eine Betonung erhalten?

Die individuelle Sinnbetonung eines Gedichts nennt man **Rhythmus,** also im Vergleich:
- **Metrum:** festes Taktschema (denke an ein „Metronom“)
- **Rhythmus:** individuelle Sinnbetonung; bei ihr hat der Vortragende einen persönlichen Gestaltungsspielraum.

Theodor Storm
Meeresstrand

Ans Haff nun fliegt die Möwe,
und Dämmrung bricht herein;
über die feuchten Watten
spiegelt der Abendschein.

Graues Geflügel huschet
neben dem Wasser her;
wie Träume liegen die Inseln
im Nebel auf dem Meer.

Ich höre des gärenden Schlammes
geheimnisvollen Ton,
einsames Vogelrufen –
so war es immer schon.

Noch einmal schauert leise
und schweiget dann der Wind;
vernehmlich werden die Stimmen,
die über der Tiefe sind.

Metrum (metrische Betonung der ersten Strophe)	**Rhythmus** (Sinnbetonung der ersten Strophe)
xx́ / xx́ / xx́ / x	xx́ / xx / xx́ / x
xx́ / xx́ / xx́	xx́ / xx / xx
x́xx / x́x / x́x	xxx / x́x / x́x
x́xx / x́x / x	xxx / x́x / x

4 Mache dir den Unterschied zwischen Metrum und Rhythmus an dieser Gegenüberstellung klar und stelle dem Taktschema/Metrum die rhythmische Sinnbetonung gegenüber. Schreibe dazu das Gedicht in dein Heft und setze die Sinnbetonung andersfarbig über das metrische Schema.

3.5 Bilder

Seite 128 ff.
UV „Natürlich(e) Gedichte“

Wie ein Maler mit Pinsel und Farbe können auch Gedichte Bilder malen – allerdings mit Worten. Die **bildhaft-anschauliche Gestaltung** ist eines der wichtigsten Kennzeichen von Gedichten. Denn Gedichte wollen ihre Aussage und Wirkung in der Regel nicht abstrakt entfalten, wie z.B. ein schwieriger Text, sondern die Sinne ansprechen.
Man kann sich solche Bilder gut vorstellen, wenn man sich ein Gedicht vorlesen lässt, dabei die Augen schließt und anschließend beschreibt, was man „gesehen“ hat.

1. Mache den Versuch mit Goethes Gedicht „Meeresstille“ (Seite 129). Was hast du „gesehen“? Welche Einzelheiten des Bildes kannst du beschreiben? Welche Farben siehst du?

2. Fertige nun ein Bild zu diesem Gedicht an.

Man kann verschiedene Möglichkeiten bildhafter Gestaltung unterscheiden, z.B.:

Vergleich	Verknüpfung zweier Wirklichkeitsbereiche mit „wie“ zur Steigerung der Anschaulichkeit.	*Die Erde dampft wie ein Kochtopf.*
Metapher	Ein sprachliches Bild oder ein bildhafter Ausdruck, der nicht in seiner eigentlichen Bedeutung, sondern in einem übertragenen, bildhaften Sinn gebraucht wird. Dabei stimmen die eigentliche und die übertragene Bedeutung in mindestens einem Punkt, dem „Vergleichspunkt“, überein.	*Der Rhein verlässt bei Hochwasser sein Flussbett.*
Personifikation	Darstellung von Naturerscheinungen, Gegenständen oder Begriffen als Person, also eine Vermenschlichung.	*Die Sonne lacht.*

Rose Ausländer
Herbstlicher Ausschnitt

Eine schräge Strahlengarbe
Schoss vom Himmel wie ein Pfeil,
zeichnete mit goldner Farbe
auf die Erde neues Heil,
sprang im Jubel auf die Dächer,
dass sie wogten wie ein See,
schwang liebkosend einen Fächer
über Dunkelheit und Weh.

Sieh, der Himmel scheint gespalten:
Dort ein düstrer Wolkenstrom
geisterhafter Nachtgestalten;
Hier: ein stolzer Sonnendom. –
Fluss und Fenster widerblitzen,
Gassen wiegen sich im Tanz,
und es lächeln selbst die Pfützen
silberklar im jähen Glanz.

3. Untersuche die Vergleiche: Was wird verglichen – und mit welcher Absicht?

4. Untersuche ebenso die Metaphern (z.B. „Strahlengarbe“) und versuche, dir daran die Definition der Metapher klarzumachen. Welche Wirkung haben die Metaphern?

5. Im Gedicht gibt es auch Personifikationen. Versuche, sie zu erklären und in ihrer Wirkung zu bestimmen.

6. Male auch zu diesem Gedicht ein Bild.

3.6 Wörter als Werkzeug – Konkrete Poesie

Eugen Gomringer

frühling	sommer		winter					frühling
frühling	sommer		winter				winter	frühling
	sommer	herbst	winter			herbst	winter	
	sommer	herbst	winter		sommer	herbst	winter	
		herbst	winter		sommer	herbst	winter	
			winter	frühling	sommer		winter	
				frühling	sommer		winter	

Ernst Jandl

vor winterbeginn

der frühling wird schon wieder kommen
wird schon wieder kommen, der frühling
und wieder wird der frühling kommen
und der frühling wird wieder kommen
frühling wird kommen, wieder …
wer früher stirbt
muss sich nicht mehr daran halten
an dieses ewige
frühling sommer herbst winter
frühling sommer herbst winter
frühling sommer herbst winter
frühling sommer herbst winter
frühling
          wird kommen,
                    wieder …
wer aber früher stirbt
hält sich nicht mehr an dieses
ewige ewige ewige ewige ewige …………
sondern
sondern
sondern
sondern
sondern
.
.
.
.
.
.
.

1. Beschreibe, welchen Eindruck das Gedicht oben auf dich macht.
2. Welche formalen Elemente werden benutzt?
3. Finde eine Erklärung für die Anordnung im Gedicht.

Die **Konkrete Poesie** ist eine Richtung in der modernen Lyrik, die die Sprache durch Laute, Klänge und Bilder in den Vordergrund rückt. Dabei werden Techniken wie die der Montage, der Wiederholung, die spezielle Anordnung des Textes und die Lautmalerei, die durch lautes Lesen besonders deutlich wird, genutzt.

4. Experimentiere und lies das Gedicht von Ernst Jandl auf unterschiedliche Art und Weise laut vor.
5. Wie verbindet Jandl hier Form und Inhalt?

4 Szenische Texte untersuchen

4.1 Szenische Texte als Partitur[1]

Szenische Texte bzw. Dramen sind in der Regel nicht zum Lesen, sondern als Spielvorlage geschrieben und gestaltet. So wie die Partitur eines Musikstücks erst durch die Aufführung hörbar wird, wird auch ein Theaterstück erst durch Inszenierung und Aufführung lebendig.
An einer Inszenierung sind viele Mitarbeiter und Mitarbeiterinnen eines Theaters beschäftigt:

Intendant/Intendantin:	leitet das Theater künstlerisch, oft auch kaufmännisch
Dramaturg/Dramaturgin:	erstellt zusammen mit dem Intendanten den Spielplan
Regisseur/Regisseurin:	erarbeitet die Spielfassung des Stücks und bringt das Stück mit den Schauspielerinnen und Schauspielern auf die Bühne
Schauspieler/Schauspielerin:	spielen die Rollen des Stücks
Bühnenbildner/Bühnenbildnerin:	erstellt das Bühnenbild für die Aufführung
Gewandmeister/Gewandmeisterin:	…
Souffleur/Souffleuse:	flüstert den Schauspielern den Text zu, wenn sie ihn vergessen haben
Inspizient/Inspizientin:	gibt Anweisungen und überblickt alle spielerischen und technischen Abläufe während der Vorstellung
Beleuchter/Beleuchterin:	…
…	…

1 Erkunde anhand der Übersicht, wer alles tätig werden muss – und in welcher Weise, damit ein Stück inszeniert werden kann. Ergänze die Erläuterungen.

Ein Dramentext gibt vielerlei Hinweise, wie ein Stück auf die Bühne zu bringen ist:

Lutz Hübner ← Verfasser
Das Herz eines Boxers ← Titel
Jugendstück ← Art des Stücks

HSV ← Verlag
Hartmann und Stauffacher
Verlag für Bühne, Film, Funk und Fernsehen
…

DARSTELLER

Jojo ← Rollen/Darsteller/Dramenfiguren
ein Jugendlicher, etwa sechzehn Jahre

Leo
Mann Ende sechzig, Bewohner des Zimmers

Raum ← Schauplatz
Zimmer in einem Altersheim, ungemütlich, klein

Seite 23 ff. UV „Das Herz eines Boxers“

2 Wie stellst du dir nach den Hinweisen den Inhalt des Jugendstücks vor und welche Erwartungen hast du an das Stück?

[1] *Partitur: Zusammenstellung aller zu einem Musikstück gehörenden Stimmen*

4.2 Den Aufbau eines Dramas untersuchen

Ein traditionelles, „klassisches" Drama hat fünf Akte (Aufzüge) mit jeweils mehreren Szenen (Auftritten), die sich durch Schauplatzwechsel, Figuren- und/oder Handlungswechsel unterscheiden.

Seite 23 ff.
UV „Das Herz eines Boxers"

Jeder der fünf Akte hat nach alter Theatertradition eine bestimmte Aufgabe (Funktion): Auch bei einem modernen Drama wie z. B. Lutz Hübners Jugendstück „Das Herz eines Boxers" kann man Ähnlichkeiten mit dem Aufbau eines klassischen Dramas feststellen:

Akt	Bezeichnung	Funktion	„Herz eines Boxers"
1. Akt	**Exposition mit „erregendem Moment"**	Einführung des Zuschauers in • Schauplatz und Zeit • die Hauptfiguren • die Ausgangssituation (Entstehung des Konflikts: erregendes Moment) • die Vorgeschichte (was der Handlung des Stücks vorausgegangen ist)	Vorstellung der beiden Hauptdarsteller Jojo und Leo Ort: Altersheim …
2. Akt	**Steigerung**	Steigerung des Konflikts und der Handlung	…
3. Akt	**Höhepunkt oder Wendepunkt**	Umschlagen der Handlung	…
4. Akt	**Fallende Handlung mit „retardierendem Moment"**	Den Schluss des Dramas verzögernde Handlungselemente	…
5. Akt	**Schluss**	Lösung des Konflikts: Happy End in der Komödie, Katastrophe in der Tragödie	…

1 Ordne die dir vorliegenden Textauszüge (S. 24–35) dem 5-Akt-Schema zu.

4.3 Eine Figur charakterisieren

Seite 28 ff.
UV „Das Herz eines Boxers“

*Man kann sich die Eigenart und den Charakter einer Dramenfigur auf unterschiedliche Weise klarmachen, z.B. mithilfe einer **Rollenbiografie** oder einer **Figurencharakterisierung**. Bei einer solchen Charakterisierung sollte man folgende Gesichtspunkte berücksichtigen:*

Eine Figur charakterisieren

- das äußere Erscheinungsbild; besondere Auffälligkeiten, z.B. im Aussehen, in Gestik und Mimik, im Verhalten, in der Sprache
- die Lebensumstände, z.B. das soziale Umfeld, die Vorgeschichte
- die Beziehung zu den anderen Figuren
- die innere Einstellung, die Interessen und Absichten
- die Gedanken und Gefühle

Beispiel:

Jojo ist … alt und kommt aus … . Er hat (Vorgeschichte) … . Über seine schulische und familiäre Situation erfährt man nur … … . Durch sein … Handeln (Straftat) … … … … … .
Sein Kontakt zu Leo … (Beziehung zu anderen Personen) … … … … … .

1. Verwende diese Ausschnitte der Figurencharakterisierung und führe sie zu Ende.
2. Verfasse eine Figurencharakterisierung zu Leo auf der Grundlage der Informationen, die du in dem Kapitel „Das Herz eines Boxers“ bekommst.

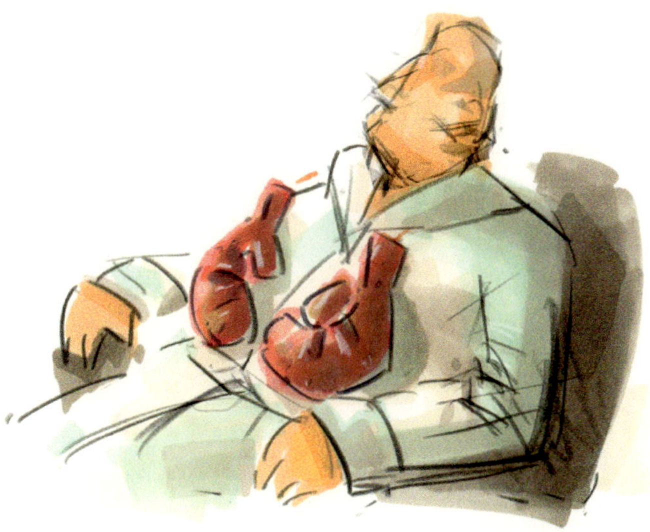

4.4 Eine Szene beschreiben

Wenn man den Sinn einer Szene im Einzelnen erkunden will, sollte man beachten, dass die Figuren auch **mit Worten „handeln"** können. Solche **sprachlichen Handlungen** kommen in so genannten **Sprechaktverben** zum Ausdruck, z.B. *befehlen, verbieten, auffordern, beschimpfen, loben, einwenden, begründen, bestreiten.*
Bei der Szenenbeschreibung kann man natürlich nicht Redebeitrag für Redebeitrag als Sprechakt wiedergeben. Vielmehr muss man Sinnabschnitte zusammenfassen. Dabei achtet man – außer auf das äußere Handeln der Figuren – vor allem auf deren **wesentliche** Sprachhandlungen.
Man beginnt die Szenenbeschreibung – ebenso wie bei der Beschreibung eines erzählenden Textes – mit einer kurzen Einleitung: Angaben zum Text, zu den Figuren und zum Thema.

Seite 24 f.
UV „Das Herz eines Boxers"

Lutz Hübner: Das Herz eines Boxers

Raum Zimmer in einem Altersheim, ungemütlich, klein. Ein Tisch, Sessel, ein Fenster zum Park. Viele Kartons, keine Bilder an der Wand.

Personen …

In der 1. Szene aus Lutz Hübners Jugendstück „Das Herz eines Boxers" treten beide Spieler des Stückes (Jojo und Leo) auf. Während Leo seine für ihn bestimmten Tabletten aus dem Fenster wirft und dies noch gerade rechtzeitig verbergen kann, indem er sich mit Decke in den Sessel setzt, kommt der ihm unbekannte Jojo mit Malerutensilien ins Zimmer. Bei ihrem ersten Kontakt gibt sich Jojo sehr respektlos und cool. Er duzt Leo von Beginn an und stellt sich z.B. vor mit „Schönen Tag, die Knackibrigade Schöner Wohnen soll aus der Butze hier wieder eine menschliche Behausung machen". D.h. er gibt sofort zu, dass er als Straftäter zu diesem Dienst gezwungen wurde, und macht zugleich deutlich, dass er von dieser Tätigkeit wenig hält. Dabei erwartet er scheinbar keine Reaktion seines Gegenübers, sondern redet weiter in dem respektlosen Ton, indem er z.B. Leos Aktivitäten im Altersheim im Basteln vermutet und „Strohsterne und son Tinnef" als „ne Schweinearbeit" bezeichnet. Leo reagiert verbal auf diese Angriffe überhaupt nicht, sondern begnügt sich mit einem Rumdrehen oder Husten. Während Jojo mit der Arbeit beginnt, redet er ununterbrochen weiter auf Leo ein und …

1. Suche die Verben heraus, die eine sprachliche Handlung wiedergeben.
2. Setze die Szenenbeschreibung fort.
3. Verfasse auch eine Szenenbeschreibung für die 2. Szene (Seite 26 f.)

5 Was ich über den Umgang mit literarischen Texten gelernt habe – Portfolio

5.1 Kann ich das wirklich? – Lernspiegel

Kann ich ...
• Unterschiede zwischen den drei Gattungen literarischer Texte nennen und an Beispielen verdeutlichen?
• die Entstehung und den Begriff der Kalendergeschichte erläutern?
• an einem Text die Merkmale einer Anekdote nachweisen?
• Merkmale der Novelle nennen?
• den Unterschied zwischen Metrum und Rhythmus erklären und an einem Beispiel verdeutlichen?
• drei Formen der bildhaften Gestaltung in Gedichten angeben und in einem Gedicht erkennen?
• zwei Formelemente der Konkreten Poesie nennen?
• erklären, warum man szenische Texte auch als „Partitur“ bezeichnet?
• die Funktion der fünf Akte im klassischen Drama angeben und erläutern?
• eine Dramenfigur anhand wichtiger Merkmale charakterisieren?

5.2 Lernlexikon

In deinem Lernlexikon solltest du zum Thema „Umgang mit literarischen Texten“ Einträge u. a. zu folgenden Punkten angelegt haben:

Kalendergeschichte – Anekdote – Novelle – Gestaltungsmittel in Gedichten – Aktschema (Aktfunktionsschema) des klassischen Dramas – Figurencharakterisierung – Szenenbeschreibung

5.3 Schatztruhe – Lerndossier

Im Zusammenhang mit dem Thema „Umgang mit literarischen Texten“ könntest du Folgendes in deinem Lerndossier abgelegt haben:

- **die Interpretation einer Kalendergeschichte**
- **geordnete Untersuchungsergebnisse zu einer Novelle**
- **eine Gedichtinterpretation**
- **eine Figurencharakterisierung oder eine Szenenbeschreibung**

Lernstation: Umgang mit Sachtexten

Seite 151 ff.
UV „Erfindungen, die Zeit und Raum verändern“

1 Sich einen Sachtext erschließen

einen Sachtext erschließen

wichtige Informationen hervorheben

- unbekannte Begriffe nachschlagen
- Schlüsselbegriffe und Kernaussagen farbig unterstreichen oder einkreisen
- Pfeile oder Verbindungslinien zur Kennzeichnung von Zusammenhängen, von Gegensätzen verwenden

einen Text gliedern

- den Text in Abschnitte einteilen
- jedem Abschnitt eine Überschrift geben
- Randnotizen anfertigen

einen Text zusammenfassen

- Einleitung: Titel, Autor, Erscheinungsort, -datum, Thema nennen
- anhand der einzelnen Abschnitte die wichtigsten Informationen wiedergeben
- möglichst kurz und einfach mit eigenen Worten formulieren
- für die Wiedergabe von Meinungen oder unklarer Tatsachen den Konjunktiv verwenden
- Schluss: Zusammenfassung, Ausblick

Im folgenden Text wurde bereits damit begonnen, wichtige Schlüsselbegriffe zu markieren und am Textrand wesentliche Inhalte zusammenzufassen.

Welche Fortschritte werden noch in der Medizin gemacht?

Ebenso wichtig wie der Röntgenapparat sind neue und bessere Mikroskope. Mit ihnen entdeckt der deutsche Arzt Robert Koch, dass Bakterien die Verursacher der schlimmen Infektionskrankheiten Milzbrand, Tuberkulose und Cholera sind. Koch sowie der französische Chemiker und Biologe Louis Pasteur begründen, unabhängig voneinander, eine neue medizinische Wissenschaft, die Bakteriologie. Sie untersuchen einzelne Bakterienarten und erforschen deren Wirkungen.

1. Abschnitt:
Die Entdeckung der Bakterien
- Voraussetzung: bessere Mikroskope
- Koch: Bakterien als Verursacher von Krankheiten
- Pasteur
  → Bakteriologie

Robert Koch, 1843–1910

Louis Pasteur, 1822–1895

Pasteur interessiert sich aber nicht nur für Krankheiten, sondern sucht und findet Bakterien überall. Er beobachtet sie unter dem Mikroskop und erkennt, welche nützliche Rolle sie spielen können, etwa bei der Gärung. Von großer praktischer Bedeutung wird ein Verfahren, das bald seinen Namen trägt: die Pasteurisierung. Hierbei geht es um unerwünschte Bakterien, die etwa zum Gären von Fruchtsäften oder zum Sauerwerden von Milch führen. Wenn solche Getränke ein paar Minuten schonend auf nahezu 100 Grad Celsius erhitzt werden, sterben diese Keime ab. Milch und Saft können so in einer geeigneten Verpackung viel länger gelagert werden. Die Impfung wird ebenfalls von Pasteur erfunden. Er beobachtet, dass von bestimmten Krankheiten betroffene und wieder gesundete Tiere eine erneute Infektion unbeschadet überstehen. So kommt Pasteur auf die Idee, Abwehrstoffe gegen Krankheitserreger in Tieren und Menschen zu aktivieren, indem er sie mit geringen Mengen abgeschwächter Krankheitserreger impft. Wenn dann „echte" Krankheitserreger den Körper befallen, ist er gegen sie gewappnet. Durch geeignete Impfstoffe verlieren Krankheiten wie Tollwut, Pocken oder Milzbrand viel von ihrem früheren Schrecken.

1 Überprüfe die bereits vorhandenen Markierungen und die Randnotizen in diesem Text. Hättest du andere Markierungen vorgenommen oder anders gegliedert?

▸▸ Seite 189
Informationen sammeln und auswerten
LS „Sich und andere informieren"

2 Setze die Bearbeitung des Textes auf einer Kopie fort.
- Markiere Schlüsselwörter.
- Bilde Abschnitte und gib den Abschnitten jeweils eine Überschrift.

Zusammenfassung des Textes „Welche Fortschritte werden noch in der Medizin gemacht?"

Der 2006 erschienene Text „Welche Fortschritte werden noch in der Medizin gemacht?" handelt von der Entdeckung der Bakterien im 19. Jahrhundert durch Robert Koch und Louis Pasteur. Koch stellte fest, dass Bakterien gefährliche Krankheiten verursachen. Eine Voraussetzung für die Entstehung der neuen Wissenschaft Bakteriologie war die Verbesserung der Mikroskope.
Pasteur …

3 Überprüfe den Anfang der Textzusammenfassung. Wie ist die Schülerin vorgegangen? Hat sie die Regeln für eine Zusammenfassung beachtet?

4 Setze nun selbst die Textzusammenfassung fort.

2 Ein Schaubild anfertigen

▸▸ Seite 152 f.
UV „Erfindungen, die Zeit und Raum verändern“

Die Informationen aus einem Sachtext kann man in ein Schaubild übertragen, um so

- die Informationen für sich selber überschaubarer zu machen
- die Inhalte leichter lernen zu können
- bei einem Referat für die Zuhörer die Informationen anschaulicher zu machen und somit das Zuhören und das Verstehen zu erleichtern.

Ein Schaubild orientiert sich in der Regel an der Textstruktur.

<table>
<tr><th>Textstruktur</th><th>Schaubildstruktur</th></tr>
<tr><td>Der Text stellt einen zeitlichen Verlauf (= eine Chronologie) dar.
Beispiel:
Verschiedene Schritte einer Erfindung</td><td>Zeitstrahl
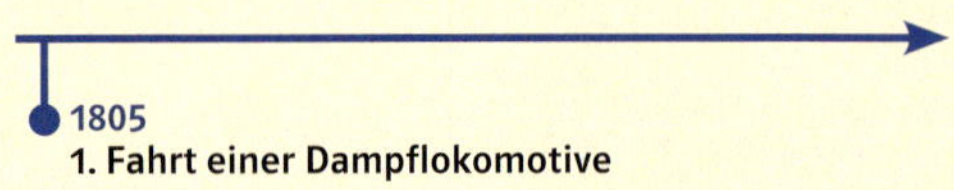
</td></tr>
<tr><td>Der Text macht Aussagen zu Ursachen und deren Wirkung.
Beispiel:
Ursachen für den Treibhauseffekt und deren Folgen</td><td>Flussdiagramm
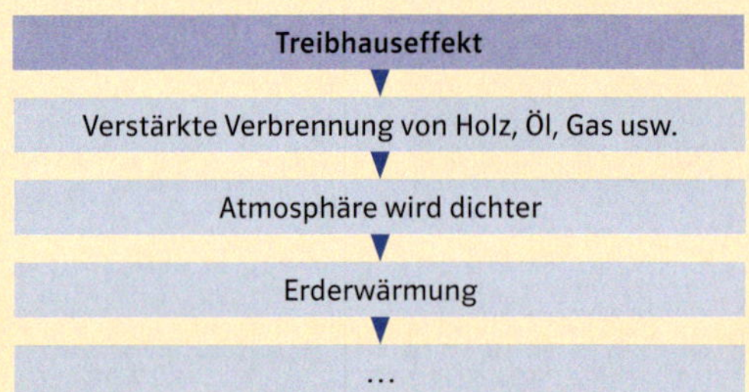
</td></tr>
<tr><td>Der Text stellt verschiedene gleichwertige Gruppen nebeneinander dar.
Beispiel:
Verschiedene Möglichkeiten, sich Informationen zu beschaffen</td><td>Mind-Map
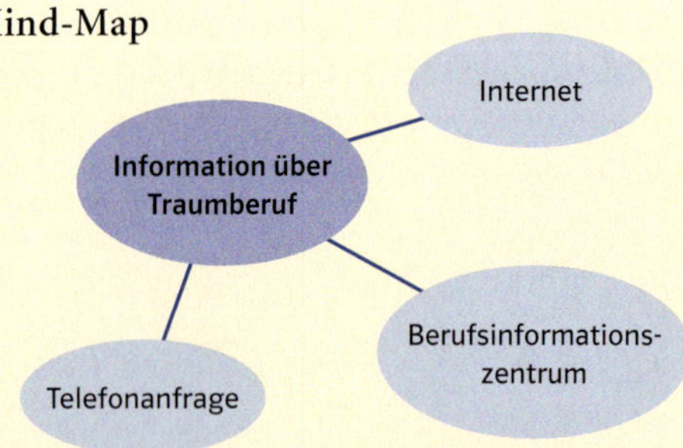
</td></tr>
<tr><td>Der Text vergleicht zwei oder drei Sachen miteinander.
Beispiel:
Vergleich von zwei Ausbildungsberufen</td><td>Tabelle
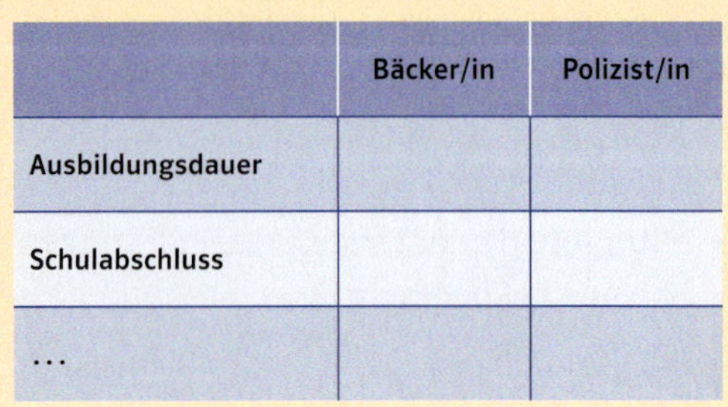
</td></tr>
</table>

Die jährliche Grippe – Die Invasion kommt tröpfchenweise

Fast jeder hat die typischen Symptome einer Grippe schon einmal am eigenen Leib erlebt. Fängt man sich ein Grippevirus ein, merkt man das zunächst nicht. Sie kommen meistens über die Schleimhäute von Augen, Nase oder Mund – Tausende von Viren, die sich in den winzigen, ausgehusteten oder ausgeniesten Tröpfchen kranker Mitmenschen befinden. Deshalb heißt dieser Übertragungsweg auch Tröpfcheninfektion. Sind die Viren erst einmal bis tief in die Bronchien der Lungen gelangt, können sie dort ihr zerstörerisches Werk beginnen.

Normalerweise sind die Lungenzellen durch eine Schleimschicht geschützt. Auf ihr bleiben die meisten Fremdkörper und Erreger kleben. Flimmerhärchen transportieren den Schleim mit dem unerwünschten Ballast dann wieder nach außen Richtung Rachen.

Aber das Grippevirus löst mit einem Enzym den schützenden Schleim auf und legt damit die Zellen frei. So kann es ungehindert an der Zelloberfläche andocken und in die Zelle eindringen, wo es sich explosionsartig vermehrt. Schon nach wenigen Stunden verlassen unzählige neue Viren die befallene Zelle, die dadurch abstirbt.

1. Abschnitt:
Der Infektionsweg von Grippeviren

2. Abschnitt:
Der Schutzmechanismus der Lungenzellen

3. Abschnitt:
Die Wirkung des Grippevirus

1. Überprüfe die Gliederung des Textes. Kannst du die Abschnitte und die Überschriften nachvollziehen?

2. Wähle eine Schaubildstruktur aus und begründe deine Wahl mit der Textstruktur.
3. Erstelle nun zum Text ein Schaubild.
4. Überprüfe dein Schaubild:
   - Ist es übersichtlich?
   - Unterstützt es dabei, den Inhalt zu verstehen?
   - Passt es zur Textstruktur?
5. Vergleiche deine Lösung mit den Schaubildern deiner Mitschüler und Mitschülerinnen.

3 Den Informationsgehalt von Sachtexten (nicht literarischen Texten) überprüfen

▸▸ Seite 73 ff.
UV „Werbung“

3.1 Der Informationsgehalt eines Werbetextes

1 Wofür wird auf dem Plakat geworben? Beschreibe kurz das Bild.

2 Welches positive Bild zum Polizeiberuf entsteht beim Lesen des Plakats?

Wer zur Polizei geht, wählt das spannendste Tätigkeitsfeld überhaupt: Das Leben und das Zusammenleben der Menschen.

Sie erleben und sehen Dinge, die in keinem anderen Beruf auf Sie zukommen.

Jeden Tag neue Situationen, andere Menschen, schnelle Entscheidungen. Immer wieder aufs Neue Psychologe sein, Taktiker, Helfer, Beschützer, Aufklärer und Problemlöser. Kompetent sein, beherrscht sein, intelligent sein, körperlich fit sein.

Kein anderer Beruf vereint so viele Eigenschaften und fördert so viele Begabungen zu Tage. Deshalb ist der Polizeiberuf etwas Besonderes:

Ein faszinierender Beruf!

Das Werbeplakat hat deine Aufmerksamkeit für den Polizeiberuf geweckt. Doch es enthält wenige Informationen, sondern will eher Neugier beim Leser wecken. Fragen entstehen.

Fragen, die der Werbetext beantwortet	Fragen, die der Werbetext nicht beantwortet
• Welche Tätigkeiten übt ein Polizist aus? **Antwort:** Helfer, Aufklärer … **Aber:** die Frage wird nur in Schlagworten beantwortet → neue Fragen entstehen →	• Wie sehen die Tätigkeiten genau aus? Gibt es Beispiele? • Was ist ein Taktiker?
• …	• Welche Arbeitszeiten hat ein Polizist? • …

3 Übertrage die Tabelle in dein Heft und sammle weitere Fragen, die dir zum Polizeiberuf – auch beim Betrachten des Plakats – einfallen.
Welche Fragen werden schon ansatzweise auf dem Werbeplakat beantwortet?

3.2 Der Informationsgehalt einer Reportage

Während deiner weiteren Recherche über den Polizeiberuf stößt du in der Zeitschrift „Geolino" auf folgende Reportage.

▶▶ **Seite 66 f.**
UV „Es steht in der Zeitung …"

▶▶ **Seite 196 ff.**
Erzählende Schreibformen – Die Reportage
LS „Schreiben"

Berufsbild: Polizist

■ **Text von Esther Gusewski**

Sabine Kerczynski weiß, dass die Welt nicht rosarot ist. Sie kennt Verbrecher und deren Opfer. Aber sie hat auch gelernt, dass es nicht nur Gut und Böse gibt, sondern jede Menge Dinge dazwischen. Sabine ist Polizistin – aus Leidenschaft.

„Seit ich bei der Polizei bin, sehe ich viele Dinge anders als früher", sagt die 25-Jährige. Und hat auch eine Erklärung dafür: „Wir sind einfach überall. Und zu uns kommt der Obdachlose genauso wie der Superreiche, dem gerade sein dickes Auto gestohlen wurde." Deshalb erleben Polizisten auch Dinge, die andere Menschen nie erleben. Sie helfen Kindern, die von ihren Eltern geschlagen wurden, fangen Diebe und schimpfen Menschen, die zu schnell gefahren sind.

„Ich musste erst lernen, damit umzugehen", gibt Sabine zu und schüttelt die braunen Wuschelhaare. „Was man sieht, lässt einen nicht kalt. Und die Eindrücke, die man sammelt, beeinflussen einen auch nach der Arbeit."

Für Recht und Gesetz interessiert

[…] Die Voraussetzungen für Nachwuchspolizisten sind von Bundesland zu Bundesland unterschiedlich. Wer sich überlegt, zur Polizei zu gehen, sollte sich deshalb beim Einstellungsberater seiner Stadt melden. Der weiß am besten, welche Voraussetzungen die Bewerber haben sollten.

Sabine hat genau das getan und hatte danach erst mal Bammel vor dem Aufnahmetest. Der besteht nicht nur aus Theorie und Praxisteil, die Bewerber müssen auch beweisen, dass sie fit sind. Ausdauer und Kraft werden geprüft. Wer zu früh schlapp macht, hat keine Chance, irgendwann in die grüne Uniform schlüpfen zu dürfen.

Manchmal ganz schön gefährlich

Sabine übte fleißig und wurde prompt genommen. Ihre Eltern fanden das erst einmal gar nicht so toll. Vor allem die Mama hatte Angst um Sabine, schließlich kann der Job bei der Polizei ganz schön gefährlich sein.

Das weiß auch die 25-Jährige. Sie hat es akzeptiert und ist froh, sich so entschieden zu haben. „Polizistin ist genau der richtige Beruf für mich", sagt sie und schwärmt von den vielen Menschen, denen sie begegnet, von der Zusammenarbeit mit den Kollegen und von der spannenden Aufgabe. […]

Ohne Angst geht nichts

Ein bisschen Angst ist trotzdem nicht schlecht. „Sie schärft die Sinne", sagt Sabine. „Wer keine Angst hat, ist bei der Polizei sicher falsch am Platz." Das Herzklopfen gehört dazu, wenn die Polizistin und ihre Kollegen nachts Einbruchhäuser durchsuchen. „Dann kann hinter jeder Ecke einer stehen, der dir Böses will", weiß die Gesetzeshüterin. Sie erinnert sich noch gut an die Nacht, als in der Schule eingebrochen wurde und sie den Dieb zu Fuß verfolgen musste. Es war stockdunkel und der Langfinger rannte ausgerechnet in den Wald. […]

1. Welche deiner auf der vorhergegangenen Seite aufgestellten Fragen kann man mithilfe dieses Textes beantworten?
2. Welche Fragen bleiben offen?
3. An welchen Stellen informiert der Text? An welchen Stellen werden Gefühle und Sinne angesprochen?

3.3 Der Informationsgehalt eines Polizei-Informationstextes

Schließlich willst du dich auf der Internetseite der Polizei über die Polizeiausbildung informieren. Du hoffst, noch mehr zu erfahren.

Datei Bearbeiten Ansicht Favoriten Extras ?

Zurück Suchen

Adresse http://www1.polizei-nrw.de/im/Aktuelles/Bewerbung/article/Ausbildung.html Links

Ausbildung bei der Polizei

Die Ausbildung ist bei der nordrhein-westfälischen Polizei für den gehobenen und den höheren Dienst möglich.

Gehobener Polizeivollzugsdienst

Die Beamtinnen und Beamten werden an der Fachhochschule für öffentliche Verwaltung Nordrhein-Westfalen (FHöV NRW) zu Polizeikommissarinnen und Polizeikommissaren ausgebildet. Die Fachhochschule mit dem Fachbereich Polizeivollzugsdienst hat ihre Standorte in Bielefeld, Duisburg, Gelsenkirchen (mit Außenstellen Dortmund und Hagen), Köln und Münster. Das Studium vermittelt vor allem die erforderlichen Kompetenzen für die Tätigkeit als Streifenbeamtin oder Streifenbeamter im Wach- und Wechseldienst, als Sachbearbeiterin und Sachbearbeiter im Ermittlungsdienst sowie Grundkenntnisse für besondere Einsatzlagen. Die Ausbildung besteht aus den fachwissenschaftlichen Studienzeiten und verschiedenen Praktika. Die Bewerberinnen und Bewerber müssen folgende Voraussetzungen erfüllen:

- Deutsche im Sinne des Artikels 116 GG sein oder die Staatsangehörigkeit eines Mitgliedstaates der Europäischen Union besitzen,
- aus ärztlicher Sicht polizeidiensttauglich sein,
- eine zum Hochschulstudium berechtigende Schulausbildung (Abitur) oder einen als gleichwertig anerkannten Bildungsabschluss (Fachhochschulreife) haben,
- das 32. Lebensjahr am Einstellungstage (jeweils zum 1. September) noch nicht vollendet haben.

Die Ausbildung dauert insgesamt drei Jahre.

Internet

1 Welche neuen Fragen werden in diesem Text beantwortet? Notiere diese.

3.4 Die Sprache der Sachtexte

Der Informationsgehalt eines Textes ist zu einem hohen Maß auch abhängig von der Sprache.

▸▸ **Seite 80 f.**
UV „Werbung“

▸▸ **Seite 246**
Werbesprache
LS „Umgang mit Medien“

Die Sprache des Werbetextes	**Die Sprache der Reportage**	**Die Sprache des Informationstextes**
• macht **Andeutungen:** *„viel anders“* • reiht **Schlagworte** aneinander: *„Taktiker, Helfer, Beschützer ...“* • stellt das **Besondere** (z.B. über Superlative) heraus: *„das spannendste Tätigkeitsfeld“*	• Wählt die **Erfahrungen einer Person** als Beispiel für den Polizeiberuf aus. • Nennt **Gedanken und Gefühle** einer Person: *„Sabine Kerczynski weiß, dass die Welt nicht rosarot ist“.* • Nutzt wörtliche **Zitate.**	• Verwendet eine **sachliche Sprache,** ohne persönliche Ansprache oder Personen als Beispiele. • Drückt sich mit **Fachbegriffen** aus: *„den höheren Dienst“* • Verwendet auch **Begriffe der Rechtssprache:** *„im Sinne des Artikels 116 GG“*
Wirkung: Der Text macht neugierig, weckt aber auch Fragen, die (durch andere Informationsquellen) beantwortet werden müssen.	**Wirkung:** Der Text soll interessant wirken und unterhaltsam sein. Neben Sachinformationen kann man auch angeregt werden, über die persönlichen Anforderungen, die der Polizeiberuf stellt, nachzudenken.	**Wirkung:** Der Text dient der reinen Information, vor allem für Personen, die gerne Polizisten werden möchten.

1 Liste zu jedem der drei vorhergegangenen Texte (S. 234–236) jeweils mindestens drei weitere Beispiele für die Sprache auf.

3.5 Den Informationsgehalt von Sachtexten vergleichen

Sachtexte können sich in ihrem Informationsgehalt deutlich voneinander unterscheiden.

Der Informationsgehalt ist abhängig von

- dem Zusammenhang, in dem der Text steht (Lexikon, Tagebuch, Zeitungsartikel)
- den Adressaten (Alter, Adressat mit/ohne Vorkenntnisse, Frageinteresse der möglichen Leser)
- der Intention (Wirkungsabsicht)
- den inhaltlichen Schwerpunkten
- der verwendeten Sprache (sachliche, bildhafte Sprache)

	Werbetext (siehe S. 234)	Reportage (siehe S. 235)	Informationstext (s. S. 236)
Wo kann man den Text finden? (Quelle)			
Für wen ist er geschrieben? (Adressat)			
Wie unterscheidet sich die Sprache der Texte?			
Welche Absicht hat der Text? (Intention)			
Welche Inhalte bekomme ich in dem einen Text vermittelt, die die anderen Texte nicht enthalten?			

1 Übertrage die Tabelle in dein Heft und ordne die unten stehenden Stichworte passend ein.

Neugierde und Interesse wecken | in der Zeitschrift Geolino | an öffentlichen Orten

kurze, einprägsame Sprache, Einsatz von Superlativen | zufällige Leser, Berufswähler

unterhalten und informieren | Interessierte, die sich genau informieren wollen

konkret informieren | Verwendung von Zitaten | genaue, detailreiche Informationen

sachliche, unpersönliche Sprache, Fachausdrücke, Rechtssprache | Gefühle und Gedanken

Zeitschriftenleser | vor allem das Besondere | auf der Internetseite der Polizei

4 Was ich über den Umgang mit Sachtexten gelernt habe – Portfolio

4.1 Kann ich das wirklich? – Lernspiegel

Kann ich ...
• wichtige Informationen in einem Sachtext markieren und Textzusammenhänge kennzeichnen?
• einen Sachtext in Abschnitte einteilen und zu den Abschnitten passende Überschriften finden?
• erklären, wann man einen Zeitstrahl, ein Flussdiagramm, eine Mind-Map oder eine Tabelle als Schaubild nutzt, um die Inhalte eines Sachtextes zu veranschaulichen?
• zu einem Sachtext ein passendes Schaubild zeichnen?
• Fragen zu einem Thema formulieren und überprüfen, welche dieser Fragen ein Text beantwortet?
• die Faktoren benennen, von denen der Informationsgehalt eines Sachtextes abhängt?
• sprachliche Merkmale von Sachtexten erkennen?

4.2 Lernlexikon

In deinem Lernlexikon solltest du zum Thema „Umgang mit Sachtexten“ Einträge u.a. zu folgenden Punkten angelegt haben:

Arbeitsschritte zur Texterschließung – Schaubildstrukturen – Faktoren, von denen der Informationsgehalt eines Sachtextes abhängt

4.3 Schatztruhe – Lerndossier

Im Zusammenhang mit dem Thema „Umgang mit Sachtexten“ könntest du Folgendes in deinem Lerndossier abgelegt haben:

- **ein Schaubild, das du zu einem Sachtext gezeichnet hast**
- **einen Sachtext (z.B. zu einem Beruf), bei dem du aufzeigst, welche Fragen er beantwortet und welche Fragen er offen lässt**

Lernstation: Umgang mit Medien

1 Zeitungen

▸▸ **Seite 61 ff.**
UV „Es steht in der Zeitung …“

1.1 Merkmale von Tageszeitungen

Zeitungen sind in regelmäßiger Folge erscheinende, grundsätzlich jedermann zugängliche Druckmedien, die aktuelle Informationen aus allen Lebensbereichen verbreiten.

Ressorts der Tageszeitung

- Politik
- Wirtschaft
- Sport
- Kultur/Feuilleton
- Lokal-/Regionalteil

1 Ordne nachstehende Schlagzeilen den oben genannten fünf Hauptressorts zu.

Konzernchefs mit Gewinnen zufrieden

Bayern München weiter auf Erfolgskurs

Bundestag beschließt neue Gesetze

Neue Ampel am Rubensweg

Kunstausstellung als Publikumsmagnet

2 Welche Ressorts interessieren dich? Begründe deine Aussage.

3 Erfinde Schlagzeilen für die verschiedenen Ressorts.

Layout (Gestaltung): einige Grundbegriffe
Textaufmacher: Haupttext der Seite
Bildaufmacher: größtes Bild der Seite
Schlagzeile: Überschrift eines Artikels
Unterzeile: hervorgehobene Informationen unter der Schlagzeile
Ortsangabe, Autorenkürzel
Ankündigungskästen für den Innenteil

4 Beschrifte mit einem Filzstift die Titelseite einer Tageszeitung mit diesen Fachbegriffen.

1.2 Verschiedene Textsorten

Nicht nur die Themenvielfalt ist typisch für Zeitungen, auch bei den Textsorten gibt es zahlreiche Variationen. Man unterscheidet:

- informierende Textsorten
- meinungsäußernde Textsorten
- unterhaltende Textsorten.

Information	Meinung
Kurzmeldung: Kurze Meldung, die nur die wichtigsten Informationen enthält.	**Kommentar:** Kritische Stellungnahme zu einem aktuellen Thema, in welcher der Redakteur seine persönliche Meinung wiedergibt.
Nachricht: Etwas ausführlicher als die Kurzmeldung	**Glosse:** Eine spöttische, oft humorvolle Meinungsäußerung eines Journalisten. Wie beim Witz gibt es am Ende häufig eine Pointe.
Bericht: Langform der Nachricht; mit Hintergründen	**Rezension:** Besprechung eines Buchs, eines Films, eines Theaterstücks, einer CD.
	Leserbrief: Meinungsbeiträge von Leserinnen und Lesern.
Reportage: Ereignisbetonter und lebendiger Bericht, der auch persönliche Eindrücke und Wertungen des Journalisten enthält, der sich vor Ort ein Bild gemacht hat (Grenzbereich zu meinungsäußernden Textsorten).	
Interview: Aufgezeichnetes Gespräch zwischen einem Journalisten und einer/mehreren Personen zu bestimmten Themen.	

1. Suche in einer Tageszeitung Beispiele für die Textsorten. Schneide sie aus, klebe sie auf ein Plakat und schreibe darüber, um welche Textsorte es sich handelt.

2. Neben informierenden und meinungsäußernden Textsorten gibt es noch unterhaltende Textsorten in Tageszeitungen. Suche Beispiele dafür.

1.2.1 Nachrichten

Beim Verfassen einer Nachricht gibt es einige Regeln, die man berücksichtigen sollte. Wesentlich für Nachrichten ist, dass ein Geschehen möglichst objektiv dargestellt wird, das heißt frei von persönlichen Meinungen der Autorin bzw. des Autors ist. Der Leser erwartet auch, dass er einen schnellen Überblick erhält. Deshalb sind Nachrichten häufig nach einem bestimmten Schema aufgebaut.

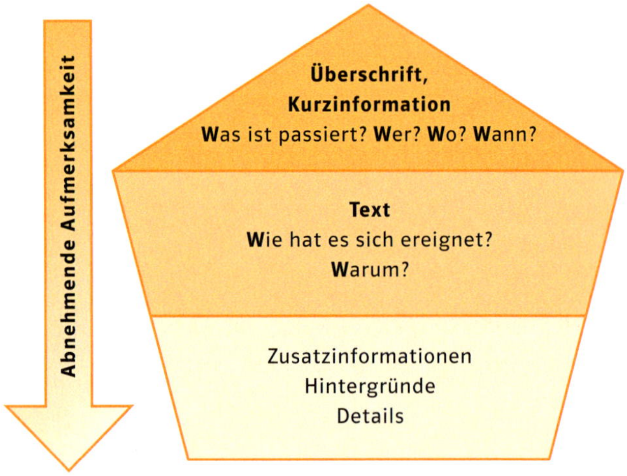

Freibad vor dem Aus

Stadtrat einigt sich auf sofortige Schließung

Bad Wersburg (cp) Turbulent ging es in der letzten Sitzung des Stadtrats am Mittwoch zu. Auf der Tagesordnung stand immerhin die Schließung des Freibads. Mit deutlicher Mehrheit fiel der Beschluss: Das städtische Freibad wird nicht wiedereröffnet.

Bürgermeisterin Hannah Schänzler begründete das Vorgehen mit der katastrophalen Finanzsituation der Stadt. Im letzten Jahr habe man bereits einen Verlust in sechsstelliger Höhe eingefahren, so das Stadtoberhaupt. Dies könne die Stadt nicht mehr leisten, es fehle Geld an allen Ecken und Enden, da müsse man sich von zwar beliebten, aber nicht notwendigen Einrichtungen trennen.

Mit einem Teil des eingesparten Geldes sollen städtische Schulden zurückgezahlt werden, ein Teil soll für die Sanierung der Schulgebäude verwendet werden.

Der Beschluss stieß auf heftigen Widerspruch der Bürgerinitiative „Pro Bad“, deren Sprecher eine Reihe von Protestaktionen ankündigte.

▸▸ **Seite 64 f.**
UV „Es steht in der Zeitung …“

1. Überprüfe die Nachricht auf das oben skizzierte Schema hin.

2. Verfasse nach diesem Schema eine Nachricht zu einem schulischen Ereignis.

1.2.2 Kommentare

▶▶ Seite 68 f.
UV „Es steht in der Zeitung …“

In Kommentaren verdeutlichen Journalisten ihre persönliche Meinung zu einem Ereignis, nehmen Stellung zu Missständen und machen Vorschläge zur Behebung von Problemen. Für die Leser muss auch äußerlich erkennbar sein, dass es sich nicht um eine Nachricht, sondern um einen Kommentar handelt. Meist findet sich in Kommentaren ein bestimmter Aufbau.

Aufbau eines Kommentars

- **Schlagzeile**
- **Einstieg:** häufig provozierend, als Feststellung oder als Frage
- **Bezug** auf den Sachverhalt oder die Nachricht, damit der Leser weiß, worum es geht.
- **Argumentationsteil:** Hier macht der Autor seinen Standpunkt deutlich.
- **Schluss:** Eine offene Frage, ein Impuls zum Weiterdenken oder die Meinung nochmals auf den Punkt gebracht.
- **Name** des Autors (kann auch oben stehen)

Eine Kurzmeldung …

Verkehrsbilanz: Weniger Tote

Wiesbaden (dpa) Auf Deutschlands Straßen sind 2005 so wenige Menschen ums Leben gekommen wie zuletzt vor mehr als 50 Jahren. Dennoch wurden bei Verkehrsunfällen im Schnitt jeden Tag 15 Menschen getötet, teilte das Statistische Bundesamt mit. Die Zahl der Verkehrstoten sank um acht Prozent auf 5362. Bei den Verletzten war nur ein leichter Rückgang zu verzeichnen.

… und ihr Kommentar – Tegernseer Zeitung vom 24. 02. 2006

SO WENIG UNFALLTOTE WIE VOR 50 JAHREN

Potentiale weiter ausschöpfen

So erfreulich die seit Jahren kontinuierlich sinkende Zahl der Verkehrstoten in Deutschland ist, so wenig taugt sie zur Selbstzufriedenheit. Immerhin entspricht die Zahl von über fünftausend zu beklagenden Toten pro Jahr noch der Einwohnerzahl einer Kleinstadt. Es gibt also noch viel zu tun.

Die Automobilhersteller haben in punkto Sicherheit in den vergangenen Jahren viel geleistet: Front- und Seitenairbags oder elektronische Fahrhilfen wie ESP (um nur einige Neuerungen zu nennen) haben einen großen Anteil daran, dass weniger Menschen ihr Leben auf den Straßen ließen.

Doch genau im Zustand vieler Straßen liegt noch ein großes Sicherheitspotential, das es auszuschöpfen gilt, um den günstigen Trend fortzusetzen. Marode Beläge, unübersichtliche Kreuzungen sowie fehlender mehrspuriger Ausbau wichtiger Verbindungsstrecken sind vielerorts Folgen jahrelanger Investitionszurückhaltung in Zeiten der Geldzurückhaltung. Eine verstärkte Reinvestition der Milliarden-Einnahmen aus dem Verkehrsbereich könnte im wahrsten Sinne des Wortes Leben retten.

Alexander Weber

1. Mache dir den Aufbau des Kommentars deutlich.
2. Welche Meinung vertritt der Kommentator und welche Argumente führt er an?
3. Vergleiche die Nachricht und den Kommentar hinsichtlich Inhalt und Form.

▶▶ Seite 74 ff.
UV „Werbung“

2 Werbung

Werbung ist eine Form von Kommunikation, mit der sich ein Anbieter oder Hersteller von Waren/Dienstleistungen an eine Gruppe von möglichen Konsumenten bzw. Käufern wendet, um diese durch Überzeugung von einem Produkt, einer Dienstleistung oder dem Anbieter selbst positiv einzunehmen. Werbung erfolgt meist durch den Einsatz bezahlter Medien.

1 Formuliere die Begriffsbestimmung mit eigenen Worten. Löse dabei den Text in Teilsätze auf.

2 Untersuche eine Werbung deiner Wahl: Wer wirbt? Wofür wird geworben? An wen wendet sich die Werbung? Wodurch entsteht das „positive Bild“ beim Kunden?

2.1 Werbemedien

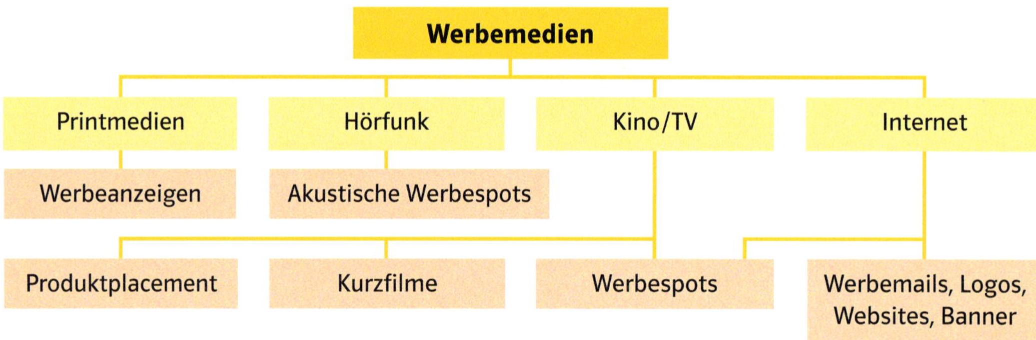

1 Übertrage die Übersicht in dein Heft und ergänze sie um weitere Werbemedien, die du kennst.

2.2 Analyse von Werbeanzeigen

2.2.1 Aufbau

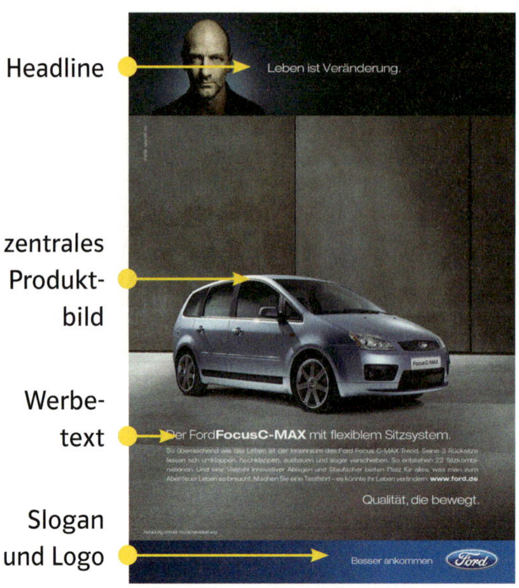

Werbeanzeigen bestehen in der Regel aus vier Hauptteilen:

- **Headline**: der Aufmacher, die Überschrift oder Schlagzeile; sie soll die Aufmerksamkeit des Betrachters wecken.
- **zentrales Produktbild**
- **Werbetext**
- **Slogan:** meist ein kurzer Satz, der eng mit dem Produkt oder dem Unternehmen verbunden ist; im Gegensatz zur Headline bleibt der Slogan oft über Jahre gleich. Der Slogan steht häufig nahe beim **Logo**, dem Firmenzeichen des Unternehmens.

1 Beschreibe den Aufbau der Lufthansa-Werbung auf S. 245.

2.2.2 Werbestrategien

Wichtige Werbestrategien

- Argumente für den Nutzen des Produkts
- Appelle an unterschwellige Bedürfnisse und deren Befriedigung
- Appelle an die Gefühle
- versteckte Appelle zum Kauf eines Produkts
- Versprechen und Bewertungen

Oft werden mehrere dieser Punkte in einem Leitbild zusammengefasst. Ein Leitbild vermittelt eine Wunschvorstellung (z.B. Schönheit, Geborgenheit, glückliche Familie, Reichtum ...). Die Werbebotschaft ist: Wer dieses Produkt besitzt oder benutzt, hat seine Wunschvorstellung – zumindest teilweise – bereits verwirklicht.

▸▸ Seite 77
UV „Werbung“

1. Untersuche die Anzeige: Welche Werbestrategien werden angewandt, welches Leitbild wird vermittelt?

2. Ordne die folgenden Werbesprüche („Headlines“) den verschiedenen Werbestrategien zu (manchmal kommen verschiedene Strategien zum Einsatz).

Der Beginn einer wunderbaren Freundschaft
(Werbung für das Auto Toyota Corolla)

Hasst Gehege, hasst Maulkörbe, passt zu Ihnen.
(Werbung für die Automarke Porsche)

Die Fitnesskur für Ihre Seele
(Werbung für ein Sonderheft der Zeitschrift „Stern“)

Ich will jetzt vom Fernsehen der Zukunft profitieren.
(Werbung für Premiere, für Pay-TV)

2.3 Werbesprache

▸▸ Seite 80 f.
UV „Werbung“

Werbebotschaften in Slogans und Headlines sind meist kunstvoll gestaltet; oft werden verschiedene sprachliche Mittel angewandt. Die wichtigsten sprachlichen Mittel der Werbesprache sind:

Übertreibungen	*Möbelix – kost' fast nix! (Möbelhaus)* *Hast' ein Kaiser – bist' ein Kaiser! (Bier)*
Superlative (= höchste Steigerungsform eines Adjektivs)	*Milka – die zarteste Versuchung, seit es Schokolade gibt.*
englische/nicht-deutsche Wörter	*Mobile in mind! (Mobilfunk)* *So fantástico schmeckt Mexiko! (Lebensmittel)*
Metaphern (= Bedeutungsübertragung, Wort wird nicht im eigentlichen Sinne gebraucht)	*Red Bull verleiht Flügel!* (= es wachsen einem nicht wirklich Flügel, sondern man bekommt angeblich neuen Schwung) *Eine Perle* (= etwas Besonderes) *der Natur (Bier)*
Wortneuschöpfungen	*Das Verwöhnaroma (Kaffee)* *Ich bin so was von kika! (Einrichtungshaus „Kika“)*
Reime	*Mars macht mobil – bei Arbeit, Sport und Spiel!*
Ellipse (Verkürzung eines Satzes)	*Das Verwöhnaroma* (= Nomen, Subjekt) *Eine Perle der Natur* (= Nomen + Genitivattribut, Subjekt)
Doppeldeutigkeiten	*Mobile in mind!* (= „Beweglich im Kopf“ und „In Gedanken bei einem Mobiltelefon“)
Alliteration (= zwei oder mehr Wörter mit demselben Anfangsbuchstaben)	*Mobile in mind! Mars macht mobil!*
rhetorische Frage (= Frage, die auf keine Antwort zielt bzw. die Antwort schon enthält)	*Wetten, Sie sind begeistert? (Wettanbieter)*
Wortspiele	*Hast' ein Kaiser – bist' ein Kaiser! Iss was!? (Imbissbude)*

1 Untersuche die Werbesprüche. Welche sprachlichen Mittel werden verwendet?

Fernsehen erster Klasse

Fangfrisch auf Ihren Tisch

I'm lovin' it!

Das wahrscheinlich beste Eis der Welt

Das König unter den Bieren

Alltag raus, Österreich rein (Urlaub in Österreich)

3 Film

Ein Film besteht aus einer Vielzahl von **Einzelbildern,** die sich zu **Einstellungen** (ohne Unterbrechung gefilmte Aufnahmen) zusammenfassen lassen. Mehrere zusammenhängende Einstellungen werden durch Schnitt (Montage) zu einer **Sequenz** zusammengefasst.

Man kann einen Film wie einen Text analysieren, indem man sich ansieht, wie er aufgebaut ist, welche **Gestaltungsmittel** er benutzt und welche **Geschichte** er erzählt. Im Film wird durch bestimmte Einstellungen und Perspektiven der Kamera Spannung erzeugt oder es werden bestimmte Bilder aufgenommen, die auf die Zuschauerinnen und Zuschauer anregend, beängstigend oder beruhigend wirken sollen. Auch die Aneinanderreihung der Bilder **(Montage)** bestimmt die Erzählweise im Film.

Im Gegensatz zum Text stehen im Film die Bilder im Vordergrund. In den heutigen Filmen spielt der **Ton** (Sprache, Geräusche, Musik) eine große Rolle, auch durch ihn kann man eine ganz bestimmte Wirkung erzeugen.

3.1 Kameraeinstellung

Eine Einstellung, auch „shot“ genannt, ist der Zeitraum von einem Schnitt zum nächsten.

Die folgenden Einstellungen stammen aus den ersten Minuten des Films „Das Geheimnis von Green Lake“, der Verfilmung des Jugendbuchs „Löcher“: Stanley Yelnats begegnet Mr. Sir zum ersten Mal.

Seite 37 ff. UV „Löcher – die Geheimnisse von Green Lake“

Einstellungsgrößen:

- **Panorama/Weit** wird meist bei Landschaftsaufnahmen verwendet.

  Landschaftsbild:
  Die Umgebung von Camp Green Lake

- **Totale** gibt eine Übersicht über eine Szene, ein Geschehen.

  Totale: Camp Green Lake

- **Halbtotale** zeigt eine Figur in gesamter Körpergröße mit der unmittelbaren Umgebung – gibt einen Gesamteindruck von einer Figur und ihrer Umgebung.

Halbtotale: Mr. Sirs Büro

- **Halbnah** zeigt Figuren von der Hüfte aufwärts, Mimik und Gestik sind so gut erkennbar – wird meistens benutzt, wenn Figuren miteinander im Gespräch sind.

Halbnah: Sheriff

- **Nah** zeigt sprechende Figuren ab Brusthöhe; Mimik und Gestik – und damit die Gefühle – sind besonders genau zu erkennen.

Nah: Stanley Yelnats

- **Groß** zeigt ein Motiv bildfüllend. Diese Einstellung dient besonders dem Ausdruck von Gefühlen und Gedanken, der Zuschauer/die Zuschauerin soll das Innere einer Figur erkennen können.

Groß: Mr. Sir

- **Detail** zeigt einen kleinen Ausschnitt von einem Gegenstand oder einer Figur. Durch diese Einstellung wird der Zuschauer/die Zuschauerin auf etwas hingewiesen, dessen Bedeutung für die Geschichte er/sie meistens noch nicht erkennen kann.

Detail: Mr. Sirs Hand

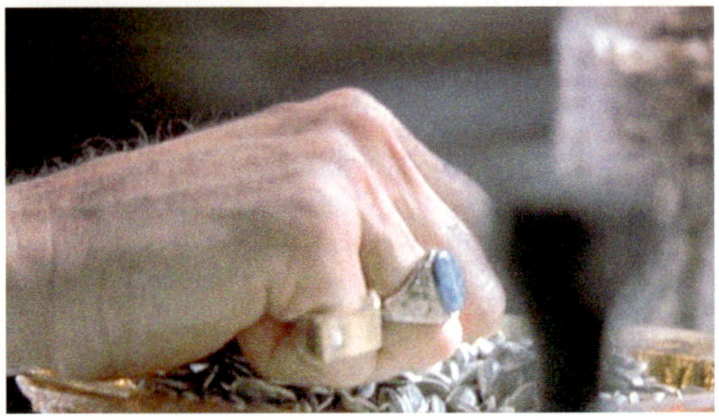

Kameraperspektiven:

Als Kameraperspektive wird die Position der Kamera in Bezug auf das Motiv oder die Figur bezeichnet. Die Perspektive hat eine große Wirkung und trägt dazu bei, dass etwas im Film dramatisch, geheimnisvoll, spannend, langweilig oder ruhig wirkt. Durch die Kameraperspektive werden im Film die Gefühle der Zuschauerinnen/Zuschauer manipuliert:

- **Vogelperspektive:** Figuren und Gegenstände werden von oben aufgenommen, dadurch erlebt der Zuschauer/die Zuschauerin sie als untergeordnet, schwach und verloren. Der Zuschauer/die Zuschauerin selbst fühlt sich stark und überlegen und kann auch angstvolle Situationen mit den Figuren miterleben und aushalten.

Vogelperspektive: Stanley Yelnats

- **Normalsicht:** Die Kamera steht auf der selben Höhe wie die Figuren – der Zuschauer/die Zuschauerin erlebt die Figuren in Augenhöhe. Er/sie fühlt sich mit den Figuren auf einer Ebene und kann sich gut mit ihnen identifizieren.

Normalsicht: Stanley Yelnats

- **Froschperspektive/Untersicht:** Die Kamera nimmt Figuren und Gegenstände von unten auf. Diese Darstellung wird häufig verwendet, um die Spannung zu steigern, die Figuren wirken dadurch mächtig und bedrohlich. Der Zuschauer/die Zuschauerin kommt sich klein, unterlegen und ängstlich vor.

Froschperspektive: die Jungen im Camp Green Lake

Die folgenden Einstellungen und Perspektiven stammen ebenfalls aus dem Film „Das Geheimnis von Green Lake“.

Bild 1

Bild 2

Bild 3

Bild 4

Bild 5

Bild 6

1 Ordne die Einstellungen und Perspektiven den fachlichen Begriffen zu.

2 Schaue dir den Film „Das Geheimnis von Green Lake“ an und suche zwei Sequenzen aus, in denen der Arbeitsalltag in Camp Green Lake dargestellt wird. Notiere in einer Tabelle:

Überschrift der Sequenz	*Kameraeinstellung*	*Kameraperspektive*
…	…	…

3 Überlege, welche mögliche Begründung es für die Wahl der Gestaltungsmittel in diesen Szenen gibt.

▸▸ **Seite 37 ff.**
UV „Löcher – Die Geheimnisse von Green Lake“

4 Wähle eine Stelle aus dem Jugendbuch „Löcher“, die sich als Filmsequenz eignet, und schreibe auf:

- in wie viele Einstellungen du den Text unterteilst
- mit welchen Kameraeinstellungen und -perspektiven du die Sequenz filmen würdest und welche Wirkung du damit bei deinem Publikum erzielen willst.

4 Was ich über Medien gelernt habe – Portfolio

4.1 Kann ich das wirklich? – Lernspiegel

✔ Kann ich ...
• Zeitungsartikel den verschiedenen Ressorts zuordnen?
• die verschiedenen Textsorten einer Zeitung unterscheiden?
• den Aufbau einer Nachricht darstellen?
• die Merkmale und den Aufbau eines Kommentars beschreiben?
• zwischen verschiedenen Werbeformen in den Medien unterscheiden?
• den Aufbau von Werbeanzeigen analysieren?
• verschiedene Werbestrategien benennen und konkreten Beispielen zuordnen?
• die in Werbesprüchen verwendeten sprachlichen Mittel erkennen und benennen?
• Kameraeinstellungen und -perspektiven erkennen und beschreiben?
• die mögliche Wirkung von Kameraeinstellungen und -perspektiven auf die Zuschauenden mit fachlichen Begriffen beschreiben?

4.2 Lernlexikon

In deinem Lernlexikon solltest du zum Thema „Umgang mit Medien“ Einträge u.a. zu folgenden Punkten angelegt haben:

Layout – Ressort – Nachricht – Kommentar – Schlagzeile – Aufbau und Strategien von Werbeanzeigen – Werbemedien – Werbesprache – Kameraeinstellung und -perspektive

4.3 Schatztruhe – Lerndossier

Im Zusammenhang mit dem Thema „Umgang mit Medien“ könntest du Folgendes in deinem Lerndossier abgelegt haben:

- **eine Titelseite, an der du die Layoutbegriffe festgehalten hast**
- **eine selbst verfasste Nachricht**
- **einen selbst geschriebenen Kommentar**
- **eine Werbeanzeige, bei der du den Aufbau, die verwendeten Strategien sowie die sprachlichen Mittel genau beschrieben hast**
- **eine Werbeanzeige, die du dir selbst ausgedacht und gestaltet hast**
- **Szenenfotos aus einem Film mit Kameraeinstellungen und -perspektiven**

Lernstation: Sprache untersuchen – Grammatik

Regeln

1 Wortarten

Wortarten

- Nomen (Tisch, Hass, Ankunft …)
- Adjektiv (schön, rot, rund …)
- Verb (laufen, ankommen, sehen …)
- Adverb (sehr, zusammen, hier …)
- Artikel (das, eine, dem …)
- Präposition (hinter, vor, in …)
- Konjunktion (dass, und, obwohl …)
- Pronomen (du, diese, einige …)

2 Das Verb

2.1 Grundformen

Die Grundform des Verbs trägt keine Personenkennzeichnung. Man spricht auch von **unflektierten** (= nicht gebeugten) oder **infiniten** (= unbestimmten) **Verbformen:**

Grundform	Beispiel
Infinitiv	*sehen, probieren, abfahren, entspannen, lächeln, meckern*
Partizip I (Partizip Präsens)	*sehend, probierend, abfahrend, entspannend, lächelnd, meckernd*
Partizip II (Partizip Perfekt)	*gesehen, probiert, abgefahren, entspannt, gelächelt, gemeckert*

2.2 Personalformen

Die Personalform des Verbs trägt eine Personenkennzeichnung. Man spricht auch von **flektierten** (= gebeugten) oder **finiten** (= bestimmten) **Verbformen.** Neben der Person (und dem Numerus: Einzahl, Mehrzahl) sind die Personalformen auch bestimmt nach dem Tempus, der Handlungsart (Aktiv, Passiv) und dem Modus (Indikativ, Konjunktiv). Personalformen, die nach Person, Numerus, Tempus, Handlungsart und Modus bestimmt sind, nennt man auch **konjugierte** Formen.

Seite 65
UV „Es steht in der Zeitung …“

2.2.1 Tempus

Präsens Aktiv	Perfekt Aktiv	Präteritum Aktiv	Plusquamperfekt Aktiv	Futur I Aktiv	Futur II Aktiv
ich kaufe, wir gehen	*ich habe gekauft, wir sind gegangen*	*ich kaufte, wir gingen*	*ich hatte gekauft, wir waren gegangen*	*ich werde kaufen, wir werden gehen*	*ich werde gekauft haben, wir werden gegangen sein*

2.2.2 Handlungsart (Genus Verbi)

Aktiv	Passiv
Im Aktiv wird ein Geschehen oder eine Handlung vom Verursacher aus dargestellt. Der Handelnde (der/die/das Aktive) ist zugleich das Subjekt des Satzes. Beispiel: *Die Polizei ertappt den Einbrecher auf frischer Tat.*	Im Passiv wird eine Handlung vom Betroffenen (der/die/das Passive) aus dargestellt. Der Verursacher der Handlung oder des Geschehens kann ungenannt bleiben. Beispiel: *Der Einbrecher wird [von der Polizei] auf frischer Tat ertappt.*

Präsens Passiv	Perfekt Passiv	Präteritum Passiv	Plusquamperfekt Passiv	Futur I Passiv	Futur II Passiv
ich werde gesehen	*ich bin gesehen worden*	*ich wurde gesehen*	*ich war gesehen worden*	*ich werde gesehen werden*	*ich werde gesehen worden sein*

2.2.3 Modus

Im Deutschen werden drei Modi unterschieden:

- **Imperativ** (Befehlsform): *Sei ruhig! Geht doch bitte etwas zur Seite!*
- **Indikativ** (Wirklichkeitsform): *Er ist nicht ruhig. Sie gehen nicht zur Seite.*
- **Konjunktiv** (Möglichkeitsform): *Ach, wäre er doch ruhig! Wenn sie zur Seite gingen/gehen würden, könnte ich endlich vorbei.*

Seite 85 ff.
UV „Spielt unser Wetter verrückt?“

	So wird der Konjunktiv gebildet	Verwendung
Konjunktiv I	Verbstamm + e + Personalendung: *du geh-e-st* (Indikativ: du gehst); *er habe, werde, sei* (Indikativ: *er hat, wird, ist*)	Die Form dient hauptsächlich zur Kennzeichnung der indirekten Rede: *Lisa sagte, er **gehe** ins Kino.* (Lisa: *„Er geht ins Kino.“*)
Konjunktiv II	Verbstamm im Präteritum + e + Personalendung: *du ging-e-st* (Indikativ: du gingst); *er hätte, würde, wäre* (Indikativ: *er hatte, wurde, war*)	Die Form dient hauptsächlich zur Kennzeichnung des Irrealen (= nicht Wirklichen): ***Hätte** Paul Geld, **ginge** er ins Kino.* (Paul hat aber kein Geld.)

Da die Konjunktivform oft gleich mit der Verbform im Indikativ ist, gibt es folgende Ersatzformen:

	Verwendung
Konjunktiv I	**Konjunktiv II:** *Ich sagte, dass ich keine Lust **habe*** (Konjunktiv I = Indikativ Präsens). → *Ich sagte, dass ich keine Lust **hätte*** (= Konjunktiv II).
Konjunktiv II	***würde*** **+ Infinitiv:** *Ach, **gingen** sie doch* (Konjunktiv II = Indikativ Präteritum). → *Ach, **würden** sie doch **gehen*** (= Umschreibung). Die *würde*-Umschreibung wird oft auch statt veralteter Formen verwendet *(würde wiegen – wöge).*

▸▸ **Seite 64 f.**
UV „Es steht in der Zeitung …“
▸▸ **Seite 80 f.**
UV „Werbung“

3 Satzglieder und das Attribut

Im Deutschen lassen sich vier Arten von Satzgliedern unterscheiden:

Satzglied	Beispiel
Subjekt (= Satzgegenstand)	***Der kleine Hund*** (Frage: Wer oder was?) *biss den dicken Mann kräftig ins linke Bein.* ***Der Biss*** *schmerzte ihn sehr.*
Prädikat (= Satzaussage)	*Der kleine Hund* ***biss*** *den dicken Mann kräftig ins linke Bein. Der Biss* ***schmerzte*** *ihn sehr.*
Objekt (= Satzergänzung)	*Der Hund biss* ***den Mann*** (Frage: Wen oder was? – Akkusativobjekt) *kräftig ins Bein. Nun bedarf das Bein* ***der ärztlichen Behandlung*** (Frage: Wessen? – Genitivobjekt). ***Dem kleinen Hund*** (Frage: Wem? – Dativobjekt) *war das egal.*
Adverbial (= Umstandsbestimmung im Satz)	*Ein Hund biss* ***gestern*** (= Adverbial der Zeit: Wann?) *einen dicken Mann* ***ins linke Bein*** (= Adverbial des Ortes: Wohin?).

Attribute sind nähere Bestimmungen zu einem Satzglied. Bei der Satzgliedprobe sind sie nicht alleine verschiebbar, sondern nur im Zusammenhang mit ihrem Bezugswort:
Beispiel: *Kräftig | ins* ***linke*** *Bein | biss | der* ***kleine*** *Hund | den* ***dicken*** *Mann.*

Häufige Attributformen sind das attributive Adjektiv *(der* ***kleine*** *Hund)*, der Attributsatz *(Ein Hund,* ***der klein war,*** *biss …)* und das Genitivattribut *(der Biss* ***des kleinen Hundes****).*

4 Satzreihen und Satzgefüge

Von einer **Satzreihe** spricht man, wenn zwei (oder mehr) Hauptsätze ohne abschließenden Punkt aneinandergereiht sind. Oft sind die Hauptsätze durch **nebenordnende Konjunktionen** verbunden:
Beispiel: *Lara bewarb sich um einen Praktikumsplatz* (= Hauptsatz 1) ***und*** *Lucas suchte nach einem Ferienjob* (= Hauptsatz 2), ***aber*** *Noemi fuhr mit ihrer Freundin lieber zum Skifahren* (= Hauptsatz 3).

Von einem **Satzgefüge** spricht man, wenn mindestens ein Haupt- und mindestens ein Nebensatz miteinander zu einer Einheit verbunden sind. Dabei entstehen manchmal komplexe Satzgefüge:
Beispiel: *Noemi und ihre Freundin reisten* (Anfang Hauptsatz), *nachdem sie sich von Lucas* (Anfang Nebensatz 1), *der sich einen Ferienjob suchen wollte* (Nebensatz 2), *weil er Geld für ein neues Fahrrad brauchte* (= Nebensatz 3), *verabschiedet hatten* (= Ende Nebensatz 1), *ab* (= Ende Hauptsatz).

5 Nebensätze

Man unterscheidet zwischen eingeleiteten und uneingeleiteten Nebensätzen.

- Eingeleitete Nebensätze beginnen mit einer **unterordnenden Konjunktion** oder einem **Relativanschluss.** In diesen Nebensätzen steht das Prädikat an letzter Satzgliedstelle: *Lucas sagte, **dass*** (= Konjunktion) *er sich einen Ferienjob suchen **wolle*** (= Prädikat).
- Uneingeleitete Nebensätze haben kein Einleitungswort; sie sind nur daran zu erkennen, dass sie ein Satzglied im Hauptsatz ersetzen: *Lucas sagte, er wolle sich einen Ferienjob suchen.*

5.1 Einteilung der Nebensätze

5.1.1 Bestimmung nach Einleitungswort

- **Konjunktionalsätze** beginnen stets mit einer Konjunktion *(dass, weil, während usw.)*.
  *Beispiel: Janna weiß, **dass** das schwer ist.*
- **Relativsätze** beginnen stets mit einem flektierbaren Relativpronomen oder einem Relativadverb (Relativadverbien kann man daran erkennen, dass sie auch einen Fragesatz einleiten können und nicht flektierbar sind).
  Beispiel: ***Wer*** (flektierbares Relativpronomen) *das versteht, weiß schon viel.*
  *Sie lernten dort, **wo*** (nicht flektierbares Relativadverb: Wo hatten sie gelernt?) *sie schon gestern gelernt hatten.*
  Relativsätze können auch frei vorkommen, das heißt ohne Bezugswort im Hauptsatz. Sinngemäß muss sich das Bezugswort dann aber ergänzen lassen.
  Beispiel: ***Wer** wagt,* [der] *gewinnt.*
  Sie lernten [dort], ***wo** sie gestern schon gelernt hatten.*

5.1.2 Bestimmung nach der grammatischen Funktion – Gliedsätze

Nebensätze, die ein Satzglied ersetzen, nennt man auch Gliedsätze. Gliedsätze können sowohl Konjunktional- als auch Relativsätze sein.

Gliedsatz	Beispiel
Subjektsatz (der Nebensatz ersetzt das Subjekt)	***Wer** das versteht* (= Wer oder was weiß schon viel?), *weiß schon viel.* – **Relativsatz** *Mir ist neu, **dass** du Probleme hast* (= Wer oder was ist mir neu?). – **Konjunktionalsatz**
Objektsatz (der Nebensatz ersetzt ein Objekt)	*Janna weiß, **dass** das schwer ist* (= Wen oder was weiß Janna?). – **Konjunktionalsatz** *Paul weiß nicht, **welche** Pläne du hast* (= Wen oder was weiß Paul nicht?). – **Relativsatz**
Aderbialsatz (der Nebensatz ersetzt ein Adverbial)	*Sie lernten dort, **weil es praktisch für sie war*** (= kausales Adverbial – Warum?: *Sie lernten dort **aus praktischen Gründen.***). – **Konjunktionalsatz** *Sie lernten dort, **wo** sie schon gestern gelernt hatten* (= lokales Adverbial – Wo?: *Sie lernten **an demselben Ort wie gestern***). – **Relativsatz.**

▸▸ **Seite 98**
UV „Eine Reise durch die deutschsprachigen Länder“

5.2 Der Attributsatz

Attributsätze ersetzen das Satzgliedteil Attribut. Attributsätze sind fast immer Relativsätze.

Attribut	Attributsatz
attributives Adjektiv: *Ein **kleiner** Hund biss einen **dicken** Mann.* ***frischer französischer** Käse*	*Ein Hund, **der klein war,** biss einen Mann, **der dick war.*** *Käse, **der frisch ist und aus Frankreich kommt,** …*
Genitivattribut: *Der Biss **des kleinen Hundes** …* *Das Haus **unseres Nachbarn** …*	*Der Biss, **der von einem kleinen Hund stammte,** …* *Das Haus, **das unserem Nachbarn gehört,** …*

5.3 Arten des Adverbialsatzes

Adverbialsätze sind in der Regel Konjunktionalsätze; nur lokale Adverbialsätze sind immer Relativsätze.

Adverbialsatz	Beispiel	Ersatzprobe = Adverbial
der Zeit (= Temporalsatz): nachdem, als, bevor, während, ehe, bis, sowie	*Sie arbeiteten immer sofort, **nachdem die Sonne aufgegangen war.***	*Sie arbeiteten immer **sofort nach Sonnenaufgang.*** (Wann?)
des Grundes (= Kausalsatz): weil, da, zumal (da)	*Sie arbeiteten, **weil dies ihren Charakter stärken sollte.***	*Sie arbeiteten **zur Stärkung ihres Charakters.*** (Warum?)
der Absicht/des Zwecks (= Finalsatz): damit, dass, um	*Sie arbeiteten, **damit sie sich besserten.***	*Sie arbeiteten **zur Besserung.*** (Wozu?)
der Folge/der Wirkung (= Konsekutivsatz): (als) dass, sodass	*Sie arbeiteten, **sodass sie abends erschöpft waren.***	*Sie arbeiteten **bis zur Erschöpfung*** (mit welcher Folge?) *am Abend.*
der Einräumung (= Konzessivsatz): obwohl, obschon, obgleich, wenn auch	*Sie arbeiteten, **obwohl es brütend heiß war.***	*Sie arbeiteten **trotz brütender Hitze.*** (Trotz wessen?)
der Bedingung (= Konditionalsatz): wenn, falls, sofern	*Sie arbeiteten, **wenn kein Sonn- oder Feiertag war.***	*Sie arbeiten **nicht an Sonn- oder Feiertagen.*** (Unter welcher Bedingung?)
der Art und Weise (= Modalsatz): als ob, insofern, wobei	*Sie arbeiteten, **als ob sie verrückt seien.***	*Sie arbeiteten **wie die Verrückten.*** (Wie?)
des Umstandes/des Mittels (= Instrumentalsatz): indem, so dass	*Sie arbeiteten, **indem sie viel Kraft aufwandten.***	*Sie arbeiteten **mit viel Kraftaufwand.*** (Womit? Wodurch?)
des Ortes (= Lokalsatz): wo, wohin, woher	*Sie arbeiteten dort, **wo früher ein See war.***	*Sie arbeiteten **an einem früheren See.*** (Wo?)

6 Übungen

Die Übungstexte, die du hier findest, sind zum Teil Texte aus dem Jugendbuch „Löcher" und zum Teil Texte über das Buch.

Seite 37 ff.
UV „Löcher – Die Geheimnisse von Green Lake"

6.1 Verbformen bestimmen

Elyas Geschichte
(1) Stanleys Ururgroßvater hieß Elya Yelnats und wurde in Lettland geboren. (2) Als er 15 war, verliebte er sich in die 14-jährige Myra Menke. (3) In zwei Monaten würde sie 15 werden, und dann, so hatte ihr Vater gedacht, sei die Zeit für sie gekommen, sich zu verheiraten. (4) So ging Elya zu Myras Vater und sagte ihm, dass er Myra gerne heiraten wolle. (5) Aber er war nicht der Einzige. (6) Auch von Igor Barkov, einem Schweinebauern, wurde Myras Vater um die Hand seiner Tochter gebeten. (7) Und wäre Igor nicht schon 57 Jahre alt und äußerst hässlich gewesen, hätte er Myra wohl sofort zur Frau bekommen. (8) Immerhin bot er dem Vater für Myra sein fettestes Schwein. (9) Um Igor auszustechen, bat Elya Madame Zeroni um Hilfe. (10) Diese verriet ihm, wie er ein noch fetteres Schwein bekommen könnte, sagte aber zu Elya: (11) „Zum Dank will ich von dir auf einen Berggipfel getragen werden. (12) Versprich mir das!" (13) Elya versprach es. (14) Wenn er dies nicht täte, warnte ihn Madame Zeroni, dann wären er und seine Nachfahren bis in alle Ewigkeit verdammt.

1. Im Text findest du drei Passivformen. Schreibe sie heraus und bestimme ihr Tempus.
2. Schreibe aus dem Text alle acht Konjunktivformen heraus. Bestimme jeweils, ob es sich um eine Form im Konjunktiv I oder im Konjunktiv II handelt.

6.2 Satzglieder bestimmen und Nebensätze bilden

Der Familienfluch
(1) Gleich am Anfang erzählt der Autor die Geschichte eines über <u>hundertjährigen</u> Familienfluchs. (2) Angeblich verfluchte eine Alte Stanleys Ururgroßvater und alle seine Nachfahren <u>wegen eines Schweinediebstahls.</u> (3) Tatsächlich raubte eine <u>berüchtigte</u> Banditin Stanleys Urgroßvater aus und ließ ihn alleine und ohne Wasser in der Wüste zurück. (4) Auch Stanleys Vater verfolgt das Pech. (5) Niemand wird wohl je seine Erfindungen anerkennen. (6) Schließlich trifft der Fluch <u>auch den zu Unrecht verurteilten</u> Stanley.

3. Bestimme in allen Sätzen die Satzglieder.
4. Bestimme die unterstrichenen Wörter bzw. Wortgruppen.
   Handelt es sich jeweils um ein Attribut oder um ein Adverbial?
5. Forme die unterstrichenen Wörter in bedeutungsgleiche Nebensätze um.

6.3 Nebensätze bestimmen

Zero kann nicht lesen

Zum Schreiben blieb er im Zelt, (1) damit Torpedo und die anderen sich nicht über ihn lustig machten, (2) weil er an seine Mutter schrieb. Er hörte auf zu schreiben, (3) als Zero ins Zelt kam, machte dann aber weiter. (4) Was Zero dachte, war ihm egal, Zero war ein Niemand. Zero stand jetzt neben ihm und sah ihm beim Schreiben zu. „Es passt mir nicht, (5) dass du mir über die Schulter guckst und mitliest, verstanden?" Zero schwieg. „Ich kann das nicht", sagte Zero. „Wie?" „Kannst du's mir beibringen?" Stanley begriff gar nicht, (6) wovon Zero überhaupt redete. „Ich würde gern Lesen und Schreiben lernen", sagte Zero.

6 Bestimme die Nebensätze nach ihrem Einleitungswort.

7 Drei der Nebensätze sind Adverbialsätze. Schreibe sie heraus und bestimme die Art des Adverbialsatzes (kausal, temporal usw.).

8 Im Text finden sich ein Objektsatz und zwei Subjektsätze. Bestimme jeweils, ob es sich um einen Subjekt- oder um einen Objektsatz handelt.

6.4 Abschlussübung

Fundstücke

Stanley hat X-Ray versprochen, ihm interessante Fundstücke zu überlassen …

[Stanley war erleichtert], (1) dass er akzeptiert hatte, (2) dass X-Ray alles bekommen sollte, (3) was er eventuell finden würde. (4) Wenn er in Camp Green Lake überleben wollte, dann war es viel wichtiger, (5) dass X-Ray ihn okay fand, (6) als dass er irgendwann einen freien Tag hatte. Abgesehen davon rechnete er auch nicht damit, (7) dass er irgendwas finden würde. Vermutlich gab es da draußen sowieso nichts, (8) was irgendwie „interessant" sein könnte, und selbst wenn – ein Glückspilz war er noch nie gewesen.

(9) Er rammte das Metall in den Boden und lud wieder eine Schaufel voll Erde ab. Eigentlich war es schon ein bisschen überraschend, dachte er, (10) dass ausgerechnet X-Ray der Anführer der Gruppe war; schließlich war er weder der Größte noch der Robusteste. […] Aber trotz allem schienen Deo und die anderen bereit zu sein, alles zu tun, (11) was X-Ray verlangte.

9 Bestimme alle Nebensätze (d.h. alle Sätze außer Satz 9) nach ihrem Einleitungswort und ihrer grammatischen Funktion.

10 Bestimme die Satzglieder in Satz 9.

11 Forme Satz 9 ins Passiv um.

12 Schreibe alle Konjunktivformen aus dem Text heraus und bestimme sie.

7 Was ich über Grammatik gelernt habe – Portfolio

7.1 Kann ich das wirklich? – Lernspiegel

Kann ich …
• verschiedene Tempora eines Verbs im Aktiv wie im Passiv bilden?
• die drei Modi im Deutschen unterscheiden und sie richtig anwenden?
• den Konjunktiv I und den Konjunktiv II zu Verben bilden?
• die Ersatzformen zum Konjunktiv I und Konjunktiv II richtig anwenden?
• die Satzglieder in einem Satz ermitteln und bestimmen?
• Attribute erkennen und umformen?
• Nebensätze nach ihrem Einleitungswort unterscheiden?
• Gliedsätze erkennen und bestimmen?
• verschiedene Arten von Adverbialsätzen unterscheiden und Beispiele dafür bilden?
• Adverbiale in Adverbialsätze umformen?
• Attributsätze erkennen?
• Attribute in Attributsätze umformen?

7.2 Lernlexikon

In deinem Lernlexikon solltest du zum Thema „Sprache untersuchen – Grammatik“ Einträge u.a. zu folgenden Punkten angelegt haben:

Aktiv/Passiv – Imperativ – Konjunktiv I – Konjunktiv II – Ersatzformen des Konjunktivs – Objekt-/Subjektsätze – Adverbialsätze – Attributsätze

7.3 Schatztruhe – Lerndossier

Im Zusammenhang mit dem Thema „Sprache untersuchen – Grammatik“ könntest du Folgendes in deinem Lerndossier abgelegt haben:

Einen selbst geschriebenen Text, in dem alle drei Modi des Deutschen sowie möglichst viele verschiedene Arten von Nebensätzen vorkommen.

Lernstation: Rechtschreibung

Regeln

1 Groß- und Kleinschreibung

▸▸ **Seite 102 f.**
UV „Eine Reise durch die deutschsprachigen Länder“

1.1 Nomen und Eigennamen

- Alle **Nomen** und **Eigennamen** werden großgeschrieben.
  Beispiel: *Tisch, Liebe, Ankunft; Lisa, Rostock, Deutschland*

- Bei **mehrteiligen Eigennamen** schreibt man das erste Wort und alle weiteren Wörter außer Artikeln, Präpositionen und Konjunktionen groß.
  Beispiel: *Vereinigte Staaten von Amerika, Unter den Linden, Kap der Guten Hoffnung*
  Mehrteilige Eigennamen können **Personen** *(Johann Wolfgang von Goethe, Friedrich der Weise),* **Orte** *(Kahler Asten, Thüringer Wald, Holsteinische Schweiz),* **Objekte** *(Sternbild: Großer Wagen, Gebäude: der Schiefe Turm von Pisa),* **Institutionen** *(Internationales Olympisches Komitee, Die Grünen, Die Zeit),* **historische Ereignisse** *(der Erste Weltkrieg, der Westfälische Frieden),* **Titel** und **Ehrenbezeichnungen** *(der Heilige Vater, der Technische Direktor)* sowie besondere **Kalendertage** *(der Heilige Abend, der Internationale Frauentag)* sein.

- In **Fachsprachen** gibt es außerdem **feste Wendungen,** die ebenfalls großgeschrieben werden (z.B. Zoologie: *die Schwarze Witwe,* Politik: *Kleine Anfrage;* Kunst: *Goldener Schnitt*). In einigen Fällen ist hier aber auch Kleinschreibung möglich (z.B. Medizin: *Eiserne/eiserne Lunge*). In Zweifelsfällen informiert ein Wörterbuch über die richtige Schreibung.

- **Geografische Ableitungen auf -er** werden großgeschrieben (z.B. *Hamburger Hafen, Schweizer Berge).*

- **Geografische Ableitungen auf -isch** werden kleingeschrieben *(indische Häfen, österreichische Berge),* sofern sie nicht Bestandteil eines Eigennamens sind *(Indischer Ozean, Österreichische Bundesbahn).*

1.2 Nominalisierungen

- Wörter anderer Wortarten schreibt man groß, wenn sie als Nomen verwendet werden (= Nominalisierungen).
  Beispiel: das *Deutsche,* alles *Gute,* am *Ersten* jeden Monats, ein starkes *Klopfen,*
  ein gewisses *Etwas,* eine *Sechs* würfeln, ein großes *Durcheinander,*
  im *Aus* stehen, das ständige *Hin* und *Her*

Häufige **Signalwörter** für Nominalisierungen sind:

Artikelwörter und Verschmelzungen aus Artikel und Präposition (der, die, das; ein, eine, ein; dies, dieser, jene; ins, ans, zum …)	*das Neueste, der Zweite, ins Grüne fahren, zum Verzweifeln, dieses Lachen*
Pronomen und **unbestimmte Zahlwörter** (dieser, mein, kein, etwas, nichts, alle, einige, genug, viel …)	*sein Schnarchen, etwas Schönes, nichts Bedeutendes*

Achtung: Zwischen dem Signalwort und der Nominalisierung kann dabei auch ein Adjektiv stehen:
Beispiel: *ihr **sicheres** Auftreten, sein **lautes und unangenehmes** Schnarchen*

1.3 Anredepronomen

Seite 193 f.
Einen Geschäftsbrief verfassen
LS „Sich und andere informieren“

- Das **Anredepronomen *Sie*** und das entsprechende Possessivpronomen ***Ihr*** sowie die entsprechenden flektierten Formen schreibt man immer groß.
  Beispiel: *Achten **Sie** auf **Ihr** Gepäck und **Ihre** Wertsachen!*

- Das **Anredepronomen *du*** und das entsprechende Possessivpronomen ***dein*** sowie die entsprechenden flektierten Formen schreibt man klein.
  Beispiel: *Achte auf **dein** Gepäck und **deine** Wertsachen!*
  In Briefen kann das Anredepronomen ***du*** auch großgeschrieben werden.
  Beispiel: *Lieber Paul, zu **deinem/Deinem** Geburtstag wünsche ich **dir/Dir** alles Gute! …*
  Achtung: Wenn du dich in einem Brief für eine Schreibvariante entschieden hast, solltest du innerhalb desselben Briefes natürlich nicht mehr wechseln.

2 Zusammen- und Getrenntschreibung

2.1 Grundwort Verb

Seite 100 f.
UV „Eine Reise durch die deutschsprachigen Länder“

2.1.1 Verb + Verb

- Der Regelfall ist die Getrenntschreibung. Beispiel: *schreiben lernen, spazieren gehen*

- Zusammenschreibung ist möglich bei *kennen lernen* sowie Verbverbindungen mit *lassen* und *bleiben* als zweitem Bestandteil, wenn die Verbindung eine übertragende Bedeutung hat.
  Beispiel: *(im Bett) liegen bleiben/liegenbleiben (= unerledigt bleiben)*
  (auf dem Teller) liegen lassen/(links) liegenlassen (= etwas nicht beachten)

2.1.2 Nomen + Verb

- Der Regelfall ist die Getrenntschreibung. Beispiel: *Fahrrad fahren, Schlange stehen*

- Wenn das Nomen nicht mehr als Nomen wahrgenommen wird, schreibt man es mit dem Verb zusammen. Dies betrifft folgende Verben:
  Beispiel: *eislaufen, kopfstehen, leidtun, nottun, standhalten, stattfinden, stattgeben, statthaben, teilhaben, teilnehmen, wundernehmen*
  sowie alle Verben mit *heim-, irre-, preis- und wett-* als erstem Bestandteil (also z.B.: *heimgehen, irreführen, preisgeben, wetteifern)*

2.1.3 Adjektiv + Verb

- Der Regelfall ist die Getrenntschreibung.
  Beispiel: *lang schlafen, schnell gehen*

- Sowohl Getrennt- als auch Zusammenschreibung ist möglich, wenn ein einfaches Adjektiv eine Eigenschaft als Ergebnis der Handlung bezeichnet.
  Beispiel: *kaputt machen/kaputtmachen, klein schneiden/kleinschneiden*

- Wortverbindungen aus Adjektiv und Verb müssen zusammengeschrieben werden, wenn sie eine übertragende Bedeutung haben:
  Beispiel: *kürzertreten (= sich einschränken), richtigstellen (= berichtigen), schwerfallen (= Mühe verursachen)*

2.1.4 Verbpartikel + Verb

- Verbpartikel sind Präpositionen oder Adverbien, die mit Verben feste Verbindungen eingehen. Verbpartikel sind z. B.: *ab-, an-, auf-, bei-, ein-, nach-, über-, zwischen-, zusammen-, vorbei-, hinein-, durch-, dazu-, beisammen-, auseinander- …*

- Ob die Verbindung aus Adverb und Verb als feste Zusammensetzung zu betrachten ist, hängt vom Sinnzusammenhang ab; oft liegt dabei der Hauptakzent fester Zusammensetzungen auf der Verbpartikel. In Zweifelsfällen informiert ein Wörterbuch über die richtige Schreibung.
  Beispiel: *Sie wollte nicht immer dabei sítzen, sondern stehen. Sie wollte nicht immer nur so dabeísitzen. – Er hatte eine Augenoperation und konnte nun wieder séhen. Er wollte seine Freundin bald wiédersehen.*

2.2 Grundwort Adjektiv

Zwei Adjektive werden zusammengeschrieben, wenn:

- der erste Bestandteil bedeutungsverstärkend oder -vermindernd ist:
  Beispiel: *supergut, minderwertig*

- der erste Bestandteil mit dem nachfolgenden Adjektiv gleichrangig ist:
  Beispiel: *hellrot, taubstumm*

Eine Zusammenschreibung liegt ebenfalls vor, wenn ein längerer Ausdruck verkürzt wird.
Beispiel: *mehrere Meter hoch* → *meterhoch; einen Finger breit* → *fingerbreit*

2.3 Sonderfälle

- **gar + Adverb:** *gar* wird vor *kein, nicht, nichts, sehr, wohl* immer getrennt geschrieben.
  Beispiel: *Das ist gar nicht schwer.*

- **Wortverbindungen mit irgend-** werden zusammengeschrieben, wenn die Verbindung nicht mit *so* erweitert ist.
  Beispiel: *irgendetwas* aber: *irgend so etwas; irgendeine* aber: *irgend so eine*

3 *das/dass*-Schreibung

▸▸ Seite 104
UV „Eine Reise durch die deutschsprachigen Länder"

- Das Wort ***das*** ist entweder ein bestimmter Artikel *(das Haus, das Mädchen)*, ein Demonstrativpronomen *(das Haus dort, das Mädchen da)* oder ein Relativpronomen *(ein Haus, das …; ein Mädchen, das …)*.
  Rechtschreibprobe *das*: Das Wort ***das*** kann mehr oder weniger sinngleich ersetzt werden entweder durch einen unbestimmten Artikel *(**ein** Haus, **ein** Mädchen)* oder durch ein anderes Demonstrativpronomen *(**jenes** Haus dort, **dies** Mädchen da)* oder durch ein anderes Relativpronomen *(ein Haus, **was** …; ein Mädchen, **welches** …)*.

- Das Wort ***dass*** ist eine Konjunktion.
  Rechtschreibprobe *dass*: Das Wort ***dass*** kann nicht durch einen Artikel, ein Demonstrativpronomen oder ein Relativpronomen ersetzt werden.

4 Zeichensetzung

4.1 Kommasetzung bei Nebensätzen

Nebensätze werden vom Hauptsatz bzw. weiteren Nebensätzen durch Kommas abgetrennt.
Beispiel: *Sie ging, **obwohl sie eigentlich keine Zeit hatte,** in ihr Zimmer, **weil sie unbedingt lesen wollte.***

4.2 Kommasetzung bei Infinitivgruppen

▸▸ Seite 99
UV „Eine Reise durch die deutschsprachigen Länder"

Infinitivgruppen (Infinitiv mit „zu") sind Satzergänzungen, die wie Nebensätze mit Kommas abgegrenzt werden, wenn der (erweiterte) Infinitiv mit „zu"

- mit *um, ohne, statt, anstatt, außer* oder *als* eingeleitet wird:
  Beispiel: *Sie ging in ihr Zimmer, **um zu lesen.***
  *Sie las, **ohne** sich um den Lärm im Nebenraum **zu kümmern.***

- von einem Nomen abhängt:
  Beispiel: *Er hatte den **Wunsch,** wieder einmal ins Kino **zu gehen.***
  *Er fasste den **Plan,** sich eine Kinozeitschrift **zu besorgen.***

4.3 Zeichensetzung bei Zusätzen oder nachgestellten Satzteilen

- Zusätze oder nachgestellte Satzteile werden mit Kommas vom übrigen Satz abgegrenzt.
  Beispiel für einen Zusatz: *Sie liest gern Bücher, besonders aber spannende Romane.*
  Beispiel für einen nachgestellten Satzteil: *Sie liest gerade ein Buch, ein ganz spannendes.*
  Aber: *Sie liest gerade ein ganz spannendes Buch.*

- Eine Sonderform eines Zusatzes ist die **Parenthese.** Unter einer Parenthese versteht man einen vollständigen Hauptsatz, der in einen anderen Satz eingeschoben wird. Parenthesen werden entweder durch Kommas oder durch Gedankenstriche abgegrenzt.
  Beispiel: *Heute, es war schon fast Mitternacht, konnte sie gar nicht aufhören zu lesen.*
  Heute – es war schon fast Mitternacht – konnte sie gar nicht aufhören zu lesen.

4.4 Doppelpunkt

Mit einem Doppelpunkt wird angezeigt, dass etwas Weiterführendes oder Ergänzendes folgt. Der Doppelpunkt wird insbesondere gesetzt bei

- **direkter Rede/Zitaten:** *Sie sagte: „Ich gehe jetzt ins Kino!"*
- **Aufzählungen:** *Er hatte schon viele Länder bereist: Frankreich, England, Russland, China und Australien.*
- **Schlussfolgerungen:** *Nach der Beweislage war klar: Nur Peter konnte der Dieb sein.*

▸▸ **Seite 58 f.**
UV „Außenseiter? Einfach nur anders?"

4.5 Anführungszeichen

Anführungszeichen werden vor allem gesetzt

- zur Kennzeichnung der wörtlichen Rede bzw. von Zitaten.
  Beispiel: *Sie sagte: „Ich gehe jetzt ins Kino!" – „Ich gehe jetzt ins Kino!", sagte sie. – „Ich gehe", sagte sie, „jetzt ins Kino!"*
- bei Überschriften und Werktiteln (Bücher, Filme usw.).
  Beispiel: *Sein Lieblingsbuch war „Der Herr der Ringe".*
- bei Wörtern oder Wortgruppen, über die man einen Aussage treffen will.
  Beispiel: *Das Sprichwort „Aller Anfang ist schwer" ist gar nicht so falsch.*
  Der Vorname „Peter" gefällt mir eigentlich sehr gut.
- zur Kennzeichnung einer übertragenden, nicht wörtlichen oder ironischen Bedeutung.
  Beispiel: *Paul hat „nur" eine 2 geschrieben.*
  „Zufällig" kam Lisa dann auch bei uns vorbei.

4.6 Semikolon

Das Semikolon (;) grenzt stärker ab als ein Komma, aber weniger stark als ein Punkt. Es wird vor allem verwendet, um gleichrangige und inhaltlich aufeinander bezogene Teilsätze oder Wortgruppen abzugrenzen.

Beispiel: *Das Kino war bis auf den letzten Platz ausverkauft; der Film musste ziemlich gut sein. Paul mochte den Winter nicht; er konnte aber auch nicht Skifahren.*

5 Silbentrennung

- Mehrsilbige Wörter kann man am Zeilenende trennen. Die möglichen Trennstellen fallen mit den Grenzen der Silben, die man beim langsamen Sprechen hört, zusammen:
  Beispiel: *eu-ro-pä-i-sche Ge-mein-schaft*
- Einzelne Vokalbuchstaben am Wortanfang und -ende werden dagegen nicht getrennt. Wörter wie *Ofen, Boa oder Igel* können also nicht getrennt werden.
  Achtung: Stehen die Buchstabenverbindungen ch, sch, ph, rh, sh, th und ck für *einen* Konsonanten, werden sie nicht getrennt (z.B. *wa-schen, Na-cken*).

6 Übungen

6.1 Groß- und Kleinschreibung

(1) Am h/Heiligen a/Abend waren sie im Urlaub in den s/Schweizer Bergen. (2) Sie kochten sich i/Italienische Nudeln und aßen dazu h/Holländer Käse. (3) Sie würde gerne einmal den s/Schiefen Turm von Pisa und die c/Chinesische Mauer sehen. (4) Eltern haften für i/Ihre Kinder. (5) Genießen s/Sie i/Ihren Urlaub in u/Unserem Hotel! (6) Zu i/Ihrem b/Bedauern hatte s/Sie beim j/Joggen i/Ihre Uhr verloren. (7) Alles s/Schlechte hat auch sein g/Gutes.

1 Schreibe die Sätze in der richtigen Groß- bzw. Kleinschreibung ab.

6.2 Zusammen- und Getrenntschreibung

(1) Die Aufgaben waren wirklich gar/nicht so leicht/verständlich. (2) Sie hat das Handy geschenkt/bekommen. (3) Er hatte keine Lust, ihm hinterher/zu/rennen. (4) Irgend/etwas kam ihr hier seltsam vor. (5) Sie hatte sich darauf J/jahre/lang vorbereitet. (6) Sie hoffte, sie würde sie nie mehr wieder/sehen. (7) Nachdem sie einmal erwischt worden waren, wollten sie wieder schwarz/fahren.

2 Schreibe die Sätze in der richtigen Zusammen- und Getrenntschreibung ab.

6.3 *das* oder *dass?*

(1) ___ ist wieder typisch für dich. (2) Er sagte, ___ er ___ Mädchen liebe. (3) Zum Geburtstag bekam er ein Buch, ___ er schon kannte. (4) ___ ___ nicht stimmt, ___ wusste sie sofort. (5) Er meinte, ___ die Rechtschreibung gar nicht so schwer sei.

3 Schreibe die Sätze ab. Ergänze jeweils die Lücken richtig durch *das* oder *dass*.

6.4 Zeichensetzung

Das Weib und der Landmann

Eine Frau die vor kurzem ihren Mann begraben hatte besuchte täglich das Grab um dort zu weinen Ein Landmann pflügte nicht weit davon entfernt und da er an dem Weib Gefallen fand ließ er seine Rinder zurück und ging ebenfalls zu dem Grab setzte sich neben die Frau und weinte mit ihr Als sie ihn fragte warum denn auch er so klage sagte er Auch ich habe jemanden begraben ein ausgezeichnetes Weib und wenn ich weine wird mir das Herz leichter Worauf sie meinte Mir geht es genauso Wenn wir beide doch einmal dasselbe Leid haben fuhr er dann fort warum sollen wir nicht zusammenbleiben Ich werde dich lieben wie meine erste Frau und du liebst mich wie deinen früheren Mann Seine Worte überzeugten das Weib und so wurden sie einig

Inzwischen war aber ein Spitzbube gekommen hatte die Rinder ausgespannt und mitgenommen Als der Bauer zurückkehrte und seine Tiere nicht mehr fand da war er außer sich und jammerte schrecklich Das Weib kam ihm nach und als sie ihn so verzweifelt sah und fragte Du weinst wieder da sagte er Ja jetzt weine ich wirklich

4 Schreibe den Text ab und ergänze die fehlenden Satzzeichen.

6.5 Silbentrennung

Joachim Ringelnatz

In Hamburg lebten zwei Ameisen,
die wollten nach Australien reisen.
Bei Altona auf der Chaussee [Chaus|see],
da taten ihnen die Beine weh,
und da verzichteten sie weise
denn auf den letzten Teil der Reise.

So will man oft und kann doch nicht
und leistet dann recht gern Verzicht.

5 Schreibe das Gedicht ab und markiere, welche Wörter an welchen Stellen getrennt werden können.

6.6 Abschlussübung

(1) zudenhilfsmittelndiedermenschentwickelteumdiearbeitenimbüroundindertechnikzuerleichterngehörenauchdierechenmaschinen.
(2) schonfrühzeitigerfandmanrechensteineundrechentafelnumsichdasrechnenmitgrößerenzahlenwertenzuerleichtern. (3) diegriechenbenutzten bereitseinrechenbrettdas „abakion“ dasspäterbeidenrömern „abacus“ genanntwurdeundaufdemdurchdasverschiebenvoninschlitzenlaufendenmetallkugelngewissezahlenwertezusammengezähltundabgezogenwerdenkonnten.
(4) geniallöstenchinesischegelehrtedasproblemindemsiebereitsvordreijahrtausendenmiteinemgerätarbeitetenwieesnochheutevonkindernbenutztwird.
(5) essinddiesdieineinemrahmenanstangenbefestigtenkugelndiemanhinundherschiebenkannumsodieeinfachstenrechenaufgabenzuerledigen.

6 Schreibe den Text in der richtigen Schreibung ab und setze die fehlenden Satzzeichen.

7 Im Text kommt mehrmals das Wort *das* vor. Bestimme jeweils die Wortart, zu der es gehört.

8 Erläutere, warum die Wörter *abakion* und *abacus* in Anführungsstrichen stehen.

9 Im Text kommt eine geografische Ableitung auf -isch vor. Erläutere an weiteren zwei Beispielen deiner Wahl, wann diese Ableitungen groß- bzw. kleingeschrieben werden müssen.

7 Was ich über Rechtschreibung und Zeichensetzung gelernt habe – Portfolio

7.1 Kann ich das wirklich? – Lernspiegel

Kann ich ...

- mehrteilige Eigennamen erkennen und sie richtig schreiben?
- Nominalisierungen an ihren Signalwörtern erkennen und selbst Nominalisierungen bilden?
- die Regeln zur Groß- und Kleinschreibung von Anredepronomen erklären und anwenden?
- die Regeln zur Zusammen- und Getrenntschreibung bei Verbindungen mit dem Grundwort Verb nennen und anwenden?
- die Regeln zur Zusammen- und Getrenntschreibung bei Verbindungen mit dem Grundwort Adjektiv nennen und anwenden?
- den unterschiedlichen Gebrauch der Wörter *dass* und *das* erläutern und die Wörter in Sätzen richtig schreiben?
- die Regeln zur Verwendung der Satzzeichen nennen und sie anwenden?
- Parenthesen erkennen und sie in eigenen Texten richtig mit Satzzeichen abgrenzen?
- Infinitivgruppen erkennen und weiß ich, wann sie mit Kommas abgegrenzt werden müssen?
- am Zeilenende richtig trennen?

7.2 Lernlexikon

In deinem Lernlexikon solltest du zum Thema „Rechtschreibung und Zeichensetzung" Einträge u.a. zu folgenden Punkten angelegt haben:

Groß- und Kleinschreibung bei mehrteiligen Eigennamen und Ableitungen von Ortsnamen – Nominalisierungen und ihre Signalwörter – Zusammen- und Getrenntschreibung bei Verben und Adjektiven – *das/dass*-Schreibung – Zeichensetzungsregeln – Silbentrennung am Zeilenende

7.3 Schatztruhe – Lerndossier

Im Zusammenhang mit dem Thema „Rechtschreibung und Zeichensetzung" könntest du Folgendes in deinem Lerndossier abgelegt haben:

- **einen selbst geschriebenen Text, in dem alle Satzzeichen des Deutschen vorkommen**
- **einen selbst geschriebenen Text, in dem du mit komplizierten Satzgefügen experimentiert hast und der auch viele Zusätze, Einschübe und Infinitivgruppen enthält**
- **ein selbst geschriebenes Diktat mit einer ausführlichen Fehleranalyse**

Lernstation: Lern- und Arbeitstechniken

1 Zitieren

▸▸ Seite 58 f.
UV „Außenseiter? Einfach nur anders?“

Zitate sind wörtliche Wiedergaben von mündlichen oder schriftlichen Aussagen anderer. Beim Zitieren gibt es Regeln:

- Zitate müssen wörtlich, das heißt ohne sprachliche Veränderungen wiedergegeben werden.
- Zitate werden in Anführungszeichen gesetzt.
- Kürzen ist erlaubt, dies muss aber durch […] – eckige Klammern und Auslassungszeichen – kenntlich gemacht werden.
- Die Herkunft der Aussage kann man in Klammern hinter dem Zitat belegen. Wenn der Text vorliegt (z.B. wenn du aus einem Gedicht, einem kürzeren Text oder einer Lektüre zitierst), reicht die Angabe von Strophe und Vers beziehungsweise von Zeile oder Seite.

In dem Gedicht lässt sich die gedrückte Stimmung des lyrischen Ichs an den Worten „Brauende Nebel“, „Schwarz“ und „leer“ ablesen (Strophe 3). In der 4. Strophe …

Ob Noten für das schulische Verhalten ein geeignetes Mittel zur Verbesserung der Disziplin sind? In den Ausführungen der LandesschülerInnenvertretung ist zu lesen: „Die schriftlichen Kopfnoten sind ein Rückgriff auf die Disziplinierungsmaßnahmen des preußischen 19. Jahrhunderts“ (deutsch.punkt 3, S. 15). Damit wird unterstellt, dass die Kopfnoten nicht mehr in unsere moderne Zeit passen.

Und weiter heißt es, dass das Problem „SchülerInnen mit schwierigem sozialen Hintergrund in den Unterricht […] zu integrieren“ die Frage aufgeworfen habe, wie man den Lehrkräften wieder Respekt verschaffen könne (deutsch.punkt 3, S. 15).

1 In den Texten werden Aussagen von anderen übernommen. Wie wird das dem Leser kenntlich gemacht?

2 Was unterscheidet die Zitate in formaler Hinsicht voneinander?

Microsoft Internet Explorer

Datei Bearbeiten Ansicht Favoriten Extras ?

Zurück Suchen

Adresse http://www.geo.de/GEOlino/nachrichten/50478.html Wechseln zu Links

GEOlino.de

Start Natur Mensch Technik Kreativ Tests+Spiele Nachrichten Community

Drogen sind uncool

Die meisten Jugendlichen finden Rauchen uncool. Während vor ein paar Jahren noch 28 Prozent der 12- bis 17-Jährigen zur Zigarette griffen, tun es jetzt nur noch 20 Prozent. Das sagt zumindest der neue Drogen- und Suchtbericht der Bundesregierung.

Außerdem sterben in Deutschland weniger Menschen an Rauschgiftmissbrauch. Im vergangenen Jahr gab es 1326 Drogenopfer, die niedrigste Zahl seit 15 Jahren. Insgesamt ist die Entwicklung positiv: nämlich weg von den Drogen.

Allerdings konsumieren immer mehr Jugendliche Cannabis. Das macht der Drogenbeauftragten der Bundesregierung Sabine Bätzing Sorgen. Aber sie will etwas dagegen tun: den Tabakkonsum stark einschränken. Denn sie glaubt, dass junge Menschen nur dann zum Joint greifen, wenn sie vorher auch schon mit Zigaretten in Kontakt gekommen sind. Darum sollen Zigaretten noch teurer werden.

Weiterhin ist es wichtig, dass jedes Bundesland per Gesetz dafür sorgt, dass nicht mehr an Schulen geraucht werden darf. Bisher haben nur die Hälfte unserer 16 Bundesländer Rauchen an Schulen gesetzlich verboten.

3 Schreibe den nachstehenden Text ab und baue dabei passende wörtliche Zitate aus dem Bericht ein.

Ärzte warnen seit langem, die Verantwortlichen an anderen Stellen ebenfalls: Das Konsumieren von Zigaretten in frühem Alter hat für die Gesundheit fatale Folgen. Allerdings scheinen die Appelle Wirkung zu zeigen, denn _______________. Diese Entwicklung wird positiv gesehen. Während der Zigarettenkonsum rückläufig ist, _______________. Darüber macht sich die Drogenbeauftragte der Bundesregierung Sorgen. Sie wolle deshalb dazu beitragen, _______________. _______________, wird in dem Bericht bemängelt. Die anderen Bundesländer müssten also dringend ähnliche Maßnahmen ergreifen.

2 Mit Nachschlagewerken arbeiten

In Texten tauchen immer wieder Wörter auf, deren Bedeutung zunächst unklar ist. Hier werden dir verschiedene Nachschlagewerke vorgestellt, die dir helfen, Unbekanntes zu klären. Ein Beispiel: Im Rahmen einer Recherche zu einem Referat über die Stadt Münster findet sich im Internet unter anderem ein Portrait der Stadt mit folgender Schlagzeile:

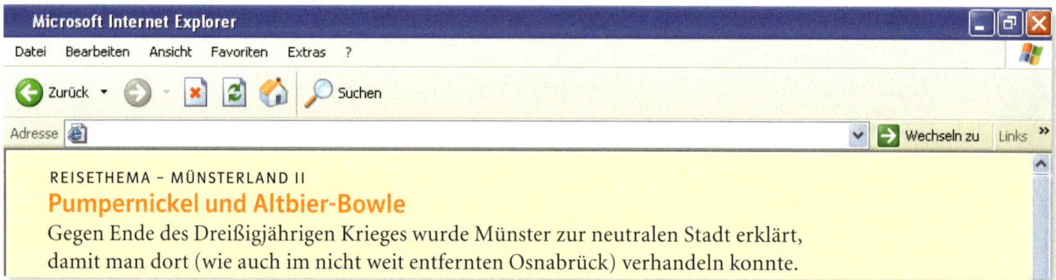

Pumpernickel? Was verbirgt sich hinter dem Wort, dass es als Schlagzeile für ein Reisethema verwendet wird?

▶▶ **Seite 120 f.**
UV „Liebesbriefe gestern und heute“

Je nachdem, auf welchen Schwerpunkt du bei deiner Suche Wert legst, helfen dir spezielle Nachschlagewerke weiter. Dazu gehören z. B. etymologische Wörterbücher, mit denen man die Herkunft und die Geschichte eines Wortes klären kann.

1 Vergleiche die folgenden unterschiedlichen Aussagen.

Pumpernickel *m:* Der seit dem 17. Jh. bezeugte Ausdruck für „Schwarzbrot“ war ursprünglich ein Schimpfwort für einen bäurischen, ungehobelten Menschen, das etwa mit „Furzheini“ wiederzugeben ist. […] Das Bestimmungswort von ‚Pumpernickel‘ gehört zu älter *nhd.* pumpern „furzen“ […], das Grundwort ist die Kurz- oder Koseform des Personennamens Nikolaus.

Pumpernickel: […] *der,* ein urspr. aus Westfalen stammendes, sehr dunkles Roggenschrotbrot.

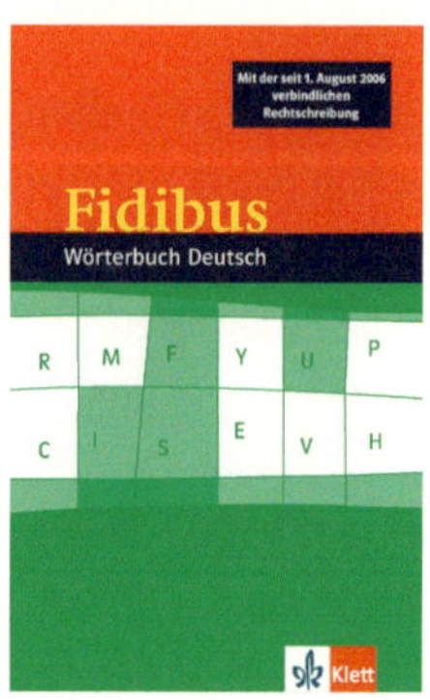

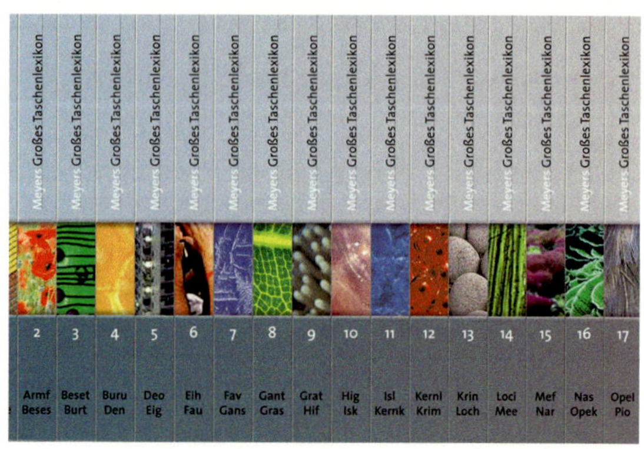

Eine weitere Möglichkeit zum Nachschlagen von Begriffen sind Lexika, wie z.B. das Computer-Lexikon „Encarta“ oder ein allgemeines Lexikon in gedruckter Form, wie z.B. der Brockhaus. Ein umfassendes, allgemeines Lexikon wird auch „Enzyklopädie“ genannt.

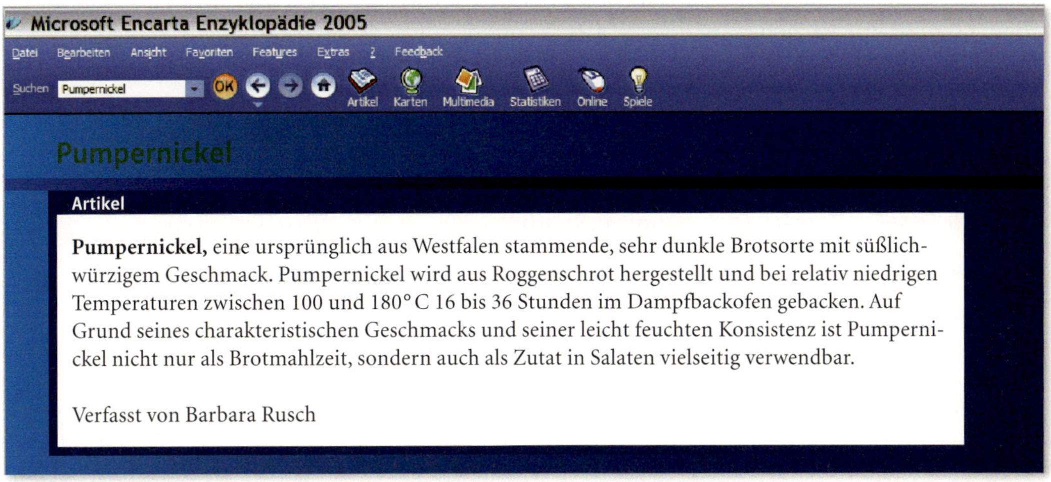

Wenn du im Internet recherchieren möchtest, kannst du das Online-Lexikon „wikipedia“ nutzen (www.wikipedia.de). Es handelt sich dabei um ein Lexikon, in das die Internet-Gemeinschaft Einträge vornehmen und solche auch verändern kann. Da diese Gemeinschaft nicht nur aus Experten besteht, sind die Beiträge hinsichtlich ihres Wahrheitsgehalts nicht immer unproblematisch, bieten aber häufig sehr vielfältige und ausführliche Informationen. Du gibst einfach den Suchbegriff ein und erhältst einen Überblick.

2 Kläre nun mithilfe der genannten Nachschlagewerke folgende Begriffe:
- Pater
- Blasphemie
- Gardine

Seite 111
UV „Geheimnisvolles Lingualalien“

▶▶ Seite 15
UV „Meine berufliche Zukunft“

3 Ein Gruppenpuzzle durchführen

Das Gruppenpuzzle ist eine Methode, mit der man vergleichsweise schnell eine Fülle von Informationen für eine größere Anzahl von Personen verfügbar machen kann. Es handelt sich um eine besondere Form der Gruppenarbeit.
Ein Thema – beispielsweise „Informationen und Anforderungen in verschiedenen Berufsgruppen vermitteln“ – wird in Teilthemen unterteilt, z. B. in Metallverarbeitende Berufe – Berufe im Gesundheitswesen – Berufe im kaufmännischen Bereich. Dazu werden Materialien bereitgestellt.

Erster Schritt

Es werden Stammgruppen gebildet. Die Stammgruppen bestimmen, wer welches Teilthema bearbeitet, und entsenden die Mitglieder in die jeweiligen Expertengruppen.

Zweiter Schritt

Die Experten, das sind diejenigen, die aus den Stammgruppen die gleichen Teilgebiete bearbeiten, treffen sich, besprechen ihre Materialien und bereiten sie so auf, dass sie die Informationen in verständlicher und übersichtlicher Form in ihren Stammgruppen präsentieren können.

Dritter Schritt

Die Experten gehen in ihre Stammgruppen zurück und stellen ihren bearbeiteten Bereich vor. Dabei muss sichergestellt werden, dass jedes Mitglied der Stammgruppe die Informationen verstanden hat.

Schritt 1
Stammgruppen

Schritt 2
Expertengruppen

Schritt 3
Stammgruppen

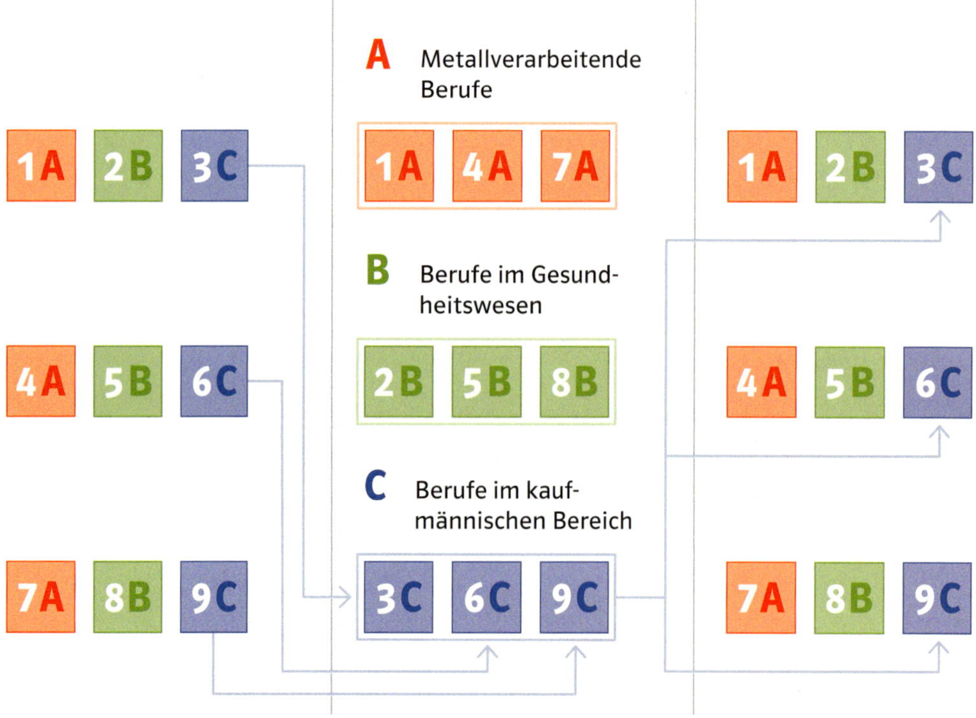

4 Mit einem Textverarbeitungsprogramm arbeiten

▸▸ **Seite 70 f.**
UV „Es steht in der Zeitung …“

Das Schreiben mit dem Computer kann, vor allem wenn man z. B. eine Klassenzeitung erstellen möchte, sehr praktisch sein. Ein Textverarbeitungsprogramm, wie z. B. „Word“, bietet zahlreiche Möglichkeiten, den geschriebenen Text darüber hinaus zu gestalten (zu formatieren). Im Folgenden werden einige dieser Möglichkeiten vorgestellt.

1. Öffne das Textverarbeitungsprogramm: Klicke im *Start-Menü* auf *Alle Programme*. Meist findet sich das „Word“-Symbol dort im Ordner *Microsoft Office*.
2. Tippe den folgenden Text ein. Drücke die Return-Taste ⏎ nur nach der Überschrift.

> Heiße Zeiten
> Wird es auf der Erde wärmer? Die Reporter des „Schulechos“ wollten dieser Frage auf den Grund gehen. Deshalb befragten sie eine Expertin zu diesem Thema. Die Geografin Monika Rump stand unserem Reporter-Team Rede und Antwort. Sie erklärte, dass die Erde mit einer schützenden „Hülle“ umgeben sei. Diese halte gerade so viel Wärmestrahlung auf der Erde zurück, dass die Temperaturen auf der Erde erträglich seien. Durch die Verbrennung von fossilen Brennstoffen werde aber diese Hülle künstlich verstärkt, so dass mehr Wärmestrahlung zurückgehalten werde. Dies führe zur Erwärmung und damit zu einer Reihe von Problemen.

4.1 Zeichen formatieren

1. Markiere den gesamten Text, indem du mit der Maus die Einfügemarke vor den ersten Buchstaben setzt. Jetzt drückst du die linke Maustaste und ziehst die Maus bis hinter den letzten Buchstaben deines Textes. Der Text ist schwarz hinterlegt.
2. Jetzt kannst du an das Formatieren gehen, das heißt, du bestimmst, wie der Text aussieht. Die dazu notwendigen Werkzeuge findest du in der Menüleiste unter dem Punkt *Format*.
3. Öffne zunächst das Untermenü *Zeichen*.
4. Wähle eine Schriftart aus und lege die Schriftgröße fest. Gängige Schriftarten sind *Arial* und *Times*, eine häufig gewählte Schriftgröße ist 12. Du solltest aber ruhig experimentieren, damit du die Möglichkeiten kennen lernst.

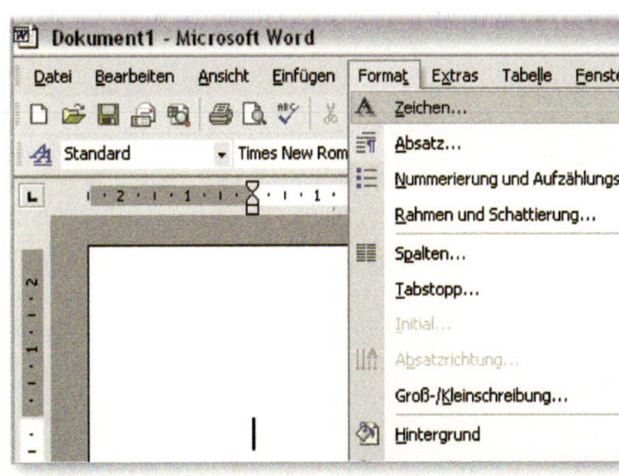

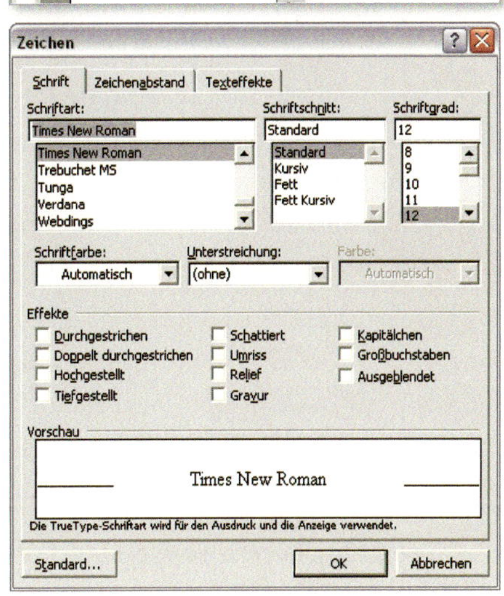

5 Wenn du die Schriftart *Arial* und eine Schriftgröße von 12 gewählt hast, sieht dein Text jetzt so aus.

Heiße Zeiten
Wird es auf der Erde wärmer? Die Reporter des „Schulechos“ wollten dieser Frage auf den Grund gehen. Deshalb befragten sie eine Expertin zu diesem Thema. Die Geografin Monika Rump stand unserem Reporter-Team Rede und Antwort. Sie erklärte, dass die Erde mit einer schützenden „Hülle“ umgeben sei. Diese halte gerade so viel Wärmestrahlung auf der Erde zurück, dass die Temperaturen auf der Erde erträglich seien. Durch die Verbrennung von fossilen Brennstoffen werde aber

6 Als Nächstes machst du die Überschrift größer und unterstreichst sie. Markiere nur die Überschrift, öffne das Menü *Format-Zeichen*, wähle als Schriftgröße 20 und wähle aus dem Untermenü *Unterstreichung* eine Linie aus. Mithilfe des Eintrags *Schriftschnitt* kannst du festlegen, ob du die Überschrift fett oder kursiv (schräggestellt) haben möchtest.
Wähle *Fett* aus.

Heiße Zeiten
Wird es auf der Erde wärmer? Die Reporter des „Schulechos“ wollten dieser Frage auf den Grund gehen. Deshalb befragten sie eine Expertin zu diesem Thema. Die Geografin Monika Rump stand unserem Reporter-Team Rede und Antwort. Sie

4.2 Absätze formatieren

1 Markiere deinen Text erneut, damit du ihm weitere Merkmale zuweisen kannst. Öffne unter dem Menüeintrag *Format* das Untermenü *Absatz*. Hier legst du unter anderem fest, welchen Zeilenabstand du deinem Text geben möchtest. Wähle aus dem Eintrag *Zeilenabstand* 1,5 aus. Bestätige mit *OK*. Du kannst mit diesem Menü auch die Textausrichtung festlegen. Markiere dazu die Überschrift deines Textes, öffne erneut das *Absatzmenü* und wähle aus dem Eintrag *Ausrichtung zentriert* aus. Jetzt sieht dein Text so aus:

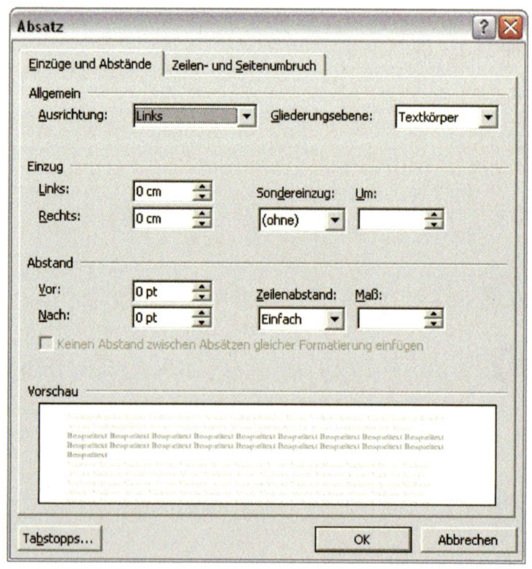

Heiße Zeiten

Wird es auf der Erde wärmer? Die Reporter des „Schulechos“ wollten dieser Frage auf den Grund gehen. Deshalb befragten sie eine Expertin zu diesem Thema. Die Geografin Monika Rump stand unserem Reporter-Team Rede und Antwort. Sie

4.3 Seite einrichten

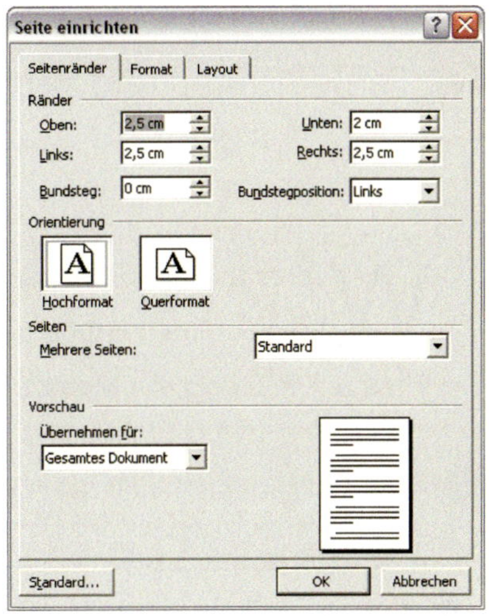

❶ In welcher Breite dein Text auf der Seite erscheint, legst du mit dem Menü *Seite einrichten* fest. Du findest diesen Eintrag unter *Datei – Seite einrichten.*

❷ Stelle die Seitenränder entsprechend deinen Wünschen ein.

❸ Hier kannst du auch wählen, ob deine Seite im Hoch- oder im Querformat gedruckt werden soll.

4.4 Kurzbefehle – Es geht auch schneller

❶ Zahlreiche Befehle lassen sich auch schnell mit einem Mausklick durchführen, und zwar mithilfe der Standardsymbolleiste, die sich oben auf dem Bildschirm befindet.

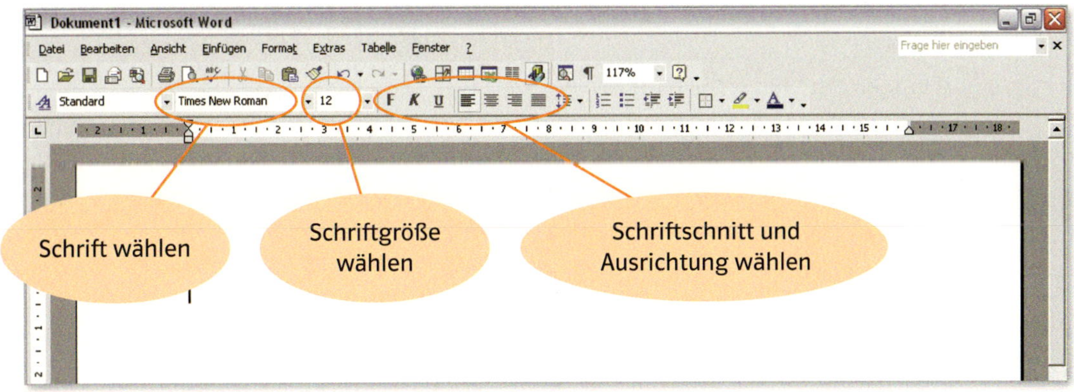

4.5 Textgestaltung – Zum Lesen einladen

❶ Um den Leser neugierig zu machen oder deinen Text zu illustrieren, kannst du Bilder einfügen. Wie das geht, kannst du auf Seite 71 nachlesen.
Eine weitere Möglichkeit ist die Gestaltung des Textbeginns mit einem Initial, das ist ein übergroßer Buchstabe. Klicke auf *Format* und wähle den Eintrag *Initial* aus. In dem dann erscheinenden Fenster kannst du die Größe und die Platzierung des Initials bestimmen, z. B. *Im Text* und 2. Dein Text erscheint dann so:

> **Heiße Zeiten**
>
> Wird es auf der Erde wärmer? Die Reporter des „Schulechos“ wollten dieser Frage auf den Grund gehen. Deshalb befragten sie eine Expertin zu diesem Thema. Die Geografin Monika Rump stand unserem Reporter-Team Rede und

4.6 Fehler finden und verbessern

> **Heiße Zeitten**
>
> Wird es auf der Erde wärmer? Die Reporter des „Schulechos“ wolten diesen Frage auf den Grund gehen. Deshalb befragten sie eine Ekspertin zu diesem Thema. Die Geografin Monika Rump stand unserem Reporter-Team Rede und

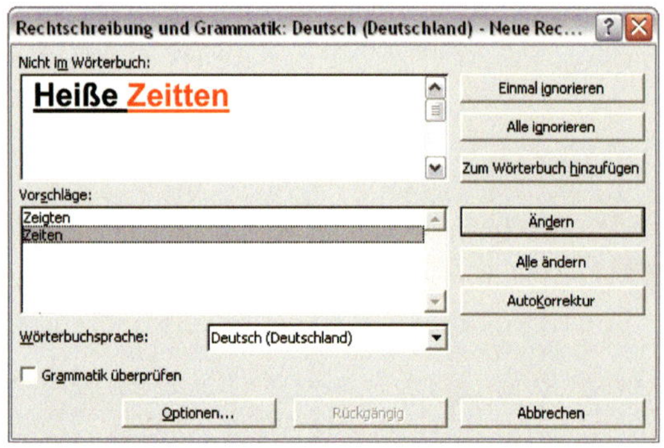

1 Beim Tippen haben sich Fehler eingeschlichen – das passiert immer wieder. Wenn das Textverarbeitungsprogramm „Word“ ein Wort nicht kennt, markiert es dieses automatisch mit einer roten geschlängelten Linie. Verstöße gegen die Grammatik werden mit einer grünen geschlängelten Linie gekennzeichnet. Du kannst jetzt die Sprachhilfen von „Word“ nutzen. Klicke zunächst das Menü *Extras* an und wähle *Rechtschreibung und Grammatik*. In dem Fenster wird der Fehler angezeigt. Du kannst den Vorschlag übernehmen oder das Wort selber ändern. Klicke dann die *Ändern*-Schaltfläche, um die Korrektur zu übernehmen. „Word“ markiert Wörter, die das Programm nicht kennt. Wenn das Wort dennoch richtig ist, klickst du *Einmal ignorieren*. So bleibt das Wort erhalten.

2 Baue ein paar Fehler in deinen Text ein und nutze die Rechtschreib- und Grammatikhilfe.

4.7 Wörter trennen

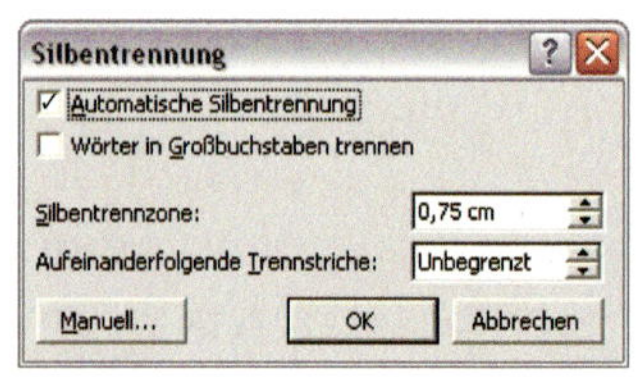

1 Markiere deinen Text und wähle aus dem Menü *Extras* das Untermenü *Sprache* und daraus den Eintrag *Silbentrennung*. Setze in das daraufhin erscheinende Fenster vor *Automatische Silbentrennung* ein Häkchen und bestätige mit *OK*. Die Silbentrennung wird für den markierten Text durchgeführt.

4.8 Thesaurus – Wie sagt man es anders?

1 Wenn du selber einen Text verfasst, solltest du diesen Tipp berücksichtigen. Im Menü *Extras – Sprache* gibt es einen Eintrag, der *Thesaurus* heißt. Dahinter verbirgt sich ein Lexikon, das dir vorschlägt, wie du Wörter durch solche mit gleicher oder ähnlicher Bedeutung (Synonyme) ersetzen kannst. Das macht deinen Text abwechslungsreicher und interessanter zu lesen. Probiere diese Möglichkeit aus, indem du z.B. das Wort „Reporter“ eingibst und das Programm suchen lässt.

5 Protokollieren

Wenn man über die wesentlichen Schritte eines Ablaufs, z. B. einer Konferenz, oder über die Hauptergebnisse, z. B. einer Besprechung, Unterrichtsstunde, Diskussion oder eines Experiments, berichten soll, dann kann man diese protokollieren.

Seite 92 f.
UV „Spielt unser Wetter verrückt?“

Das Protokoll

- **Verlaufsprotokoll**
- **Ergebnisprotokoll**
- **Versuchsprotokoll**

Merkmale eines Protokolls

Ein Protokoll ist ein Sachtext.

Ziel eines Protokolls ist es

- Informationen für Abwesende bereitzustellen
- eine Gedächtnisstütze für die Teilnehmer und Teilnehmerinnen zu liefern
- die Grundlagen, z. B. für eine Abstimmung, festzuhalten.

Beim Verfassen eines Protokolls muss man sich an feste Vorgaben halten:

- Protokollkopf:
  - Titel der Veranstaltung (z. B. *2. Sitzung des Schülerrats im Schuljahr …*)
  - Datum und Uhrzeit (Beginn und Ende der Veranstaltung)
  - Ort (z. B. *SR-Raum*)
  - Anwesende
  - Thema (z. B. *neuer Alkohol- und Rauchererlass*)
  - Protokollant/in
- Gliederung in Punkte (z. B. *Tagesordnungspunkte = TOP*)
- Datum und Unterschrift
- Tempus: in der Regel das Präsens, gelegentlich auch das Präteritum
- Redewiedergabe: indirekte Rede mit Konjunktiv I
- Sprache: klare, sachliche Formulierungen ohne persönliche Wertung.

Seite 90 ff.
UV „Spielt unser Wetter verrückt?“

Je nach Situation und Verwendungszweck kann man unterschiedliche Arten von Protokollen verfassen:

Das Ergebnisprotokoll

Wenn man sich auf die Ergebnisse, z.B. die wesentlichen Beschlüsse einer Versammlung oder die Ergebnisse einer Diskussion, beschränken soll, verfasst man ein Ergebnisprotokoll. Dabei werden die Beiträge der einzelnen Teilnehmer vernachlässigt. Es wird nur knapp zusammengefasst, wie es zu den Ergebnissen oder Beschlüssen gekommen ist.

Beispiel:

Brüder-Grimm-Realschule, Schülerrat

Protokoll der Sitzung vom 19. November...
Beginn: 13.10 Uhr, Ende: 14.00 Uhr
Ort: SR-Raum
Anwesend: die Schülervertreter der Klassen 7 bis 10: ..., entschuldigt: ...
Protokoll: Elena Teshkowa

TOP 1: Neuer Alkohol- und Rauchererlass des Kultusministers vom 3.6.2005
Eingangs stellte die SR-Sprecherin Janina Müller den neuen Erlass vor und verteilte dazu Kopien. Der SR soll sich dazu eine Meinung erarbeiten und diese auf der nächsten Gesamtkonferenz vorstellen.
Die Diskussion beschränkte sich fast ausschließlich auf den Schwerpunkt Rauchverbot. Folgende Aspekte wurden diskutiert:

1.1 Durchführbarkeit
Es wird bezweifelt, dass sich ein allgemeines Rauchverbot in der Schule überhaupt durchführen lasse, da es bekanntlich an Aufsichts- und Kontrollmöglichkeiten auf dem weitläufigen Schulgelände mangele. Oder aber das Rauchen werde nach außerhalb auf die Straßenseite gegenüber der Schule verlagert, wo die Aufsichtspflicht der Schule erlischt ...
1.2 Gesundheit
Grundsätzlich wird begrüßt, dass mit dem Erlass deutliche Signale für mehr Verantwortung der Schülerinnen und Schüler für ihre Gesundheit gegeben würden. Allerdings reiche ein Verbot alleine nicht aus; es müsse vielmehr in der Schule ein Präventionskonzept erarbeitet werden, das ...
1.3 Altersfrage
...
Nach ausführlicher Diskussion fasst der SR mit 28 Stimmen bei 2 Gegenstimmen und 3 Enthaltungen den Beschluss, die Durchführung des Erlasses an der Schule zu unterstützen, vorausgesetzt, es wird in diesem Zusammenhang ein Präventionskonzept erarbeitet. Der Beschluss soll auf der nächsten GK erläutert werden.

TOP 2: Handys im Unterricht
...
19. 11. ... gez. Elena Teshkowa

Das Verlaufsprotokoll

Wenn man über den genauen Verlauf eines Ereignisses, z.B. einer Unterrichtsstunde, einer Diskussion oder eines naturwissenschaftlichen Versuchs, berichten soll, schreibt man in der Regel ein Verlaufsprotokoll. Dabei hält man die wichtigsten Punkte oder Teilschritte des Verlaufs in der richtigen zeitlichen Abfolge fest. Ein Verlaufsprotokoll ist verhältnismäßig aufwändig und umfangreicher als ein Ergebnisprotokoll.

Beispiel:

Brüder-Grimm-Realschule
Klasse 8b
Deutschstunde vom 17. 11. ...
Beginn: 8.40 Uhr, Ende: 9.25 Uhr
Ort: Klassenraum 101
Anwesend: die Schülerinnen und Schüler der Klasse 8b (Patrick entschuldigt), die Klassen- und Deutschlehrerin, Frau Kempf

Thema: Neuer Alkohol- und Rauchererlass des Kultusministers vom 3.6.2005
Protokoll: Thomas Sander

Verlauf:
1. Vorstellen des Erlasses
2. Reaktion der Klasse
3. Diskussion

Zu 1:
Nach Begrüßung der Klasse teilte Frau Kempf den neuen Erlass des Kultusministers zum allgemeinen Alkohol- und Rauchverbot in der Schule aus und stellte den Erlass vor. Anschließend forderte sie die Klasse dazu auf, den Erlass zu diskutieren und sich eine Meinung dazu zu bilden.

Zu 2:
Die erste Reaktion der Klasse war sehr heftig und auch unsachlich. Arno und Berta kritisierten, es werde einem immer alles verboten und die da oben hätten keine Ahnung.
Doris ... Als Frau Kempf die lautstarke und unsachliche Art der Diskussion kritisierte, beschloss man, das Problem „raucherfreie Schule" in Ruhe und vernünftig zu diskutieren. Aishe begrüßte das Rauchverbot. Es rege zum Nachdenken über die gesundheitlichen Gefahren durch das Rauchen an und könne auch Jüngere vom Rauchen abhalten. Berta dagegen ...
...

17. 11. ... gez. Thomas Sander

Das Versuchsprotokoll

Das Versuchsprotokoll ist in der Regel ein Verlaufsprotokoll. Dabei protokolliert man

- die Aufgabenstellung
- die Ausgangsvermutung
- den Versuchsaufbau/die Versuchsanordnung
- den Ablauf/Verlauf des Versuchs
- das Versuchsergebnis
- die Folgerung.

Beispiel:

Aufgabenstellung: Untersuche die Veränderung von Eisen an Luft.

Ausgangsvermutung: Die Oberfläche des Eisens wird sich verändern.

Versuchsaufbau/Versuchsanordnung:

benötigt werden
- eine Glaswanne mit Wasser
- ein Standzylinder
- Eisenfeilspäne
- ein Stativ mit Stativklemme

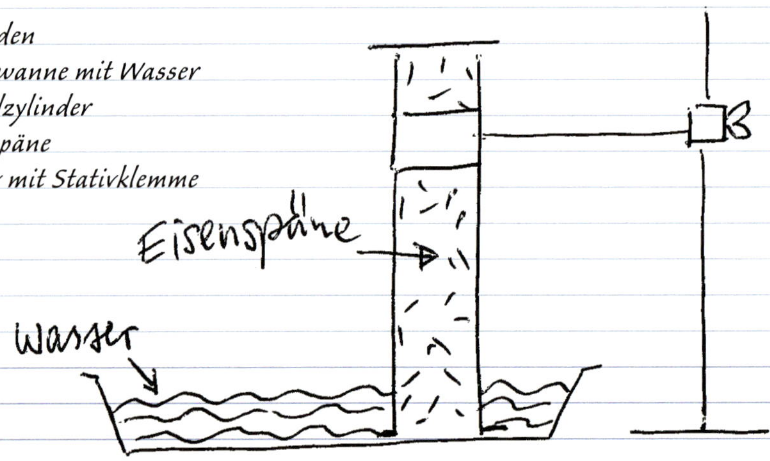

Ablauf des Versuchs:
Man füllt in die Glaswanne Wasser 2 cm hoch. Dann feuchtet man die Innenwände des Standzylinders mit Wasser an und streut feine Eisenfeilspäne hinein, so dass eine dünne Schicht an der Innenwand haften bleibt. Anschließend stellt man mithilfe des Stativs den Zylinder mit der Öffnung nach unten in das Wasser. Das Ganze lässt man einige Tage stehen. Danach beobachtet man a) die Veränderung des Eisens b) den Stand des Wasserspiegels.

Versuchsergebnis:
Man beobachtet, dass sich die Eisenfeilspäne rötlich verfärbt haben und der Wasserspiegel im Standzylinder gestiegen ist.

Folgerung:
Eisenpulver oxidiert (rostet) in feuchter Luft, dabei wird Sauerstoff verbraucht.

6 Was ich über Lern- und Arbeitstechniken gelernt habe – Portfolio

6.1 Kann ich das wirklich? – Lernspiegel

Kann ich …

- Zitate für den Leser kenntlich machen?
- verschiedene Nachschlagewerke zur Begriffsklärung unterscheiden?
- die sprachliche Herkunft eines Begriffs herausfinden?
- den Ablauf eines Gruppenpuzzles erklären?
- einen Text mit einem Textverarbeitungsprogramm erfassen?
- einen Text mit dem Zeichenformatierungsmenü gestalten?
- Absätze formatieren?
- Rechtschreib- und Grammatikhilfe, Silbentrennung und Thesaurus nutzen?

6.2 Lernlexikon

In deinem Lernlexikon solltest du zum Thema „Lern- und Arbeitstechniken" Einträge u.a. zu folgenden Punkten angelegt haben:

Zitat – Gruppenpuzzle – Etymologisches Wörterbuch – Formatieren

6.3 Schatztruhe – Lerndossier

Im Zusammenhang mit dem Thema „Lern- und Arbeitstechniken" könntest du Folgendes in deinem Lerndossier abgelegt haben:

- **eine selbst geschriebene Stellungnahme mit Zitaten**
- **die Recherche-Ergebnisse zu einem dir unbekannten Begriff**
- **einen von dir erfassten und formatierten Text**

Anhang

Sachregister

Autorenregister

Textsortenregister

Textquellenverzeichnis

S. 13: Aus: www.berufswahlpass.de, Behörde für Bildung und Sport, Herr Michael Bitzan, Hamburg; – **S. 16:** http://infobub.arbeitsagentur.de/berufe, Bundesagentur für Arbeit, Nürnberg; – **S. 17:** Aus: Monika M. Wesse-ling: Handfest. Zeitschrift des Handwerks 4/2005, Düsseldorf; – **S. 24 ff.:** Aus: Henning Fangauf (Hrsg.): Blickwechsel. Fünf Stücke für ein Theater der Generationen. Noetzel, Wilhelmshaven 1997, S. 122 ff.; – **S. 39 ff.:** Aus: Louis Sachar: Löcher: Die Geheimnisse von Green Lake. Beltz & Gelberg, Weinheim 2002; aus dem Englischen von: Birgitt Kollmann, S. 7–11, 32–34 ff., 48–51 ff., 69 f., 74 ff, 104 f., 154 ff.; – **S. 52:** Aus: Nicky Singer: Norbert Nobody oder Das Versprechen; aus dem Englischen von Uwe-Michael Gutzschhahn, dtv, München 2003, S. 12 f.; – **S. 54:** Aus: Botho Strauß: Niemand anderes. Hanser Verlag, München 1987, S. 177–180; – **S. 56 ff.:** Aus: Peter Härtling: Zum laut und leise Lesen. Geschichten und Gedichte für Kinder. Luchterhand Literaturverlag, Frankfurt/M. 1978, S. 12. © 1975 by Peter Härtling; – **S. 63:** In Gelddingen …: Thomas Agthe: Aus: Kölner Stadtanzeiger, Nr. 51 vom 01.03.06, Neven DuMont-Haus, Köln; Berliner Linke …: Christian Rath: Aus: Kölner Stadtanzeiger, Nr. 51 vom 01.03.06; Unsicherheit …: Sportinformationsdienst: Aus: Kölner Stadtanzeiger, Nr. 51 vom 01.03.06; Munch-Bild eingefordert: DPA: Aus: Kölner Stadtanzeiger, Nr. 51 vom 01.03.06; – **S. 64:** Tim Stinauer: Aus: Kölner Stadtanzeiger, Nr. 51 vom 01.03.06; – **S. 65:** Udo Beissel: Aus: Kölner Stadtanzeiger, Nr. 51 vom 01.03.06; – **S. 66 f.:** Katharina Beckmann in GEOlino Nr. 06/06, Gruner + Jahr AG & Co KG, Hamburg; – **S. 78:** Aus: Werben & Verkaufen, Nr. 51, Europa-Fachpresse-Verlag, München 2004, S. 48; – **S. 88:** Aus: Bastian Sick: Der Dativ ist dem Genitiv sein Tod (Folge 2). Kiepenheuer und Witsch, Köln 2005, S. 79 f.; –**S. 120 f.:** Aus: Duden - Das Herkunftswörterbuch. 4., neu bearbeitete und erweiterte Auflage. Herausgegeben von der Dudenredaktion. Bibliographisches Institut & F. A. Brockhaus AG, Mannheim 2007, S. 342, 933; – **S. 128:** Friedrich Hebbel: Meeresleuchten. Aus: Im Mondlicht wächst das Gras. Hrsg. v. U. Andresen/D. Wiesmüller. Ravensburg Buchverlag 1991, S. 110; – **S. 129:** beide Gedichte aus: Im Mondlicht wächst das Gras. Hrsg. v. U. Andresen/D. Wiesmüller, Ravensburg Buchverlag 1991, S. 44 und S. 41; – **S. 130:** Joseph von Eichendorff: Mondnacht. Aus: Deutsche Naturlyrik. Vom Barock bis zur Gegenwart. Hrsg. v. Gunter E. Grimm, Reclam, Stuttgart 1995, S. 213; Günter Eich: Abend im März. Aus: Gesammelte Werke, Bd. 1, Suhrkamp, Frankfurt 1973, S. 59 f.; – **S. 131:** Aus: Deutsche Gedichte. Von den Anfängen bis zur Gegenwart. Neu gestaltet von Benno von Wiese. August Babel Verlag, Düsseldorf 1956, erweiterte Neuausgabe 1973, S. 208; – **S. 132:** Joseph von Eichendorff: Frühlingsnacht. Aus: Gedichtbuch - Deutsche Gedichte für das fünfte bis zehnte Schuljahr. Hrsg. von Karl Pörnbacher, CVK, Berlin 1986, S. 134; Georg Trakl: Sommer. Aus: Georg Trakl: Sebastian im Traum. Originalgetreuer photomechanischer Nachdr. der Ausg. Leipzig, Wolff, 1915, Basel; Frankfut/M., S. 68; – **S. 133:** Rainer Maria Rilke: Herbsttag. Aus: Gedichte für's Gedächtnis. Zum Inwenig-Lernen und Auswendig-Sagen", ausgewählt und kommentiert von Ulla Hahn, Deutsche Verlags-Anstalt GmbH, Stuttgart 1999, S. 259; Christian Morgenstern: Novembertag. Aus: Im Mondlicht wächst das Gras. Hrsg. v. U. Andresen/D. Wiesmüller, Ravensburg Buchverlag 1991, S. 87; Johann Gottfried Herder: An die Bäume im Winter. Aus: Eckhart Schädrich: Das Jahr spielt mit den Farben. ars edition, München 1987; – **S. 134:** Bettine von Arnim. Aus: Meine Seele ist eine leidenschaftliche Tänzerin. Herder, Freiburg i. Br. 1982, S. 45; Rose Ausländer: Aber ich weiß. Aus: Wieder ein Tag aus Glut und Wind, Gedichte 1980–1982. Fischer Verlag, Frankfurt/Main 1986, S. 83; Regina Lotz-Albrach: Unvergänglich. Aus: Wer weiß noch die Sprache der Blume. Kiefel Verlag, Wuppertal 1991, S. 28, © Regina Lotz-Albrach; – **S. 135:** Aus: Christoph Meckel: Ausgewählte Gedichte 1955–1978. Athenäum Verlag, Königstein/Ts 1979; Natur-Gedicht: Aus: Jürgen Becker. Gedichte. 1965 – 1980. Suhrkamp, Frankfurt/M. 1981, S. 62; Ulla Hahn: Schöne Landschaft. Aus: Ulla Hahn: Freudenfeuer. Deutsche Verlags-Anstalt, Stuttgart 1985, S. 71; – **S. 136:** Heinrich Heine: Das Fräulein stand am Meere. Aus: Theodor Echtermeyer: Deutsche Gedichte. Von den Anfängen bis zur Gegenwart. Neugestaltet von Benno von Wiese. Basel, Düsseldorf 1956, S. 425; Christian Morgenstern: Aus: Alle Galgenlieder. Insel, Leipzig 1942; Heinz Erhardt: Frühling. Aus: Heinz Erhardt. …noch'n Gedicht und andere Ungereimtheiten. Fackelträger Verlag, Hannover 1963, S. 78; – **S. 137:** Theodor Storm: Sommermittag. Aus: Verwunschen ist der alte Garten. ARS edition, München 1989; Heinrich Seidel: November. Aus: Leberecht Hühnchen: Prosa-Idyllen, Insel-Verlag, Frankfurt/M.; Leipzig 2003; – **S. 140 f.:** Aus: Kristin Holighaus: Zu dick? Zu dünn? Lust und Frust mit dem Essen. Beltz und Gelberg, Weinheim/Basel 2004, S. 20 ff.; – **S. 141:** Aus: Gaby Schuster: Verflixte Schönheit. Tipps für schlaue Mädchen, Kösel, München 2002, S. 13; – **S. 142:** http://www.lizzynet.de, 22. Mai 2003 – Sabine Melchior, Schulen ans Netz e.V., Bonn; – **S. 143:** Cornelia Pfaff: www.wissenschaft.de, 17.04.2004, Leinfelden-Echterdingen, © Copyright 2006 Konradin Relations GmbH; – **S. 144 f.:** Aus: Kristin Holighaus: Zu dick? Zu dünn? Lust und Frust mit dem Essen. Beltz und Gelberg, Weinheim/Basel 2004, S. 9–12; – **S. 146 f.:** NZ junior 2005/38 vom 23.09.2005, www.neue-zeitung.hu, Budapest; – **S. 148 f.:** Aus: Gerhard Eikenbusch: Und jeden Tag ein Stück weniger von mir. Mit einem Nachw. von Edith Rigo, Ravensburg Buchverlag, Ravensburg 1999, S. 28 ff.; – **S. 152 f.:** Joachim Schüring, www.geo.de, Gruner + Jahr, Hamburg, 22.03.2006; – **S. 154 f.:** Aus: Crummenerl, Rainer: Die Lokomotive, Kinderbuchverlag, Berlin 1990, S. 2; Die Eisenbahn: Aus: Ursula Bartelsheim u. a: Die Eisenbahn, Was ist was Bd. 54, Tessloff, Nürnberg 2001, S. 4–9; – **S. 156 f.:** Aus: Dr. Bernd Flessner: Nachrichten, die Geschichte machten. Von der Antike bis heute. hrsg. von Claus Kleber. cbj, München 2006, S. 248 f.; – **S. 158 ff.:** Aus: Bettina Stiekel (Hrsg.): Kinder fragen, Nobelpreisträger antworten. Wilhelm Heyne Verlag, München 2005, S. 80 ff.; – **S. 164 ff.:** Aus: Jeremias Gotthelf: Sämtliche Werke, Band 17, hrsg. von Rudolf Hunziker und Hans Bloesch, Rentsch Verlag, Zürich 1936; – **S. 168 f.:** Aus: Johann Peter Hebel: Kalendergeschichten. Insel Verlag, Frankfurt 1965, S. 69 ff.; – **S. 170:** Aus: Johann Peter Hebel. Schatzkästlein des rheinischen Hausfreundes, hrsg. von Winfried Theiß, Reclam, Stuttgart 1981; – **S. 171:** Aus: Johann Peter Hebel: Kalendergeschichten. Insel Verlag, Frankfurt 1965; – **S. 172:** Der hilflose Knabe. Aus: Bertolt Brecht: Werkausgabe edition suhrkamp Band 12. Prosa 2, Suhrkamp, Frankfurt/M. 1967, S. 381; Die zweifelhafte Korrektur. Aus: Bertolt Brecht: Lektüre für Minuten. Gedanken aus seinen Stücken, Schriften und autobiographischen Texten, hrsg. von Günter Berg, Insel Verlag, Frankfurt/M. und Leipzig 2002, S. 14; – **S. 173:** Ehrlichkeit. Aus: Sigismund von Radecki: Das ABC des Lachens. Ein Anekdotenbuch zur Unterhaltung und Belehrung. Rowohlt Verlag, Reinbek bei Hamburg 1978, S. 61; Der Pferdedieb. Aus: Frederik Hetmann: Wildwest-Show, Geschichten über Geschichten, Beltz Verlag, Weinheim 1979, S. 66; – **S. 177:** Hilmar Liebsch, Westdeutscher Rundfunk Köln, Anstalt des öffentlichen Rechts, Köln, 17.05.2006; – **S. 179 ff.:** http://schwarzes_loch.lexikona.de/art/Schwarzes_Loch.html; – **S. 182 ff.:** Aus: Russel Hoban, Nicola Bayley: La Corona und der Blechfrosch. Insel Verlag, Frankfurt 1979, Text © 1994 by Nicola Bayley; – **S. 189:** Aus: Sehnsucht nach Vollkommenheit: die Sammlung Schwarzkopf in neuem Licht; Ausstellung „Sehnsucht nach Vollkommenheit“, ab 18. Mai 1995 im Deutschen Hygiene-Museum/Hrsg.: Hans Schwarzkopf GmbH, Öffentlichkeitsarbeit. Red. Maria Jedding-Gesterling …, Hamburg 1995, S. 56 und 105; – **S. 201 f.:** Aus: Liina Talvik: Ein Hauch von Vanille, Dt. von Angelika Kutsch, Oetinger, Hamburg 2001, S. 5, 13 f.; – **S. 209:** Tony sollte … Aus: NRZ vom 7. Juli 2001, Zeitungsverlag Niederrhein GmbH & Co. Essen Kommanditgesellschaft, Essen; Keine … Aus: tagesanzeiger vom 30.03.98, Tages-Anzeiger Online, Zürich; – **S. 216:** Aus: Johann Peter Hebel: Farbenspiel. Werke in einem Band, Aufbau-Verlag, Berlin; Weimar 1969 [Erzählungen des Rheinländischen Hausfreundes]; Sepp Ebelselder & Michael Seufert: Vier Jahreszeiten. Hinter den Kulissen eines Luxushotels, Die Hanse/ Sabine Groenewold Verlage, Hamburg 2002, S. 285; – **S. 220:** Programm-Unterbrechung. Aus: Hans-Jürgen Heise: Die Wirklichkeit erfindet mich. Das lyrische Werk 1948 bis 1993. Neuer Malik Verlag, Kiel 1994, S. 93; Frühlingsglaube. Aus: Ludwig Uhland: Werke. Hrsg. von Hartmut Fröschle und Walter Scheffler. Bd. 1, Sämtliche Gedichte. Winkler, München 1980, S. 16 f.; – **S. 222:** Aus: Theodor Storm: Sämtliche Werke in 4 Bänden. Hrsg. von Peter Goldhammer. Bd. 1, Gedichte, Märchen und Spukgeschichten. Aufbau Verlag, Berlin 1972, S. 112 f.; – **S. 223:** Aus: Rose Ausländer: Gesammelte Werke in sieben Bänden. Hrsg. von Helmut Braun, Band 1: Die Erde war ein atlasweißes Feld. Gedichte 1927–1956. S. Fischer-Verlag, Frankfurt/M. 1985, Seite 89; – **S. 224:** Aus: Eugen Gomringer: Konstellationen. Ideogramme. Stundenbuch. Reclam, Stuttgart 1977, S. 80 – Mit Genehmigung von Eugen Gomringer, Rehau-Wurlitz; vor winterbeginn. Aus: Ernst Jandl: Für alle, Sammlung Luchterhand, München 1986, S. 111; – **S. 230 f.:** Aus: Claus, Kleber (Hrsg.): Nachrichten, die Geschichte machten. Von der Antike bis heute. cbj, München 2006, S. 251; – **S. 233:** Katrin Krieft, Daniel Münter, Harald Raabe, Silvio Wenzel: www.quarks.de, Westdeutscher Rundfunk, Köln; – **S. 234:** www.polizei.hessen.de, Hessisches Landeskriminalamt, Wiesbaden; – **S. 235:** www.geo.de/GEOlino/mensch/berufe, © Gruner + Jahr, Hamburg; – **S. 236:** www.polizei-nrw.de, Innenministerium Nordrhein-Westfalen, Referat Öffentlichkeitsarbeit, Düsseldorf; – **S. 243:** Tegernseer Tageszeitung vom 24.02.2006, Nr. 46; – **S. 258:** Aus: Louis Sachar: Löcher: Die Geheimnisse von Green Lake. Beltz & Gelberg, Weinheim 2002; aus dem Englischen von: Birgitt Kollmann, S. 70 f., 104; – **S. 265 f.:** Aus: Antike Fabeln. Eingeleitet und neu überarbeitet von Ludwig Mader, Artemis, Zürich 1951, S. 118; – **S. 266:** Aus: Joachim Ringelnatz: Sämtliche Gedichte. Diogenes, Zürich 1997, S. 72, S. 269: www.geo.de/GEOlino/nachrichten, © Gruner + Jahr, Hamburg; – **S. 271:** Microsoft Entcarta Enzyklopädie 2005

Nicht in allen Fällen war es uns möglich, den Rechteinhaber der Texte ausfindig zu machen. Berechtigte Ansprüche werden selbstverständlich im Rahmen der üblichen Vereinbarungen abgegolten.

Bildquellenverzeichnis

Coverbild: Avenue Images GmbH (LF Fotosearch), Hamburg; – **S. 11:** Picture-Alliance (ZB / Jan-Peter Kaspe), Frankfurt; – **S. 22:** Intro (Peter Himsel), Berlin; – **S. 23:** Avenue Images GmbH (GOODSHOOT / RF), Hamburg; – **S. 37:** Klett-Archiv, Stuttgart; – **S. 38:** Cover: Louis Sachar, Löcher, Beltz & Gelberg in der Verlagsgruppe Beltz, Weinheim & Basel 2005; Louis Sachar, Löcher, Beltz & Gelberg in der Verlagsgruppe Beltz, Weinheim & Basel 2005; Klett-Archiv, Stuttgart; – **S. 48:** defd (Kinoarchiv), Hamburg; – **S. 48:** Louis Sachar, Löcher (Hörbuch), gelesen von Konstantin Graudus, © Der Hörverlag, München; Cover: Louis Sachar, Löcher, Beltz & Gelberg in der Verlagsgruppe Beltz,Weinheim & Basel 2005; – **S. 50:** Olaf Döring, Düsseldorf; Mauritius (Ben Borgards), Mittenwald; ddp (Kirsten Neumann), Berlin; vario images (Marija Kasalo), Bonn; – **S. 52:** Nicky Singer: Norbert Nobody oder Das Versprechen. Copyright für die Umschlagillustration von Joachim Knappe: 2002 Deutscher Taschenbuch Verlag, München; – **S. 56:** Picture-Alliance (Jens Kalaene/dpa), Frankfurt; – **S. 60:** Avenue Images GmbH (Corbis/RF), Hamburg; – **S. 61:** Corbis (zefa / Svenja-Foto), Düsseldorf; – **S. 62:** Verlag M. DuMont Schauberg, Köln; – **S. 66:** Picture-Alliance (dpa/Felix Heyder), Frankfurt; – **S. 72:** Picture-Alliance (dpa / Oliver Berg), Frankfurt; – **S. 73:** Kultur- und werbegeschichtliches Archiv Freiburg kwaF; – **S. 74:** www.bilderbox.com (Erwin Wodicka), Thening; Friedrich Stark, Dortmund; Lokomotiv-Ateliers für Visuelle Kom (Thomas Willemsen), Stadtlohn; Keystone (Volkmar Schulz), Hamburg; Action Press (ZUMA PRESS INC.), Hamburg; AKG (Thomas Bartilla), Berlin; – **S. 76:** Kultur- und werbegeschichtliches Archiv Freiburg kwaF; (AEG); aus: Die Leistung, Jg. 13, Heft 105 (Coca Cola); aus: Der Spiegel, Nr. 38/1998 (Calvin Klein); – **S. 77:** Vogel Burda Holding GmbH, München; Süddeutsche Zeitung, München; Heinrich Bauer Zeitschriften Verlag, Hamburg; Spiegel Spezial, Hamburg; – **S. 79:** EPD, Frankfurt; – **S. 85:** iStockphoto (RF / Dainis Derics), Calgary, Alberta; – **S. 88:** Kiepenheuer & Witsch, Köln; – **S. 90:** Superbild (Phanie), Unterhaching / München; – **S. 98:** MEV, Augsburg; – **S. 99:** Corbis (Atlantide Phototravel), Düsseldorf; archivberlin (J.Henkelmann), Berlin; – **S. 100:** Corbis (Walter Geiersperger), Düsseldorf; – **S. 102:** RB-Deskart Ralf Brennemann, Hamburg; – **S. 105:** Kessler-Medien, Saarbrücken; – **S. 106:** Corbis (Sandro Vannini), Düsseldorf; – **S. 127:** Corbis (John and Lisa Merril), Düsseldorf; – **S. 128:** Artothek, Weilheim; – **S. 132:** Mauritius, Mittenwald; Klett-Archiv (Veronika Malgut), Stuttgart; – **S. 133:** Creativ Collection Verlag GmbH, Freiburg; – **S. 134:** Klett-Archiv (Veronika Malgut), Stuttgart; Corbis (Atlantide Phototravel/Massimo Borchi), Düsseldorf; – **S. 135:** Klett-Archiv (Veronika Malgut), Stuttgart; – **S. 138:** Klett-Archiv (Veronika Malgut), Stuttgart; – **S. 140:** defd (Hannelore Hopp/ a-life), Hamburg; Avenue Images GmbH (www.image-source.com/RF), Hamburg; – **S. 145:** Bridgeman Art Library, London; – **S. 148:** Gerhard Eikenbusch, Und jeden Tag ein Stück weniger von mir, © 1998 by Ravensburger Buchverlag Otto Maier GmbH, Ravensburg; – **S. 151:** Avenue Images GmbH (Corbis/RF), Hamburg; – **S. 152:** Das Fotoarchiv, Essen; – **S. 153:** Action Press (REX FEATURES LTD.), Hamburg; – **S. 154:** AKG, Berlin; – **S. 155:** AKG, Berlin; – **S. 156:** AKG, Berlin; – **S. 158:** Corbis, Düsseldorf; – **S. 160:** AKG, Berlin; S. 162: AKG, Berlin; – **S. 164:** AKG, Berlin; – **S. 168:** Aus: Johann Peter Hebel, Werke. Hrsg. von Eberhard Meckel, Bd. 2, Insel Verlag 1968, S. 442; – **S. 169:** Aus: J. P. Hebel, Der Rheinländische Hausfreund. Hrsg. v. Ludwig, Rohner. Faksimiledruck der Jahrgänge 1808-1819. Wiesbaden: Akademische-Verl.-Ges. Athenaion 1981; – **S. 174:** Visum (Axel M. Mosler), Hamburg; – **S. 177:** Corbis (Gary Braasch), Düsseldorf; – **S. 179:** Corbis (Reuters), Düsseldorf; – **S. 186:** Klett-Archiv (David Ausserhofer), Stuttgart; – **S. 189:** AKG, Berlin; AKG (Electa), Berlin; AKG, Berlin; – **S. 190:** unbekannter Lieferant, Stuttgart; – **S. 200:** Verlag Friedrich Oetinger, Hamburg; – **S. 210:** Picture-Alliance (dpa/Keystone Kenn Stewart), Frankfurt; – **S. 231:** AKG, Berlin; Corbis (Bettmann), Düsseldorf; – **S. 234:** Hessische Polizeischule, Wiesbaden; – **S. 236:** Tack, Jochen, Essen; – **S. 244:** Ford-Werke, Köln; – **S. 245:** Deutsche Lufthansa AG, Frankfurt; – **S. 247:** The Walt Disney Company; MEV, Augsburg; – **S. 248 ff.:** The Walt Disney Company; – **S. 270:** Bibliographisches Institut & F.A. B, Mannheim

Nicht in allen Fällen war es uns möglich, den Rechteinhaber der Bilder ausfindig zu machen. Berechtigte Ansprüche werden selbstverständlich im Rahmen der üblichen Vereinbarungen abgegolten.

Erzählende Texte, Gedichte und szenische Texte unterscheiden

Merkmale	Erzählende Texte (Epik)	Gedichte (Lyrik)	Szenische Texte (Dramatik)
Textsorte	z.B. Märchen, Sage, Fabel, Schwank, Lügengeschichte, Kalendergeschichte, Kurzgeschichte, Novelle, Roman	z.B. Spruch, Lied, Bänkelsang, Moritat, Ballade, Sonett	z.B. Lustspiel (Komödie), Trauerspiel (Tragödie), Tragikomödie, Sketch
Eigenart der Darstellung	• Ein Erzähler vermittelt dem Leser (Hörer) das Geschehen (= die erzählte Welt). • Der Erzähler ist nicht identisch mit dem Autor, sondern steht zwischen Autor und Leser.	• Ein Sprecher vermittelt dem Leser (Hörer) z.B. Wahrnehmungen, Beobachtungen, Gefühle, Gedanken, Geschehnisse. • Der Sprecher ist nicht identisch mit dem Autor.	• Das Geschehen wird dem Zuschauer direkt durch die Figuren/Rollen vermittelt, die auf der Bühne sprechen und handeln. • Die Figuren sind nicht mit dem Autor identisch.
Perspektive	• Der Erzähler kann als Er-/Sie-Erzähler oder als Ich-Erzähler auftreten. • Er kann allwissend und über den Dingen stehend (auktorial) erzählen oder als Figur des Geschehens mit begrenzter Perspektive als sog. Perspektivefigur (personal) oder als Ich.	• Der Sprecher kann sich als Ich (sog. lyrisches Ich) oder als Rollenfigur (z.B. als liebende Frau) äußern oder auch ganz zurücktreten. • Er schildert Wahrnehmungen meist subjektiv aus seiner persönlichen Sicht. • Er kann die Gegebenheiten aber auch objektiv darstellen (z.B. in einer Ballade).	• Die Figuren können ganz unterschiedliche Rollen spielen (z.B. Mutter – Tochter – Geliebte – Dienerin). • Sie haben meistens nur einen begrenzten Blick und beurteilen die Dinge aus ihrer persönlichen Sicht. • Oft weiß der Zuschauer mehr als die Figuren.
Handlung, Geschehnisse	• Beschränkung auf ein zentrales Ereignis (z.B. in der Kurzgeschichte) oder • Entfaltung des Geschehens mit mehreren Ereignissen und Erzählsträngen (z.B. im Roman)	• Meistens Beschränkung auf eine Situation oder Stimmung, die anschaulich und genau dargestellt wird (z.B. eine abendliche Landschaft, eine Großstadtsituation) • Oft auch Beschreibung der Wirkung auf den Sprecher	• Im Mittelpunkt steht der sog. „dramatische Konflikt" (z.B. der Interessengegensatz zwischen Vater und Sohn/Tochter), der die Handlung auslöst, weitertreibt und das Ende des Dramas bestimmt.
Figuren	Meist mehrere oder viele Figuren, z.B. aus mehreren Generationen; häufig ein Held im Mittelpunkt; oft auch Kontrast von Held – Gegenspieler, Gute – Böse	• In der Ballade oft mehrere Figuren – wie in einer Geschichte • Sonst meistens nur der Sprecher oder das sog. lyrische Ich oder eine Rollenfigur	• Die Figuren werden im Personenverzeichnis aufgeführt (z.B. König, Königin, Prinz, Prinzessin), oft wie in erzählenden Texten ein Held oder Held und Gegenspieler.